1
2020
第1辑
总第57辑

Nomocracy Forum

法治论坛

广州市法学会 / 编

中国法制出版社
CHINA LEGAL PUBLISHING HOUSE

目录 CONTENTS

Nomocracy Forum

疫情与法治专题

实务研究

调研报告

案例分析

疫情与法治专题

亟须弥补医疗卫生应急医事立法短板

宋儒亮*

2020年，应急状态推进中的医疗卫生事业领域掀开了医事法治疫情依法防控的新篇章。疫情需要法治，疫情防控推进法治，医事应急呼唤法治。建议在立法上尽快修改完善有关法规，让医事仲裁真正落地实施。

2020年2月5日，中央全面依法治国委员会第三次会议审议通过了《中央全面依法治国委员会关于依法防控新型冠状病毒感染肺炎疫情、切实保障人民群众生命健康安全的意见》。中共中央总书记、国家主席、中央军委主席、中央全面依法治国委员会主任习近平强调，要在党中央集中统一领导下，始终把人民群众生命安全和身体健康放在第一位，从立法、执法、司法、守法各环节发力，全面提高依法防控、依法治理能力，为疫情防控工作提供有力法治保障。习近平在讲话中强调，当前，疫情防控正处于关键时期，依法科学有序防控至关重要。疫情防控越是到最吃劲的时候，越要坚持依法防控，在法治轨道上统筹推进各项防控工作，保障疫情防控工作顺利开展。

走在新时代，面对医事法治，无论是在常态还是在应急新常态，推进全面依法治医，又到了全面提升医事法治的新阶段。推进全面依法治医，就要将依法治医落实在立法、执法、司法和守法各环节，将医疗卫生事业单位法治建设与深化医药卫生体制改革、推进国家治理体系和治理能力现代化等相结合，要把法治建设要求融入医疗卫生事业单位管理运行的全过程；践行全面医事法治，就要将医事法治贯彻在民事、行政、刑事各领域，充分发挥法治的引领、保障和基础性作用，不断提高医疗卫生事业单位依法决策、依法管理、依法运行的

* 宋儒亮——广东省委党校（广东行政学院）法律学教授、法治广东研究中心主任、应急管理教研部主任，一级律师，获第三届广州地区杰出中青年法学家提名奖。

能力和水平，不断提升运用法治思维和法治方式深化改革、推动发展、维护稳定、化解矛盾和应对风险的能力，共同推进平安中国、法治中国和健康中国建设。提升医疗卫生事业法治水平，既要推进立法、执法、司法和守法各环节大踏步发展，又要弥补民事、行政、刑事领域上的短板，集中发力，精准用力，才能让人民群众在每一个司法案件中感受到公平正义。

立法环节，当前最大成果就是根据宪法制定出台了《中华人民共和国基本医疗卫生与健康促进法》，让发展医疗卫生与健康事业、保障公民享有基本医疗卫生服务、提高公民健康水平、推进健康中国建设有了法制保障，让医疗卫生、健康促进及其监督管理活动全部纳入法治轨道，让合法权益保护和违法行为的处罚有更健全的法律救济。

执法环节，过去一年的最大成果之一就是《医疗纠纷预防和处理条例》的实施。这是一部无论是理念还是内容都有着现代衡平理念、可圈可点的新的行政法规，它以“预防和妥善处理医疗纠纷、保护医患双方的合法权益、维护医疗秩序、保障医疗安全”为立法目的，在规范、监督和保障医疗活动方面的价值和作用将日益显现。而《国家卫生健康委办公厅关于进一步加强医疗卫生事业单位法治建设的通知（试行）》的出台、落实以及依法行政工作的推进和深入，也让宏大的法治建设贯彻、落实和深化到一个个具体的医疗卫生事业单位之中。

司法环节，是推进法治中国建设的主攻领域，目前改革的框架、内容和举措已很多，包括推进以审判为中心的诉讼制度改革、实行办案质量终身负责制和错案责任倒查问责制、建立生效法律文书统一上网和公开查询制度、完善审级制度，实现二审终审，再审重在解决依法纠错、维护裁判权威，保证庭审在查明事实、认定证据、保护诉权、公正裁判中发挥决定性作用，正在实现“努力让人民群众在每一个司法案件中感受到公平正义”。

司法是最后的救济。成立互联网法院、知识产权法院、金融法院等专门专业法院广受好评。司法体制改革力度大、推进快、收效显著，但是，全面依法治医的四个环节、全面法治医事的四大领域，有些局部环节还比较落伍、粗放、薄弱，医事司法领域更存在差距和不足，一个明显的短板就是：在医事立法、执法、守法环节快速推进、快步取得成效的同时，司法环节推进不均衡仍是当前法治中国建设的瓶颈，亟须提升、加强、弥补。为更好地深化医事司法环节、领域的工作，需要系统治理，各方发力，共同推进，建议在以下方面重点发力，精准施策。

一、心有大局，宗旨导向，总结报告，是引领的发声

比如，以“医德高尚、医术高明与医法高超”为宗旨目标，围绕全面依法治医、全面推进法治医事，编写医事法治进展年度报告。总结推进医事法治的经验教训，传递前进中的医疗事业的声音，为全面推进依法治医鼓与呼，为全面践行法治医事发声指引。

二、提高站位，提升认识，再接再厉，是最好的追求

要用重视医术一样的力度和气魄抓医事法治建设，《国家卫生健康委办公厅关于进一步加强医疗卫生事业单位法治建设的通知（试行）》已明确要求法治工作部门推动医院设立总法律顾问制度。通过医院章程等修改，共同推进依法治院事业，更好地提升医务人员运用法治思维和法治方式的能力。

三、多方发力，专业培训，沟通交流，是与时俱进的态度

比如，共同举办突发事件医事应急法治高峰论坛。在我国，突发事件应对已经实现了有法可依，《突发事件应对法》就是法律依据。公共卫生事件，比如当前的新型冠状病毒性肺炎就是按照甲类管理的乙类传染病，新冠肺炎疫情也是四大法定突发事件之一（自然灾害、事故灾难、公共卫生和社会安全事件）。新时代法治轨道推进，应急管理是新动向，也是新挑战，面对当前抗击新冠肺炎疫情突发公共卫生事件带来的种种风险与冲突，如何在立法、执法、司法和守法四个环节更好地规范、监督和保障，是崭新的问题；如何在民事、行政、刑事和宪治四领域践行审查、化解和指引，是新的挑战。化解问题、迎接挑战，必须多方发力，专业科学，依法推进。

四、立法给力，医事仲裁，独当一面，是培育纠纷方式的举措

目前医事仲裁虽有试点，但星星点点不成气候。建议立法环节集中发力，尽快修改完善法规，让医事仲裁真正落地实施，全面推进，为构建具有竞争性的纠纷化解方式提供新渠道、新平台、新方式。

五、纠纷方式，多元比较，竞争选择，是注重比较优势的导向

法定方式的选择、衔接与适用，是为了实现更高水平的平安广州、法治广州、健康广州。但是，调解、仲裁、行政裁决、行政复议、诉讼等法定方式的

准确适用、有机衔接与择优推选，并不会自然完成，也不会自动发生，需要专业引导、培育。法治方式的选择，既成为评价一地法治水平高低的试金石，又成为判断一地未来秩序建设水平的方向标。开展案件评析，梳理法律风险点，组织制定预防及处理措施，参与本单位重大突发事件、涉法纠纷、医疗纠纷等处置等，是法治工作部门的职责。履行这些职责，需在已有的纠纷方式中选择、匹配和衔接，这是一种考视野、考眼光和考能力的专业活动，也是考验一地、一方、一处用法者之法治思维和方式水平的试金石。比如，民间传统认为“无讼就是好的社会”，出庭则会被某些人认为是“激化矛盾，是一无是处的坏选择”。现在，调解、诉讼等已成为法治社会密切联系群众的新方式，行政主要负责人出庭应诉制度，就是一项基于中国国情所专门设立的诉讼制度，相较于已有的调解、仲裁、裁决、复议、诉讼等纠纷化解的处置方式，面对当前大量的医事纠纷，笔者认为医事仲裁具有专业性、便利性、权威性、公正性、透明度的特点，性价比比较高，综合优势比较明显，如能真正落地，更利于各方接受和推动。

六、健全机构，专业为上，人才为优，更是负责尽责的担当

程序公正，法治思维，尤为关键；是非分明，对错清晰的法治方式，更乃稀缺。据此，我们共同呼吁：要注重医事法专业人才的培养培育，设立医事法庭、筹建医事法院，这是推进当前医事法治建设的“真诚的呼唤”，是缩短医事司法环节差距的“关键的举措”，是弥补医事司法短板的“稀缺的担当”。全面依法治医，目的是让优秀的法治资源关注、关心和关爱医事法治，推进良法建设；全面医事法治，目的是让专业医事人审专业的医事案，推进医事善治，没有比培养培育医事法专业人才、设立医事法庭、筹建医事法院来得更正当其时了。

各环节发力，各领域用心，良法善治，才能全面依法治医，才能全面推进医事法治。只有这样，当我们在面对责任追究时，才能有法治的思维，才会用法治的方式，才会尊重法治的结果。

公众参与视角下的应急防疫预警与制度优化

朱最新*

2020年席卷全国的新型冠状病毒疫情给国家和人民带来了深重的灾难。原因是多方面的，其中，应急防疫预警不足是不可忽视的因素。从公众参与的视角看，造成应急防疫预警不足的主要原因在于我国应急防疫预警主体权限不清，应急防疫预警运行机制法制化、规范化不足，以及民间预警缺乏必要的法律支撑。为此，我们应当完善应急防疫预警法律规范体系，建立健全传染病自动预警、群体性原因不明疾病自动预警及两者衔接的应急防疫自动预警机制，构建以医院为主体的专业自动预警机制作为政府应急预警的补充，从而推动应急防疫治理的现代化。

一、应急防疫预警制度的现状与问题

伴随着2003年《突发公共卫生事件应急条例》的颁布，2004年《传染病防治法》、2007年《突发事件应对法》的制定，中国特色应急防疫预警制度已基本建立并取得初步成效。然而，2020年在武汉暴发的新型冠状病毒疫情显示出我国应急防疫预警制度还存在诸多问题和不足。

（一）应急防疫预警主体权限不清

主体权限明确是应急防疫预警主体到位的前提，是应急防疫预警制度有效

---

* 朱最新——广东外语外贸大学法学院教授、法学博士，广东省地方立法研究评估与咨询服务基地主任，主要研究领域：行政法学、地方立法。

发挥作用的基础。2003年颁布的《突发公共卫生事件应急条例》规定，县级以上地方人民政府应当建立和完善突发公共卫生事件监测与预警系统。2004年全面修订的《传染病防治法》第十九条第二款规定："国务院卫生行政部门和省、自治区、直辖市人民政府根据传染病发生、流行趋势的预测，及时发出传染病预警，根据情况予以公布。"这标志着我国应急防疫预警工作已纳入法制化轨道。根据这一规定，应急防疫预警主体应当是国务院卫生行政部门和省、自治区、直辖市人民政府。现行有效的国务院《国家突发公共卫生事件应急预案》规定："各级人民政府卫生行政部门根据医疗机构、疾病预防控制机构、卫生监督机构提供的监测信息，按照公共卫生事件的发生、发展规律和特点，及时分析其对公众身心健康的危害程度、可能的发展趋势，及时做出预警。"根据这一规定，应急防疫预警主体是各级人民政府卫生行政部门（"发出"与"做出"两词的法律意义相同）。这与《传染病防治法》的规定相抵触。《突发事件应对法》建立了较为完整的突发事件预警制度，并明确县级以上地方各级人民政府为预警主体。考虑到不同突发事件预警的不同，还将地方各级人民政府之间预警的具体权限授权给有关法律、行政法规和国务院规定[1]。2011年修订的《突发公共卫生事件应急条例》和2013年修订的《传染病防治法》都未对地方各级人民政府预警的具体权限进行划分。因《传染病防治法》只修订了个别条款，因而其与《突发事件应对法》冲突的内容并未得到修改；《国家突发公共卫生事件应急预案》也没有及时修改以明确地方各级人民政府之间预警的具体权限。同时，卫健委与疾病防疫机构在应急防疫预警方面的职责分工也不清晰。这些问题的存在使《突发事件应对法》有关地方各级人民政府之间预警权限划分的授权规定被虚置，从而造成应急防疫预警主体的权限不清，滋生相互推诿扯皮、责任无法落实的现象。虽然部分地方突发公共卫生事件应急预案对此作了明确划分，如《湖北省突发公共卫生事件应急预案》明确规定"一级、二级预警，经省政府批准后，以省政府名义或由省政府授权省卫生厅、有关市（州）政府发布预警信息，并向当地驻军和可能受到危害的毗邻或相关地区的政府通报；须经国务院或卫生部批准的突发公共卫生事件预警按国家有关规定执行"。"三级、四级预警由市（州）、县（市、区）政府或卫生行政部门视情况发布预警信息。涉及跨行政区域的预警，由上一级政府或卫生行政部门发布预警信息。"但由于《突发事件应对法》只是将地方各级人民政府之间预警的具体权限划分

---

1 《突发事件应对法》第四十三条：可以预警的自然灾害、事故灾难或者公共卫生事件即将发生或者发生的可能性增大时，县级以上地方各级人民政府应当根据有关法律、行政法规和国务院规定的权限和程序，发布相应级别的警报，决定并宣布有关地区进入预警期，同时向上一级人民政府报告，必要时可以越级上报，并向当地驻军和可能受到危害的毗邻或者相关地区的人民政府通报。

授权给有关法律、行政法规和国务院规定，并未授权给地方政府规定，因此，地方应急预案权限的明确，并不能从根本上改变应急防疫预警主体权限不清的情况。

（二）应急防疫预警运行机制法制化、规范化不足

应急防疫预警运行机制，主要是指通过预定的程序、规则和方式，确保应急防疫预警功能发挥的制度设计和程序安排。运行机制好坏在一定程度上决定着应急防疫预警制度的成败。我国应急防疫预警运行机制虽已建立，但并未实现法制化、规范化。

1. 应急防疫预警运行机制法制化不足

应急防疫预警是一个专业过程，是专业人士根据专业知识，以专业方法对专业问题作出研判并向社会提出警示的过程。作为应急防疫重要组成部分的应急防疫预警如果没有法律的明确规制，受到权力不当干预则是难以避免的。因而，西方一些国家都是以严明的法律来保障应急防疫预警运行机制的正常运行[2]。我国虽然通过《传染病防治法》《突发事件应对法》建立了应急防疫预警制度，《突发公共卫生事件应急条例》规定“县级以上地方人民政府应当建立和完善突发公共卫生事件监测与预警系统”，《国家突发公共卫生事件应急预案》规定“按照公共卫生事件的发生、发展规律和特点，及时分析其对公众身心健康的危害程度、可能的发展趋势，及时做出预警”，但都未涉及应急防疫预警运行机制。对应急防疫预警运行机制的规范，国家层面只有国务院办公厅秘书局印发的一个规范性文件《国家突发事件预警信息发布系统运行管理办法（试行）》（国办秘函〔2015〕32 号），其不是法律，也不是国务院文件，约束力太低。应急防疫预警制度包括疫情信息监测机制、疫情信息处理分析机制、疫情预警发布机制和疫情预警应对机制等内容。该规范性文件只是规范预警信息发布，对其他内容并未予以规范，留下了制度规制的空白。这些就为权力干预专业判断导致应急防疫预警制度虚置提供了制度的灰色空间。

2. 应急防疫预警运行机制规范化不足

人都只有有限理性，专家也不例外。“要在短时间内对复杂的信息作出正确判断，必须事先针对各种突发事件制定科学、实用的信息判断标准和确认程序，并严格按照制定的标准和程序进行判断，避免信息判断过程中的随意性。”[3]为

---

2 参见曹之玉、崔磊：《国内外预警发布系统现状分析与发展启示》，载《中国应急管理》2018 年第 11 期；张京华等：《国内外对突发公共卫生事件（药害事件）导致危机的预警模式和政策》，载《现代食品与药品杂志》2007 年第 3 期。

3 付立红、于魏华著：《税务机关突发事件应对》，东北财经大学出版社 2018 年版，第 64 页。

弥补单个专家专业知识和能力的不足，并防治人为因素影响应急防疫预警，在现代社会，人们常常注重应急防疫预警制度建设的公众参与，利用专家的集体智慧，“以大数据为传染病监测预警的基础，运用适合的数学模型，对传播过程仿真并进行定性、定量分析，揭示传染病暴发流行的原因、要素和发展过程，预测其流行规律和发展趋势”[4]，建立应急防疫预警指标体系，建构应急防疫自动预警机制。2008 年之前，我国应急防疫预警“主要采取专家预测法，通过对社会结构和运行规律研究领域的权威专家系统咨询，进行社会发展预测和报警，而没有一个从制度上保证的预警系统”[5]。2008 年，为及时发现和识别传染病暴发，实现传染病暴发的早期自动预警，国家疾控中心和 WHO 合作建立的国家传染病自动预警信息系统正式在全国运行[6]。从实践看，传染病自动预警信息系统信号响应率和响应及时性较好，在应急防疫预警方面已发挥重要作用[7]。但传染病自动预警信息系统针对的是《传染病防治法》第三条规定的传染病，不在规定范围的传染病则不在自动预警范围之内。新型冠状病毒并不是法定传染病，不可能通过自动预警系统实行预警。传染病自动预警信息系统是中国疾病预防控制系统的子系统之一[8]，并不是全部。根据《突发公共卫生事件应急条例》第二条的规定，应急防疫中的疫病包括重大传染病疫情和群体性不明原因疾病。群体性不明原因疾病并未建立专门的预警机制，更谈不上建立自动预警机制[9]。在这种情况下，群体性不明原因疾病应急防疫预警主要还是采取以前的“专家预测法”预警，实践中对群体性不明原因疾病预警界值也未规范化、标准化。因而这种方法不仅效率较低，有可能贻误战机，预测专家个人的专业能力、品格、利益也可能会影响预测的科学性，而且为权力干预专业判断提供了制度空间，从而有可能使应急防疫预警制度被虚置。同时，无论“非典”，还是新型冠

---

4 王忠、王晓华著：《城市治理之大数据应用》，海洋出版社 2017 年版，第 76 页。

5 张京华等：《国内外对突发公共卫生事件（药害事件）导致危机的预警模式和政策》，载《现代食品与药品杂志》2007 年第 3 期。

6 Yang W, Li Z, Lan Y, et al., *A nationwide web-based automated system for outbreak early detection and rapid response in China*, Western Pacific Surveillance and Response, Vol. 2:1, p. 1 – 6 (2011).

7 参见张晓丽等主编：《传染病疫情信息报告、监测技术指南》，内蒙古科学技术出版社 2008 年版，第 89 – 93 页；张洪龙等：《2016 年国家传染病自动预警信息系统运行情况分析》，载《疾病监测》2018 年第期。

8 张晓丽等主编：《传染病疫情信息报告、监测技术指南》，内蒙古科学技术出版社 2008 年版，第 89 – 93 页。

9 国家层面现有唯一专门规范群体性不明原因疾病应急的是卫生部的《群体性不明原因疾病应急处置方案（试行）》，该方案只规定总则、应急处置的组织体系及职责、监测与报告、专家会商与指挥决策、现场调查与病因分析、现场控制措施、样本采集和实验室检测、防护措施、事件终止及评估和保障等内容，并未建立应急预警制度。

状病毒肺炎都经历了由群体性不明原因疾病到传染病的认知过程。但群体性不明原因疾病预警机制与传染病自动预警信息系统自动衔接机制却没有建立。一般是在发现群体性不明原因疾病具有严重传染性时上报国务院，由国务院批准纳入传染病应急管理。在疫情瞬息万变的情况下，这种方式使应急防疫预警制度难以发挥防患于未然的作用。新型冠状病毒肺炎直到2020年1月20日才纳入传染病管理就是例证。另外，"预警是在考虑了资料的不完全性和危害的不确定性之后，在有必要采取措施的地方进行危害警告的方法，将突发事件的危害降低到最小"。[10]它与疾病治疗信息发布不一样。疾病治疗，医生更多的是以安慰的语气来说明病情；而预警则是以警告的语气将不确定性的危害告知公众，以促进公众警醒，从而采取相应的应对措施。很多专家并非应急防疫预警方面的专家，他们可能更多的是从医生的角度来发布相关信息。因此，预警信息发布的标准化、规范化就非常必要。然而，《国家突发事件预警信息发布系统运行管理办法（试行)》（国办秘函〔2015〕32号）只规定了预警信息制作的统一格式和主要内容，对语言的规范表达并未作规定。这将会影响应急防疫预警的实效。

3. 公众风险防范意识缺失

预警应对机制是应急防疫预警运行机制的最后一环。任何一个应急防疫预警应对都离不开公众的有效参与。而公众是否有效参与在一定程度上取决于公众风险防范意识。公众风险防范意识是应急防疫预警发挥实效的根本保证。在现代社会，当公众真正认识到应急防疫预警对社会和个人的重要性时，公众才可能采取相应的防范措施，减少被感染的风险，并做好其他相应准备，从而实现应急防疫防患于未然的目标。然而，《突发事件应对法》虽然对应急知识教育有所规定，但并不完整。实践中，应急知识教育处于不规范、无检验的状态。从这次新型冠状病毒疫情防控来看，虽然应急防疫预警没有发出，但在2020年1月16日武汉卫健委通报"不排除有限人传人"的情况下，百步亭还在18日举办万人宴。可见，公众风险防范意识缺失是我国应急防疫预警制度作用难以发挥的一个重要因素。

（三）民间预警缺乏必要的法律支撑

民间预警是政府应急防疫预警的重要补充，也是政府应急防疫预警作用发挥的传声筒、扩音器。同时，民间预警是政府应急防疫预警权力滥用的监督者。应急防疫是一种需要公众参与的政治过程。"在这一过程中，官员对政治的关注和对公众权益的关注将成为同一件事情。对政治过程的参与有两种，一是制度

---

10 舒彬：《我国突发公共卫生事件预警机制建设现状》，载《疾病控制杂志》2005年第6期。

化的参与，即一个体制化的选举和民主制度。二是非制度化的参与，即公众在每一桩公共政策和重大行政事务上对政府的认同、批评和互动。这也是一个政府维持公信力和政治合法性的两个方面。”[11] 在西方一些国家，“法无禁止即自由”已成为宪法的基本精神并在法治实践得到贯彻。美国甚至制定了相应的吹哨人保护法案以充分发挥民间预警作用[12]，有的国家甚至将民间预警，即舆情监测作为国家传染病和突发公共卫生事件监测系统的有力补充[13]。然而，现有应急防疫法律规范体系中都只规定了政府应急防疫预警制度，而没有规定公民、法人或其他组织的应急防疫预警权利。不仅如此，有些应急防疫制度还强调政府应急防疫预警的唯一性。这就使得民间预警难以在应急防疫实践中发挥应有的作用。

二、完善应急防疫预警制度的法治路径

通过对上述问题的分析可知，我国应急防疫预警制度亟待优化。制度优化必须遵循法治路径，即在遵循宪法规定、体现法治基本原则和要求、彰显法治精神的基础上，以法治思维和法治方式推进制度完善。

（一）完善应急防疫预警法律规范体系

完善的应急防疫预警法律规范体系是应急防疫预警最有力的制度保障。我们应当从实际出发对《突发事件应对法》《传染病防治法》《突发公共卫生事件应急条例》等应急防疫预警法律进行全面修改，建立一套完整的应急防疫预警法律制度。

1. 明确应急防疫预警主体权限。应急预警是一个专业过程，预警主体也应当专业化。如，我国气象灾害预警就是由专业组织——气象部门来实施的。应急防疫预警主体也应当由专业组织——疾控中心来实施，国家、省、市、县疾控中心分别实施一级至四级应急防疫预警，并建立相应的责权利相统一机制，实现专业组织、专业人员进行专业化的预警，防治各种不当因素影响应急防疫的及时预警。同时，预警应对义务仍依法由相对应的政府承担。

2. 实现应急防疫预警运行机制的法制化。在法律或者行政法规中明确应急

11 佚名：《非典疫情中的公众参与》，载《商务周刊》2003年第10期。

12 黄鸣鹤：《美国〈吹哨人保护法案〉的发展历程》，载中国法院网，http：//www.chinacourt.org/article/detail/2013/01/id/812363.shtml，最后访问于2020年2月17日。

13 参见陆殷昊：《舆情监测在公共卫生事件监测预警中的研究进展》，载《上海预防医学》2019年第11期，第881页。

防疫预警运行机制，包括传染病自动预警机制、群体性原因不明疾病自动预警机制、群体性原因不明疾病转向传染病的自动预警衔接机制以及专业自动预警机制，增强应急防疫预警运行机制法律约束力，并实现应急防疫预警的自动化、规范化。

3. 实现公众应急教育的法制化。“国民应急意识和能力的强化与提升，实际上是一个社会风险治理与应急管理衔接的环节，它既是社会风险削减的有效策略，也是应急管理有效运作的基础支撑。”[14] 因此，必须在法律上建立完整、严格的应急知识教育和培训制度，确保各项应急知识教育和培训有效开展，从而不断提升公众自身的危机防范意识和应对危机的能力，实现应急防疫预警防患于未然的功能。

（二）建立健全应急防疫自动预警机制

应急防疫自动预警不仅可以防止各种不当因素的影响，而且能够集中广大专家的集体智慧。因此，我们必须在现有传染病自动预警机制的基础上，进一步建立健全应急防疫自动预警机制。

1. 健全传染病自动预警机制。加强对各种传染病的流行病学研究，“把论文写在祖国大地上”，根据不同地区、不同季节、不同人群的实际情况，科学确定各地各种传染病的预警界值，规范传染病自动预警操作规程，实现传染病及时可靠的自动预警，并以畅通无阻的路径传达给公众，以便于公众做好预警准备。

2. 建立群体性原因不明疾病自动预警机制。借鉴传染病自动预警机制经验，建立国家群体性原因不明疾病自动预警信息系统，根据各地的实际情况科学确定各地群体性原因不明疾病的预警界值，规范群体性原因不明疾病自动预警操作规程，实现群体性原因不明疾病及时可靠的自动预警，并以畅通无阻的路径传达给公众。

3. 建立群体性原因不明疾病转向传染病的自动预警衔接机制。群体性原因不明疾病可能是某种中毒，可能是群体性癔症，也有可能是传染病。因此，应当建立群体性原因不明疾病转向传染病的自动预警衔接机制。当发现群体性原因不明疾病具有传染性时，系统自动将原有群体性原因不明疾病信息转入传染病自动预警信息系统，并按照传染病自动预警机制启动预警。

（三）构建专业自动预警机制

现代社会是一个多元共治的社会。应急防疫预警是一个面向公众的专业过

14 钱正荣著：《政策能力视域下的公共危机治理研究》，武汉大学出版社 2014 年版，第 245 页。

程，不应该由政府专有，应当允许其他专业力量融入。医院是应急防疫的中流砥柱，具有较强的预警功能，应当成为应急防疫预警的重要力量。原因在于：(1）医院具有信息优势。医院直接接触患者，可能最先察觉疫病发生的前兆，及时向社会发出警示，起到防患于未然的作用。（2）医院具有专业优势。医院拥有一大批经验丰富的医学、流行病学的专家队伍，专业性练就了他们特殊的敏感性，对可能发生的疫病有超前的预见性。（3）医院是最需要预警的地方。医务工作者是应急防疫的骨干力量，他们必须得到最早的防护。医院也是引发疫病流行的重要场所，及时预警有利于保护医务工作者，防止疫病通过医院流行。为此，我们应当建立以医院为主体的专业自动预警机制：在疾控中心的指导下，建立医院自动预警系统，科学确定各种疫病的医院预警界值，规范自动预警操作规程，实现疫病及时可靠的自动预警，并传达给医院全体人员，起到减压阀和预警器的作用，从而成为政府应急防疫自动预警机制的有效补充。

结语

当今时代是一个互联网时代。新型冠状病毒肺炎疫情防控中公众参与引发的相关应急防疫预警制度的完善不是一种常态，但比任何时期都更有助于促进相关制度的优化与完善、制度价值的澄清与重塑。政府“因势而变”，将民众的需求纳入制度优化的轨道，从而通过公众的广泛参与形成一种上下齐心的制度合力，推动国家治理现代化，无疑是实现国家治理体系和治理能力现代化的重要路径。

地方立法“小切口”实现疫情防控“大效果”

——禁止滥食野生动物地方立法的关键与重点

陈尚龙　刘成忠*

新冠疫情暴发以来，滥食野生动物对公共卫生安全构成重大隐患的问题，引发社会公众的广泛关注。为解决滥食野生动物的突出问题，全国人大常委会于 2020 年 2 月 24 日表决通过了《关于全面禁止非法野生动物交易、革除滥食野生动物陋习、切实保障人民群众生命健康安全的决定》（以下简称《决定》），以“具有法律效力，属于有关法律问题的决定”[1]的形式，明确禁止食用有关野生动物。各地也积极展开相关地方立法工作，如天津、福建、湖北、青海等省级人大常委会迅速作出了关于禁止食用野生动物的决定，广东、广西、江苏、黑龙江等省人大常委会启动了野生动物保护管理条例的修订工作，并拟增加禁止滥食野生动物的内容，广州、深圳等地人大常委会也在紧锣密鼓地针对禁止滥食野生动物制定专门法规。当前，如何通过法治化的方式革除滥食野生动物陋习、保障社会公众生命健康安全，成为地方人大积极探索开展的立法重点工作。

---

* 陈尚龙——华南师范大学法学院院长助理、广州市人大常委会法制工作委员会干部，法学博士。刘成忠——广东金融学院法学院副院长、广州市人大常委会法制工作委员会干部。本文系广东省 2019—2020 年度全面依法治省重大研究课题“广东省地方立法的质量和效率研究”的阶段性研究成果。

1 《全面禁止非法野生动物交易　革除滥食野生动物陋习——全国人大常委会法工委有关部门负责人答记者问》，载中国人大网，http：//www. npc. gov. cn/npc/c30834/202002/fe45c9fbd7a647d595-d23601bc75c8fb. shtml，最后访问于 2020 年 2 月 28 日。

一、禁止滥食野生动物地方立法的关键

民有所呼，法有所应。“疫情防控越是到最吃劲的时候，越要坚持依法防控，在法治轨道上统筹推进各项防控工作，全面提高依法防控、依法治理能力，保障疫情防控工作顺利开展。”[2]野生动物保护管理涉及野生动物的驯养繁殖、保护、猎捕、交易、运输、经营、利用等多个方面，面对当前疫情防控的迫切需要以及《野生动物保护法》等相关法律未能短时间内完成修改或者制定的实际情况，地方立法着眼于食用环节这一关键，以禁止滥食野生动物作为疫情防控的切入点，是行之有效的立法策略，有助于解决当地野生动物监管的突出问题，革除本地滥食野生动物的陋习，同时能够为国家开展相关立法工作提供地方实践经验，推动构建系统完备、科学规范、运行有效的疫情防控法律体系。

地方人大及其常委会应当用好、用足、用活地方立法权。根据《决定》《野生动物保护法》《陆生野生动物保护实施条例》等相关法律法规的规定，结合当地滥食野生动物的实际情况及突出问题，地方人大及其常委会可以采取制定禁止滥食野生动物专项法规、出台禁止滥食野生动物决定、修改现行野生动物保护管理条例等形式对禁止滥食野生动物作出规定。地方开展滥食野生动物立法时，应当始终坚守“科学立法、民主立法、依法立法”的原则，严格按照法定程序开展各项立法工作，确保立法内容与宪法、法律、行政法规等不相抵触，在提高立法工作效率的同时保证立法质量，确保法定权限不能超、法定程序不能少；同时，应当始终坚持问题导向、坚持从本地实际出发，找准禁止滥食野生动物地方立法的重点，抓住地方滥食野生动物的主要问题和关键环节，依法、全面、合理地建构禁止滥食野生动物的制度规定，确保相关制度设计具有针对性、可操作性和有效性，做到维护法制统一与突出地方特色相结合，通过地方立法“小切口”实现疫情防控“大效果”。

二、禁止滥食野生动物地方立法的重点

立法内容是地方立法制度设计的具体载体，而有地方特色是地方立法内容的重要要求，“是地方立法的核心和灵魂，是地方立法质量的重要支撑”[3]。地方开展禁止滥食野生动物立法，应当突出地方特色、抓住以下重点。

2　习近平：《全面提高依法防控依法治理能力　健全国家公共卫生应急管理体系》，载《求是》2020 年第 5 期。

3　石佑启：《论地方特色：地方立法的永恒主题》，载《学术研究》2017 年第 9 期。

（一）要清晰划定禁止滥食野生动物的范围

禁止滥食野生动物范围的划定，是地方开展禁止滥食野生动物立法首先要解决的基础性问题，不仅是目前社会公众对这项立法高度关注的关键问题，而且是长期以来野生动物保护管理当中的一个重点问题，涉及多方面的利益。有学者呼吁，“立法禁食野生动物要科学、精准地建立禁止清单，不能搞‘一刀切’，造成不必要的利益损害”[4]。科学立法是地方立法的一项基本原则，它要求“具体条文设定必须正确体现和反映其所规范调整的客观事物自身的发展规律，只有如此才能通过制定和实施地方性法规来促进和保障所规范调整的客观事物健康发展”[5]。为此，禁止滥食野生动物地方立法首先要遵循科学立法原则，要尊重野生动物保护的客观规律，这才能“有助于提升立法质量和产生良法，有益于尊重立法规律、克服立法中的主观随意性和盲目性，也有利于在立法中避免或减少错误和失误”[6]。现行《野生动物保护法》规定的禁止食用野生动物，主要是国家重点保护野生动物和没有合法来源、未经检疫合格的其他保护类野生动物，具体由国家相关主管部门制定并报国务院批准公布的国家重点保护野生动物名录以及有重要生态、科学、社会价值的陆生野生动物名录予以确定。同时，省级人民政府也可以划定本省重点保护的野生动物。此外，《决定》在《野生动物保护法》的基础上，以全面禁止食用野生动物为导向，扩大禁止食用野生动物的范围并加重处罚。为此，地方开展禁止滥食野生动物立法，首先应当依据《决定》和《野生动物保护法》等有关法律的规定，结合本地的实际情况和突出问题，在法定权限内划定禁止滥食野生动物的范围，不应违法扩大或者限缩禁食范围。具体而言，禁止滥食野生动物的范围应当是相关野生动物及其制品、使用相关野生动物及其制品制作的食品，包括国家、本省重点保护的野生动物；国家保护的有重要生态、科学、社会价值的陆生野生动物以及其他陆生野生动物，包括人工繁育、人工饲养的陆生野生动物；法律和国家、省有关规定禁止食用的其他野生动物。此外，滥食野生动物的范围应当排除畜禽遗传资源目录、人工繁育国家重点保护水生野生动物名录、国家重点保护经济水生动植物资源名录的物种以及国家公告的水产新品种。

---

4 常纪文、常杰中：《科学准确建立禁食野生动物清单》，载《中国环境报》2020 年 2 月 10 日，第 3 版。

5 李培传：《论立法》，中国法制出版社 2013 年版，第 251 页。

6 周旺生：《立法法（第二版）》，法律出版社 2009 年版，第 79 页。

（二）要准确界定滥食野生动物及相关活动的违法行为

食用野生动物现象的出现，市场需求导向是重要原因之一。开展禁止滥食野生动物立法，实现全面禁止滥食野生动物，要着眼于滥食野生动物的全链条、各环节，不仅要针对野生动物食用环节，而且要涉及包括猎捕、人工繁育、饲养、经营、运输等在内的野生动物管理的其他相关环节，以此实现禁止滥食野生动物的管理闭环。为此，应当厘清滥食野生动物及相关活动的主体，并明确相关主体的义务。在食用环节，严格禁止个人食用禁止食用的野生动物。在猎捕、人工繁育、饲养环节，应当规定任何单位和个人不得以食用为目的猎捕、人工繁育、饲养禁止食用的野生动物。但是，因科研实验、物种保护等非食用用途需要猎捕、人工繁育、饲养野生动物的情形，应当依照有关法律法规规定执行。在经营环节，禁止任何单位和个人以提供食用为目的经营禁止食用的野生动物及其制品；酒楼、餐馆、饭堂等餐饮提供者不得提供禁止食用的野生动物及其制品制作的食品；任何单位、个人、网络交易平台、商品交易市场等不得为以提供食用为目的经营禁止食用的野生动物提供场地、中介等服务；禁止以药膳的名义食用或者生产经营禁止食用的野生动物及其制品，但是禁止食用的野生动物及其制品作为药品使用的，应当遵守有关药品管理的法律法规。在运输环节，禁止任何单位和个人以提供食用为目的运输禁止食用的野生动物及其制品。在广告宣传环节，禁止任何单位和个人发布含有宣传、诱导食用禁止食用的动物及其制品内容的广告；也不得以禁止食用的动物及其制品的名称、别称、图案制作招牌或者菜谱招徕、诱导顾客食用。

（三）要明确禁止滥食野生动物的监管职责

按照分类，野生动物可以分为陆生野生动物、水生野生动物和两栖野生动物。为便于对不同种类的野生动物进行有效管理，《野生动物保护法》规定陆生野生动物保护工作、水生野生动物保护工作分别由国务院林业草原主管部门和渔业主管部门负责，《渔业法》也对水生野生动物监管作了相应规定。尽管如此，由于野生动物的分类多，尤其是两栖野生动物既可归属于陆生野生动物，也可归属于水生野生动物，不同部门管理的上位法依据、监管中把握的标准、管理方式等均存在差异，常常出现监管漏洞，在实际监管工作中亟待明确。同时，除野生动物保护外，野生动物管理还涉及猎捕、交易、运输、经营、食用等监管环节，涉及多个行政管理部门的职责，监管环节多、链条长，极易出现监管不到位的情况；再加上野生动物管理既涉及对相关行政违法行为的行政执法，又涉及打击野生动物犯罪活动，行政执法与刑事司法存在关联交叉，国家层面尚未在野生动物保护领域建立完备的行政执法与刑事司法相衔接的工作机制。可以说，野生动物分类多、归类难、管理方式有差异，同时监管环节多、链条长、标准不统一，都直接反映了野生动物治理工作的复杂性。

地方开展禁止滥食野生动物立法，应当有针对性地解决监管职责划分问题，进一步理顺监管体制、落实监管责任。一方面，应当明确各级政府的统筹协调和督促检查职责，规定应当加强对禁止滥食野生动物及其制品工作的统筹协调，督促有关部门依法履行监督管理职责，推进部门协调配合，强化监督检查和责任追究；同时，规定镇人民政府、街道办事处做好本辖区内禁止滥食野生动物及其制品相关工作。另一方面，应当进一步明确政府相关部门的监管职责，规定林业园林行政管理部门负责对陆生野生动物保护、猎捕、人工繁育、饲养等活动实施监督管理，农业农村行政管理部门负责对水生野生动物保护、捕捞、人工繁育、饲养等活动实施监督管理，市场监管部门负责对野生动物及其制品的生产经营等活动实施监督管理，公安、交通运输、卫生健康、城市管理等部门按照各自职责做好禁止滥食野生动物相关工作。

（四）要突出禁止滥食野生动物中的社会共治

滥食野生动物，不仅涉及个人饮食卫生和身体健康的问题，而且关系到公共卫生安全和公众生命健康安全，这已逐渐成为社会共识。禁止滥食野生动物，要充分发挥社会各方面的力量，调动社会团体、协会、单位和公民的积极性，共同提高全体社会成员的生态保护和公共卫生安全意识。国家林业和草原局野生动植物保护司副司长王维胜在国务院联防联控机制新闻发布会上表示，“滥食野生动物涉及猎捕、人工繁育、经营、运输等多个环节，仅仅依靠政府部门有限的执法力量，难以实现全面禁止的目标，需要广大公众的配合与支持”[7]。同时，也有专家呼吁，“社会公众和公益组织作为野生动物保护的重要主体，应当在法律中赋予其更多的参与决策的权利内容”[8]。为此，地方开展滥食野生动物立法，应当突出禁止滥食野生动物中的社会共治，将“公众参与”的理念贯穿于制度设计的方方面面，确保法规得以切实贯彻和执行。一方面，要加强禁止滥食野生动物的宣传教育，规定相关部门和人民团体、社会组织、学校、新闻媒体等社会各方面，应当加强禁止滥食野生动物及其制品的宣传教育和引导，增强全社会成员的生态保护和公共卫生安全意识，养成科学健康文明的生活方

7 《国务院联防联控机制新闻发布会》，载中国政府网，http：//www.gov.cn/xinwen/gwylflkjz-34/index.htm，最后访问于2020年2月28日。

8 魏华、刘美辰：《〈野生动物保护法〉修改述评》，载《环境保护》2017年第12期。

式。另一方面，要注重发挥行业组织的作用，如餐饮、旅游、文化等相关行业组织，应当建立禁止滥食野生动物及其制品的制度机制，规范行业经营，加强行业监管，对违法经营、运输禁止食用的野生动物及其制品的成员按照协会章程严格处理，并向林业园林、市场监管行政管理部门报告并配合其依法查处。此外，打击非法野生动物交易，离不开社会各界的监督，应当依托现有的全国 12345 政府服务热线平台，建立群众举报奖励制度，为社会公众提供统一的投诉举报服务。

（五）要实现禁止滥食野生动物的监管全覆盖

野生动物管理涉及保护、猎捕、交易、运输、经营、食用等监管环节，行政主管部门多，监管链条长，管理难度大。长期以来，“在实际执法过程中，很难在第一时间、第一现场发现违法猎捕行为，而在之后的流通与经营环节，对非国家重点保护野生动物又缺乏相应的管理和处罚依据，致使违法成本低，乱捕滥猎的情况屡禁不止，非国家重点保护野生动物保护处于十分尴尬的境地”[9]。地方开展禁止滥食野生动物立法，应当聚焦于滥食野生动物这一行为核心，着眼“野味产业”全链条，将包括猎捕、交易、运输、经营等与食用直接相关的行为纳入立法规范的范围，明确相关单位、经营主体以及个人的行为义务。同时，“地方性法规的规范实效与其细化度、可操作性具有正相关性”[10]，这要求禁止滥食野生动物的监管制度设计具有针对性。为此，应当建立健全禁止滥食野生动物的日常监督检查制度，规定林业园林、交通运输、农业农村、城市管理、市场监管等行政管理部门应当加强日常监督检查，及时发现并依法查处滥食野生动物的违法行为，建立信息共享和违法线索通报机制；建立禁止滥食野生动物案件协同执法和查处追溯机制，规定有关部门查处违法行为时，应当将违法线索通报给负责查处上游违法行为的行政管理部门，负责查处上游违法行为的行政管理部门应当将查处结果通报给违法线索提供部门；上游违法行为发生在本市行政区域之外的，有关行政管理部门应当与违法行为发生地相关行政管理部门开展执法协作，协调当地行政管理部门依法查处违法行为，解决野生动物保护监管当中长期存在的不衔接、不协同、不到位的实际问题，真正实现禁止滥食野生动物的监管全覆盖。

（六）要建立对相关合法养殖主体的合理补偿制度

由于《决定》对禁止食用野生动物的范围作出了调整，地方开展禁止滥食

9　阮向东、高明福：《滥食野生动物之立法思考》，载《林业资源管理》2014 年第 3 期。

10　丁祖年、郑春燕：《中国地方立法的现实与转型》，载《地方立法研究》2016 年第 1 期。

野生动物立法必然要贯彻执行《决定》的有关规定。相关地方立法的出台实施，可能会给部分已合法取得经营许可的农户或者经营主体带来经济损失，直接涉及这些主体的切身经济利益。“认识利益关系是立法活动的起点，在正确认识利益关系的基础上合理地平衡、协调利益关系是立法的关键。”[11] 对此，地方开展禁止滥食野生动物立法，不应回避或者无视这一客观情况，“以中华民族认可的反虐待动物为道德底线，以维护生物多样性和公平补偿权益受害人为基本要求”[12]，主动回应，积极稳妥处理已有相关合法养殖产业的行政许可以及合理补偿问题。一方面，明确对已合法取得许可证件的清理制度，规定有关单位和个人已经合法取得的以食用为目的的人工繁育、饲养、运输、经营许可证件，由发证机关撤回，予以注销，并给予补偿；同时明确相关补偿标准由地级市政府另行制定。另一方面，规定政府应当支持、指导、帮助受影响的经营主体调整、转变生产经营活动；同时，做好以食用为目的人工繁育、饲养和正在经营的禁止食用的野生动物及其制品的处理工作，防止无人处理、随意处置等现象的出现。

（七）要明确禁止滥食野生动物中的各方法律责任

针对现行法律法规对野生动物非法交易、滥食野生动物等违法行为责任追究不明确、处罚力度太小等问题，开展禁止滥食野生动物地方立法，应当按照监管环节，结合地方管理的实际情况，增加相关禁止性规定以及相应的法律责任，分别明确非法猎捕、人工繁育、饲养野生动物的法律责任，非法经营禁止食用的野生动物法律责任，非法运输野生动物的法律责任，为经营、运输提供非法服务的法律责任，滥食野生动物的法律责任等。同时，也要增加并细化有关监管部门责任的条款内容，规定林业园林、交通运输、农业农村、城市管理、市场监管等行政管理部门有不依法查处违反本条例规定的行为或者不依法履行职责的行为的，由有权机关或者部门对直接负责的主管人员和其他直接责任人员依法责令改正或者给予处分；构成犯罪的，依法追究刑事责任。此外，对发布含有宣传、诱导食用禁止食用的动物及其制品内容的广告的行为，以及构成犯罪的行为，作出援引性规定，分别依照《广告法》《刑法》以及相关法律法规进行处理。通过强化法律责任，给滥食野生动物及相关行为划出法制红线。

11　曾粤兴主编：《立法学》，清华大学出版社2014年版，第51页。

12　常纪文：《禁食野生保护动物应入法》，载《检察风云》2014年第20期。

国际突发公共卫生事件下中国海关法的实施与完善

周　阳*

2020年1月30日，世界卫生组织宣布，将新型冠状病毒疫情列为“国际关注的突发公共卫生事件”。

2020年3月26日，国家主席习近平在二十国集团领导人应对新冠肺炎特别峰会上提出四点倡议：坚决打好新冠肺炎疫情防控全球阻击战、有效开展国际联防联控、积极支持国际组织发挥作用以及加强国际宏观经济政策协调，并呼吁制定二十国集团行动计划，就抗疫宏观政策协调及时作出必要的机制性沟通和安排。[1] 目前，各国所采取的限制措施主要围绕人员、货物、交通及口岸等领域展开，它们均属于海关事权范围。疫情发生后，中国海关在口岸检疫、防控物资通关以及帮助企业复工复产等方面做了大量富有成效的工作，充分展现出机构整合新海关的积极作为和责任担当，但从国际突发公共卫生事件的高度看，还存在提升的空间。下文便以中国海关法在新冠肺炎疫情应对中的具体实施为切入点，探讨从法律实施角度推动中国海关法的法治创新。

---

* 周阳——广东外语外贸大学法学院教授，法学博士，经济学博士后，云山杰出学者，主要研究领域：国际经济法、美国海关法。本文系基金项目广东普通高校新冠肺炎疫情防控科研专项“重大国际公共卫生事件涉及的海关法问题研究”（2020KZDZX1076）、广东普通高校创新团队项目（人文社科）“涉外经贸法律与规则体系研究”（2019WCXTD003）的阶段性成果。

1　习近平：《携手抗疫　共克时艰——在二十国集团领导人特别峰会上的发言》，载新华网，http：//www.xinhuanet.com/politics/leaders/2020－03/26/c_1125773764.htm，最后访问于2020年3月26日。

一、中国海关法在应对新冠肺炎疫情中的实施

（一）口岸检疫

这里的口岸是指检疫角度的国境口岸。接受检疫的对象包括入境、出境的人员、交通工具、运输设备以及可能传播检疫传染病的行李、货物、邮包等物品。只有经过国境卫生检疫机关许可，方准入境或者出境。[2] 在传染病监测上，2020 年 1 月 24 日，海关总署与国家卫生健康委员会联合发布公告，提示出入境人员在出、入境、乘坐交通工具及旅行途中有关注意事项。[3] 1 月 25 日，海关总署发布公告在全国口岸重新启动出入境人员填写《出入境健康申明卡》进行健康申报的制度。出入境人员必须向海关卫生检疫部门进行健康申报，并配合做好体温监测、医学巡查、医学排查等卫生检疫工作。[4] 该公告是依据《国境卫生检疫法》第十六条[5] 和《国境卫生检疫法实施细则》第一百条[6]。

随着中国境外疫情形势严峻，各地陆续出现输入型病例，海关总署将防止输入作为防控工作的重中之重[7]，并采取严密监测评估全球疫情、全面实施健康申报制度、严格开展入境卫生检疫以及不断深化联防联控合作等四个方面的措施。[8] 例如，上海对所有入境人员都必须百分之百进行核酸检测。[9]

（二）防控物资通关

对于防控物资的通关，海关在快速通关、税收减免以及证件简化三个方面提供便利。防控物资可分为捐赠物资、一般贸易、旅客自带、邮件快件四种。

---

2 《国境卫生检疫法》第四条。

3 《关于防控新型冠状病毒感染的肺炎的公告》（海关总署、国家卫生健康委员会公告 2020 年第 15 号）。

4 《关于重新启动出入境人员填写健康申明卡制度的公告》（海关总署公告 2020 年第 16 号）。

5 该条规定："国境卫生检疫机关有权要求入境、出境的人员填写健康申明卡，出示某种传染病的预防接种证书、健康证明或者其他有关证件。"

6 该条规定："受入境、出境检疫的人员，必须根据检疫医师的要求，如实填报健康申明卡，出示某种有效的传染病预防接种证书、健康证明或者其他有关证件。"

7 《深入贯彻落实习近平总书记重要讲话精神　坚决打赢口岸疫情防控和促进外贸稳增长两场硬仗》，载海关总署官方网站，http：//www. customs. gov. cn/customs/xwfb34/302425/2868426/index. html，最后访问于 2020 年 3 月 3 日。

8 截至 2020 年 3 月 22 日 24 时，累计报告境外输入确诊病例 353 例。《国务院联防联控机制就依法防控境外疫情输入最新情况举行发布会》，载海关总署官方网站，http：//fangtan. customs. gov. cn/tabid/983/default. aspx，最后访问于 2020 年 3 月 25 日。

9 陈伊萍、马作宇、李佳蔚：《九个 100%！防境外输入，上海从严从紧从细》，载澎湃网，https：//www. thepaper. cn/newsDetail_ forward_ 6638326，最后访问于 2020 年 3 月 22 日。

海关总署在2020年1月25日公告，全力保障进口药品、消毒物品、防护用品、救治器械等快速通关，各直属海关通关现场设立进口捐赠物资快速通关专门受理窗口和绿色通道。紧急情况下可先登记放行，后补办相关手续。对于用于防控疫情的涉及国家进口药品管理准许证的医用物资，海关可凭医药主管部门的证明先予放行，后补办手续。《慈善捐赠物资免征进口税收暂行办法》所列有关物资，紧急情况下海关可先登记放行，再按规定补办减免税相关手续。[10]

对于捐赠物资的税收减免，财政部、海关总署、国家税务总局曾于2015年联合发布第102号公告，公布《慈善捐赠物资免征进口税收暂行办法》（以下简称《暂行办法》），自2016年4月1日起实施。疫情发生后，三部门于2020年2月1日再一次公告，在2020年1月1日至3月31日，实行更优惠的进口税收政策，适度扩大《暂行办法》规定的免税进口范围，对捐赠用于疫情防控的进口物资，免征进口关税和进口环节增值税、消费税。对卫生健康主管部门组织进口的直接用于防控疫情物资免征关税，已征收的予以退还。已征税进口且尚未申报增值税进项税额抵扣的，可凭主管税务机关出具证明，向海关申请办理退还已征相关税收手续；已申报增值税进项税额抵扣的，仅向海关申请办理退还已征进口关税和消费税手续。[11] 邮件快件渠道涉及疫情防控物资的，相关物资的寄收件人如有需求，可致电详告邮件快件单号，海关将一对一指导，快速办理通关手续。[12] 在援助其他国家物资出口时，海关提供审单、查验和邮政分拣、运输等环节“最高优先级”待遇。[13]

（三）帮助企业复工复产

在疫情整体得到控制的情况下，帮助企业复工复产成为全社会的要务。海关总署于2020年2月16日出台10条措施，支持外贸企业抓紧复工生产，促进外贸稳增长。它们主要包括加大支持力度，缓解企业经营困难；加快验放进口

---

10 《关于用于新型冠状病毒感染的肺炎疫情进口捐赠物资办理通关手续的公告》（海关总署2020年第17号）。

11 《关于防控新型冠状病毒感染的肺炎疫情进口物资免税政策的公告》（财政部、海关总署、税务总局2020年第6号）。

12 例如，2020年2月7日，南京海关所属南京禄口机场海关为一名入境旅客随身携带的23.8万只医用手套给予通关便利，一对一指导办理报关手续。该批进境疫情防控物资为一跨境电商公司境外采购，委托人员随航班带回，并计划捐赠给黄冈市指定医院。《海关“一对一”指导　快速验放疫情防控捐赠物资入境》，载海关总署官方网站，http：//www.customs.gov.cn/customs/xwfb34/302425/2858877/index.html，最后访问于2020年2月21日。

13 《广州海关架起邮递渠道防疫物资出口“快车道”》，载海关总署官方网站，http：//www.customs.gov.cn/customs/xwfb34/302425/2924270/index.html，最后访问于2020年3月25日。

生产设备和原材料；促进农产品、食品扩大进口；支持企业扩大出口；简化进口特殊医疗物品检疫审批；简化加工贸易延期办理手续；简化核销手续，减少下厂稽查；从简从快办理行政处罚；积极开展国际协调合作，加强国外限制性贸易措施的应对以及发挥“互联网+海关”作用。[14]很多直属海关甚至隶属海关[15]都出台配套措施。海关总署还明确，对于缴款期限届满日在2020年2月3日至确定并公布的复工日期期间内的税款缴款书，可顺延至复工之日后15日内缴纳税款。对有关进口货物的滞报金，起征日顺延至上述复工日期。[16]为减轻企业成本，收发货人在收到查验通知后，可以选择不到场协助海关实施查验。海关对相关货物完成查验后，由存放货物的海关监管作业场所经营人、运输工具负责人在查验记录上签名确认。[17]

二、国际突发公共卫生事件下中国海关法实施的反思

法律实施是指法律规范在社会生活中被人们实际贯彻与施行，它是实现法的目的的重要方式和发挥法的作用的主要途径。[18]法律不是由社会自动实施的，而主要是由实施机关按照法定的程序完成。海关法律也是如此，主要是由海关总署、直属海关及隶属海关实施。然而，由于中国海关法实施的失范，给疫情应对造成了不必要的干扰。下面，我们选择北京海关、上海海关、深圳海关、武汉海关及昆明海关五个直属海关，针对它们落实海关总署第17号公告的做法，就法律实施问题做一个简单的比较分析。

北京海关分别于2020年1月25日、2月1日与2月3日发布三个公告。第一个公告在海关总署第17号公告的基础上，明确首都机场海关等隶属海关设立进口救援物资快速通关专门受理窗口和绿色通道，符合规定的受赠单位提供书

14　《海关总署10条“硬核”措施　全力支持外贸企业复工复产》，载海关总署官方网站，http://www.customs.gov.cn/customs/xwfb34/302425/2862795/index.html，最后访问于2020年2月20日。

15　例如，《皇岗海关帮扶企业防控疫情复工复产十条细化措施》，载深圳海关官方网站，http://shenzhen.customs.gov.cn/shenzhen_customs/511686/511688/511691/2863895/index.html，最后访问于2020年2月20日。

16　《关于临时延长汇总征税缴款期限和有关滞纳金、滞报金事宜的公告》（海关总署公告2020年第18号）。

17　《关于新型冠状病毒肺炎疫情期间海关查验货物时收发货人可免于到场的公告》（海关总署公告2020年第24号）。

18　夏锦文：《法律实施及其相关概念辨析》，载《法学论坛》2003年第6期。

面证明或担保就可先登记放行货物。[19]第二个公告主要包括捐赠流程（捐赠人资质、受赠人资质、确定捐赠事项、联系货物通关），捐赠物资到达口岸应急通关工作（货物应急通关手续、后续货物结案手续），其他渠道捐赠物资进境事宜（旅客带货形式、快件、邮件渠道），其他事项（医疗器械、药品）以及救灾防疫物资应急通关联系人联系方式。[20]第三个公告主要针对2月1日财政部、海关总署、税务总局联合发布第6号公告，详细补充了防控新型冠状病毒感染的肺炎疫情进口物资免税政策。[21]

上海海关于2020年1月25日发布通知，在海关总署第17号公告基础上作出有限说明，后留有业务联系人的联系方式。[22]深圳海关同样是1月25日发布公告，除常见通关、免税及联系人联系方式外，不同的是在公告开头就强调了法律依据是《海关进出口货物申报管理规定》，下属福强海关负责集中办理深圳关区的减免税审核手续，如果受赠人所在地海关是深圳关区，货物也可经特殊监管区按照分送集报方式出区进口，次月底前集中申报时再申请适用相关免税政策。受赠人所在地海关非深圳关区的，也可通过上述方案先行完成货物进口，后续及时向主管地海关申请办理相关免税手续。[23]

武汉海关作为疫情主要发生地的海关，在2020年1月25日就发文落实海关总署第17号公告，对疫情防控和治疗的进口捐赠物资办理通关手续予以规定。[24]

---

19 《关于用于新型冠状病毒感染的肺炎疫情防控和治疗物资办理通关手续相关事宜的公告》（北京海关公告2020年第2号），载北京海关官方网站，http：//beijing. customs. gov. cn/beijing_ customs/434756/434769/434770/2852094/index. html，最后访问于2020年2月22日。

20 《关于进口捐赠疫情防控物资通关事项的公告》（北京海关公告2020年第3号），载北京海关官方网站，http：//beijing. customs. gov. cn/beijing_ customs/434756/434769/434771/2854776/index. html，最后访问于2020年2月21日。

21 《关于进一步明确防控新型冠状病毒感染的肺炎疫情进口物资减免税及通关事项的公告》（北京海关公告2020年第4号），载北京海关官方网站，http：//beijing. customs. gov. cn/beijing_ customs/434756/434769/434771/2860034/index. html，最后访问于2020年2月21日。

22 《上海海关关于全力保障新型冠状病毒肺炎疫情防控物资快速通关的通知》，载上海海关官方网站，http：//shanghai. customs. gov. cn/shanghai_ customs/423405/423461/423462/2853087/index. html，最后访问于2020年2月21日。

23 《深圳海关关于全力保障新型冠状病毒肺炎疫情防控物资快速通关的公告》，载上海海关官方网站，http：//shenzhen. customs. gov. cn/shenzhen_ customs/511686/511688/511689/2852119/index. html，最后访问于2020年2月21日。

24 《武汉海关关于用于新型冠状病毒肺炎疫情防控和治疗的进口捐赠物资办理通关手续的公告》，载武汉海关官方网站，http：//wuhan. customs. gov. cn/wuhan_ customs/506378/506379/2851956/index. html，最后访问于2020年2月22日。

1月26日，发布疫情防控救治用进口捐赠物资通关咨询电话的通告。[25]2月21日，又发布防控进口物资减免税手续有关事宜的通知。[26]

昆明海关分别于2020年1月25日、2月7日及2月18日发布三个公告。第一个公告规定应对新型冠状病毒肺炎疫情的进口捐赠物资办理通关手续事宜。[27]第二个公告与北京海关第4号公告内容相似。[28]第三个公告是补充公告，明确防控进口物资减免税及相关通关事项。[29]

我们发现，海关总署第17号公告在直属海关具体实施中差异性非常明显：第一，在时间上，5个海关均在海关总署第17号公告发布当天作出反应，但在内容上，深圳海关作了补充规定，例如，指定一个隶属海关集中办理减免税审核手续，特别是规定受赠人所在地海关是深圳关区的，货物也可经特殊监管区按照分送集报方式出区进口。要知道，这种做法直到2月17日《关于防控新型冠状病毒感染的肺炎疫情进口物资免税政策的公告》（财政部、海关总署、税务总局2020年第6号）中才出现。第二，在后续内容更新上，也就是随后三部门第6号公告之后，北京海关、武汉海关及昆明海关都对此及时发文，深圳海关没有单独发文，但将联合公告挂出官网，上海海关没有任何说明。第三，在发文附件问题上，除上海海关只列出《暂行办法》链接外，其他四家海关都列出受赠人接受境外慈善捐赠物资进口证明、捐赠物资分配使用清单等诸多附件。北京海关在公告中特意专门表示，受赠人也可自备格式文件。在后续格式文件作出修改后，只有昆明海关与武汉海关予以更新。第四，在公文种类上，根据2001年1月1日实施的《国家行政机关公文处理办法》第九条，公告适用于向国内外宣布重要事项或者法定事项。通告适用于公布社会各有关方面应当遵守

25 《武汉海关关于公布疫情防控救治用进口捐赠物资通关咨询电话的通告》，载武汉海关官方网站，http：//wuhan. customs. gov. cn/wuhan_ customs/506378/506379/2852841/index. html，最后访问于2020年2月22日。

26 《武汉海关关于办理防控新冠肺炎疫情进口物资减免税手续有关事宜的通知》，载武汉海关官方网站，http：//wuhan. customs. gov. cn/wuhan_ customs/506378/506379/2865826/index. html，最后访问于2020年2月22日。

27 《关于用于新型冠状病毒肺炎疫情防控和治疗的进口捐赠物资办理通关手续的公告》（昆明海关2020年第1号），载昆明海关官方网站，http：//kunming. customs. gov. cn/kunming_ customs/611308/611311/611312/2852034/index. html，最后访问于2020年2月21日。

28 《关于进一步明确防控新型冠状病毒感染的肺炎疫情进口物资减免税及通关事项的公告》（昆明海关2020年第2号），载昆明海关官方网站，http：//kunming. customs. gov. cn/kunming_ customs/611308/611311/611312/2858281/index. html，最后访问于2020年2月21日。

29 《关于明确防控新冠肺炎疫情进口物资减免税及相关通关事项的补充公告》（昆明海关2020年第3号），载昆明海关官方网站，http：//kunming. customs. gov. cn/kunming_ customs/611308/611311/611312/2864062/index. html，最后访问于2020年2月21日。

或者周知的事项。通知适用于批转下级机关的公文，转发上级机关和不相隶属机关的公文，传达要求下级机关办理和需要有关单位周知或者执行的事项，任免人员。因此，直属海关使用公告或通告都可以接受，但上海海关使用的通知行文是不妥的。[30]

三、国际突发公共卫生事件下中国海关法实施的完善路径

法律实施包括三层含义，一是法律规范程序上的实行，包括实施主体、实施行为、实施方式以及实施活动过程；二是实在法实体内容的实现，权利义务转化为现实，并形成具体的社会关系和秩序；三是法的应然精神和价值得以展示。[31] 中国海关法的实施也应包括这三层含义。然而，法律实施长期以来就是一个难题。一方面，它被认为是下一阶段中国法治国家建设的重点。[32] 另一方面，有人将其称为“实施障碍综合征”，并归纳了八种制约因素。[33] 因此，中国海关法的法律实施也难逃缺陷。我们建议，可以探索通过拓展法律实施主体来解决实施过程中实体和程序的不足。

按照传统思维，法律实施的主体是国家，所以，海关法的实施都暗含着一个前提，即海关，也只有海关，才是法律实施的唯一主体。然而，现代法律制度日趋复杂化与技术化，法律实施成本居高不下，使公法越来越难以单纯或者主要以公权力来推动实施，而是必须借助于私人力量，既摊薄法律实施的成本，又分散因实施者的错误行为可能造成实施失败的风险。[34] 因此，现代法律制度之下法律实施的主体不仅限于国家行政机关及其代表，与之相对应的还有私人实施。从法理角度，要使公众成为变革的能动的参与者，而不是指令或资助配

---

30 类似情况还可见《长沙海关关于办理防控新冠肺炎疫情进口物资减免税手续有关事宜的通知》，载长沙海关官方网站，http：//changsha. customs. gov. cn/changsha_ customs/508922/508923/bggg/2866561/index. html，最后访问于2020年2月27日。

31 宋迎军：《论法律实施》，载《河北法学》1995年第5期。

32 刘作翔主编：《法律实施的理论与实践研究》，社会科学文献出版社2012年版，第36页。

33 这八种制约因素分别是传统文化的消极影响与制约，中国社会关系的复杂性与剧烈变迁，中国经济结构的迅速变迁、物质经济条件的制约以及经济规律适用范围的扩大化，中国行政管理体制的制约，中国执法人员的法律素质不适应法治国家建设的需要，中国现有法律本身质量的局限性，中国社会监督机制的不健全、监督力度不足，中国司法保障与监督的缺位与软弱。参见马怀德著：《法律的实施与保障》，北京大学出版社2007年版，第44—96页。

34 李俊峰：《法律实施中的私人监督——“罚款分享”制度的经验与启示》，载《社会科学》2008年第6期。

给的被动的、顺从的接受者。[35]在当下中国，为了防止程序以及法治流于形式，完全有必要鼓励个人带着自己的社群身份认同，积极参与政治社会的生活，并动员各种不同形式的共同性资源，包括基于历史事实和文化传统的正统性根据。[36]实践中，已经有一些领域开始私人实施的实践。从20世纪80年代，中国环境法领域就开始引入私人实施，私人主要是通过民法上一般的妨害、相邻关系等提起诉讼进行救济。随着专门环境法律及相关民事法律的制定及完善，环境代表人诉讼、环境公益诉讼、环境检举等私人方式得到发展，但公共实施仍然是环境法实施的主要方式。[37]经济法领域依托单独或共同诉讼的私人实施机制虽有实践，但通过集团性公益诉讼的社会实施机制更加合理有效。[38]

在国外，法律的私人实施是指私人或私营企业调查违法行为，拘捕违法者（包括刑事违法者），运用包括刑事诉讼在内的法律程序对违法行为进行矫正的活动。[39]日本反垄断法私人实施制度的创立与发展凸显出“本土化”色彩，为中国反垄断法私人实施制度的完善提供了重要的可借鉴资源。[40]

法律实施不能等同于执法。执法的最大特点是国家代表性，即主体具体特定性，只有国家机关及公职人员才能担任行政执法的主体。[41]执法是国家垄断的一种行为规则，不会与私人分享。因此，我们主张拓展行业协会为中国海关法的实施主体，而不是行政执法的主体。这能在很大程度上避免海关作为单一公共机构主体的逻辑困境。很多时候，公共机构的逻辑目标并不是追求社会利益的最大化，而是追求自身利益的最大化，或是预算的最大化。[42]在目标多元的时候就容易诱发冲突矛盾，例如，海关既要加快防控疫情物资通关，又要确保法律得到严格遵守；既要帮助企业复工复产，还要一视同仁地对待企业。引入行业协会，客观上加大海关被规制俘获的成本，也更容易跳出那种非此即彼、非黑即白的陷阱。

---

35 ［印］阿玛蒂亚·森著：《以自由看待发展》，任颐等译，中国人民大学出版社2002年版，第276页。

36 季卫东：《论法律意识形态》，载《中国社会科学》2015年第11期。

37 冯汝著：《环境法私人实施研究》，中国社会科学出版社2017年版，第84页。

38 赵红梅：《经济法的私人实施与社会实施》，载《中国法学》2014年第1期。

39 Landes William M., Posner Richard A, *The Private Enforcement of Law*, Journal of Legal Studies, Vol. 38:1, p. 1 -46 (1975).

40 丁国锋、周新生：《日本反垄断法私人实施制度及其对中国的启示》，载《日本问题研究》2011年第4期。

41 李龙主编：《法理学》，武汉大学出版社2011年版，第218页。

42 ［美］曼瑟尔·奥尔森著：《集体行动的逻辑》，陈郁等译，上海三联书店2011年版，第1-8页。

考虑到行业协会在中国发展的实际情况，我们建议，以中国报关协会作为试点。其一，中国报关协会是在海关注册的报关单位、依法成立的其他相关企事业单位、科研院所、社会团体等及有关人士自愿结成的全国性、行业性社会团体。这就决定了它具有较强的专业性，能够更有效率、更加便捷地与海关产生和谐的共振效应。其二，中国报关协会具有海关难以覆盖的信息优势，能比海关这个外部监管机构更早、更全面地发现问题，第一时间调查、固化及提交证据。其三，中国报关协会具备相关实践的现实基础。它履行海关总署转移的管理职能，代表会员参与海关各项通关作业制度的改革，协助海关总署开展海关政风行风外部调查及其他调查工作，管理《代理报关委托书/委托报关协议》计算机应用系统以及组织开展进出口货物预归类社会化服务行业管理。[43] 其四，中国报关协会方便与其他机构进行法律实施的合作。海关作为行政机关有体制、机制方面的控制，更会受到财政预算的严格约束，中国报关协会作为社会团体在这些方面的环境相对较为宽松。这是在任何一个现代国家都会遇到的资源权衡难题。美国每年都在应急准备和预防造成数百万人死亡的伤害和慢性病之间平衡资源，即便如此，在平衡相互竞争的优先事项、保持问责制以及协调各级政府之间的努力方面，仍然存在严重挑战。[44] 中国报关协会的出现有利于整合社会各渠道资源，摆脱刚性预算的限制，更加灵活地推动法律实施。

43 内容参见中国报关协会网，http：//www. chinacba. org/html/AboutUs/Introduction/，最后访问于2020年2月28日。

44 Sarah A. Lister, *An Overview of the U. S. Public Health System in the Context of Emergency Preparedness*, Congressional Research Service, March 17, 2005, p. 32.

“抗疫”引发应急管理法治的思考

王权典　李锐忠*

举国抗击新冠肺炎疫情，既是对国家治理体系和治理能力的大考，也是对全面依法治国和法治建设水平的检验，更是法治现代化成长的契机。依法应对、依法防控、依法治理，乃最基本的内在要求。

我们要注重检视抗疫法治的成色，把握应急状态的法治特点，从多个维度（层面）理性思考创新和完善重大突发事件应急管理法治体系。

新冠肺炎疫情击中了我国应急管理法治领域的某些“软肋”，暴露了应对突发事件全链条管理的法治“短板”或薄弱环节。在疫情防控中，各种慢作为或乱作为、应对过激、防控过度等操作的教训不少。个别地方或部门应对决策管理出现非科学、非理性的错误倾向，各种应急工作如机制建设、组织动员、物资储备、资源调配、行政干预等方面缺乏章法，凸显了法治思维和法治能力的不足，特别是应急法治理念的缺失。究其缘由，既有立法层面的问题，也有执法层面的问题，更有基层治理乱象丛生以及社会法律意识不足的问题，需要精准把脉，补短板、堵漏洞、强弱项，认清应急管理状态的法治特点，多维度、多层次地思考创新和完善重大突发事件应急管理法治体系[1]。

---

* 王权典——华南农业大学法学教授，广东城镇化法治研究会副会长兼新型城镇化法治研究中心主任，主要研究领域：城镇化法治与社会基层治理规范。李锐忠——民主与法制社广东记者站站长，广东省政府参事室研究员，广东省城镇化法治研究会副会长。

1 江必新：《用法治思维和法治方式推进疫情防控工作》，载《求是》2020 年第 5 期。

一、在宏观立法层面，需解决突发事件应急管理立法存在的制度缺陷及衔接不够、内容滞后、针对性和实操性不强等突出问题

1998年洪灾、2003年“非典”以及2008年南方雪灾、汶川大地震等抗灾救灾以来，我国逐步建立了较完整的应对突发事件的法律规范体系，包括各位阶、各领域、各地方相关立法和应急预案及工作机制，在应急管理法治视域体现为防范为主、常备急需、先行处置、遵循程序、及时报告、专业处置、比例协调、严格问责、注重宣教等基本原则和制度防线。如《突发事件应对法》规定了应急处置的协作机制，明确各级政府及相关部门的职责，从人、财、物诸方面为突发事件应急管理提供支持，确定各级政府及相关部门、企业及公共服务组织、相关单位及社会公众的支持、参与机制。从立法形式看，我国既有《传染病防治法》及实施办法、《食品安全法》等常态法，也有《突发事件应对法》《突发公共卫生事件应急条例》等特别法，还有大量的规章及应急预案，可谓体系完备。[2]然而，经比对发现，相关法律法规的协调性较差，从基本制度到具体规范均存在漏洞。譬如，《传染病防治法》于1989年制定后经过了2004年、2013年两次修订，而其实施办法仍是1991年的“老法”，已经严重滞后于实施要求。再如，就预警制度而言，《传染病防治法》与《突发事件应对法》分别规定不同的预警主体，而《突发公共卫生事件应急条例》仅规定建立监测和预警系统；并且，《传染病防治法》第十九条的规定与《突发事件应对法》第四十三条的规定存在明显的冲突[3]；再就是二者均无“谁来预警”的明确规定，表明相关立法缺乏协调性与可操作性。这牵涉一个关键问题，即现行相关法律规定，无论是常态法还是特别法的规定，其规制措施针对的都是已经知晓的传染病，而无法适用于“非典”和新冠肺炎等不明传染病的应对。依现行立法规定，新发现的突发传染病在国家卫健委宣布为法定传染病并明确分级之前，的确难以依法实行预警，更不可能启动应急预案。还有，当前应急法律体系缺乏完整的概念和制度逻辑及本应明确规范的应急措施，如虽设一、二、三、四级应急响应却无规定相应的应急状态，在民众看来，应急响应就是政府的事情，无关乎市民，由此造成疫情初期市民恐慌、迷茫及无从配合。

---

2 孟涛：《中国非常法律的形成、现状与未来》，载《中国社会科学》2011年第2期。

3 《传染病防治法》第十九条第二款“国务院卫生行政部门和省、自治区、直辖市人民政府根据传染病发生、流行趋势的预测，及时发出传染病预警，根据情况予以公布”的规定与《突发事件应对法》第四十三条“……县级以上地方各级人民政府应当根据有关法律、行政法规和国务院规定的权限和程序，发布相应级别的警报……”的规定。

此外，若因“抗疫”需要征用公民私有财产，主要依据是《物权法》与《突发事件应对法》的相关规定，《物权法》仅有财产归属关系的原则性规定，在疫情下是否适用征用制度，则应结合其他法律如《突发事件应对法》之行政权扩张性规定。虽然二者相关规定的内在精神一致，但后者侧重于行政权有效行使，《物权法》所确立的返还与补偿原则，则强调保障被征用人的财产利益。而且，《突发事件应对法》与《传染病防治法》均仅规定了“征用”而非“征收”的行政措施，二者的法律意义存在较大差异——“征收”是政府将被征收之物收归国有，实现物的所有权转移，即意味着被征收主体不再是物的所有权人，其占有、使用、收益等权能均由代表国家的政府行使；“征用”则是政府将被征用之物的使用权暂时转移，被征用人仍是物的所有权主体，暂且失去物的使用权，而后政府有义务将其归还原主（如依《突发事件应对法》第十二条的规定[4]）。因此，日后修订《突发事件应对法》与《传染病防治法》，宜将“征收”补入。法律保障公民和法人的财产权，征收和征用均属于这一原则下国家强行取得或使用公民和法人的财产的例外规则，立法需要明确根据财产类型划分不同征用（收）的权力主体及具体的程序，保障其程序正义；需要细化征用（收）补偿标准，明确不当征用（收）行为给权利人造成不当损害的救济方式，并规定征用（收）的监督方式[5]。另外，还存在相关立法就紧急征用（收）的规定不协调的问题，即《突发事件应对法》第十二条的规定与《传染病防治法》第四十五条的规定存在矛盾[6]。“抗疫”中一度难免发生某些地方政府以邻为壑、妨碍全国“一盘棋”的举动，表明国家立法在此方面对地方之间的关系调整也需要理顺。

所以说，目前应急管理特别法律规范体系不足以与常态法律规范体系形成平行且彼此协调的关系，尚不适应应急体制运行的需要，难以满足全面推动将制度优势转化为治理效能的现实要求，无疑需要协调完善相关立法。

---

4 《突发事件应对法》第十二条规定“被征用的财产在使用完毕或者突发事件应急处置工作结束后，应当及时返还。”

5 沈岿：《大理“征用”口罩引发的修法问题》，载微信公众号“博雅公法”，2020 年 2 月 10 日。

6 即《突发事件应对法》第十二条“有关人民政府及其部门为应对突发事件，可以征用单位和个人的财产”与《传染病防治法》第四十五条的规定“国务院有权在全国范围或者跨省、自治区、直辖市范围内，县级以上地方人民政府有权在本行政区域内紧急调集人员或调用储备物资，临时征用房屋、交通工具以及相关设施、设备”的规定。

二、在中观决策管理与执法层面，偏离法治轨道的运作模式需矫正

实践中，应急预案往往成为突发事件治理最直接的规范依据。治理紧急事件所涉各类法律尤其是基本法（如《突发事件应对法》），却过于原则性和抽象化而难以直接实施。紧急事件发生后，有关政府第一反应就是“启动应急预案”，而非依据某一法律法规采取行动。然而，早在十多年前“非典”后制定的《国家突发公共卫生事件应急预案》宏观指导有余，精细化不足，实操性和时效性不强，并未充分考虑交通网络辐射性、季节/节庆高发易感性、交通枢纽及特大城市人群流动频繁性、区域公共资源均衡性、社会动员力量主体性等诸多需要应对的复杂因素和时代变量，地方省级政府相应的应急预案存在同样问题，故而导致疫情突袭虽有预案，但应对起来却措手不及。本次举国“抗疫”，基本使用了“疫情防控重点地区”和“非疫情防控重点地区”。此表明，法外称谓难与响应等级对应，难免导致地方防控过度或失守；甚至某些地方政府公告使用“战时管制”“战时状态”等非法律规范用语，其或是借用法定“紧急状态”[7]近似的失范表达[8]，却从侧面反映了我国公共卫生应急管理法制协调的缺陷，即便如此，地方政府当也无权宣布。严格来讲，这就是地方政府于法无据的“抗疫”行为表现，显然其法治思维和法治能力有待提高。非常时期可用非常管制，但也要特别警惕教条主义，防止过于强调疫情分级的属地下沉责任。在本次“抗疫”中，中央强调全国“一盘棋”“统一部署”“统筹管理”，就要避免地方政府各自为政或乱作为，杜绝地方官员懒政怠政。

在执法层面，地方政府及各部门严格执行法律各项规定，落实防控责任，坚持联防联控、群防群控，对干扰医疗机构工作、隐瞒谎报疫情、制售伪劣防护产品、非法交易运输野生动物及制品等违法行为强力惩治，依法保障民众生命健康安全，依法开展防控工作要聚焦薄弱环节，坚持问题导向，补短板、强弱项，完善疫情防控相关法律措施，健全配套制度，有效推动形成全社会支持参与疫情防控的氛围，在法治轨道上统筹推进各项防控行动。但要说明的是，有关行政机关及组织在新冠肺炎防治战中所采取的各项应急措施，并不适用常态性的《行政强制法》，而是依照有关特别法规定执行。

从社会治理维度看，政府如何把本次“抗疫”存在的问题转化为社会治理问题，涉及是否需要干预以及采取何种类型及强度的干预等问题考量。一个健

7　即《突发事件应对法》中的“应急处置措施”或《传染病防治法》中的“紧急措施”。

8　马国川：《童之伟：在法治轨道上化解公共卫生危机》，载《财经》2020 年 2 月 19 日。

全的社会治理体系包括常态化社会治理和非常态化社会应急治理两大部分。当新冠肺炎疫情涉及不同层级和类型的治理主体时，还涉及治理责任归属，如在疫情防控中，无论是北京强调的“四方责任”[9]还是广州、杭州等地突出严格落实属地主体责任，都是对疫情防控中责任机制的建构。本次疫情危机存在一个社会治理矛盾——政府主导与社会参与度欠匹配，彼此对接不顺畅。虽然不少企业或公众、公益组织对疫情的援助积极投入，但问题是支援物资虽高效送到，却受阻于个别政府或所属机构的低效分配能力。某些地方政府依旧遵循“大政府小社会”的惯性思维，由政府主导包揽一切。以湖北与武汉红十字会为例，其对慈善物资发放按传统人工填表的方式汇总需求，再按领导评估分配后通知领取，最后以单位介绍信核查验证，其流程似乎固守严谨，但工作节奏与现代网络社会格格不入，难免效率低下、运转失灵。鉴于“举国”垂直管理体制在物资贫乏、经济、信息不发达时期或能奏效，需要依法构建“政、商、军、警、民”联动型应急救援体制和社会参与协同共治的新机制。

依法落实国家防控统一部署，要上传下达，有效贯彻，在国家治理与地方治理、社会治理之间应形成规范有序、连贯高效的体制机制及流程，避免国家指向与地方或社会行动之间形成断层或“肠梗阻”。

三、完善机制，精准治理，规范施策，多元联动，群防群控，夯实社会参与应急管理的法治基础

一是强化社会治理主体责任，形成“多元联动”“上传下达”的机制。在突发性公共事件趋多的态势下，扩散性、危害性强的疫情将直接危及群体生命安全，若基层治理怠慢或方法失当，无法有效控制疫情扩散，就加剧社会普遍恐慌，甚至引发疫情扩散区域健康群体对疫区民众或疑似者群体采取不理性的伤害行为，进而导致社会撕裂或对立，将给国家安全和社会稳定带来深重的负面效应。部分基层领导管理套路奉行“三板斧”：检查、讲话、批示，其统领指导自有高度、深度与密度，却缺乏具体措施和专业指导。本次疫情防控不只是医药卫生问题，而是全方位的系统工作，自疫情暴发以来，某些基层单位或部门疲于应对、毫无头绪，暴露出应对危机的短板和缺陷。针对疫情应对，国家要把方向，政府要拿措施，基层要出策略。通过上下互动，准确统计并预测其传播速度和方向是决策关键；通过及时的追踪排查，实现“早发现、早隔离、

9　《北京市人民政府关于进一步明确责任加强新型冠状病毒感染的肺炎预防控制工作的通知》（京政发〔2020〕2号）的核心要求是落实“四方责任”：一要落实属地责任；二要落实部门责任；三要强化单位责任；四要依法规范个人防控行为责任。

早治疗”，尽可能地将传染病遏制在较小范围内。决策者公布应对方案及时有效，基层群众就会选择在家安心休养，疾病传染就会得到有效遏止；否则，民众可能陷入恐慌，试图自行逃离所在社区甚至城市，从而造成更大的混乱乃至社会失控。因此，既要以政府积极部署引导为前提，也要在基层广泛动员、有效实施管控。

二是强化群防群治，发挥社区治理“闸门”作用。社区是社会治理的基本单元，更是防灾抗疫的前沿阵地。本次疫情来势严峻，群防群控非常必要。政府在疫情防控的人民战争中要发挥主导作用，而依靠社会（区）全面落实，构筑群防群治的严密防线。譬如，各地疫情防控应急指挥部发布公告，由镇（街）—村（居）构成的基层网格下沉到各个村社；再如，盘查进出的行人、车辆，测体温、督促戴口罩、访查隔离登记、购买物资等诸多细小工作环节，均依靠社区工作者或志愿者。充分发挥基层自治效能，需要运用法治思维和方式从规范有序层面予以引导和示范；充分运用城市网格化管理成果，联防联控、织密疫情防控网，建立起了群防群治体系，为及时控制疫情争取了宝贵时间，多数社区积累了“抗疫”的经验认识。普遍认为，提升常态化治理水平以降低突发事件风险，应特别强化社区（村）的基石作用。遵循社会治理现代化基本规律，掌握突发公共事件的特点，把提升有效预防和应对突发公共事件能力作为构建基层社会治理创新的重要“闸门”。

三是编制应急管理“一居（社）一策”方案。本次疫情应对排查过程动用大量人力、物力收集到的数据和倡行的新型生活方式、工作模式应择优保持，如分餐式聚会、在线培训等；同时，将突发事件应急管理纳入综合治理措施，形成社区突发事件应急管理标准化体系即“一居（社）一策”模式。某些居委会管控不力，造成武汉返乡患者漏管失管，给区域防控造成重大隐患。同时，号召群众为“一居（社）一策”推进工作出谋划策，援法而治，进行规范化设计、标准化施策，及时对居民意见进行梳理，并结合专家论证补充和修改，确保社区在有效建立公共安全预防体系的基础上，尽可能地满足群众需求。当然，制度设计考虑差异性，就要注重自下而上的创新，激发基层创造性并促使创新成果运用，不恪守“自上而下”的制度约束，而要重视自下而上的符合居民利益、基于公众意愿的各种正式或非正式的制度安排。

四是既要科层式规范防控，又要阿米巴式精准治理，拓展服务转型。本次“抗疫”，多个地方实行区域封锁、道路管制甚至社区隔离，出现了部分地区食品、药品及相关生活必需品缺乏，正常就医不便等情况。如何优化各类线上线下社区生活圈，降低突发公共事件对居民生活的负面影响，是各地基层管控所面临的现实难题。基于传统科层制模式，依托互联网等新兴工具，社会治理结构将更加扁平化，从而形成多元协调的新机制。抗疫中的自我隔离、邻里互助、在线办公等均展示出社区自治的重要性，值得梳理和挖掘。传统的资源配置机制难以适应多元化、市场化、个性化的现代治理的特殊需求，需要重点拓展社区网格微单元、公共安全与应急保障微体系、基本公共服务微圈层空间，实现靶向治理，使治理内容更加丰富且有针对性，资源配置富有效率。在治理手段上，充分利用互联网、物联网、大数据等信息化技术，引导疫情期间居家办公和远程医疗等，减少不必要的接触；通过人口流动信息的共享和精准定位，避免“一刀切”的刚性管制；通过构建线上互助平台等优化公众参与，灵活多元地提升全社会对突发事件的应对能力。充分发挥社会组织和志愿者作用，调配更多的资源下沉到基层，在更好地为居民提供精准化精细化服务的同时，搭建平台，畅通渠道，让居民在参与基层治理、自我防范和服务他人的过程中培养主人翁意识和社区合作精神，结合政策宣传、说服教育、心理疏导及典型警示教育，引导民众增强法治观念及自律责任意识，理解、支持和配合相关组织依法开展应急防控工作。

重大疫情交通管制措施的合法性检视

洪丹娜*

法治思维匮乏仍然是当前地方政府疫情防控决策的缺陷。重大疫情交通管制措施实质上构成了对公民基本权利的减损，理应作深度的合法性检视。从主体要素作合法性考量并不难以判断。而从权限要素分析，既有法律规定仅笼统地规定了交通管制措施，对权限缺乏细化的规定。从程序要素分析，“重实体轻程序”的行政应急立法倾向仍较明显，疫情防控中的专家论证程序、合法性审查程序宜提炼为有益经验，助力修法。从内容要素分析，比例原则是考量应急处置措施合法性的重要途径，有利于限制应急权的滥用，提升疫情防控决策的科学化和法治化水平，并保护公民基本权利。通过对疫情防控措施的合法性检视，有利于促使当前疫情防控模式逐步转向法治的轨道。

《突发事件应对法》第四十九条规定了人民政府可以采取包括交通管制措施在内的一系列应急处置措施，但是“有权采取”不等于采取该措施就必然具有合法性。比如，广东省汕头市发出“封城”令很快又撤回，反映了当地政府未能充分研判疫情而草率作出决策，一方面构成对公民基本权利的不当减损，另一方面还会衍生其他社会问题，如哄抢物资。“紧急状态无法律”并不是政府施行严苛管控政策的借口。更何况按照《宪法》和《戒严法》的规定，紧急状态是由全国人民代表大会常务委员会或者国务院依法宣布的法定状态，宣布之后方可适用紧急状态之下的相关法律条文。显然，本次突发疫情并没有触发宣布紧急状态的权力机制的启动。根据立法背景资料显示，在制定《突发事件应对

---

* 洪丹娜——华南理工大学法学院讲师，主要研究领域：宪法学与行政法学。本文系基金项目“中央高校基本科研业务费专项资金”（XBS07）、2017年广州市社科青年基金项目“自媒体时代公民权利反腐机制的嬗变及完善”（2017GZQN23）和广东省哲学社会科学“十二五”规划2015年度学科共建项目（GD15XFX10）的阶段性成果。

法》时，立法者便对突发事件与宪法规定的紧急状态的关系问题进行了充分的讨论，认为对界定紧急状态应当持谨慎的态度，一般情况下，四类突发事件并不属于紧急状态，按照《突发事件应对法》第六十九条的规定，只有当采取本法和其他有关法律、法规、规章规定的应急处置措施不能消除或者有效控制、减轻其严重社会危害，需要进入紧急状态的，由全国人民代表大会常务委员会或者国务院依照宪法和其他有关法律规定的权限和程序决定。[1] 换言之，《突发事件应对法》中调整的突发事件并没有触动紧急状态。不过，将突发事件纳入常态的行政法治秩序也不妥当，实际上，一般的突发事件可视为介于常态与紧急状态之间的过渡形态，可称为突发状态或应急状态。应急状态之下，政府施行政策应有更高的合法性要求，或者说不能仅限于机械适用法律规定。应急状态下对行政机关的特别授权和概括授权，[2] 是为了拓展行政应急权行使的自由裁量空间从而作出最妥适的处置措施，而不是赋予行政机关不受约束的自由裁量权。正确理解应急状态下行政权的依法行使，方能解开疫情防控中交通管制措施合法性的问题症结。从行政应急权的合法性要素考察，大致可以从主体、权限、程序、内容四个方面评判实行交通管制措施的合法性。此外，应急状态下的处置措施不应是单一的、封闭的，而应是联动机制中的一环，处置措施的采取还要考虑是否可能会造成衍生的问题并采取相应的配套或补救措施。如果相应的配套和补救措施缺位，将会减损应急处置措施的合法性。本文将从主体、权限、程序、内容等几个方面去分析突发重大疫情交通管制措施的合法性，以期为今后应急预案的修改完善以及应急处置措施的行政决策提供有益的理论支持。

一、采取交通管制措施的主体和权限

根据《突发事件应对法》第四十九条的规定，采取包括交通管制措施在内的应急处置措施的主体是人民政府，结合该法第七条至第九条的规定，应是指国务院和县级以上人民政府。同时，《突发事件应对法》为了构建更为科学的防控组织体系，授权县级以上人民政府在应对突发事件时设立突发事件应急指挥机构，由其组织、协调、指挥突发事件应对工作，以避免职责推诿，且能串联

1 参见时任全国人大法律委员会副主任委员王茂林于2007年6月24日在第十届全国人民代表大会常务委员会第二十八次会议上作的《全国人大法律委员会关于〈中华人民共和国突发事件应对法（草案）〉修改情况的汇报》，载中国人大网，http：//www. npc. gov. cn/wxzl/gongbao/2007 – 10/09/content_ 5374664. htm，最后访问于2020年2月10日。

2 概括授权的体现如《突发事件应对法》第四十九条第（十）项，规定政府可以采取防止发生次生、衍生事件的必要措施。第（十）项的必要措施应该是除了条文明确列举的九项措施之外的，为了防止发生次生、衍生事件而采取的必要措施，赋予了地方政府应急状态下宽泛的自由裁量权。

军地力量。按照行政主体的理论，应急指挥机构的行为后果和责任应由设立它的人民政府承担。在应对新冠病毒疫情时，各地纷纷成立疫情防控指挥部，并以指挥部名义发布有关交通管制措施的通告。从法条规定来看，采取交通管制措施的主体合法性并不难判断。然而，实践中仍然有不适格的主体擅自采取妨碍交通正常通行的管制措施，以至于交通运输部于2020年1月30日发出紧急通知，要求各地交通运输部门要依法依规开展高速公路出入口、省界和服务区、国省干线和农村公路等通道管控工作，不得采取封闭高速公路、阻断国省干线公路等措施，保障春运期间公路基本通行顺畅；不得简单采取堆填、挖断等硬隔离方式，阻碍农村公路交通。[3]实践中，执行交通管制措施的并不一定是人民政府或指挥部，可能是乡镇政府、街道办事处、村委会等，按照行政委托的理论，应视为人民政府委托的组织，行为后果和责任归属于人民政府。

相对于主体要素而言，突发公共卫生事件发生时采取交通管制措施的权限合法性并不是非常清晰的。这是由行政应急权的本质属性所决定的。与常态下的行政权力行使不同，应急状态下行政权的权限范围并不是由法律规定予以明确界定的。法律一旦将行政应急权的权限范围锁定了，就不利于突发事件的妥善应对。武汉市于2020年1月30日公布的《武汉市新型冠状病毒感染的肺炎疫情防控暂行办法》即把交通管制措施作为疫情防控的处置措施。但是，该办法作为规范性文件，位阶较低，不能自我赋权，因此，交通管制措施应从高位阶的法律寻找依据。《传染病防治法》第四十二条列举的人民政府在传染病暴发、流行时所采取的紧急措施并不包括交通管制措施，而第四十三条规定的封锁疫区的措施则是建立在有权机关依法宣布疫区和决定封锁的程序之上的，对于没有被宣布为疫区和疫区之外的地方，显然不能采取封锁疫区的措施。《传染病防治法》并不能为武汉“封城”提供足够的法律依据，因为武汉市并没有被宣告为疫区，国务院也并没有作出封锁疫区的决定。事实上，武汉市和其他城市所实施的交通管制措施应从《突发事件应对法》第四十九条寻求法律理据的支撑。不过，《突发事件应对法》第四十九条所列的交通管制措施并无进一步的细化规定，采取交通管制措施的权限并不明确。《突发公共卫生事件应急条例》也未提及交通管制措施，第三十一条的行文表述采取了必要的应急措施、有关的控制措施的表述，是否包括交通管制措施以及何种具体的交通管制措施不得而知。可见，现有的法律法规并未对作为应急处置措施的交通管制措施的权限予以明确，而疫情防控实践中各地采取交通管制措施的强度各有不同。交通管

---

3 《交通部紧急通知：疫情防控不得封闭高速公路、阻断国省干线公路!》，载澎湃新闻，http：//www. thepaper. cn/newsDetail_ forward_ 5694880，最后访问于2020年2月28日。

制措施实质上构成了对公民行动自由和迁徙自由的减损，虽然我国《宪法》中并无明文规定行动自由和迁徙自由，但这可作为《宪法》第三十七条所规定的人身自由权的逻辑延伸，此外第三十三条的国家尊重和保障人权的规定也可为此提供正当化的理据。退一步讲，即便不以行动自由和迁徙自由作为受克减的基本权利基础，交通管制措施配合社区出行管控措施实际上也已经构成对公民人身自由的减损。对公民基本权利，尤其是人身自由的限制，理应慎之又慎，应遵循法律保留原则。《突发事件应对法》作为法律，虽然可以作出减损公民基本权利的措施规定，但其权限不明确容易造成实践中权力的滥用，不利于维护公民基本权利。“非典”防控中采取的强制隔离措施在当时也同样面临法治危机，并直接促使了相关法律规定的修改。突发事件的应对中，行政权的行使以化解危机为目的，固然不能完全受常态法律规定的束缚，但也不宜直接脱逸法律原则的管控。因此，对于突发事件应对中的交通管制措施，宜进一步立法明确权限的规定，不同级别的行政主体根据突发事件的响应级别采取不同程度的交通管控措施，且应明确排除诸如堆填、挖断道路等硬隔离措施。此外，《传染病防治法》宜根据不同种类传染病的防治需求增加交通管控措施作为应急处置措施的规定。

二、采取交通管制措施的程序

如果说从主体要素去评判交通管制措施的合法性一目了然，从权限的要素去评判则缺乏理据，那么借助程序的要素去评判交通管制措施则显得十分必要。遗憾的是，既有的法律规定只能提供大致的规制框架，行政应急领域立法“重实体轻程序”的倾向仍然比较突出，在新型冠状病毒疫情防控中仍暴露出行政应急权力行使的任意性，交通管制措施的采取也是如此。行政应急权力的扩张带来公民权利的缩减。它一旦被滥用，必然带来严重的危害，为此，法律必须对行政紧急权力进行规制。[4] 如何按捺行政权在应急状态下僭越合法性框架的冲动，平衡好依法行政与应急行政之间的关系，程序规制是重要的路径。尽管“非典”之后，我国已经建立了相对完善的行政应急法律体系，然而，应急状态之下的行政权力的行使仍然显示出权力的恣意与傲慢。有些地方动辄采取严控的措施，甚至通过截断道路、私自设置路卡来达到目的。暂且不论这些措施内容的合法性，从程序上推敲，或许可以揭开行政应急权行使的困境。固然，突发疫情之下行政权的行使因其应急性的特征无法接受常态的法律规定的审视，但并不意味着可就此抛开程序。事实上，行政应急程序的特殊性还表现在非常

4　王凌燕：《行政应急程序若干问题研究》，载《安徽农业大学学报》2017年第5期。

态下对行使行政应急权力的程序要求并非一味地放松、放弃，针对一些特殊情形甚至会有一些特殊的、更高的程序要求。[5]行政应急程序作为突发性公共事件中的特殊行政程序可谓意义重大，法定化的行政应急程序能有效弥补我国突发性公共事件的法制空缺。在某种层面上，政府能否在突发性公共事件中依法行政的问题也就转化为行政应急权力能否依法定程序行使的问题。[6]

综观《突发事件应对法》《传染病防治法》《突发公共卫生事件应急条例》，其中对疫情报告和信息发布制度的程序要求相对清晰，但对应急处置措施的程序规定付之阙如。《突发事件应对法》第十八条规定应急预案的制定内容中应当包括处置程序，不过，“处置程序”主要是突发事件应对流程框架，对具体应急处置措施的程序并无涉及，国家突发公共事件总体应急预案以及各省的应急预案内容上大同小异，并没有对应急处置措施的程序作出规定。忽略程序对行政应急权的重要规制作用，将难以有效约束行政应急权，也难以抵御行政应急权对公民权利的侵犯。具体到应急处置措施的程序规制，可从决策程序、实施程序和救济程序三方面来探讨今后修法完善的空间。值得注意的是，《湖南省行政程序规定》专门规定了行政应急程序，总共有八条，内容涉及应急处置措施、政府决策、信息公开、突发事件报告等程序规定，尽管有些内容规定略显粗糙，但在行政应急程序规定匮乏的法律体系中，可为实践提供有益的指引。

第一，作为应急处置措施，交通管制措施在决策程序上应注重专家论证的分量，启动何种强度的交通管制措施、实施期限、更改、解除等决策的作出应建立在科学研判的基础上。《湖南省行政程序规定》第一百二十六条规定县级以上人民政府及其有关工作部门应当建立应急管理专家咨询组织，为行政应急提供决策建议、专业咨询和技术支持，必要时参加突发事件的应急处置工作。行政机关作出行政应急决策、采取应急处置和救援措施时，应当听取有关专家的意见，实行科学决策，科学应对。该规定对人民政府处置突发事件设置了程序规制，即行政应急处置措施的作出应经过专家论证的程序，从而提高决策的科学性。前文所述的汕头市所采取的交通管制措施，如果能够经过专家论证，或许便不会成为闹剧。毕竟，行政机关在应对突发事件时并不是专业的，而是需要仰仗各方面专家的支持。发生突发事件时，行政机关的应对措施至关紧要，理应经过审慎的考量而及时作出，否则将会适得其反。在疫情防控中，交通管制措施是为了及时挽救濒危的公共利益而不得不采取的非常规措施，如果能够重视专家研判的程序，将会提高决策的科学性与有效性。此外，值得一提的是，

---

5 莫于川：《建议在我国行政程序法典中设立紧急程序条款》，载《政治与法律》2003年第6期。

6 李庆：《突发性公共事件行政程序研究》，载《人民论坛》2013年第18期。

在本次疫情防控各地出台的政策中，北京市要求发布疫情防控政策文件须先经合法性审查，[7]上海、广州、佛山等地也有类似的做法。交通管制措施作为对公民基本权利构成减损的重大决策，理应接受合法性审查。事先的合法性审查机制能够避免抗疫文件脱逸出法治轨道，也能够确保防控工作真正依法有序进行。[8]此种有益的做法为今后完善行政应急领域立法提供了宝贵的经验。把合法性审查作为疫情防控政策出台的必经程序，将有利于提升疫情防控的法治化水平，尽可能避免对公民权利的不当减损。

第二，从实施程序上看，交通管制措施主要表现为行政强制、行政指导等行为，行政指导目前缺乏相应的程序规定，行政强制则由《行政强制法》予以调整，但是，《行政强制法》第三条明确规定突发事件中行政机关采取应急措施或者临时措施，依照有关法律、行政法规的规定执行，而不适用该法的规定。不过，行政应急法律领域的立法以效率为先，几乎不考虑相应的程序制度设计，所以，应急状态下行政强制的实施程序只能比照《行政强制法》的程序要求予以灵活变通或降低。《湖南省行政程序规定》第一百二十四条也有类似规定，突发事件发生后，行政机关采取行政征用、行政强制、行政指导等应急处置措施，根据应对突发事件的需要，可以灵活确定上述行政应急行为的步骤、方式、形式、顺序和时限，变通或者部分省略有关行政程序。尽管在实施程序上可以降低常态下行政行为程序要求，但仍应遵守最低限度的程序要求。行政机关和行政公务人员实施公共应急管理，不得超越职权、滥用职权、以权谋私，应履行表明身份、告知事由、说明理由、告知救济渠道等最低限度的程序义务。[9]

第三，交通管制措施存在减损公民基本权利之虞，如果采取措施不当，可能会损害公民的权益，因此，如果不考虑相应的救济程序的安排，就相当于行政应急权的行使不需要承担相应的外部责任，由此可能放纵行政应急权的滥用。按紧急程序实施公共应急管理对部分公民、法人或者其他组织的合法权益造成特别损害的，应及时予以适当补救。[10]救济途径包括行政复议、行政诉讼、行政赔偿、行政补偿等，不过，由于应急状态的特殊情况，行政相对人的请求救济权一般以事后甚至是应急状态结束后行使为宜。[11]

---

7 《发布疫情防控政策文件，先经合法性审查》，载北京市司法局网站，http：//sfj. beijing. gov. cn/sfj/sfdt/sfxzyw59/1698488/index. html，最后访问于2020年2月28日。

8 赵宏：《最严管控、概括授权与法治界限》，载澎湃新闻，https：//www. thepaper. cn/newsDetail_ forward_ 6126604，最后访问于2020年2月28日。

9 莫于川：《建议在我国行政程序法典中设立紧急程序条款》，载《政治与法律》2003年第6期。

10 莫于川：《建议在我国行政程序法典中设立紧急程序条款》，载《政治与法律》2003年第6期。

11 参见江必新：《紧急状态与行政法治》，载《法学研究》2004年第2期。

三、采取交通管制措施的内容合法性考量

行政应急权力的行使的内容合法性考量，往往无法从法律规定作出直观的判断，但这并不意味着法律放任行政应急权的行使。“必要性产生正当性，正当性产生合法性”是突发事件应对中国家应急权力存在并持续行使的逻辑基础。[12]行政应急权的行使，必须契合应对突发事件的需要，突发重大疫情采取交通管制措施也不例外。突发事件要求政府迅速采取强有力的措施和主动干预并对社会进行控制，而各种积极、主动的行政权易造成对公民基本权利的损害。就如何控制、平衡公共利益与个人利益，比例原则可得以充分体现并运用。[13]因此，如何判断采取交通管制措施的内容合法性，需结合比例原则加以考量。《突发事件应对法》第十一条第一款规定：“有关人民政府及其部门采取的应对突发事件的措施，应当与突发事件可能造成的社会危害的性质、程度和范围相适应；有多种措施可供选择的，应当选择有利于最大程度地保护公民、法人和其他组织权益的措施。”该条规定要求突发事件应对措施的采取应当经受比例原则的检验。作为现代公法的比例原则，在限制公权力的滥用和保障公民基本权利方面发挥着重要的作用。行政应急权由于赋予了行政机关宽泛的自由裁量权而存在滥用的危险，可以说行政应急权是一种必要的“恶”，是遏制突发事件不良后果的“恶”，但我们绝不希望这种“恶”变成加诸公民身上的“恶”，异化为褫夺公民基本权利和自由的借口。因此，对于行政应急权的合法性控制便显得尤为关键，而比例原则便是至关重要的控制路径。

萌发于德国警察法的比例原则[14]辐射全球的行政法领域，成为公法学广泛探讨的现象级话题。[15]关于比例原则的内涵，有不同的学说，但核心内涵是一致的，其基本含义是行政机关实施行政行为应兼顾行政目标的实现和适当性手段的选择、保障公共利益和相对人权益的均衡，如为实现行政目标可能对相对人权益造成某种不利影响时，应将这种不利影响限制在尽可能小的范围和限度内，保持二者处于适度的比例。[16]下面将结合比例原则的三个子项构成分析疫情防控中的交通管制措施的内容合理性。

第一，妥当性原则要求交通管制措施的采取有助于达成行政目的。显然，

---

12 滕宏庆著：《紧急宪法：自由与安全的紧急正义》，法律出版社2018年版，第209页。

13 周定平：《论突发事件应对的比例原则》，载《求索》2008年第9期。

14 参见陈新民著：《德国公法学基础理论（上）》，法律出版社2010年版，第425－431页。

15 参见王静：《比例原则在行政实践中的适用》，载《财经法学》2017年第5期。

16 姜明安主编：《行政法与行政诉讼法》，北京大学出版社、高等教育出版社2015年版，第73页。

在高度紧张的疫情防控中，保护人民群众生命安全和身体健康、维护社会稳定是公共利益的具体体现，而切断传播途径是极其关键的一环，也符合《传染病防治法》《突发事件应对法》所设定的行政管理目标。现代社会高度发达的交通网络为传染病的快速传播提供了温床，鉴于此，切断传播路径就不得不考虑交通管制措施。当然，具体到某一座城市，是否应该采取以及采取何种强度的交通管制措施则需要更为细致的论证，需要结合疫情防控不同阶段的具体目标来考量。武汉市于 2020 年 1 月 23 日发出的交通管制通告正是基于第三批专家组的研判而作出的应急决策。一些输入病例极少、疫情防控压力较小的城市，则不宜采取高强度的交通管制措施，因为无论是否采取交通管制措施，对切断传播途径而言都影响不大，也即丧失了妥当性原则的正当性基础。

第二，必要性原则是在妥当性原则已获肯定之后，在所有能够达成立法目的之方式中，必须选择于人民之权利最少侵害的方法，[17] 也称为最小损害原则。《突发事件应对法》第十一条的规定对应急管理机关采取处置措施的选择范围进行限制，在可供选择的多种措施中，应选择有利于最大限度地保护公民、法人和其他组织权益的措施。具体到疫情防控中切断传播途径处置措施的采取，法律法规提供了包括限制人群聚集、停工、停业、停课、封闭有关场所多种措施，但并不意味着应急管理机关可以任意选择，而是要结合疫情防控的需要采取必要的措施。所谓“必要”，是强调该措施的采取对行政目标的达成是不可或缺的，不能由其他措施所替代，或者其他替代措施对公民权利所造成的不利影响更大，类似于“最优解”的概念。就交通管制措施的采取而言，应急管理机关应该借助前文所述的程序要素来加以研判，即应通过专家论证的程序为采取该措施的必要性提供充分的理据支持。如果经论证，采取限制人群聚集、停工、停业、停课等其他措施也足以切断传播途径，辅以交通工具的检疫和消毒措施，则没必要采取交通管制措施。而且，随着疫情防控工作的推进，交通管制措施也应适时解禁。此外，如果采取行政指导、限制公共交通人流量等低强度的交通管制措施已足以达致行政目的，则没必要采取停运各类公共交通工具、严控出行的高强度管制措施。例如，疫情防控中杭州率先推出基于大数据的“健康码”，即能够有效甄别不同风险的人群适用不同的出行管制措施。[18] 这是从封闭

17　陈新民著：《德国公法学基础理论（上）》，法律出版社 2010 年版，第 416 页。

18　杭州健康码是以“个人自述、建库比对、空间筛查”为依据，通过大数据进行首次即时计算、每日定时计算、动态实时更新，自动生成的个人健康的红码、黄码、绿码。实行绿码行、黄码管、红码禁，能够广泛运用于外来人员来杭、市民出行、企业复工复产等各个场景，是杭州数字赋能的创新实践。参见《浙江：“管住重点人、放开健康人”，推动从封闭管控向精密智控转变》，载快点看报，http：//kuaibao. qq. com/s/20200216A0FZ0B00？refer = spider，最后访问于 2020 年 2 月 28 日。

严控向精准智控思维的转变，尽可能地减少疫情防控措施对公民基本权利的不必要减损。

第三，均衡性原则，又称狭义的比例原则，要求行政机关在目的和手段之间保持比例，不因行政目的的实现而造成公民权益的过度损害，即“杀鸡取卵”的手段不可取。[19]这意味着在疫情防控措施的采取中，采取措施对公民权利和社会利益所造成的损害不得大于该措施所能保护的社会公共利益。具体到交通管制措施，则要充分评估交通管制措施对公民和社会所施加的不利影响与所能保护的公共利益之间的价值大小。对一些疫情防控压力明显较小的城市而言，采取严控的管制措施对切断传染路径而言效果微乎其微，但造成的损害却是巨大的。比如前述汕头市的例子中，该市在2020年1月26日仅有两例输入病例，疫情完全处于可防可控的状态，贸然采取高强度的交通管制措施显然是不符合比例的。另据媒体报道，一湖北司机在高速路上漂泊13天，只因从四川到陕西沿途均实施交通管制，禁止湖北车牌进入，甚至连服务区也不能进入。[20]这是对公民权利的漠视，如果各地能够妥善衡量交通管制措施的实施强度，则可以降低对公民权利的不必要减损。

---

19 参见应松年主编：《行政法与行政法学》，高等教育出版社2017年版，第41页。

20 《湖北司机高速漂泊13天，哭诉：“我太累了”》，载浙江网，http://www.zjw3.com/wap/94644-1.html，最后访问于2020年2月28日。

个人信息自决权在防疫需求下的让步

陈吉栋　向明镜*

在传染病疫情防控等突发公共卫生事件中，应明确个人信息自决权的权利存在并予以保护，积极回应立法缺失的现实状况，探索形成完善的公共健康领域的个人信息权的保护体系。在数据时代，个人信息与公共利益之间的冲突日渐增多，允许对个人信息自决权设有例外，为法律政策综合各种利益预留了空间，但这种例外应转化为层次丰富和逻辑严谨的规范设计，强调对例外的严格限制，从而实现疫情防治与个人信息自觉利益平衡后的效益最大化。

一、个人信息自决权的防疫困境

我国现行法律体系尚缺乏对个人信息保护的系统规定。对个人信息自决权主要通过保护个人信息延伸至个人信息自决权的保护实现。[1]《传染病防治法》第十二条仅对患者个人信息保护作出原则性规定，无法有效指导实践操作。由于缺乏收集、利用流程中各阶段的实施规则，个人信息自决权往往会因公益利用目的而受到侵害，又由于信息收集后缺乏监督与救济途径，违法成本低廉，而滋生信息控制主体滥用权利侵害公民权益的风险。

面对防疫期间对信息的深度需求，法律应当保障信息主体对自己信息的控制能力，[2]重视个人信息处理、利用阶段对个人信息自决权的保障，并设计出层

---

*　陈吉栋——上海大学法学院讲师，上海大学大数据与人工智能法治研究中心执行主任，主要研究领域：民法、土地法、大数据与人工智能。向明镜——上海大学法学院硕士研究生。

1　参见姚岳绒：《论信息自决权作为一项基本权利在我国的证成》，载《政治与法律》2012 年第 4 期。

2　参见杨芳：《个人信息自决权理论及其检讨——兼论个人信息保护法之保护客体》，载《比较法研究》2015 年第 6 期。

次多样、严谨明确的法律规范。

二、个人信息自决权在防疫需求下的让步

个人信息自决权在防疫公共利益面前应否让步，涉及个人利益与公共利益的利益衡量；两者能否平衡，则取决于法律规则的具体设计。

（一）个人信息自决权因公共利益需要可被限制

1. 公共健康领域需求优先于个人信息自决权

非典型肺炎（SARS）时期，我国有关部门通过分析利用收集的信息资料，取得了迅速阻断传染、保护公众健康安全的成果。事实证明，这一举措对合理配置医疗资源亦具有重要的意义。[3]合理限制患者个人信息的保护，可以明显达成维护公共安全、公共卫生等重大公共利益的目的。《信息安全技术　个人信息安全规范（GB/T 35273—2020）》第5.6条列举了个人信息控制者收集、使用个人信息无须征得个人信息主体的授权同意11种具体情形，疫情防控属于其中“与公共安全、公共卫生、重大公共利益直接相关的”事项，即可以构成同意规则限制性例外。

2. 社会整体利益优先

从预期风险来看，赋予个人信息自决权可能带来潜在风险，如花费过多的时间成本等待信息主体得出最终结论，可能会贻误防控时机，导致疫情扩散，直接影响公共利益。从危害后果来看，国家及社会公众将受益于公布该信息主体的个人信息，如果个人信息自决权不受法定限制，一旦信息主体拒绝公开，则有妨害公共安全之虞。例如，福建省晋江市一名确诊患者未透露其疫区旅居史导致了52名密切接触者集中医学隔离观察、91名重点关注对象居家医学观察、3557名一般接触者实行医学随访的严重后果。[4]1983年德国人口普查案的判决也表明了个人信息自决权应受重大公益的限制。[5]欧盟出台的《通用数据保

3　参见《我国科技工作者力克非典纪实》，载中国科学院，http：//www. cas. cn/zt/kjzt/fdgx/ggqy/200305/t20030503_ 1709490. shtml，最后访问于2020年2月24日。

4　参见《确诊男子隐瞒行径吃宴席，疑似感染多人》，载百度百家号，https：//baijiahao. baidu. com/s？ id = 1657657501545748822&wfr = spider&for = pc，最后访问于2020年2月18日。

5　德国联邦政府在1982年颁布了《人口普查法》，计划对全国公民的资料进行全面收集，引起了民众的担忧，公民对该法提起了宪法诉讼，要求法院宣告该法违宪。判决结果认定该法违宪，理由包括尊重个人的信息自决权以及国家在宪法上不得滥用权力等内容。此后，个人信息保护立法即以个人信息自决权作为核心精神。参见《德国个人资料保护法》，载北京法院网，http：//bjgy. chinacourt. gov. cn/article/detail/2007/10/id/857638. shtml，最后访问于2020年2月24日。

护条例》（General Data Protection Regulations，GDPR）也对数据主体知情同意原则进行了削弱，在为公共利益执行任务等必须处理个人数据的情形下即无须获得数据主体同意。

因此，疫情防控期间个人信息自决权为公共利益让步，是基于公共利益与个人权益之间权衡的可欲结果。[6]

（二）个人信息自决权让步的规范依据

根据《宪法》第五十一条的规定，公民行使权利应当在不损害社会公共安全的基础之上行使，如信息主体拒绝让渡其行使个人信息自决权的自由，则可能贻误疫情防控损害公共安全。[7]该条构成了个人信息自决权让步的宪法依据。《传染病防治法》第十二条规定了一般公民具有如实提供疾控调查信息的义务。网信办《关于做好个人信息保护利用大数据支撑联防联控工作的通知》第三条规定："为疫情防控、疾病防治收集的个人信息，不得用于其他用途。任何单位和个人未经被收集者同意，不得公开姓名、年龄、身份证号码、电话号码、家庭住址等个人信息，因联防联控工作需要，且经过脱敏处理的除外。"上述条文对提供信息义务和收集信息种类的规定，构成了个人信息自决权让步的实体法依据。

（三）个人信息自决权让步的必要限制

哪怕是基于公共利益保护的目的限制个人信息自决权，如果不对该种限制行为进行限制，个人整体的个性轮廓将完全暴露于公众视野之下。[8]鉴于此，应当考虑严格适用比例原则。其中，适当性原则要求通过限制法律所利用的措施与所要达到的目的具有合理的因果联系，最终实现或促进法律的目的。[9]比例原则意味着遵循手段的适度以及限制的适度，即要求注意收集、利用个人信息的手段与目的之间的关联，并且要保障信息的收集与利用都在公益所必需的限度之内。在疫情防控中，为医疗、防控疫情之正当目的的信息收集与利用都必须权衡手段是否适宜，核实收集内容是否逾越必要的限度。

6　参见高蕾等：《卫生法维护公众生命健康与个人利益之平衡》，载《中国医学伦理学》2016年第1期。

7　《宪法》第五十一条：中华人民共和国公民在行使自由和权利的时候，不得损害国家的、社会的、集体的利益和其他公民的合法的自由和权利。

8　参见赵宏：《数据抗疫中患者的信息披露与隐私保护》，载中国宪治网，http：//calaw. cn/article/default. asp？ id＝13552，最后访问于2020年2月28日。

9　参见范进学：《论宪法比例原则》，载《比较法研究》2018年第5期。

三、保障个人信息自决权的具体建议

（一）明确采集主体之义务

为防疫之目的需要采集信息时，必须告知个人信息主体采集之目的、用途，获得同意方能采集。参考《联邦数据保护法》，[10]公布内容及方式均应当告知患者，患者可以提出异议并合理协商。当存在紧急、例外情况时，适用《信息安全技术　个人信息安全规范》所规定的公共利益条款，有权机关按照最小损害原则可直接利用个人数据，如确诊患者明知确诊仍出逃导致传染扩散，应当准许相关职能部门在适度原则上直接利用其个人信息以达到传染病防控的目的。[11]

此外，可以建立专门个人信息保护执法机构，统筹行使个人信息保护的监管、投诉处理等职责。[12]类似国务院"互联网＋督察"平台[13]，直接接受信息主体的检举控告，或设置类似于临时性委员会[14]的个人信息保护委员会制度，其职能参考奥地利个人数据保护委员会，包括对个人信息资料处理程序进行监督、提供救济帮助等[15]。

（二）建立信息的收集及处理规则

1. 建立收集阶段具体规范

在信息采集过程中，信息主体对采集内容有异议的，可以向有关部门提出异议。收集主体应严防泄露，采用电子表格的方式收集则需要将数据和备份数据加密存储到特定终端，由专门管理人员进行数据分发，设置数字加密和监控方式，并设置数据查看权限到特定个人、不得转移权限的规定。

2. 明确信息流转的权限与规则

针对个人信息存在多主体流转使用的情况，贵阳市政府颁布的《贵阳市政

10　根据德国《联邦数据保护法》，收集、处理和使用公民个人信息都是受到严格管制的。按照法律规定，信息所有人有权获知自己哪些个人信息被记录、被谁获取、用于何种目的。

11　《疫情信息公布应依法进行》，载光明网法治频道，http：//legal. gmw. cn/2020－02/11/content_ 33542956. htm，最后访问于2020年2月28日。

12　参见常宇豪：《我国个人信息保护的法律实践与检视》，载《征信与法》2019年第5期。

13　《关于征集新型冠状病毒感染的肺炎疫情防控工作问题线索及意见建议的公告》，载中国政府网，http：//www. gov. cn/hudong/2020－01/24/content_ 5471979. htm，最后访问于2020年2月26日。

14　临时性委员会主要是指全国人大及其常委会认为必要时，按照某项特定的工作需要组成的对特定问题进行调查的委员会。特定问题的调查任务一经完成，该委员会即予撤销。

15　参见汪全胜、卫学芝：《基于公共利益利用视角的个人数据的法律规制》，载《电子知识产权》2019年第12期。

府数据共享开放实施办法》规定了涉及健康保障、应急维稳的信息资源在行政机关之间应当是有条件的共享。[16]鉴于此，为防疫需要在有权机构或个人之间有条件地共享是首要步骤，在个人信息共享的流程中，应设置身份认证措施保证权责到人，以保障个人信息流转安全。

3. 设置个人信息的处理条款

根据个人信息的利用方式，明确个人信息特殊化处理规则，明确不同需求场景的运用规则，如为传染病学术研究而需要利用个人信息时，对个人信息的提供范围划定清晰合理的界限，切断信息与主体的密切关联性和可识别性。参考 GDPR 中删除权的规定，个人信息与收集和处理目的不再相关时，信息主体可以要求信息控制者删除其个人信息。[17]

（三）进行设立公共健康信息保护专章的立法尝试

在立法上，可在未来《个人信息保护法》中设置“公共健康信息保护”专章，在以公共健康安全为目的限制个人权利的同时，以最大限度地保护个人信息为原则设置具体条款，强调利用与保护并重，对受害者进行法律救济。

---

16 《贵阳市政府数据共享开放实施办法》，载“中国·贵阳”政府门户网站，http：//www. guiyang. gov. cn/zwgk/zfxxgks/fdzdgknr/lzyj/xzgz/201912/t20191215_31911885. html，最后访问于2020年2月25日。

17 根据《网络安全法》第四十三条的规定，出现违法违规或违背双方约定的情形时信息主体才享有删除权，但仍缺乏其他情形的规定。

突发公共卫生事件中的个人信息保护

杨咏婕*

运用法治的方式治理突发公共卫生事件已成为法治中国治理思路的普遍共识。对新型冠状病毒肺炎疫情这一突发公共卫生事件中出现的普遍收集个人信息的现状予以思考之后，笔者认为有必要厘定个人信息与隐私的法律关系，审视个人信息的人格利益特征与社会公共属性，明晰不同主体获取、处理个人信息的合法性与适当性，引导并将其规范至可控的法治轨道上来。然而，在突发公共卫生事件中，个人信息与其他权益存在诸多冲突。

2020年初新型冠状病毒肺炎疫情出现，全国各地为了有效防治疫情，对民众的出行记录、健康情况等进行详细的排查，个别地区的内部排查文稿在尚未经医疗机构确认病情时就已经在微信群、朋友圈中流传，其中不乏罗列得极为详细的身份信息、亲属谱系、行踪轨迹；个别地区的确诊、疑似患病人员信息表在网络上广泛传播，信息表对身份证号码、家庭住址等未加任何遮挡。由于“涉及公民生命安全的事件往往能引发网民盲目传播”[1]，并且民众朴素地认为越为详实和精准的个人信息越能够证明该信息具有真实性，越对疫情防控具有有效性，因此，在突发公共卫生事件的治理过程中，正确认识个人信息的法律地位与价值，运用法治思维看待、获取、处理个人信息，对依法处理突发公共卫生事件、维护社会稳定都具有重要意义。

---

* 杨咏婕——广东南华工商职业学院应用法学院书记、副院长，副教授，主要研究领域：民商法学、人格权法。

1 马丽：《移动互联时代公民表达权的滥用及其后果解析》，载《新闻研究导刊》2016年第14期，第23页。

一、个人信息的法律地位

为了科学、有效地控制并解决新型冠状病毒肺炎疫情，基层政府、医疗单位、公安机关、党员志愿者等需采集确诊、疑似患者及其密切接触者、可能密切接触者的个人信息。采集的信息类别、范畴等或有不同，采集后的使用和保护措施也不尽一致，但是被采集的个人信息是否必然属于个人隐私，被采集人能否以隐私权依法不得被侵犯为由拒绝提供？

（一）个人信息与隐私、患者隐私不同

“个人信息是能够识别信息主体的信息的总和，其不仅能够反映自然人的生理及身份特征，还能够显现一个人的生活轨迹、思想印迹、习惯爱好甚至家庭与财务的状况。个人信息承载着自然人的个体特征与精神利益，与自然人的人格尊严、人格自由、人身安全密切相关。”[2] 个人信息最为显著的特征就是具有“识别性”，即通过信息能够识别出信息主体。我国《民法典》也将个人信息界定为：“……是以电子或其他方式记录的能够单独或者与其他信息结合识别特定自然人的各种信息，包括自然人的姓名、出生日期、身份证件号码、生物识别信息、住址、电话号码、电子邮箱、健康信息、行踪信息等。”

隐私可以是私密的活动或私密的空间，但并不绝对仅是私密的信息。2010年颁布的《侵权责任法》首次以立法的形式强调应当保护自然人的隐私权，还特别要求医疗机构及医务人员应当保护患者隐私，《执业医师法》也重申了应当保护患者的隐私，但立法未对隐私进行明确的界定。学界对于隐私的含义，以及隐私与个人信息是重合、交叉还是相互独立的关系一直争论不休。2017 年《民法总则》颁布，在民事权利一章中将隐私权和个人信息分别放置第一百一十条和第一百一十一条，表明了法律保护隐私权和个人信息的立场，也说明了二者是不同的，并确认了隐私权为民事权利，个人信息是受保护的法益。但仍未对隐私的含义作明确回应。直到《民法典》方将隐私规定为：“……是自然人的私人生活安宁和不愿为他人知晓的私密空间、私密活动、私密信息。”由此可见，个人信息与隐私不同但又有交集，交集之处在于“私密信息”。《民法典》第一千零三十四条第三款规定：“个人信息中的私密信息，适用有关隐私权的规定；没有规定的，适用有关个人信息保护的规定。”

笔者认为，医疗机构或医务人员在防治突发公共卫生事件时应当依法保护患者的个人信息和隐私权。“患者隐私权作为隐私权不可割裂的组成部分不是独

---

2 杨咏婕、陈逸新著：《个人信息的私法保护研究》，辽宁大学出版社 2015 年版，第 1 页。

立的权利类型，《侵权责任法》重申患者隐私保护是期望人们充分重视医疗活动中患者隐私易被侵犯性和认定保护的复杂性。[3]”对侵权责任法作出释义的专家也认为有必要对患者的隐私权进行全面保护，即“未经患者同意，医疗机构或医务人员不得窥视、接触患者的身体，也不得将患者作为教学工具；未经患者同意，与诊疗无关的人员不得进入门诊就诊室、检查室、手术室、住院病房；医疗机构及医务人员不得窥视、干涉患者的私人活动，患者为无民事行为能力人或限制行为能力人的除外。医疗机构及其医务人员泄露患者隐私或者未经患者同意公开其病历资料，造成患者损害的，应当依照侵权责任法第二十二条规定确定赔偿责任。”[4]即是说，患者的隐私权也是以私密空间、私密活动、私密信息予以表征的，即与隐私权的权利内容一致，其虽然被限定在特定的医患主体之间，但并未形成一个独立的权利类型。

总而言之，在依法防控新型冠状病毒肺炎疫情这一突发公共卫生事件时，应当厘清私密信息是个人信息的重要组成部分，适用隐私权保护的有关规定，但个人信息不限于私密信息。

（二）法律保护个人信息的逻辑基础与立法趋势

法律之所以对个人信息予以保护，其原因在于：首先，个人信息具有识别性。个人信息“与自然人的社会生活相关，还与自然人的人格尊严、人格自由以及财产收益相关”。[5]其次，个人信息具有社会公共属性。国家和社会管理需要民众的个人信息，法律保护个人信息在于防范个人信息被非法获取、处理等风险，而非限制个人信息的合法获取与合规处理。最后，个人信息具有信息固有的天然属性。尤其是在移动互联网技术不断进步和智能终端设备已被普遍应用的今天，个人信息以数据化形式展现，极易被大规模采集、使用、分析、加工、传输和公开。故而，在信息社会，法律保护个人信息应当促进个人信息自由、有序、安全地流通以及合法地利用。

目前，我国《刑法》《民法总则》从公法和私法两个维度为个人信息提供保护，两部法律均强调个人信息的获取和处理应当合法，即法律正视并重视个人信息的社会公共属性和信息的天然属性，而不是把个人信息直接确认为隐私权所保护的客体，拒绝或限制其被合法获取、使用和流通。《民法典》更是直接说明个人信息的主要特征在于“识别性”，仅其中的私密信息才需要适用隐私权

3 张驰：《患者隐私权定位与保护论》，载《法学》2011年第3期。

4 王利明主编：《中华人民共和国侵权责任法释义》，中国法制出版社2010年版，第107页。

5 杨咏婕：《个人信息的私法保护研究》，吉林大学2013年博士学位论文，第153页。

保护的有关规定。另外，《民法典》还阐释了收集、处理个人信息应当合法、正当、必要、不得过度；收集者、控制者不得泄露、篡改、储存个人信息；未经同意不得向他人非法提供个人信息；收集者、控制者还应当采取必要技术措施保证个人信息安全；尤其是国家机关及其工作人员在履职过程中获取的个人信息应当予以保密。

基于法律对个人信息、隐私权、患者隐私的不同界定，为防控新型冠状病毒肺炎疫情而采集个人信息时就应当运用法治思维、法律意识，从而既实现依法防控突发公共卫生事件，又能保证公民的私权不被侵犯或不被任意冠以“特殊时期的正当性限制”而无限消减。

二、突发公共卫生事件中个人信息的法律保护与合法规制

（一）医疗机构或医务人员获取、处理患者个人信息的正当性与合法性分析

以诊疗为目的，医疗机构或医务人员获取患者的个人信息是具有正当性和必要性的。不论何种疾病，也不论病症的严重程度，都不会影响这一法理基础。在具体执行的过程中，为确保获取患者个人信息的行为具有合法性，医疗机构或医务人员应当遵循患者同意原则（含特殊情况下的家属代表同意、推定同意）、必要限度原则以及无碍于社会公共利益原则，并依据《民法总则》《侵权责任法》《执业医师法》的规定对患者的个人信息予以保护和有限的、恰当的获取。因此，在应对新型冠状病毒肺炎疫情等突发公共卫生事件中，医疗机构或医务人员在获取确诊、疑似患者的个人信息时，首先，应当对不具有私密性质的个人信息与私密信息进行区分；其次，对不具有私密性质的个人信息，应遵循与防治疫情、诊疗疾病密切相关且避免过度收集的原则进行必要、正当、合法的获取；最后，应当将依法获取的私密信息作为患者隐私纳入《侵权责任法》《执业医师法》《传染病防治法》等法律所保护的范畴中，加强法治意识全面保护患者的个人信息。

《突发公共卫生事件应急条例》将突发公共卫生事件认定为“突然发生，造成或者可能造成社会公众健康严重损害的重大传染病疫情、群体性不明原因疾病、重大食物和职业中毒以及其他严重影响公众健康的事件”。即是说，突发公共卫生事件是关乎社会公共利益的，是与国民生命健康密切相关的。在防控新型冠状病毒肺炎疫情这一突发公共卫生事件中，医疗机构或医务人员在处理使用确诊、疑似患者的个人信息时，不仅要遵守必要限度原则，也应当遵循公共利益优先的原则。患者的个人信息属于其个人的人格利益、私权益，即便是其中的私密信息被纳入隐私权的保护，隐私权也属于私权利。法律尊重和保护私

权利、私权益，但是当私权利、私权益与公共利益发生冲突时，公共利益优先，私权则需进行必要的、有限度的克减。例如，患者的部分个人信息需让渡给医疗机构或医务人员进行新型冠状病毒肺炎防治的医学药理研究，医疗机构或医务人员对患者个人信息在此范畴使用、处理是符合公共利益的，具有正当性与合法性。另外，为了防控疫情蔓延，医疗机构或医务人员将合法获取的患者个人信息转交给基层政府，以便基层政府精准排查范围、提高防控能力也是具有正当性的。但所转交给基层政府的个人信息类别、范围应当与依法防控新型冠状病毒肺炎疫情密切相关，并非要将依法获取患者的个人信息全部转交。并且，转交过程应当采取必要的技术措施以保证个人信息安全，从而实现医疗机构或医务人员处理患者个人信息具有合法性。

（二）基层政府获取、处理个人信息的必要性与合法性思考

在这场防控新型冠状病毒肺炎疫情的战役中，基层政府及其派出机构、工作人员和志愿者担负了重要的使命，也承载了党和国家、人民赋予的期望与责任。不论是上门登记、组织填报，还是区域汇总、层层上报，为了防控疫情避免疾病蔓延，此次个人信息的收集堪比人口普查，并且比全国人口普查所需收集的个人信息类别还要细致、丰富，并需要定期更新。从应对突发公共卫生事件，尤其是社会公众正面临生命、健康风险这一角度分析，基层政府获取民众个人信息的行为是具有必要性的，并且对快速、有效防控疫情具有积极的意义。

依据《传染病防治法》《突发事件应对法》《突发公共卫生事件应急条例》的规定，除医疗机构、被指定的专业技术机构外，例如疾病预防控制机构、乡镇、街道、社区、居委会、村委会担负着疫情信息的收集和报告职责，其采集、获取与防控疫情相关的个人信息的行为是具有合法性的。其他主体包括业主小区、工作单位等，若未经上述主体的授权则无权收集、发布个人信息，若得到授权，则应当以合法、有权主体的名义进行个人信息的采集。

行为具有合法性基础并不意味着行为当然合法。基层政府收集个人信息的种类、方式也应当合法，而且不得过度收集，应参照《信息安全技术　个人信息安全规范》坚持最小范围原则，且应限制在确诊、疑似患者以及密切接触者这一范畴。

为有效防控新型冠状病毒肺炎疫情，基层政府需将收集的个人信息进行分类转发至公安机关、医疗机构、疾病预防控制机构等其他有关单位，也需对个人信息进行分析汇总报上级人民政府。因此，基层政府的个人信息收集者、控制者在处理个人信息的过程中应当运用必要的技术措施以保证个人信息安全，并采取分级分类存储方式、加强存储防护措施，避免个人信息被非法披露。

（三）其他主体收集、处理个人信息的法律规制

除医疗机构、政府，以及经依法授权可合法获取个人信息的主体外，其他主体不论是自然人、法人还是其他组织均无权收集、发布与疫情相关的个人信息。然而，以当下的新型冠状病毒肺炎疫情为例，已出现了上述其他主体自发收集、大量转发个人信息的现象。

与有权收集与疫情相关个人信息的主体相比，虽然无收集权限的其他主体的收集能力有限，但是其收集确诊、疑似患者个人信息的精准度、全面度却不容忽视。因其他主体对个人信息的收集无合法依据和保护意识，同时具有猎奇目的、商业目的抑或违法犯罪目的，故该类收集行为可能会侵犯他人个人信息，甚至侵犯他人隐私权，更有甚者还出现了侵犯确诊、疑似患者及其家属的名誉权、肖像权、财产权和人身自由权的现象。因此，在依法防控疫情中合法规制其他主体收集个人信息的行为，是实现规范化、法治化、制度化治理突发公共卫生事件的具体保障措施之一。需要说明的是，由于有权主体的合法获取行为以及政府的信息公开行为已然普遍实行，法律限制其他主体收集与疫情相关的个人信息，并不会影响公众的知情权和公共安全。

人们基于对新型冠状病毒肺炎疫情的关注以及对自身及家人生命安全的重视，往往会对不同主体收集、公布的确诊、疑似患者的个人信息较为好奇和敏感。尤其是在相对封闭式的网络传播环境中，如微信群、朋友圈中广泛流传的确诊、疑似患者的个人信息，有的载于基层单位采集个人信息的内部疫情汇总文稿，文稿详细记录了确诊、疑似患者的姓名、身份证号码、家庭地址、工作单位、活动轨迹、亲属关系、病症情况、其他病史、就医地点；有的直接载于当地公布的确诊、疑似患病人员信息表，虽然表格中的信息类别少于前述文稿，但是姓名、性别、身份证号码、家庭地址、工作单位、部分亲属关系等信息均被公之于众。在不断转发的过程中，确诊、疑似患者的个人信息合法权益以及其他合法权益被侵害的可能性不断增强。因此，依法规制非法处理个人信息的行为，对于解决突发公共卫生事件、舒缓社会矛盾是具有积极正面的意义和价值的。

值得注意的是，在探究确诊、疑似患者个人信息被大量转发这一社会现象时，有必要思索在防控新型冠状病毒肺炎疫情的工作中，对个人信息有无必要采集得如此详细，详细采集的同时有无配套的法律保护措施？不同类别的个人信息，其被有权主体掌握和公布的层级范围是否不加区分得一致？尤其是官方向社会公布的行为，有无必要公布姓名、身份证号码和家庭具体住址？即是说，在探讨保护公民个人信息等各类合法权益、考量对非法处理个人信息的行为予

以法律规制时，也有必要思索政府的信息公开行为、信息公开的及时性、信息公开的范畴和保护措施是否得当。

三、突发公共卫生事件中个人信息与其他权益冲突时的调处进路

在防控新型冠状病毒肺炎疫情等突发公共卫生事件中，会有不同的权益因所属范畴、所维护的价值不同而产生冲突。虽然个人信息因与人之所以为人所需要的价值密切相关而得到了公法和私法的双重保护，但其依然会因突发公共卫生事件的出现而与其他权益产生冲突，如公法领域的知情权，以及基于知情权派生的私法领域的生命健康权等。此外，还有为满足公众知情权的新闻自由，以及其他公共利益等。当众多权利、利益之间发生冲突的时候，如何进行调处？由于无法穷尽枚举可能会与个人信息发生冲突的各类权益，笔者认为，运用法治的思维调处突发公共卫生事件中的权益冲突问题，可以从权益所维护的价值本身出发，并分析个人私益与公共利益的内在联系去考量。

（一）运用需求理论和价值位阶调处冲突的法治思维

人的需求是有层级的，满足人的需求的价值也是有位阶的。按照马斯洛的需求理论分析法所保护的价值可知，生命健康等价值属于生存需求即处于最为基础的需求层级，个人信息属于社交需求层级，隐私属于尊重需求层级，而新闻自由作为自由的一种属于自我需求即最高的需求层级。因此，当生命健康与个人信息、隐私（患者的私密信息）发生冲突时，个人信息、隐私必然要克减。所以面对与人民群众生命健康密切相关的突发公共卫生事件，个人信息、隐私被获取、处理当然具有必要性和正当性。当个人信息、隐私与新闻自由发生冲突时，新闻自由也应当克减。“新闻自由虽是一项重要的基本权利，但并非没有任何限制，其不能凌驾于宪法和法律维护人性尊严的最高原则之上。因此，在突发公共卫生事件报道中，新闻自由应当受到公民隐私权的限制。”[6]同样，新闻自由也不能侵犯个人信息，因为法律保护个人信息是人格利益、人格尊严得到法律认可的具体展现，只有人格尊严得以实现，自由才有其应有的意义。因此，在依法防控新型冠状病毒肺炎疫情等各类突发公共卫生事件时，宪法和法律维护新闻自由并认可新闻自由对防控疫情的重要作用，但自由须止于他人的个人信息合法权益，非因维护公民的生命健康等利益，不得获取、处理他人的

---

6 黄忠、王珑滩：《论突发公共卫生事件的报道与隐私权的保护》，载《医学与法学》2012年第5期。

个人信息。即便为了防控疫情、维护生命健康等利益，也不得超过必要限度非法获取处理他人个人信息。

笔者认为，较为复杂的便是公众知情权。公众知情权属于公法理论范畴，但又未得到法律明确确认。在一般情形下，公众知情权体现的是自我需求即最高的需求层级。然而，在突发公共卫生事件中，却体现出人的安全需求，同时又展现了公共利益的一面与信息公开密切相关。因此，在突发公共卫生事件中，当个人信息与公众知情权发生冲突时，由于个人信息属于社交需求层级、私密信息属于尊重需求层级，均以公众知情权所属的安全需求层级为基础，故而个人信息和私密信息均需要克减。但由于个人信息与隐私权已有法律的明确保护，因此公众知情权的实现也应当在法治轨道上，具有法治意识，不能超越法律的界限。

（二）运用个人私益与公共利益博弈的法治理念

由于新型冠状病毒肺炎疫情是涉及生命健康安全的公共卫生事件，在防控过程中会涉及大量的个人信息，与个人的私权益密切相关。以集体主义精神作为法理学理论之一的我国认可公共利益优先原则，然而，公共利益优先并不是要求个人私益向公共利益无限制地让步。正如孟德斯鸠所言："公共利益绝不是用政治性的法律或法规去剥夺个人的私益，或者削弱哪怕是它最微小的一部分。"[7]以社会公共利益之名不加以限制地要求消减个人私益是不符合二者之间的内在本质联系的，因为每一个人都是社会公共的组成部分，维护个人私益也是在维护公共利益，对公共利益的维护最终也是对个人私益的维护。

在治理突发公共卫生事件时，强调并以公共利益为名不加以限制地获取、处理公民的个人信息以实现政府信息公开或满足公民知情权，会使确诊、疑似患者不安，即便此时的他们更注重当下的生命健康利益。这也将逐步使其他人感到恐慌并产生对抗情绪，最终波及整个社会，导致社会的不稳定，不利于疫情防控，最终危害到每一个人的私益。

因此，个人私益与公共利益的博弈并不是此消彼长的关系，而是在博弈中运用公权应谦抑、私权应扩张的理念，切实尊重公民的私权益，选择最低限度的限制措施来实现依法防控疫情的目的。简言之，医疗机构或医务人员提升法治理念、加强保密措施获取、使用、存储患者的个人信息，以与疫情防控密切相关为原则向政府提交患者的个人信息。在防控疫情的同时防控个人信息被非法获取，防控确诊、疑似患者的人格尊严、财产利益、生命安全因此而有受侵

---

7 ［法］孟德斯鸠著：《论法的精神》，张雁深译，商务印书馆2007年版，第251页。

害的可能。基层政府采集个人信息应以必要为原则，存储个人信息则以保密为要务，公布个人信息要以脱敏为底线，依法进行信息公开、保障公众知情权，引导社会公众运用法治思维看待与疫情相关的个人信息，降低因处于突发公共卫生事件中信息不对称而导致恐慌甚至侵犯他人合法权益等社会矛盾的出现，从而维护社会稳定，促进疫情依法有效防控，实现社会良好秩序。

结语

依法防控、依法治理疫情应当以法治思维审视突发公共卫生事件中的利益冲突，审慎对待公众对信息公开与知情权的期待，理性认识医疗机构、政府依法获取、处理个人信息对疫情防控的重要意义。正视公共利益的内涵，要秉持谦抑克制的态度；重视公民的个人私益，应坚守法治理念保护个人信息。运用法治的方式防控新型冠状病毒肺炎疫情能使人民群众相信个人信息会被合法地应用于疫情防控而免受非法侵害，将更有利于快速有效地解决突发公共卫生事件。

疫情预警发布与疫情信息公布的法律分析与完善

梁　晨*

新冠肺炎疫情发生后，全国各地在党中央的领导下积极采取了有效的疫情防控措施，取得了疫情防控的胜利，疫情防控工作获得了包括世界卫生组织在内的国内外多方好评，但疫情发生后所暴露出的一些问题，也值得我们反思。

一、疫情预警发布与疫情信息公布相关立法现状反思

我国关于疫情预警发布与疫情信息公布的相关立法主要规定在《政府信息公开条例》《传染病防治法》《突发事件应对法》《突发公共卫生事件应急条例》《国家突发公共卫生事件应急预案》《突发公共卫生事件与传染病疫情检测信息报告管理办法》《卫生部法定传染病疫情和突发公共卫生事件信息发布方案》，以及各个地方的《突发事件应对办法》中。此次疫情防控中所暴露出的预警发布与疫情信息公布问题，也反映出了我国相关立法的短板，具体问题如下。

（一）疫情信息公布法定主体级别设置过高

根据《传染病防治法》第三十八条的规定，“国家建立传染病疫情信息公布制度。国务院卫生行政部门定期公布全国传染病疫情信息。省、自治区、直辖市人民政府卫生行政部门定期公布本行政区域的传染病疫情信息。传染病暴发、流行时，国务院卫生行政部门负责向社会公布传染病疫情信息，并可以授权省、

* 梁晨——广东外语外贸大学法学院讲师，国际经济法系主任，主要研究领域：国际经济法、比较法、民商法。本文是广东普通高校创新团队项目（人文社科）“涉外经贸法律和规则体系完善研究”（2019WCXTD003）阶段性成果。

自治区、直辖市人民政府卫生行政部门向社会公布本行政区域的传染病疫情信息。公布传染病疫情信息应当及时、准确”。根据上述规定，传染病疫情信息公布的主体只能是国务院卫生行政部门及其授权的省、自治区、直辖市人民政府卫生行政部门，市级人民政府不具备被授权的资格。因此，市级人民政府在发现疫情后不能马上向社会公布，需要层层上报，此种机制容易导致疫情信息公布迟滞。

（二）疫情预警发布法定条件不明确

《突发事件应对法》第四十三条规定，“可以预警的自然灾害、事故灾难或者公共卫生事件即将发生或者发生的可能性增大时，县级以上地方各级人民政府应当根据有关法律、行政法规和国务院规定的权限和程序，发布相应级别的警报，决定并宣布有关地区进入预警期，同时向上一级人民政府报告，必要时可以越级上报，并向当地驻军和可能受到危害的毗邻或者相关地区的人民政府通报”。根据该条规定，疫情预警信息发布的条件是“可以预警的公共卫生事件即将发生或者发生的可能性增大”，疫情预警信息发布的主体是县级以上地方各级人民政府。该条件显然不够明确具体，且可操作性较弱。例如，疫情发布初期是否属于“预警的公共卫生事件即将发生或者发生的可能性增大”的情形？这对地方政府来说很难判断和把握，加之地方政府又担心发布预警可能造成公众恐慌，在此压力下，地方政府往往会对发布预警的时间把握不足。此外，此条规定县级以上地方各级人民政府具有发布预警的权限，但如前文所述，根据现有立法，省级及省级以下人民政府卫生行政部门未经授权不具有公布疫情信息的权限，如不能公布疫情信息，如何先发布疫情预警？

（三）疫情信息发布法定内容不全面

根据原卫生部发布的《突发公共卫生事件与传染病疫情监测信息报告管理办法》第三十二条的规定，国务院卫生行政部门应当及时通报和公布突发公共卫生事件和传染病疫情，省（自治区、直辖市）人民政府卫生行政部门根据国务院卫生行政部门的授权，及时通报和公布本行政区域内的突发公共卫生事件和传染病疫情。突发公共卫生事件和传染病疫情发布内容包括：（1）突发公共卫生事件和传染病疫情性质、原因；（2）突发公共卫生事件和传染病疫情发生地及范围；（3）突发公共卫生事件和传染病疫情的发病、伤亡及涉及的人员范围；（4）突发公共卫生事件和传染病疫情处理措施和控制情况；（5）突发公共卫生事件和传染病疫情发生地的解除。在大数据时代，面对不断发展的疫情及防控形势，公众难免会产生恐慌的心理，想要了解的内容也就更多，包括疫情发展的趋势、疫情扩大的原因、是否有接触过确诊病患的可能性、有效防护常识及相关政策解读等。在此次疫情防控中，一些省市的做法值得提倡，例如深圳是全国最早公布疫情发生轨迹的城市。2020年1月20日，深圳市确诊了广东省首例输入性新冠肺炎病例。当天，深圳市卫健委就发布了首例确诊病例的具体症状、疫区旅居史、收治医院等信息，同时告知公众政府所采取的一系列防控措施以及专家对市民个人防护的指引，及时、有效地减弱了民众的恐慌。2020年1月31日，深圳市卫健委在不泄露病人隐私的前提下，在全国率先公布了第一批确诊病例在发病期间曾活动过的小区或场所。此举落实了上级群防群控的要求，回应了广大市民的诉求，满足市民知情权，以公开透明的疫情信息督促全社会共同投入防控工作，形成超大城市应急治理的“深圳探索”。此后，天津、广州、成都等地陆续公布确诊病例的小区位置及行动轨迹，让市民更准确地了解疫情动向，得到了市民和舆论的一致肯定，为疫情防控工作以及疫情信息公布相关立法的完善提供了可借鉴的经验。

（四）疫情防控中个人信息收集、处理主体义务不明确

根据《传染病防治法》第十二条第一款的规定，“在中华人民共和国领域内的一切单位和个人，必须接受疾病预防控制机构、医疗机构有关传染病的调查、检验、采集样本、隔离治疗等预防、控制措施，如实提供有关情况。疾病预防控制机构、医疗机构不得泄露涉及个人隐私的有关信息、资料”。《突发公共卫生事件应急条例》第四十条规定：“传染病暴发、流行时，街道、乡镇以及居民委员会、村民委员会应当组织力量，团结协作，群防群治，协助卫生行政主管部门和其他有关部门、医疗卫生机构做好疫情信息的收集和报告、人员的分散隔离、公共卫生措施的落实工作，向居民、村民宣传传染病防治的相关知识。”

上述条文明确了在疫情防控期间，政府部门、卫生行政主管部门以及其他有关部门、疾病预防控制机构、医疗卫生机构具有向单位、个人收集信息的权利，街道、乡镇以及居民委员会、村民委员会协助以上单位收集疫情信息，同时还明确了疾病预防控制机构、医疗机构保护个人隐私信息、资料的义务。但在疫情防控工作中，上述主体在收集、使用个人信息时有哪些限制？如何界定“个人隐私的有关信息、资料”？如何平衡疫情控制、公众知情权与个人信息保护之间的关系？相关立法皆无明确规定。

二、疫情预警发布与疫情信息公布相关立法完善的思考

针对此次新冠肺炎疫情预警发布与疫情信息公布工作所反映出的立法短板，相关立法完善可以从以下方面入手。

（一）疫情信息公布权限应适当下放

此次疫情暴露出，根据我国现行立法，疫情信息公布法定主体级别设置过高，有关疫情信息授权公布的立法亟待修改，疫情信息公布的权限应适当下放。在传染病暴发、流行期间，应由省、自治区、直辖市卫生行政部门直接向社会公布疫情信息，同时上报国务院卫生行政部门。主要原因如下：（1）疫情信息不同于一般的政府信息，对疫情信息的公布势必会引起社会的恐慌，对社会管理造成一定的负面影响，且对疫情信息的判断需要大量的专业知识以及专家经验，因此，疫情信息公布权限也不能过度下放，应由市级人民政府卫生行政部门上报至省级人民政府卫生行政部门，由省级人民政府卫生行政部门向社会公布较为合适。（2）在传染病暴发、流行时，如果疫情信息需先层层上报给国务院卫生行政部门，再由其来决定是否发布或者授权，往往会延误防控时机。在新媒体快速发展的今天，如政府垄断疫情信息而不公布，或选择性公布，其留下的信息真空就会被谣言所代替，引致社会恐慌情绪，从根本上削弱公众对政府的信任，不利社会稳定和疫情控制[1]。因此，应由省、自治区、直辖市卫生行政部门直接向社会公开疫情信息，同时上报国务院卫生行政部门，无须经过授权后才予以公布，尽可能缩短疫情信息披露流程。事实上，原卫生部发布的《卫生部法定传染病疫情和突发公共卫生事件信息发布方案》（以下简称《方案》）已经规定，从本方案公布之日起，原卫生部授权各省、自治区、直辖市卫生行政部门在本行政区域内发生传染病暴发、流行以及发生其他突发公共卫生事件时，及时、准确地发布辖区内的法定传染病疫情和突发公共卫生事件信息。按照《方案》，当发生传染病暴发、流行以及发生其他突发公共卫生事件时，省一级卫生行政部门可以直接发布疫情信息，无须再获得授权，但《方案》位阶较低，在与《传染病防治法》等上位法相抵触时，仍需遵守上位法。而从此次疫情暴发后信息公布的实际情况来看，《方案》中的授权机制更行之有效。《传染病防治法》等上位法应修改相关规定，下放疫情信息公布权限。

（二）进一步明确预警信息发布条件

根据《传染病防治法》《突发事件应对法》《国家突发公共卫生事件应急预案》，在“可以预警的公共卫生事件即将发生或者发生的可能性增大”时，县级以上地方各级人民政府“根据传染病发生、流行趋势的预测，及时发出传染病

1　余锐：《从“非典”到“H7N9禽流感”：政府信息公开的成绩与不足》，载《视听》2013年第6期。

预警”。如前文所述，现有立法中预警条件设置模糊，且可操作性较弱。笔者认为，应当将预警发布分为早期风险预警发布与疫情预警发布两种。在疫情信息未公布之前，县级以上各级人民政府可在发现疫情或者认为本辖区有感染的可能性时，向公众发布早期风险预警，提醒公众本辖区内有发生传染病的可能性，并提出有效应对措施与方法，提醒公众做好防护，要求各部门做好应对疫情的准备。在疫情信息公布后，根据疫情的性质再发布疫情预警信息。此做法既能解决疫情预警信息发布与疫情信息公布工作的衔接问题，也更有利于地方政府及时发布疫情预警，有效控制疫情。

（三）充分发挥疾病预防控制机构、医疗机构在疫情预警发布与疫情公布中的作用

在此次疫情抗击中，钟南山等院士、专家深入疫区一线了解实情，最先告诫公众新冠病毒会“人传人”，口罩是有效的防护措施，增强了群众的防范意识，对政府决策起了举足轻重的作用；战斗在一线的医务工作者，通过网络向公众介绍医疗和防护信息，体现了较强的专业性和服务意识[2]。因此，应当在现行立法中明确疾病预防控制机构、医疗机构可向公众提出对传染病认知及防控的专业意见，充分发挥疾病预防控制机构、医疗机构在疫情预警发布与疫情信息公布中的作用。目前根据《传染病防治法》第三十条第一款，“疾病预防控制机构、医疗机构和采供血机构及其执行职务的人员发现本法规定的传染病疫情或者发现其他传染病暴发、流行以及突发原因不明的传染病时，应当遵循疫情报告属地管理原则，按照国务院规定的或者国务院卫生行政部门规定的内容、程序、方式和时限报告”。据此条文，疾控预防控制机构及医疗机构并不具有公布疫情信息的职权职责，仅有向行政机关报告的义务。事实上，疾病预防控制机构、医疗机构是最先接触疫情信息并且了解病情的专业机构，既具有信息优势，又具备专业的疾病研判能力。立法中应明确疾病预防控制机构、医疗机构在按照相关法律法规履行疫情上报义务的同时，可向公众提出对传染病认知及防控的专业意见，既能促进政府及时把握风险的苗头，督促政府更加及时、准确地发布预警、公布疫情信息，也能使公众获得更多专业防控信息。

（四）增加疫情信息公布的具体内容

从此次疫情看，疫情信息公布的内容应在原卫生部发布的《突发公共卫生

2　朱金平：《疫情信息传播应以受众需求为主导——新型冠状病毒肺炎暴发后的国内舆论场观察》，载《新闻战线》2020 年第 3 期。

事件与传染病疫情监测信息报告管理办法》第三十二条第二款规定的基础上进一步扩大，具体应增加以下内容：（1）传染病的传播方式。以此次新型冠状病毒肺炎疫情为例，人们对这种新型传染病还缺乏足够的科学认知，就目前的认识来看，这种病毒传播速度快，传播途径有飞沫传播、接触传播、“粪—口”传播甚至气溶胶传播，让公众心理上产生一定的恐慌和焦虑。消除民众恐慌焦虑，需要疫情信息更加公开透明，疫情信息发布机关应当及时公布疫情传播方式的最新发现。（2）传染病的有效预防措施及治疗手段。此次传染病至今缺少针对这种病毒的特效药，最好的方法就是隔离和防范。但自疫情暴发以来，对病毒防控的有效方法众说纷纭，一时间导致民众病急乱投医，哄抢“特效药”，给疫情防控带来了更大的障碍。因此，疫情发布机关应及时发布病毒的有效防控方式，加强民众科学防控的观念。（3）甲、乙类传染病确诊病例在发病期间的活动轨迹及收治医疗机构。2020年2月5日下午，习近平总书记主持召开中央全面依法治国委员会第三次会议并发表重要讲话，他强调：“当前，疫情防控正处于关键时期，依法科学有序防控至关重要。”鉴于新型冠状病毒较强的传染性，避免与确诊患者、疑似患者的接触，成为疫情防控的共识，这是科学防控的体现。为实现这一目标，疫情信息公布机关应当将确诊或疑似病例的行程信息，及时向所涉及的区域通报，民众亦应当及时了解上述信息，实现信息互通共享，不放过任何可能导致疫情传播的线索，最大限度地防止疫情蔓延[3]，也有利于减轻公众的恐慌心理。

公众对信息的知情权无法得到满足，谣言往往就会产生和散播，从而导致公众对疫情的恐慌，不仅不利于疫情防控，也有损政府公信力。2020年2月3日召开的中共中央政治局常委会会议强调，要正视存在的问题，及时发布权威信息，回应群众的关切，增强及时性、针对性和专业性，引导群众增强信心、坚定信心。从“非典”到禽流感再到此次新型冠状病毒肺炎的抗击经验告诉我们：信息公布要及时、全面，回应群众关切的问题。公开疫情是最好的防疫。[4]因此，相关立法也应当及时修改，增加疫情发布的法定内容，做到依法防治、精准防治。

（五）明确疫情防控中个人信息收集、处理主体的义务

根据《民法典》第一百一十一条的规定，“自然人的个人信息受法律保护。

3　姜涛：《建构疫情防控跨区域确诊或疑似病例行程信息互通共享制度的建议》，载《民主与法制时报》2020年2月15日。

4　陈云良：《公开疫情是最好的防疫》，载潇湘晨报数字报，http：//epaper. xxcb. cn/xxcba/html/2020－01/23/content_ 3012257. htm，最后访问于2020年2月15日。

任何组织或者个人需要获取他人个人信息的，应当依法取得并确保信息安全，不得非法收集、使用、加工、传输他人个人信息，不得非法买卖、提供或者公开他人个人信息”。可见，个人信息受到法律保护，非经授权，任何组织和个人不得非法收集、使用、加工、传输他人个人信息。但在传染病疫情暴发的特殊时期，应根据《传染病防治法》第十二条及《突发公共卫生事件应急条例》第四十条的规定，政府部门、卫生行政主管部门以及其他有关部门、疾病预防控制机构、医疗卫生机构具有向单位、个人收集信息的权利。值得一提的是《民法典》第一千零三十六条第三款也规定，为公共利益实施新闻报道、舆论监督等行为的，可以合理使用民事主体的姓名、名称、肖像、个人信息等。

除明确法定主体在疫情暴发期收集、处理个人信息的权利外，相关立法还应当进一步明确个人信息收集、处理主体的义务。在此次疫情防控过程中，针对个人信息保护不到位，一些个人信息和隐私遭泄露的问题，2020 年 2 月 9 日，国家互联网信息办公室发布了《关于做好个人信息保护利用大数据支撑联防联控工作的通知》（以下简称《通知》），《通知》明确了疫情防控过程中收集使用个人信息的界限。但《通知》位阶较低，在相关立法中，还应当进一步明确以下疫情防控过程中个人信息收集、处理主体的义务：（1）收集个人信息应遵循最小必要原则，个人信息的收集对象应仅限于被确诊者、疑似者及密切接触者，个人信息的收集范围应仅限于疫情防控所必要的信息，不能收集与疫情防控所不相关的信息，如教育信息、职业信息、民族信息等；（2）个人信息的使用必须遵循特定目的原则，只能用于疫情防控、疾病防治，不得用于其他用途；（3）收集、处理个人信息的机构应对个人信息采取严格的管理和保护措施，防止信息被窃取、泄露；（4）在疫情信息公布时，涉及具体确诊患者、疑似病例及密切接触人员个人信息公布的，应兼顾公共利益和私人权益保护，采取最小损害的方式，在公布信息时采取去识别化处理，不得公开姓名、身份证号码、电话号码、详细家庭住址等个人信息。

检察办案机制的信息化探索

何正华　许洁琳*

重大疫情背景下，如何妥善处理好防疫与办案之间的关系，是对检察机关办案水平和治理能力的全方位检验。对此，检察机关作为防疫战线的重要组成部分，应始终坚持办案与防疫并重的理念，积极探索信息化办案机制，以期在疫情困境中实现突围。

一、重大疫情背景下检察司法办案面临的挑战

新冠肺炎疫情给检察司法办案带来了全新的挑战。重大疫情背景下，检察机关作为国家司法机关，承担着实现“防疫”“履职”双轮驱动的新任务。

（一）安全性

安全性保障是疫情防控期间检察机关办案履职面临的重要挑战。在重大疫情面前，不允许检察机关采用“面对面”“接触式”的传统办案模式。如检察办案人员到看守所对在押的犯罪嫌疑人进行面对面提审，不仅会增加疫情“接触式”传播的风险，还会因为人员进出频繁造成办案人员、监管人员以及在押人员之间的交叉感染。

（二）稳定性

重大疫情期间，各种涉疫情案件频发，若不及时予以回应和打击，则会严重影响市场经济和社会秩序的稳定。面对利用疫情进行的编造、故意传播虚假

* 何正华——广州市南沙区（广东自贸区南沙片区）人民检察院副检察长、三级高级检察官。许洁琳——广州市南沙区人民检察院第六检察部检察官助理。

疫情信息，制售假冒伪劣医疗器械，非法经营，诈骗等刑事犯罪案件，检察机关应依法从快从严办理，坚决打击涉疫情犯罪活动，形成高压司法震慑。

（三）质效性

疫情防控无疑会对检察机关开展听取意见、实地走访、调查取证等办案活动产生一定的掣肘，办案中如何有效突破疫情产生的空间壁垒，与案件当事人、律师、公安、法院等工作人员在限制会面、接触的情况下，仍然高质高效地保障案件依照法定程序正常流转是疫情背景下检察办案人员亟须回答的重要课题。

二、重大疫情期间检察机关探索信息化办案机制的必要性

特殊时期疫情倒逼检察信息化的纵深发展。重大疫情防控期间全面加强检察办案机制的信息化探索，妥善处理好防疫和办案的关系，是检察机关在特殊时期的特殊使命。

（一）促进依法全面履职的现实需求

疫情背景下，信息化开启了特殊时期检察办案的新模式。为了确保防疫期间各项检察工作不断档、不掉链、不打折，实现在办案中防疫，在防疫中办案，检察机关要充分运用信息化技术，让信息化的“高质、高效、规范、安全”的优势势能转化成办案潜能，释放出检察生产力的红利。

（二）落实服务保障防疫大局的创新举措

新冠肺炎疫情给检察机关传统的“面对面”办案模式带来了重大挑战，信息化应用开辟了疫情防控时期检察办案的绿色通道。特殊时期用信息科技助力检察办案，能有效破解疫情接触式传播的现实困境，补足传统办案模式的短板。特殊时期加强检察办案信息化的应用和探索，用信息化技术手段全力构筑联防联控、群防群治的“科技战线”，有助于最大限度地减少人员聚集和非必要接触，为落实加强防疫工作，服务保障防疫大局贡献检察智慧。

（三）践行以人民为中心，始终坚持司法为民的应然选择

加强检察信息化与办案机制的融合和运用，让信息数据多跑腿，人民群众少走路，最大限度地减少疫情期间人员流动和聚集，有效降低防疫风险。

（四）积极参与社会治理，助推国家治理体系和治理能力现代化的重要保障

检察机关作为国家司法机关，是防疫抗疫战线的重要组成部分，也是推进

国家治理体系与治理能力现代化的重要法治保障。信息技术不仅是提升检察生产力、创新力的新引擎，更是新形势下加强防控、应对疫情的新武器。因此，特殊时期检察机关应善用信息技术手段积极参与疫情防控综合治理，为疫情防控期间加强和创新社会治理贡献更优、更实的检察产品和法治产品，助推国家治理体系和治理能力现代化。

三、当前检察办案机制信息化应用存在的问题

检察信息化是一场全面而深刻的革命，是一项以信息技术为基础，体制创新为前提的战略性、全局性的系统工程。信息化建设在疫情防控期间服务保障检察办案无疑可发挥重要作用，但在检察实际应用中，一些问题也逐渐显现，值得我们探讨。

（一）重复建设

随着检察信息化建设迈入高速进程，各地检察机关也纷纷掀起了一股建设热，但由于未做到统一规划、统一设计、统一开发，导致重复建设、重复投资的问题突出。如最高人民检察院开发的 12309 中国检察网，是一个集案件信息公开、辩护与代理、控告与申诉等于一体的综合检察服务平台，其上线运行后各级检察机关也纷纷进行类似网站的开发和探索。就其中辩护与代理的功能而言，不同网站平台的服务功能都是相似或是相同的，有的甚至只是服务链接的移植和转接。在此情况下，一方面，检察工作人员需要一一登录不同的网站平台进行受理回复，一定程度上增加了工作量；另一方面，由于网站众多，每一个网站又对应单独不同的账号密码，导致律师、代理人等经常因账号混乱需要申请重置密码。可以说，类似的重复建设不仅造成资源浪费，还会直接影响客户端的体验。

（二）实用价值

实用价值是检验检察信息化建设成果的重要标准。检察信息化建设要坚持以办案为中心，把信息化资源用在刀刃上。但实践中，一些建设成果重宣传轻实效，实用价值大打折扣，最终沦为“华而不实”的政绩工程。[1] 例如，一些智能辅助系统的适用范围具有较大的局限性，只能适用于如危险驾驶、盗窃等简单案件。问题的关键是，这些简单的轻刑化案件在司法实践中早已形成较为

---

1 李亮：《智慧检务建设与应用过程中的问题分析及改进建议》，载陕西法制网，http：//www.shxlaw.cn/a/shanxifazhi/jianch/20181102/10584.html，最后访问于 2020 年 2 月 1 日。

成熟的办案模式，[2]包括量刑建议的提出、审查报告的制作、起诉书的模板等均有大量的司法实践可供参考，检察官对此类犯罪的量刑情节、捕诉与否早已烂熟于心，根据以往的丰富经验足以判定案件的审查结果。因此，智能辅助系统的应用反而使工作更加繁琐，与简案快办的办案理念相悖，实用价值并未得到合理体现。

（三）数据应用

数据的应用是让智慧检务产生“检察智慧”的关键环节，而数据应用效果又高度依赖于数据源的质量、容量和深度。一是数据质量不高。数据源的抓取一般来自统一业务系统，但系统数据基于人工手动录入，案卡填录不规范、不及时、不准确等因素直接影响了数据的质量；另外，各部门倾向于录入对自己有利的“积极数据”，一些“消极数据”容易被人为隐匿，也会产生数据失真的问题。二是数据共享程度较低。大数据运用在智慧检务中有着十分广阔的前景，而数据共享、充实数据容量是运用大数据技术的基础和前提。但当前检察机关的数据共用共享机制主要体现在纵向垂直部门之间，横向交互共享程度较低，不同部门之间条块分割明显，数据隔离问题突出，大量数据以信息孤岛的状态被分割在各部门内部而无法被有效关联和聚合。[3]三是数据挖掘深度不够。数据的挖掘分析应用是智慧检务建设的重点和难点，数据挖掘不仅要有广度，更要有深度，通过对关联数据的规律分析，不断深挖数据宝矿中的有用信息，从而形成有价值的辅助决策。但当前实际应用中的数据挖掘往往浮于表面，浅尝辄止，未能与检察工作深度融合，形成精准预判服务检察办案，数据的总体智能含量较低。

四、重大疫情背景下检察办案机制的信息化探索

重大疫情为智慧检务的迭代升级按下加速键，也不断在实战中检验智慧检务的建设成效。[4]如何以用促建，以疫情防控为契机，全面推进检察办案工作与信息化建设深度融合，破解疫情期间检察办案的痛点、难点，在疫情困境中实现检察信息化建设的弯道超车，是当前检察机关亟须回答的重要课题。

2　参见冯姣：《智慧检务审视：可能性及其局限》，载《警学研究》2019 年第 3 期。

3　《“智慧检务”的全面建设，离不开大数据的应用》，载搜狐网大数据观察官方公众号，https：//www. sohu. com/a/149334897_ 398736，最后访问于 2020 年 3 月 2 日。

4　《特殊时期，要充分发挥智慧检务优势》，载最高人民检察院网站，http：//www. spp. gov. cn/spp/zhuan/an/20200302/455516. shtml，最后访问于 2020 年 3 月 2 日。

（一）突出目标导向

一是树立“大数据+检察”的理念。智慧检务就是通过采集、聚合、关联和分析巨量的司法办案数据，让检察工作产生智慧，为检察人员办案提供智能的决策依据。而无数据不智慧，智慧检务，数据先行。大数据是互联网时代最为核心的生产要素，为智慧检务提供了重要支撑。面对重大疫情，要树立“大数据+检察”的创新理念，将大数据应用作为检察信息化建设的新增长点。二是树立实用实战实效的理念。新时期检察信息化建设要突出目标导向，坚持以办案为中心，契合检察工作需求，避免重复建设，讲实用、重实战、求实效。将办案的需求点切切实实地反馈到检察信息化建设中，善用信息技术为检察办案赋能增效，让信息化释放出检察生产力红利。三是树立双赢多赢共赢的理念。信息化建设不能仅凭检察机关的一己之力，要下好信息化建设的一盘棋，从共建共用共享走向双赢多赢共赢。在疫情背景下，检察机关要在更高的站位上，以更严的标准、更宽的思路加强信息化探索，加强互联互通，共享共用，为疫情防控输出优质的检察产品，让检察信息化的建设成果惠及多方。

（二）突出需求导向

一是借力远程视频，着力破解接触式传播的办案痛点。通过运用远程提审系统、远程庭审系统等进行“云提审”和“云出庭”，从而实现安全高效的“云端办案”。在疫情防控的重要时期，网络远程双向视频的应用不仅可以高质高效地完成检察机关提审讯问、听取意见和支持公诉等重要办案活动，还可以最大限度地减少人员聚集和非必要接触，有效消弭疫情接触式传播的隐患。二是强化线上办案，积极筑牢防疫阻击战的司法屏障。通过网上信访2.0系统直接对来访案件进行网上受理和网上回复，倡导非接触式信访。确保疫情防控期间检察服务保障工作不打烊、不打折，让人民群众足不出户也能及时表达诉求。同时加强12309检察网的异地阅卷服务工作，强化网上律师接待服务。通过案件受理地和阅卷地的数据共享衔接，让数据多跑路，人员少流动。律师可以实现就近阅卷，有效减少跨区人员流动，充分保障律师执业权利的同时减少交叉感染的风险。三是善用信息设备，全面畅通涉疫情案件的举报渠道。运用电话录音设备，不仅可以对涉检涉诉的举报电话进行同步录音，也能对正在办理的案件的当事人、证人、律师等提出的相关问题进行录音，固定相关电子证据。此外，来电群众在非办公时间也能录音留言，最大限度地降低新冠肺炎疫情对各项检察业务工作的影响。

（三）突出精准导向

一是依托智慧公益诉讼平台，精准查办涉疫情案件线索。公益诉讼是检察机关的重要职能之一，在特殊时期被赋予了新的内涵。检察机关作为公共利益的守护者，在特殊时期积极运用智慧平台和信息技术充分发挥职能作用，为疫情防控加强源头治理是防疫期间检察信息化应用和探索的重要任务。对此，在重大疫情的背景下，检察机关应充分依托智慧公益诉讼检察平台，突出精准导向，运用大数据筛选对举报线索进行检索，精准出击，对防控期间利用疫情哄抬物价、制售假冒伪劣产品、非法交易野生动物等涉疫情案件线索进行深入挖掘、重点跟进和突出查办。同时结合运用无人机航拍、区块链等信息技术手段进行无人现场勘查并及时固定证据，实现对公益诉讼线索的宽视野排查、高效率收集和精准化研判，为疫情防控肃清法治环境。二是依托社区矫正管理系统进行“远程巡察”监督，把传统的“面对面”监督模式变成“屏对屏”。通过系统可以查看社区矫正对象实时监管动态，了解掌握社区矫正对象的管理情况，还可随机抽查部分社区矫正对象的轨迹定位，严防在疫情期间出现脱管、漏管现象，实现对社区矫正对象的精准监控。三是依托综合安防管理平台对在押人员的监管情况进行网上巡察，实时开展驻所检察云端监督。重大疫情期间，除重大突发情况外，驻所检察人员原则上不进监区，避免人员进出给监管场所带来疫情传播的隐患。运用综合安防管理平台开展“无死角、零接触”的检察监督，一旦发现存在防疫隐患情况，及时发出纠正意见，并监督落实整改，确保刑事执行检察监督工作有序开展。

（四）突出问题导向

数据是信息时代最为核心的生产要素。检察机关的数据共用共享机制主要体现在纵向垂直部门之间，在与其他部门的数据横向交互共享仍有待进一步完善。当前公检法等部门之间条块分割明显，数据交互共享程度较低，数据壁垒和信息孤岛的现象普遍存在，严重影响和制约司法大数据的集成和分析应用。[5]在疫情防控的重要时期，检察机关应突出问题导向，主动加强数据共享应用，开拓信息化沟通渠道，构建多元信息协作机制。[6]例如，通过两法衔接信息共享平台，推动涉疫情案件犯罪线索的及时移送，有效打破信息壁垒，从而实现对

5 参见胡勇著：《检察业务分析研判——理论、方法与实例点评》，中国检察出版社2019年版，第16页。

6 张武举、李哲哲：《疫情防控与检察信息化》，载《检察日报》2020年2月20日。

涉疫情犯罪案件落实从严从快办理。通过业务数据的实时动态共享，加强跨部门之间涉疫情案件数据信息的互联互通，攥指成拳形成打击合力，推动构建共治共享的“防疫共同体”。另外，疫情背景下，加快探索建立公检法一体化信息共享平台具有重要意义。例如，法院的开庭通知书、判决书等法律文书，只需上传共享，就可以实现“足不出院”也能电子送达。公安机关将案件卷宗扫描之后，只需上传至共享平台，就可以实现一次扫描，多方共享，既可以节约司法资源，又能减少扫描时人工与卷宗的交叉接触，切断疫情可能传播的路径。

结语

在重大疫情背景下，加强检察办案机制的信息化探索，既是对检察科技信息化供给能力的一次全新挑战，又是推动检察信息化转型发展、构建新时代智慧检务生态的良好契机。[7]检察机关应充分发挥主观能动性，化危机为转机，以高度的政治自觉、法治自觉和检察自觉，将抗击疫情作为检验智慧检务的战场，倒逼信息化办案机制应用实战化、实用化，确保防疫、办案两不误，[8]为国家治理体系和治理能力的现代化贡献检察力量。

---

7 金鸿浩：《疫情防控与智慧检务创新》，载《检察日报》2020 年 2 月 13 日。

8 参见《防控不延误办案　疫情不阻断信访——廊坊市人民检察院远程办案应用助力防控、办案“两不误”》，载澎湃新闻，http://www.thepaper.cn/newsDetail_fonword_6004933，最后访问于 2020 年 2 月 26 日。

新冠疫情对影视企业的影响及法律建议

谭国戬*

突发的新冠肺炎疫情正逢2020年春节假期，国务院、各省市政府纷纷出台措施，共同抗击疫情，为避免人口大规模聚集及流动造成更大范围的传染，公众采取居家隔离等措施，并暂停所有娱乐项目，餐饮、旅游、电影、交运等行业首当其冲，面临全面停业等严重冲击，尤其是电影等影视行业迎来寒冬。本文旨在结合影视行业现状、政府政策及法律实践等方面，为影视企业如何度过“寒冬期”提供解决思路，如通过优化企业用工管理、善用法律武器应对合同纠纷、适时调整经营策略、密切关注政府优惠政策等途径，采取相关措施以求降低损失、顺利度过寒冬，甚至借此契机完成企业优化升级等。

一、疫情防控对影视行业造成的影响

结合目前影视行业及其他统计平台提供的数据，目前影视行业因疫情带来的不利影响，可初步整理为以下几个方面。

（一）线下电影院线经营、影视综艺制作等全面暂停，企业营收大幅下滑

据统计，2019年春节档的票房为58.59亿元，占全年票房642.66亿的9%，2020年春节期间的春节档票房因影视企业的提前宣传，《唐人街探案3》《囧妈》《夺冠》《姜子牙》《紧急救援》《急先锋》《熊出没7》等影片备受期待，票房预测总额接近70亿元，然而受到新冠疫情的冲击，上述七部电影先后发声明退

* 谭国戬——中国广州仲裁委员会仲裁员、广东南方软实力研究院副院长、广东卓信律师事务所高级顾问，主要研究领域：合同管理、公司治理、企业人力资源管理、影视著作权保护及近现代政党发展史。

出春节档，2020 年春节档颗粒无收，原定 2 月情人节上映的影片亦纷纷撤档，正在拍摄的影视剧、网络综艺等也已暂停。目前虽部分城市经济有所复苏，但线下电影、影视剧及综艺制作等是人口聚集性较高的娱乐项目，疫情对此类产业的冲击可想而知将更为持久，恢复亦相对较慢。

（二）企业面临停工减产，管理成本压力增加

受疫情影响，春节假期延长，企业复工时间延迟，部分制造行业的企业因行业特性，在规定复工期限后开工，能够及时投产止损，电影行业则继续处于待解冻状态，院线暂停经营，影视剧制作暂停则直接影响影视公司、后期制作公司、艺人公司、广告公司、设备租赁公司等企业的运作，基本上整个影视行业处于停摆状态，影视企业的日常经营开支却是照常，如员工的工资福利待遇、社会保险、院线场地租金、拍摄基地、办公成本等，众多企业压力倍增。

（三）部分合作项目暂停，面临违约等法律风险

因防控疫情需要，已签订及开展的部分合作项目将无法按照既定的计划开展及落实。合作履行期限、履行成本等受影响，势必会对合同当事人造成损失，且合同的无法履行可能进一步导致对第三人违约的风险，将产生连锁反应。在友好协商解决的情况下，合同当事人及时采取措施的，有利于止损，但在协商未成的情况下，则有可能矛盾升级，导致争议及诉讼/仲裁的产生，这将进一步增加合同当事人的成本，如应诉成本，同时将影响后续的合作开展，甚至带来企业的信誉危机等。

（四）短期内投资合作机会减少，可能面临融资困难等

一般经济市场的对外投资业务从 3 月开始进入活跃期，目前因疫情持续蔓延，不排除将进一步影响企业的对外投资合作业务，对整体对外投资合作发展将造成不利影响。首先，企业本身因疫情防控导致的自身风险亟须解决，在解决内患的情况下，对外的投资计划可能陷入延迟，导致后续的项目无法开展。其次，原本依赖融资度过寒冬期的企业可能面临无法及时引入资金的困境，将造成企业经营停顿甚至解散等情况。最后，疫情蔓延时间越长，不利影响越大，外界对行业的信心和预期越低，产业增速回落，企业停工减产。

二、疫情防控期间影视行业的应对建议

疫情之下，影视企业应及时制定应对策略，采取相应措施，降本增效、开源节流等，以求安然度过寒冬期，如若应对得当，亦可借此时机，对企业进行

优化升级，以利于企业的后续经营管理。本文从法律及政策角度出发，为影视企业的应对提供适当建议，以供影视企业参考，具体如下。

（一）优化企业用工管理

疫情防控期间，企业可根据业务开展情况，采取灵活调整用工方式、优化人才结构、多元化复工安排等措施对企业的用工管理进行优化。

1. 灵活调整用工方式

根据劳动法及相关法律法规规定，与员工协商对劳动用工条件进行调整，如出现经营困难的企业，可与员工协商调整薪酬待遇、轮岗轮休、缩短工时、待岗等，鼓励员工与企业共渡难关。而电影院线企业因行业的特殊性，特定员工可适用综合计算工时工作制，该工时工作制有利于减少员工的加班工资，因此，受疫情影响的企业可根据企业实际情况，向当地劳动行政部门提交适用综合计算工时工作制的申请，经批准后可适用。对于因个人原因无法正常复工的员工，可优先安排年休假等，如不足的，可引导员工申请事假等方式延迟复工，并按照企业规章制度规定支付工资。

2. 优化人才结构

人才优化的核心并非裁员，而是在企业的驱动力发生改变的情况下，结合公司管理制度及架构设置，重新梳理不同岗位的定位及职责。在梳理不同岗位、不同角色的重要性后，从长短期的回报比例入手，研究不同岗位、不同角色的回报比例，最后可根据前述的初步结论，明确是否对已有岗位及角色的定位及职责进行重新划分，通过人才优化方式，加大管理层的绩效及考核力度，激发其工作效能，对于明显投入产出比不佳甚至是低于预估值的员工，则可以考虑是否进行岗位调整，或是适用优胜劣汰机制。如适用优胜劣汰机制，则应预先做好实施机制及应对策略等，避免引起员工的恐慌，加速员工的离职。优化人才结构是一步双向发展可能性较高的操作，企业如适用得当，则不仅能达到降本增效、开源节流的效果，员工与企业之间的联系与结合也将更加牢固，有利于后续的企业经营。

3. 多元化复工安排

对于业务多元化的企业，部分业务受到疫情影响无法正常复工的，可考虑进行多元化复工安排，如将所涉员工临时调整至其他业务，或与其他企业进行合作，借调至其他企业共渡难关等，可有利于缓解工资支付压力等。因当地政府隔离政策或其他紧急措施等客观原因导致无法复工的，可安排员工远程办公、参加线上培训等，提高员工职业技能，有利于后续经营效率及管理水平的提高。另外，在岗办公和远程办公并存已经成为定局，企业可以考虑在全国范围内进行优化分布，包括薪酬体系、招聘体系、培训体系，以及生产体系等，作出体系化的调整。

（二）善用法律武器应对合同纠纷

疫情之下，各类商务合同的履行纷纷遭受考验，以影视行业相关合同的履行问题为例，自《关于新冠疫情期间停止影视剧拍摄工作的通知》发布以来，目前的影视拍摄工作基本均处于暂停状态，各大影视剧组面临暂停拍摄、封闭管理、延期开机等情况，而“停机”下的场地租赁合同租金问题、由“停机”“撤档”等引发的违约问题、疫情对联合摄制/联合投资协议的影响等，均涉及合同履行不能等法律问题。

根据目前的司法实践普遍观点，因疫情导致的合同全部或部分不能履行的，可适用不可抗力条款作为抗辩，而具体适用不可抗力条款时，关注的焦点基本可归结为几大类，如合同履行不能，是否能免责解除或变更？在双方都存在过失的情况下，如何划分违约责任？是否可适用不可抗力或情势变更为抗辩理由？产生争议应如何寻求救济？等等。针对该类问题，结合目前的法律规定及司法实践，初步分析如下。

1. 新冠疫情可构成法律上的不可抗力事件

如合同中对“不可抗力”有定义，且定义中明确列举了“传染病”或“非典型性肺炎”等，主张“新冠肺炎”疫情构成不可抗力即有合同依据。如合同中无明确定义，或“不可抗力”定义中未明确包含“传染病”或“非典型性肺炎”等的，依据《民法总则》及《合同法》的相关规定，并参考此前司法实践观点，可主张此次疫情构成不可抗力事件。此次疫情由于来势突然，一般公众无法预见，暴发至今尚未找到有效的方法彻底阻断其传播，也未找到确切有效的治愈方法，且政府有明确强行性通知。据此，合同当事人可主张本次疫情为不能预见、不能避免、不能克服的不可抗力事件。

2. 不可抗力或情势变更的区别适用

不可抗力与情势变更的适用有相似性，均需“无法预见”，且对合同的履行构成履行障碍，但两者存有区别，如两者虽均构成履行障碍，但程度不同，不可抗力已构成履行不能，而情势变更未达到履行不能的程度，仍属于可能履行，只是其履行极为困难并导致显失公平。又如，不可抗力属于法定免责事由，当事人只要举证证明因不可抗力导致合同履行不能，即可获得免责，法院对是否免责无裁量余地；情势变更不是法定免责事由，其本质是使当事人享有请求变更或解除合同的请求权，同时授予法院公平裁量权。再如，不可抗力的效力系当然发生，情势变更的效力非当然发生。是否构成情势变更、是否变更或解除合同及是否免责，取决于法院的裁量。因此，不可抗力和情势变更不能同时适用。司法实践中对适用情势变更尺度把握较严，在实际履行情况可能同时符合不可抗力条款与情势变更时，一般可优先适用不可抗力条款，解决合同的履行问题，确认是否解除及是否承担违约责任等。

3. 适用不可抗力可能带来的法律后果

若合同当事人对不可抗力事件发生后合同如何履行进行了约定，一般从其约定处理，如未有约定，则需依据法律规定处理，法律后果是否会确实发生，需根据具体案件情况而定。我国现行法律对不可抗力事件发生后合同的履行规定了以下几种情形：可主张部分或全部免责、解除合同、不适用定金罚则等。另外，值得注意的是，企业在适用不可抗力条款时，应结合合同本身具体情况具体分析，重点分析内容应包括疫情是否必然造成合同不能履行或合同目的无法实现，主张免责或解除一方是否自身存在过错，在疫情防控时期由相关政府部门和不同的地方政府采取的疫情防控措施是否直接影响了合同的履行等。如确认适用不可抗力，企业应及时向合同相对方发出书面通知主张不可抗力免责。

4. 争议的救济途径

因疫情产生的合同纠纷，合同当事人可优先进行友好协商，对合同的履行、违约责任的划分、损失的承担等问题进行明确，并达成书面文件，如补充协议等。在协商未能一致的情况下，合同一方未及时止损的，可通过企业发函或委托律师事务所发送律师函等方式，将企业的态度及要求正式函告合同相对方，如确认解除合同，要求立即采取措施以避免造成更大损失等。任何一方不予配合或回复的，亦可考虑根据合同约定的争议解决途径，如向法院提供诉讼，或向仲裁机构申请仲裁等，要求合同相对方承担违约责任，企业采取诉讼/仲裁方式的，则需提前收集与争议相关的证据材料，如合同材料、履行情况、不可抗力影响等，以便作为证据提交。

（三）适时调整经营策略

春节假期因疫情影响，央视及其他主流卫视通过对现场设置进行调整，如取消现场观众、采用线上同时直播等方式录制节目，此外，因公众隔离在家，导致已录制影视剧收视率出现高峰，各大视频平台使用呈现超额增长，云录制、云直播等线上模式的试水成功显示，线下经营与线上方式结合将不可避免地成为影视行业的发展趋势之一，因此，影视企业应考虑对已有业务的范围及占比等进行梳理，适时调整经营策略，以适应发展趋势，掌握行业先发动力。

另外，企业经营的战略价值以及经济价值的体现要有信誉作保证、依靠，在疫情影响下重新评估企业信誉体系，并有针对性地制定经营措施，重新构建企业信誉管理机制，亦有利于争取融资优势及吸引力，减少或消除对企业信誉的不利影响。

（四）密切关注政府商业优惠政策

为应对本次疫情，各地政府亦推出了各种企业帮扶政策，如对内有减税、延期纳税、缓缴“五险一金”、降低企业社保费成本、提供稳岗补贴等，对外则有降低贷款门槛及贴息等政策。为加大援企暖企政策力度，各政府、部门纷纷出台相应政策，如银保监发布的《关于加强银行业保险业金融服务配合做好新型冠状病毒感染的肺炎疫情防控工作的通知》，明确对受疫情影响较大的批发零售、住宿餐饮、物流运输、文化旅游等行业，不得盲目抽贷、断贷、压贷，鼓励通过适当下调贷款利率、完善续贷政策安排、增加信用贷款和中长期贷款等方式，支持相关企业战胜疫情灾害影响。中国人民银行、财政部、银保监会、证监会、外汇局等五部委联合出台了《关于进一步强化金融支持防控新型冠状病毒感染肺炎疫情的通知》，相关的贷款优惠政策在一定程度上可以缓解企业资金压力。而上海市政府针对文化企业率先发布的《全力支持服务本市文化企业疫情防控平稳健康发展的若干政策措施》，北京疾控中心发布的《新冠肺炎流行期间北京市电影行业复工防疫指引》，以及四川省政府发布的《关于应对新型冠状病毒肺炎疫情缓解中小企业生产经营困难的政策措施》等地方性政策文件，均有对影视行业的生存与发展明显利好的优惠政策，如企业能及时了解并申报，将大大有助于影视行业度过此番寒冬。

另外，除政府优惠政策外，商业优惠政策（如减租、免租、减免费用等）亦值得关注。对于此类利好政策，企业应适当安排人员及时收集及更新，并按要求提交申请、跟进及落实，以避免过期申报而错失机会。

大疫之下，影视企业唯有及时采取适当的应对措施，顺利度过寒冬，并借此契机完成企业优化升级，立身命运，方为正途。

实务研究

我国公民平等受教育权的法治保障研究

柯　卫　吴浩伟*

【内容提要】 我国目前尚未制定针对公民平等受教育权的专门立法，相关法规存在内容上互相抵触的情况，规范过于原则性，缺乏可操作性，同时存在立法滞后、法律漏洞等现象，亟须进一步补充、修改和完善。本文的研究，将有助于我们认真对待上述问题，寻找妥善的解决方法和措施。本文提出了完善我国公民平等受教育权法律保障的具体措施和方案，包括出台公民平等受教育权的专门法律；将立法、执法、救济制度和法律监督四者相结合，用法律制度体系的完善推动公民受教育权的平等得以实现。

【关键词】 平等　受教育权　制度完善　法律保障

党的十八大以来，习近平同志一再强调发展教育事业的重要性，形成了完整的新时代中国特色社会主义教育理论体系。[1] 随着社会的进步，公民维权意识日见提升，涉及平等性权利的诉讼案件也不断增加。加之各地方“高考移民”事件频繁出现，引起法学界和教育界对平等受教育权法律保障的不断探究。从法律的视角来看，平等受教育权不再只存在于理念层面，更多地要进行实践性的思考。我们不仅要分析应然的平等受教育权的相关理论，还要从实然的角度把握社会现实。目前，平等受教育权在不同人群中所体现出来的严重问题让人

---

*　柯卫——广东财经大学法治与经济发展研究所、法学院教授，法学博士，硕士生导师，主要研究领域：法理学。吴浩伟——广东财经大学法学院法律硕士，主要研究方向：法理学。本文是司法部 2016 年度国家法治与法学理论研究一般项目“我国公民平等受教育权的法治保障研究”（项目批准号：16SFB2011）的最终研究成果。

1　孙春兰：《深入学习贯彻习近平总书记关于教育的重要论述　奋力开创新时代教育工作新局面》，载《人民教育》2018 年第 20 期。

担忧，教育立法、行政保障、救济途径、执法监督等方面的缺失都是导致公民平等受教育权受到侵害的主要原因。学术界对受教育权中平等的定性、保障公民平等受教育权的措施等方面的思考也是见仁见智。鉴于此，本文针对平等受教育权法律保障所存在的问题，从不同的保障角度分析，进而提出完善我国公民平等受教育权法律保障的建议。

一、平等受教育权的理论概述

（一）平等受教育权的概念

我国《宪法》虽然没有对平等受教育权的概念作出明确的规定，但《宪法》第三十三条第二款[2]为平等受教育权奠定了基础。在部门法中，我国《教育法》第九条第二款明确规定：“公民不分民族、种族、性别、职业、财产状况、宗教信仰等，依法享有平等的受教育机会。”公民具有要求国家和学校为其提供平等受教育的权利，包括平等的学习条件和机会，这是平等受教育权的基本内容。平等受教育权包含两方面的含义：一是形式意义上的平等受教育权，主要侧重于没有差别对待，如提供平等的学习机会，与前述《教育法》中规定“机会平等”的主旨相一致。二是实质意义上的平等受教育权，倾向于合理性的差别对待，即公民所受到的教育与其自身的不同情况相适应。[3]有学者从宪法学平等理论的角度对平等受教育权的概念进行剖析，认为平等受教育权是一个综合性权利，涵盖了立法、执法、司法三个领域。该学者所追求的平等受教育权要求将形式平等和实质平等有机结合，并注重程序上的平等。[4]还有学者认为平等受教育权是指公民只要符合法定的条件，都有权获得一国公民普遍享有的平等受教育机会。[5]扩展到国际领域，1960 年的《取缔教育歧视公约》对平等受教育权解释的方式较为显著，该公约通过第一条[6]对歧视一词的理解反过来体现

---

2 《宪法》第三十三条第二款：“中华人民共和国公民在法律面前一律平等。”

3 高家伟主编：《教育行政法》，北京大学出版社 2007 年版，第 20－22 页。

4 段斌斌：《平等受教育权的含义剖析——从宪法学平等理论的视角出发》，载《教育科学研究》2016 年第 6 期。

5 高家伟主编：《教育行政法》，北京大学出版社 2007 年版，第 17－18 页。

6 《取缔教育歧视公约》第一条：“为本公约目的，‘歧视’一语指基于种族、肤色、性别、语言、宗教、政治或其他见解、国籍或社会出身、经济条件或出生的任何区别、排斥、限制或特惠，其目的或效果为取消或损害教育上的待遇平等，特别是：（甲）禁止任何人或任何一群人接受任何种类或任何级别的教育；（乙）限制任何人或任何一群人只能接受低标准的教育；（丙）对某些人或某群体设立或维持分开的教育制度或学校，但本公约第二条的规定不在此限；（丁）对任何人或任何一群人加以违反人类尊严的条件。”

受教育权的平等形式，其中包括禁止任何形式的教育歧视和促进受教育权平等两个方面的内容。我们认为平等仅仅是受教育权价值诉求的一种，受教育权的平等不是绝对的平等，而是赋予差别对待的合理性理由。对特殊人群要予以特殊对待，以保障弱势群体受教育权的平等。

（二）平等受教育权的性质

运用分析的角度和方法，理论界多以“权利—义务”的关系理论来审视受教育权的性质问题，可以概括为三种：受教育的义务观；受教育的权利义务观；受教育的权利观。主流的观点认同受教育的权利义务观。[7]将受教育权赋予平等的保障形式，抛开传统的关系理论对平等受教育权的性质进行分析。有学者从平等价值与受教育内容的两个层面，发现平等受教育权兼具平等权和受教育权的双重性质。[8]还有学者认为平等受教育权是一种复合性的人权，且不论是从文化权利的角度还是从收益权的角度看，都具有社会权的性质。[9]总之，我们要对平等受教育权有正确的认识，区分平等受教育权与平等权。平等权是公民依法同等地享有权利和履行义务的自由度；[10]而平等受教育权不以义务为前提，也不以结果上的平等为目标，容许差异的存在。

（三）平等受教育权的内容

我国《宪法》原则性地规定公民享有平等受教育的权利，《高等教育法》《职业教育法》等教育法规具体规定了其内容，十分丰富。从理论上考察，卢梭、勒鲁、罗尔斯、德沃金等西方学者都对平等观念研究精湛，将平等观念融入受教育权理论的研究进路颇为成熟。我国学者在研究西方理论的基础上，也提出了自己的观点。例如，教育家胡森认为受教育权平等的内容可以分为起点、过程、结果三个方面。细化之后又分为就学机会、资源配置、竞争机会、升学条件等。实际上，我国《教育法》已明确规定了平等受教育权的基本内容，主要体现在性别、民族、入学、升学、就业、机会、派出留学等方面。但若要深入剖析该问题，还要从教育的不同阶段、不同层次等角度对具体的法律标准进行分析。例如，有学者提出受初等、中等教育的平等和受高等教育的平等，两

7 龚向和著：《受教育权论》，中国人民公安出版社2004年版，第6－9页。

8 湛中乐：《受教育平等权保护的行政法思考——以随迁子女的义务教育为例》，载《中国教育法制评论》2013年第11期。

9 温辉著：《受教育权入宪研究》，北京大学出版社2003年版，第14－20页。

10 都玉霞著：《平等权的法律保护研究》，山东大学出版社2011年版，第67页。

个阶段平等受教育权的侧重点不同。[11]结合我国《教育法》《义务教育法》《高等教育法》等现行的法律法规，可以将平等受教育权的内容总结为三大方面，即受教育的权利主体平等、享有权利的条件平等以及权利的救济途径平等。

二、我国公民平等受教育权的现状

（一）城乡地域差异的平等受教育权问题

虽然《宪法》《教育法》中并没有列明受教育权在城乡、地域之间平等，但《宪法》中“法律面前人人平等”的规定必然包含这两个方面。城乡二元结构的严重影响以及东中西部经济发展的失衡，导致城乡、地域受教育权不平等的问题凸显。即使教育部门在会议、宣传活动上大力宣传教育平等理念，利用互联网技术开展“燎原计划”“国家贫困地区义务教育工程”等项目以缩短城乡、地域平等受教育的差距，但效果仍不理想。这种受教育权的不平等主要表现为以下两个方面：

第一，教育资源分配比例不均衡。中国教育资源分配主要倾向于城市、东西部地区。如根据《中国教育经费统计年鉴》所披露的普通高中教育经费投入数据可以看出，城乡教育整体经费远高于农村的教育整体经费。[12]如此一来，必然导致农村总体平均受教育的水平比城市低。[13]除此之外，东、中、西部区域受教育的水平也存在很大的差距，包括教育设施、教育水平、教育经费等。[14]即使是在同一个城市，学区房的出现也意味着受教育权的不平等。

第二，升学机会不平等。在当今社会，高考对每个家庭的重要性不言而喻。虽然号称分数面前人人平等，但招生过程采用的是各省定额、划线录取的办法，在录取方法上会考虑各地区的学校教学资源的状况以及生源地属于农村还是城市等因素，以至于不同的地方产生悬殊的录取分数线。除此之外，高考分数还存在照顾性加分政策，这一点本身就有受教育权不平等之嫌，再加上不同的省份加分降分的幅度也存在差异，导致受教育权受到双重的不平等对待。[15]近年不断出现不同省市、城乡的学生以侵犯平等受教育权为由而向法院提起诉讼，如青岛学生因分数线不同状告教育部等。

---

11 曲相霏：《析受教育权平等》，载《山东大学学报》2003年第5期。

12 张绘著：《教育经费投入评价与改革研究》，中国财政经济出版社2018年版，第112页。

13 鲍传友著：《教育公平与政府责任》，北京师范大学出版社2011年版，第50-54页。

14 龚向和著：《受教育权论》，中国人民公安大学出版社2004年版，第100-106页。

15 贾可卿、廖琳：《受教育权平等与差别对待》，载《安徽师范大学学报（人文社会科学版）》2015年第6期。

（二）残疾人群的平等受教育权问题

人与人之间总会有先天和后天的不平等，这是一种普遍的社会现象。我国《残疾人保障法》对残疾人的概念进行了明确的规定，为了尽可能地降低该类群体因“残疾”而对平等受教育权产生的不利影响，我国立法机关为此制定了明细的特殊性保护规定。然而在社会现实中，残疾人享受不到平等受教育的现象依然普遍存在，多表现为入学限制、教育经费、受教育年限、教学条件等。[16]由于传统观念的阻碍，能够获得接受高等教育机会的残疾人仅占残疾人总数的0.03%。[17]一些高校在录取残疾人时对其日后的教学、生活、沟通等问题仍会有后顾之忧，时常发生拒收符合录取标准的残疾人考生的情况。自从特殊教育被纳入国家中长期教育事业改革和发展规划中，特殊教育学校的数量有了显著的增加，[18]虽然能够促使更多的残疾学生获得受教育的机会，但实际上由于政府向特殊教育投入的经费总量不足等，又产生了特殊教育发展不平衡的诸多问题。普通院校的残疾学生数量实际上比特殊学校的在校生要多，而特殊教育款项大部分投入了特殊学校，从而导致普通学校的残疾学生能够享有的专项经费较少。普通院校的教师没有接受过特殊教育培训，因此很难保证随班就读的残疾学生的受教育质量。[19]除此之外，特殊教育的师资力量、信息化建设等与普通院校相比有明显的差距。不同类别的残疾学生受教育程度也不平等，如在入学接受义务教育方面，患重度听力障碍、自闭症等残疾儿童遇到的困难非常大。[20]

（三）流动人口子女的平等受教育权问题

目前，人口的合理流动已经成为不可阻挡的大趋势，但是由于我国义务教育采取就近入学原则以及户籍制度的存在，导致流动人口子女在实现平等受教育方面的问题十分严重。流动人口子女由于没有流入地户籍，往往只能通过借读的方式就学。2008年国务院颁布《关于做好免除城市义务教育阶段学生学杂费工作的通知》，明确要求以流入地及公办学校为主力解决流动人口子女的就学问题。然而有些地方政府规定的公办学校借读门槛过高，如简阳市对借读提出

---

16 尹海洁：《残疾人受教育状况及对其生存的影响》，载《山东社会科学》2012年第11期。

17 曲建武、赵慧英：《关于普通高校招收残疾学生的思考》，载《中国高教研究》2003年第1期。

18 参见2018年《中国教育统计年鉴》。

19 李泽慧：《近二十年我国随班就读教师培养研究回顾与反思》，载《中国特殊教育》2010年第6期。

20 彭霞光：《中国特殊教育发展现状研究》，载《中国特殊教育》2013年第11期。

了要么通过积分申请要么满足“缴纳社会保险及连续居住两个满一年”等要求。这使得流动人口孩子们被迫返乡就学，成为新型的留守儿童。即使取得流入地的入学机会，流动人口子女绝大多数情况下也只能选择条件较差的公办学校、民办学校、农民工子弟学校。由于教育资源分配不平等，这些学校存在教育设施差，教师教学质量不高，缺少必要的体育设备、信息化设备等情况。流动人口子女升学机会与本地学生相比实际上也存在差异，如上海、北京等地对中职、高职等都限制了申请条件。[21] 对于在京考高职的申请，北京市要求需满足在京连续缴纳社会保险已满6年（不含补缴）等五项条件，[22] 间接延长了流动人口子女受教育的时间。

三、我国公民平等受教育权法律保障存在的问题

为保障公民受教育权的平等，我国在法律法规、政策执行、教育经费的增长等方面都有所突破。例如，修订《残疾人教育条例》，发布《国家教育事业发展“十三五”规划》《2019年新型城镇化建设重点任务》等。教育基础法律如《义务教育法》《民办教育促进法》等多项法律也在2018年予以修订并实施。但是这些变动并不能立竿见影，实务中公民受教育权不平等现象存在的主要原因在于以下几个方面。

（一）教育立法体系不完善

当差别对待超过了合理性的范围就变质成了不平等的问题，若想实现实质上的平等受教育权，必然需要国家权力的强制性干预。改革开放以来，我国的教育立法迅猛发展，从无到有、从粗糙到细化、从权利的明确到平等性的进阶，形成了较为科学的法律框架。[23] 但是在新情况下，传统教育体制已不足以满足教育发展的现状。[24] 目前平等的受教育理念成为主流，如何保障受教育权的平等性也成为构建和谐社会发展的重要内容。尽管近年来，我国立法机关以及授权立法机关等通过新制定、修改教育法律法规等方式促进受教育权的平等，但是立法体系依然存在缺陷。

第一，教育立法尚不完备，法律效力位阶低。从横向来看，我国的教育立

---

21 湛中乐：《受教育平等权保护的行政法思考——以随迁子女的义务教育为例》，载《中国教育法制评论》2013年第11期。

22 参见《北京进城务工人员随迁子女在京参加高等职业学校招生考试条件》。

23 湛中乐、靳澜涛：《新中国教育立法70年的回顾与展望》，载《首都师范大学学报（社会科学版）》2019年第5期。

24 劳凯声著：《教育法论》，江苏教育出版社1993年版，第189－196页。

法涉及的范围还不够全面，教育经费、成人教育、社会教育等诸多方面还未制定。因此有些部门在调整相关的法律关系时存在立法空白点，教育资源分配失衡和浪费等问题迟迟得不到解决。从纵向来看，我国教育立法体系虽然由不同效力位阶的法律文本组成，但90%左右的教育立法乃地方性法规或规章、部门规章，法律效力位阶低，地方政府普遍重视不足。

第二，教育立法技术方面亟待提高。目前的教育立法在结构及语言技术等方面存在缺陷。教育法规的名称太过杂乱，如暂行条例、暂行办法、试行办法等称谓不统一，效力也是参差不齐。教育法规中一些语言表达技术还不够成熟，规定中原则性的条文太多，可操作性不强。如《职业教育法》中使用的"有计划性""显著""适当"等词语表意含混不清。

第三，教育立法滞后于教育发展。《职业教育法》1996年发布与实施至今未曾修改和完善，《义务教育法》1986年实施直至2006年才第一次修改，这些都说明教育立法一直得不到立法者的重视。目前受教育权平等是人们特别关注的话题，教育立法、政策出台等都应当围绕维护公民受教育权的平等进行。除此之外，教育立法体系还存在法规之间冲突、层次错位、带有歧视性倾向等问题。域外立法一般都有对平等受教育权的规定，该权利也是国际公认的基本人权，我国作为世界人权组织的重要成员，推动我国平等受教育权的立法进程成为必然之路。

（二）教育行政保障制度不健全

宪法权利与一般权利的区别在于宪法权利必须有政府的强力保障作为前提。平等受教育权作为一项宪法权利必然要有政府的积极作为，然而有些政府官员滥用职权，教育腐败的现象一直存在。其中学校招生存在"黑幕"几乎成为常态，有的工作人员利用职务之便收受贿赂，招收不符合录取条件的学生或者本应通过考试公平竞争却进行内定，严重地损害了其他学生的平等受教育权。个别地方政府为了地方建设，给予投资商子女优质的教学资源作为条件进行招商引资，牺牲了其他公民的平等受教育权。权力要受到权利的制约，虽然教育法律法规等文件规定了政府保障公民平等受教育权的法定职责，但是有些地方政府怠于履行职责，如有能力和条件而不为残疾儿童、少年设置实施特殊教育的学校或者班级，以及对城乡适龄儿童、残疾人、流动人口等的平等受教育权得不到充分保障的现象无动于衷。上述现象出现的主要原因在于我国教育行政保障制度的规定对违反教育法律法规的行为行政处罚和行政处分力度不强、原则性表述较多。例如，《教育法》规定不按照预算核拨经费情节严重的只是给予处分，而《高等教育法》中没有明确处罚措施，只是规定按照《教育法》的处罚方式处理。这些处罚措施能够发挥的作用微乎其微，笔者查询了一些地方政府网站等，关于处分的公示中几乎没有因教育经费保障不力而被处分的例子。教育行政保障的主体是国家和政府，而公民受教育权受到的最严重的侵害又恰恰来自于国家和政府，保障制度不到位，公民维护权益的路径更是难上加难。

（三）教育救济立法不足

英国法学家韦德曾提出没有救济就没有权利的至理名言。我国教育救济方式在立法上并不充足和完善，一方面现有的救济途径立法宽泛，很难使受教育者得到真正的救济。目前我国教育立法体系对行政救济的方式有所规定，包括行政申诉、行政复议等。这些规定对于保障公民平等受教育权有着重要的意义，但是立法不够具体，不能发挥其最大的作用。例如，《教育法》第四十三条第四款赋予了学生申诉的权利，但是该条款仅仅是概括式的规定，对学生申诉的内容、程序等方面都未明确。[25]由于我国行政诉讼中对原告资格的限定以及不存在违宪性审查等，这就使公民保障平等受教育权在司法救济方面产生困难。实际上导致受教育权不平等的原因最终可以还原为政策、制度等方面的不平等，[26]然而公民只能针对行政部门的具体行政行为提起诉讼。如果公民认为有关招生条件等规范性文件违背了我国宪法规定的公民平等受教育权原则，也无权请求法院予以撤销。[27]另一方面救济途径狭窄，不能使公民的平等受教育权得到充分的救济。目前我国公益诉讼并没有将教育领域纳入其中，从公共利益的角度来看平等受教育权的司法救济是缺位的。[28]

（四）教育执法监督不力

行政机关及其所属的工作人员只有进行教育执法活动，才能够发挥教育法律法规的效力，使公民平等受教育权在现实中得以实现。这种教育执法是一种执行权力的行使，有权力必然要有制约，否则会导致权力的滥用损害公民的权益。然而我国教育执法监督系统相比执行等其他系统较为薄弱，其规定一般仅处于宏观的层面。目前《行政监察法》已经失效，虽然2018年发布的《监察法》要求加强对行使公权力的公职人员进行监督，但是该部法律配套的实施条例还未修改或补充，没有专门针对教育执法监督进行细化。教育执法监督的规

25 孙霄兵著：《受教育权法理学——一种历史哲学的范式》，教育科学出版社2013年版，第502－503页。

26 汪习根、王康敏著：《教育公平的法律保护研究》，中国社会科学出版社2012年版，第194页。

27 李昕：《论受教育权在行政诉讼中的确认与保障》，载《法学杂志》2010年第6期。

28 崔玲玲：《教育公益诉讼：受教育权司法保护的新途径》，载《东方法学》2019年第4期。

范性文件法律位阶低，如国家教育委员会办公厅于1995年印发的《关于开展加强教育执法及监督试点工作的意见》，其内容滞后于新型的教育模式及价值追求。教育执行监督体制还不够完善，即使各地方政府实施了教育执法监督制度（试行），但执行监督的程序性规定仍是空白。有些执行监督过程中所要面对的问题还处于探索、研究阶段，大大削弱了教育执法监督力度，甚至导致有些违反教育法律法规的行政行为不能被有效制裁。由于教育执法监督机构职责不明确，如对监督的内容、程序、方式等方面没有规范，容易使工作内容与其他一般的执法监督混同。这样的问题也会使监督机关虽有监督权却在监督工作中不能直接适用。除此之外，教育执法监督部门缺乏独立性，在执法监督权行使的过程中容易受到行政权力的干预。当然，教育执行监督人员法律素养不高也是导致教育执法监督不力的原因之一。

四、完善我国公民平等受教育权法律保障的建议

（一）平等受教育权的立法保障

1. 建立完备的教育法律体系

作为我国的根本大法，《宪法》对平等受教育权问题只能作原则性规定，具体内容需要法律法规的落实。我国《立法法》规定，立法行为包括制定、修改和废止。因此为保障公民平等受教育权，完善教育法律体系应当遵循以下原则及采取相应措施：

第一，解决教育立法不作为的问题。所谓教育立法不作为是指立法者对教育领域中应该立法而没有立法的行为。[29] 导致受教育权不平等的主要原因在于教育经费分配不均衡以及获得受教育机会的考试制度不明确，因此制定《教育财政投入法》以及《考试法》迫在眉睫。除此之外，应当针对我国受教育权不平等的其他问题制定法律，以形成层次分明的配套体系。专门制定《教育公平法》，其中明确平等受教育权的性质，规定平等保障和合理差别对待的原则。[30]

第二，审查现有的教育法律法规。通过审查工作对现行有效的教育法律法规进行补充、细化、修改。例如，针对流动人口子女就学问题，民办学校实际上分担了公办学校的大部分责任，而《教育法》中始终缺乏对民办学校法律地位的确定，客观上不利于民办学校的发展。[31] 为促进发展教育事业，《教育法》

---

29 杜文勇著：《受教育权宪法规范论》，法律出版社2012年版，第150页。

30 汪习根、王康敏著：《教育公平的法律保护研究》，中国社会科学出版社2012年版，第196－197页。

31 杜文勇著：《受教育权宪法规范论》，法律出版社2012年版，第175页。

第十三条[32]规定了奖励机制，但是语言表述中用了“突出贡献”的字眼，表意含混不清，未具体明确突出贡献的内容、表现形式、程度等，因此很难以此方式促进教育事业的发展。除此之外，尤其要加大对违反教育法律法规行为的处罚力度以及增加处罚措施，至少以行政规章的方式进行量化与明确。

第三，废除带有不平等色彩的法律法规。卢梭曾说立法艰难的原因不是那些必须要建立的东西，而是需要破坏掉的东西。[33]教育法律法规包含的入学机会分区域的不平等、对成人教育学历的歧视等内容必须废除。例如，《高等教育法》第十一条[34]明确大学自治原则，第四十四条[35]却又规定对高等学校教学水平等进行评估。这样的规定间接地对高校办学行为予以干涉，且存在对高校进行等级划分、教育财政投入有所倾向之嫌，应当予以废除。

2. 解决立法滞后性问题

我国的教育事业处在一个高速发展进步的新时期，国家立法应该顺应这个动态过程和节奏。教育立法的相对滞后，与教育事业的发展进步不相适应。许多国家通过由立法者对教育法律法规进行定期或不定期修订或废止的方式来解决立法滞后的问题。我国教育立法滞后的原因主要在于立法者不够重视、立法不具有前瞻性、立法程序规定不完善等。不同法律部门组成了我国的法律体系，彼此之间相互独立，分工合作，调整不同的社会关系。因此立法者不一定对每个法律部门都能够顾及，对教育立法这一领域更是不够重视。我国对教育立法采取的是不定期的修改方式，可以通过《立法法》的规定要求对个别法律（包括教育立法）进行定期修订或者废除。如此一来，一方面可以避免立法者忽略教育立法的领域，另一方面能够与时俱进，与现行公民的教育理念相适应。由于我国立法程序复杂，立法过程时间过长也是导致教育立法滞后的原因之一。针对该问题可以在可行性的范围之内对立法的程序进行简化，提高效率。特梅尔曾表示：立法程序越简化，社会越稳定。[36]此外，采用法律解释也是解决问题的有效手段。法律解释包括立法解释、行政解释和司法解释，与法律本身具有同等效力。法律解释往往与具体的案件和事件相关，不需要复杂的程序，为此对教育法律法规进行法律解释的同时予以完善，能够及时发现并修补基本法

---

32 《教育法》第十三条：“国家对发展教育事业做出突出贡献的组织和个人，给予奖励。”

33 ［法］卢梭著：《社会契约论》，钟书峰译，法律出版社2017年版，第49页。

34 《高等教育法》第十一条：“高等学校应当面向社会，依法自主办学，实行民主管理。”

35 《高等教育法》第四十四条：“高等学校应当建立本学校办学水平、教育质量的评价制度，及时公开相关信息，接受社会监督。教育行政部门负责组织专家或者委托第三方专业机构对高等学校的办学水平、效益和教育质量进行评估。评估结果应当向社会公开。”

36 特梅尔：《简化立法程序　保障社会稳定》，载南美侨报网，http：//www. br-cn. com/news/br_ news/20181124/119846. html，最后访问于2019年11月23日。

律的不足，切实维护公民的平等受教育权。

（二）平等受教育权的行政保障

1. 政府应积极保障公民平等受教育权的实现

第一，保障城乡地域差异平等受教育的权利。分析城乡地域公民受教育存在差距的原因，一部分是教育资源分配比例不均衡。政府在教育资源分配时应当注意城乡地域受教育的差异，进行合理的差别对待。[37]针对教育条件差、教育设备缺乏的农村、西部地区进行倾斜式的财政拨款，发挥中央规划机关的职能，通过调查协调城乡、区域的教育经费分配规划，[38]以此达到教育拨款均衡的目的，缩小城乡区域之间教育的差距。在教育领域坚决反对特权和歧视的存在，这两者都是平等的大敌。我们要承认具有正当性的特殊权利安排，如对烈士子女的“特殊照顾”等。不正当的特权以及歧视在教育领域中的主要表现为招生排斥其他学校、限制生源地等。政府根据教育不平等的现状制定相关规章时，应尽可能完善相关程序以及公民参与机制。规范审议的次数和上下级审议的间隔时间，发挥专家、学者在起草工作中的重要作用，提高公民在地方立法中的参与程度，使在立法阶段就筛选掉教育不平等的条款，听取公众的意见，使规章、政策等更能够具有实际可操作性。除此之外，应清理受教育权不平等的地方立法、规章以及政策等，由相应的机关予以废除。政府应当定期和不定期地对学校的招生条件、政策等进行审查，加大违反教育法律法规行为的惩罚力度以及增加惩罚方式。

第二，保障残疾人平等受教育的权利。除了规章制定要重视保障残疾人平等受教育权以外，还要采取强制性的具体行政行为由教育行政机关组织公职人员对特殊教育学校、高等院校等进行实地的行政检查，检查的内容包括招生政策、教学环境、条件设施等各个方面，看学校或者教育机构是否存在侵害平等受教育权的现象。在教育行政检查的过程中应当全程进行执法录像，对违反的地方进行拍照、记录。这样一方面可以为日后的整顿检查作依据，另一方面能够防止公职人员利用职务的便利徇私舞弊，产生教育腐败现象。针对学校对特殊群体设置入学障碍、违规招生等行为责令限期消除，逾期不消除的动用行政处罚，对情节严重还不限期消除障碍的则可以取消办学资格。通过行政处罚所获得的罚款可用于教学条件较差的学校建设。高等教育虽然实行大学自治的原

---

37 都玉霞著：《平等权的法律保护研究》，山东大学出版社 2011 年版，第 133 页。

38 汪习根、王康敏著：《教育公平的法律保护研究》，中国社会科学出版社 2012 年版，第 244－246 页。

则，但这并不代表着对大学自治的自由放任。高等教育在统筹规划、许可程序管理等方面仍受到政府的规制。强制要求特殊学校以及存在特殊群体学生的学校教师接受特殊教育培训，并将该技能列入教师水平考核的标准。除了强制行政行为之外，对残疾人平等受教育权的保障还要通过非强制性行政行为，如行政奖励和指导。这样不仅可以使政府处于主导的地位，还能尊重公民的自由选择。例如，根据《教育法》第十八条的规定，[39]政府负有为适龄儿童提供学前教育的条件和支持。这里的适龄儿童必然包括适龄残疾儿童，面对残疾儿童学前教育机构匮乏的问题，政府可以明确规定对成立符合标准的特殊机构给予优惠政策以及资金扶持等。这样一方面可以促进特殊教育机构的建设，另一方面也能解决残疾儿童学前教育平等的问题。如此看来，保障公民的平等受教育权需要强制性和非强制性的行为相互结合，发挥出良好效果。

第三，保障流动人口平等受教育的权利。能否保障流动人口子女的平等受教育权，关键在于学校对学生的容纳额是否能够满足当地流动子女入学的需求。若学校连本区域学生的就学需求都无法满足，就更无法向流动人口子女提供入学机会。因此政府应当将财政投入到学校建设中，为流动人口子女专门建立学校，且保证其师资力量、教学条件和教学环境等与公立学校相同。民办学校由于入学手续简便，限制条件少，成为很多流动人口的不错选择，对缓解政府的压力也起到明显的作用。例如，广州市民办学校中专门招收流动人口子女的差不多有250所，实际上承担了超过一半的流动子女义务教育的义务。[40]政府应当重视民办学校的兴建，通过制定地方性法规给予民办学校特定的鼓励政策。当然民办学校的成立必须符合办学条件和标准，不能与公立学校在教学设施等方面产生较大的差距，从而导致教育条件的不平等。我国《义务教育法》第十二条[41]规定，流入地人民政府应当保障流入人口子女平等接受义务教育，这一条款旨在强化流动人口居住地政府保障其权益的责任，第二款却又扩大了政府的权力，实在不妥。[42]这样的规定有可能使政府裹着被授权的合法外衣设定一

39 《教育法》第十八条："国家制定学前教育标准，加快普及学前教育，构建覆盖城乡，特别是农村的学前教育公共服务体系。各级人民政府应当采取措施，为适龄儿童接受学前教育提供条件和支持。"

40 沈小革、周国强著：《流动人口子女教育公平问题研究》，群众出版社2006年版，第61页。

41 《义务教育法》第十二条："适龄儿童、少年免试入学。地方各级人民政府应当保障适龄儿童、少年在户籍所在地学校就近入学。父母或者其他法定监护人在非户籍所在地工作或者居住的适龄儿童、少年，在其父母或者其他法定监护人工作或者居住地接受义务教育的，当地人民政府应当为其提供平等接受义务教育的条件。具体办法由省、自治区、直辖市规定。县级人民政府教育行政部门对本行政区域内的军人子女接受义务教育予以保障。"

42 杜文勇著：《受教育权宪法规范论》，法律出版社2012年版，第183页。

些对流动人口子女受教育权不平等的条件，如缴纳社保期限、收入额等。因此应当修改该条款，限制政府的权力。取消重点学校，坚持就近入学原则。改革户籍制度，将教育与户籍分开实行。

2. 明确政府财政责任

受教育的不平等实际上绝大部分可归因于教育财政投入的不平等，为此明确政府财政责任是实现公民受教育权平等的重要物质保障。目前我国明确了政府负有教育经费均衡投入的义务，但是缺乏法律保障。对于政府未均衡或者未足额教育投入的行为应当承担什么样的后果，并没有制约性的规定。因此应当首先明确地方政府教育财政投入的范围、比例等，包括要求政府对农村、残疾人、流动人口等特殊人群的教育财政投入不得低于整体教育财政支出的多少占比。例如，针对流动人口就学问题，财政部应该按照“实际入学人数”制定教育经费预算，而不是仅仅以“户籍数”为依据。[43]政府教育财政投入义务教育、中等教育、高等教育领域的比例也应当具有倾斜性。由于义务教育具有统一性和强制性，政府保障公民平等享有义务教育是保障受教育平等的基础，因此可以增加在义务教育方面的教育财政投入，但是与中高等教育财政投入相比差别不能甚大，否则会损害公民受教育权的横向平等。教育经费负担结构比例不合理也会导致政府教育经费投入不足，因此我们应当重视政府教育经费负担的结构比例。政府财政责任是保障公民受教育权平等的核心内容，不同级别的政府财政职能也有所不同。要加强中央政府财政支持及上级政府的财政转移支付责任。[44]对于政府挪用教育经费以及投入教育经费不均衡等导致公民受教育权不平等的行为，要明确相关负责人的责任承担以及惩治力度。我国《预算法》修改后取消了教育财政投入要占 GDP4% 的法定“支出红线”，但这并不意味着教育财政投入使用、管理等得到了保障，有些教育投入还有剩余，说明教育拨款体系存在漏洞。[45]因此应当为教育财政拨款建立专门的国家或地方部门，该部门的职能主要包括每年调查城乡、区域、特殊群体等受教育的情况，针对调查结果对教育财政拨款进行预算和提出分配建议，监督政府教育财政投入行为。当然，政府教育财政投入行为还要受到全国人大及上级政府的监督。

43 曾满超著：《效率、公平与充足：中国义务教育财政政策》，北京大学出版社 2010 年版，第 212 页。

44 汪习根、王康敏著：《教育公平的法律保护研究》，中国社会科学出版社 2012 年版，第 246 页。

45 熊丙奇：《教育投入不能满足于 4% 的水平》，载《广州日报》2015 年 3 月 12 日，第 2 版。

（三）平等受教育权的司法保障

1. 完善教育行政申诉制度

根据《教育法》的规定，公民为保障平等受教育权可以向相关部门提出申诉。2017 年教育部修订了《普通高等学校学生管理规定》，对学生申诉的途径、期限和部门等予以了规定。但是目前学生教育行政申诉制度并不具有实际可操作性，存在没有专门受理学生申诉的机构、申诉过程中涉及的程序性规范缺失等问题，这些问题都成为学生进行教育行政申诉的阻碍。我国学生行政申诉制度应当从以下方面完善。

第一，建立专门的学生教育行政申诉机构，明确行政教育申诉机构的法律责任。根据《普通高等学校学生管理规定》中学生申诉部分的规定，专门的行政申诉机构建立应当包括学校内部的学生申诉处理委员会以及教育行政部门下的学生申诉处理机构。对于学校违反规定未建立学生申诉处理委员会的行为，应当责令限期改正，期限届满仍未改正的，应当对学校以及相关的负责人进行行政处罚和处分。专门机构的开展必然需要经费的支持，可将机构的建立列入教育财政投入的预算中。申诉处理委员会没有正当理由不受理学生申诉或者逾期仍未处理的，应当明确相关负责人的处分措施。除此之外，还要明确申诉机构人员在处理申诉过程中的失职行为，涉及刑事活动的，移交给司法部门处理。

第二，完善学生教育行政申诉的程序性规范，如回避制度、听证制度等。学生申诉处理委员会的复查、作出决定的过程与学生的切身利益息息相关，应当本着公平、公开、公正的原则进行。因此，完善学生申诉时的申请听证或者回避的方式、期限、途径等，能够使学生平等受教育权得到更好的救济，并可以使学生申诉受到监督和维护。

2. 完善教育行政复议制度

教育行政复议制度是教育行政系统内部的一种监督机制，是保障公民平等受教育权的重要途径。[46] 根据《行政复议法》的规定，公民、法人或者其他组织认为教育行政部门的具体行政行为侵犯其合法权益的，有权向行政机关提出复议申请。为保障公民的平等受教育权，教育行政复议制度应当从以下几个方面进行完善。

第一，明确被申请人资格、受案范围等。根据《行政复议法》《行政复议法实施条例》的规定，并非所有的行政行为都可申请复议，如教育行政部门的抽象行政行为。对于学校、其他教育机构实施的具有“行政处分”的行为是否也

46　高家伟主编：《教育行政法》，北京大学出版社 2007 年版，第 200 页。

能够进行行政复议，可以以教育行政复议具体实施条例的方式予以明确。

第二，加强负责教育行政复议人员的专业能力及职业素养。目前，行政机关工作人员的行政复议能力普遍薄弱。[47] 由于公民平等受教育权属于一项基本人权，因此应当对教育行政复议工作予以重视，添加教育行政复议的专职人员并组织培训等。明确规定对重大、复杂的教育行政复议案件可以请专家或者技术人员参与。

第三，加强教育行政复议规范化和信息化建设。完善教育行政复议相关的具体制度，如登记、受理、审查、调解、听证等。推行网上教育行政复议平台，一方面起到便民的作用，另一方面能够提高行政机关处理复议案件的效率。

3. 完善教育行政诉讼制度

我国诉讼体系包括民事诉讼、刑事诉讼和行政诉讼，侵害公民受教育权的纠纷主要适用行政诉讼。然而我国现行的行政诉讼制度面对公民保障平等受教育权的强烈需求，显得力不从心，因此应尽快从以下方面完善教育行政诉讼制度。

第一，扩大教育行政诉讼的原告范围。由于行政权力干预的事项范围扩大，人们从维护私人利益到公共利益的思想转变，传统的原告资格标准已不能满足公民需求。根据《行政诉讼法》第二条[48] 的规定，具体行政行为侵害了特定相对人的平等受教育权时才能够提起教育行政诉讼。该规定极大地限制了原告的范围，导致非特定相对人对明显侵害公民平等受教育权的具有普遍效力的文件无法通过行政诉讼予以提前预防权利受到侵害。可将教育行政诉讼原告的范围扩大为：只要行政权力主体的行为不利于相对人受法律保护的合法利益，符合诉讼一般要求的相对人即可提起行政诉讼。

第二，扩大教育行政诉讼被告资格。《行政诉讼法》将被告的范围限定为行政机关及行政机关的工作人员，然而一些学校、教育机构等社会组织、公共机构也行使行政权力，也存在侵害公民平等受教育权的行为，如高校招生政策中对特殊群体的录取设置障碍、对同等学力的考生要求加试等，因此应当将这些组织机构纳入被告的范围。

第三，扩大教育行政诉讼的受案范围。公民提起行政诉讼须有明确的法律依据，故平等受教育权理应明确列入《行政诉讼法》，同时将抽象的行政行为纳

47 赵大程：《打造新时代中国特色社会主义行政复议制度体系》，载《中国法律评论》2019年第5期。

48 《行政诉讼法》第二条："公民、法人或者其他组织认为行政机关和行政机关工作人员的行政行为侵犯其合法权益，有权依照本法向人民法院提起诉讼。前款所称行政行为，包括法律、法规、规章授权的组织作出的行政行为。"

入行政诉讼的受案范围。现实中对公民平等受教育权侵害最大的往往是法律、行政法规、地方性政府等抽象的行政行为，如高考录取分数线不统一等，将这些行政行为纳入司法审查的范围才能够从根源上保障公民的平等受教育权。由于教育行政诉讼必须遵循《行政诉讼法》的规定，因此以上教育行政诉讼完善措施都需要在《行政诉讼法》中具体修改和调整。

4. 建立教育仲裁制度

仲裁具有灵活性、专业性等特点，为拓宽公民平等受教育权的保护途径，可以建立教育仲裁制度。教育仲裁核心在于“第三者居中公断”，申请仲裁的主体之间存在平行性的法律关系，具有可仲裁性。[49] 教育仲裁与教育行政仲裁有所不同。教育仲裁是指非司法机构的第三者根据双方当事人的合意，依照法定程序对有关教育纠纷作出具有约束力裁决的纠纷解决机制。教育行政仲裁是国家行政机关依据当事人的申请或协议，对争议予以解决的活动。教育仲裁的双方当事人是平等民事主体，依据的是自愿、独立、平等原则。面对现代受教育权纠纷的频繁发生，应当扩大仲裁的范围，以此提高教育纠纷解决的效率。设立与受教育权纠纷相适应的仲裁程序，规范申请、受理、仲裁前准备等相关内容，在仲裁期限上可适当地缩短。对教育仲裁不赋予强制性，与诉讼采取“或仲或裁”的原则，即申请仲裁与提起诉讼只能选择其一。

5. 健全教育行政处罚制度

教育行政处罚，即教育行政机关依法对违反教育法律法规但尚未构成犯罪的相对人给予行政制裁的具体行政行为。本文仅针对侵害公民平等受教育权行为的制裁进行讨论。侵害平等受教育权应当被行政处罚的行为主要包括以下几种：一是政府教育财政投入不均衡，导致城乡区域等公民受教育权不平等的行为。二是政府教育腐败，挤占挪用教育经费的行为。针对这些行为，应当对相关人员给予行政处罚，情节严重涉及刑事犯罪的，应移送给司法部门。三是教育部门发布的政策违反受教育权平等原则，如高考招生政策的区别对待。四是学校违规招生，侵犯其他公民平等受教育权。例如，对于择校生，学校优先挑选有钱的、成绩好的、行政部门有关系的生源等。对这种违反公民平等受教育权的学校应给予行政处罚，如通报批评和罚款等，对相关负责人给予行政处分。五是学校对个别群体设置入学限制，侵犯公民平等的入学机会。这里的个别群体包括特殊群体如残疾人、流动人口子女、农村适龄儿童等。如果对公民入学设置了歧视性的条件，则直接侵犯了其平等受教育的机会。一些发达地区的学校要求流动人口子女入学申请满足社保缴纳年限、有固定住房等方面限制性条

49 张夏薇：《我国高校教育法律纠纷的仲裁解决机制探究》，载《教育评论》2016年第10期。

件。例如，深圳市螺岭外国语实验学校发布的公告中显示：从 2019 年开始，住房 50 平方米以下限制入学。[50] 这种设置入学条件的规定应当被责令取消，并动用行政处罚措施。除此之外，还应该加强教育行政处罚的力度，以引起政府、学校等对公民平等受教育权保障的重视。违反受教育权平等性原则的学校和教育机构，情节严重的应取消其办学资格及吊销营业执照。违反受教育权平等性原则的公民、学校相关负责人等，情节严重的可以给予行政拘留。

6. 构建教育公益诉讼制度

目前我国公益诉讼涉及案件的范围较广，包括民事案件、行政违法、刑事犯罪活动。由于我国《民事诉讼法》对环境保护、消费者权益保护规定了关于公益诉讼的条款，且平等受教育权具有明显的公益性，为此构建教育公益诉讼制度具有立法上的可行性，且能够拓宽公民维护平等受教育权的救济渠道。结合我国的教育法律法规以及公民平等受教育权的现状，可在现有的公益诉讼理论上考虑教育公益诉讼的构建。

第一，教育公益诉讼的受案范围应该是较为宽泛的，包括政府教育财政投入明显不均衡、挤占挪用教育经费、教育腐败等影响学校办学及公民平等受教育权的行为；学校的招生政策、费用收取等违反教育法律法规的行为；学校建设不符合国家的办学标准，对学生、教职工的安全具有威胁性的行为；等等，凡违反宪法以及违反教育法律法规的行为均应纳入教育公益诉讼的受案范围。

第二，教育公益诉讼的提起者包括检察机关、社会团体和公民个人。究竟赋予何人具有公益诉讼的起诉权，学界有争论。笔者认为公益诉讼原告资格的确定不能一概而论，应根据公益诉讼的类型不同而有所不同。消费者公益诉讼的提起者仅限于国家机关和有关组织；环境公益诉讼的提起者则包括公民和社会团体。就教育公益诉讼而言，检察机关、社会团体和公民个人均可提起。检察机关是学界公认的公益诉讼主体；而社会团体主要指教育部门主管的社团，作为教育公益诉讼的原告，由于其与被告不具有利害关系，因此在参与诉讼时更能够保持中立。为了防止诉讼权利的滥用，可以限制公民的原告资格。只有与案件有直接利害关系时，公民才能提起教育公益诉讼。

第三，将教育公益诉讼纳入《诉讼费用交纳办法》中，明确交纳标准。公益诉讼费用的交纳，应根据公益诉讼提起者的情况确定。若教育公益诉讼的提起者是检察机关则可采取与其他普通案件相同的交纳方式及计算方法，对于提起教育公益诉讼的公民个人，应当尽可能减轻其负担，否则面对如此高昂的诉

---

50 秋宇：《深圳一小学发布新规：50 平米以下住房将被限制入学》，载中国新闻网，http：//www. chinanews. com/sh/2018/12 -05/8693350. shtml，最后访问于 2019 年 11 月 23 日。

讼成本，会降低公民提起诉讼的积极性。[51] 除此之外，教育公益诉讼涉及的举证责任的承担、前置程序设置等具体制度还有待深入研究。

（四）平等受教育权的执法保障

1. 完善教育行政执法体制

教育行政执法体制是公民保障平等受教育权得以落实的行政行为，在教育行政执法制度完善中，应当贯穿教育平等的法学理念，与现代公民追求平等受教育权的保障相匹配。完善教育行政执法体制可以采取以下措施。

第一，强化教育行政规划职能。现行的平等教育规划的行政机关主要是教育部门以及各级教育行政主管机关，应当将平等受教育明确列入教育规划中。省、市人民政府在发布的执法监督办法中明确规定，由各级人民政府法制机构、市人民政府工作部门履行执法监督职责。我国尚不存在省市级教育行政部门设立的教育行政执法机构，但是有些省市已经提出该方面的建议。例如，北京市教委印发的《2019年教育法治工作要点》中，明确2019年将探索建立市级教育行政执法专业机构。再如，《关于设立教育行政执法机构推动校外培训机构治理常态化的建议》议案中表示，成立教育行政执法机构是落实依法治教的重要措施。因此应当建立专门的教育执法机构，对教育行政执法人员进行专项培训并固定学时标准，包括相关的法律、程序等内容。增加教育行政部门的人员编制，在招聘教育行政执法机构人员时，有相关专业背景的法律人优先，或者聘请专家进行执法指导。

第二，设立专门业务科室和直属事业单位委托执法。根据《关于开展教育行政执法体制改革试点工作的通知》，北京、青岛等市作为教育行政执法体制改革的试点单位，成立了相应的直属事业单位或者专门业务科室，如北京市海淀区成立的海淀区教育环境综合治理中心等，承担部分的行政执法事项，具体行政处罚和法律责任以设立的部门名义作出和承担。[52] 这种做法有利于解决教育行政执法工作量大的问题，也为公民平等受教育权的保障提高了效率。

第三，建立综合执法体系。即授权一个原有的行政机关或建立一个新的执法主体，将相关的行政执法权合并行使的体制。[53] 综合运用专项评估和教育督导等方式，与教育行政执法措施紧密结合，开展跨区域、跨部门的联合执法，强化综合执法中保障公民受教育权平等的职能。

51　颜运秋、周晓明：《公益诉讼制度比较研究——兼论我国公益诉讼制度的建立》，载《法治研究》2011年第11期。

52　李改、赵京：《教育行政执法体制机制改革实践探索》，载《人民教育》2018年第24期。

53　汪习根、王康敏著：《教育公平的法律保护研究》，中国社会科学出版社2012年版，第226页。

2. 完善教育行政执法监督制度

我国教育行政执法监督机构存在的问题，一是职责不明确，二是监督手段缺乏。在此情况下，各省、市、地方在不断细化教育行政执法监督的具体内容，如《福建省教育厅行政执法监督检查办法》《天津市教育行政执法监督规定》等。为追求公民受教育权的平等性价值，应当对教育行政执法监督制度进行完善，明确教育行政执法监督机构的职责。

第一，对教育行政机关执行落实教育法律法规、履行法定职责、教育行政执法行为的正当性与合法性进行监督。这一监督属于教育行政执法监督机构的一般性职责，为其提供法律依据，可由财政部印发《关于进一步加强教育财政投入的行政监督工作的意见》等。

第二，对教育部门以及各级教育行政主管机关教育行政规划进行评估，审查其规划内容是否满足现阶段公民受教育权平等保护的需求等。现有的教育行政执法监督机构没有这一职能，可以考虑增加。

第三，对强制教育行政执法监督机构进行教育执法检查，检查教育法律法规落实的实际情况。该类检查可以是定期或不定期检查、全面检查、单项检查等。检查后应当向派出检查的国家机关进行汇报，对没有切实落实教育法律法规的行为应给予行政处罚。

智能推荐算法与刑事类案检索可解释性机制建构

杨 凯*

【内容提要】 刑事审判中的类案检索机制是智慧法院建设背景下司法体制综合配套改革中一项重要的关键支撑技术。在智慧审判时代背景下，合理建构刑事类案智能推荐算法可解释性机制是落实司法公开和审判责任监管的基础性要件，主要用于化解刑事类案智能推荐算法的知识垄断，解决审判人员与工程专家的信息不对称及沟通不畅等问题，也是智能审判系统被用于参与刑事案件审理裁判决策的合法性验证前提。

【关键词】 类案检索　智能推荐算法　类案同判　案例指导　诉讼法理

以类案识别和推荐算法为核心支撑技术的类案检索机制，既是提高审判质效的方式，又是法官心证过程、裁量标准和判决理由公开的途径。《人民法院信息化建设五年发展规划（2018—2022）》中提出：法院的数据信息化建设应以提高“数据治理”能力为目标，构建信息资源智能服务体系。中国电子标准化研究院发布的中国《人工智能标准化白皮书》（2018年版）中提出：“消除沟通障碍，促进技术深度融合发展。实现法律规则嵌入计算机代码逻辑联系的公开性。”刑事审判中的类案检索机制是智慧法院建设背景下司法体制综合配套改革

---

* 杨凯——华东政法大学教授，主要研究领域：诉讼法与司法制度、公共法律服务、社会治理、法治发展战略。本文为司法部2017年度“国家法治与法学理论研究”项目（2017SFB1006）的阶段性研究成果。

中一项重要的关键支撑技术，[1]但究竟如何化解刑事类案智能推荐算法的知识垄断，解决审判人员与计算机专家的信息不对称及沟通不畅等问题，需要合理建构刑事类案智能推荐算法可解释性机制。实现刑事类案智审系统中的类案智能推荐算法可解释性的技术难点在于：除了最高人民法院，最高人民检察院和司法部也在同时发布相关案例；刑事裁判文书样式陈旧导致法律语义库建立的困难；刑事证据规则体系不健全；法律技术专家的培养和应用示范的培训制度缺失。为解决上述问题，本文从刑事审判规律、法学理论与计算机技术的内在逻辑联系出发，跨越学科之间的沟通障碍，强化算法与法律语言之间的逻辑关联，论证刑事类案识别技术与案例智能推荐算法交互可解释性机制的建构路径，证成如何实现刑事类案智能推荐精准化，以及刑事类案检索报告作为裁判依据的原理可视化。

一、问题提出：类案检索智审实际效果的落差

无论是指导案例机制，还是类案智审机制，在实际应用效果方面都存在着理想与现实之间的落差。类案智审系统究竟是审判决策系统，还是审判辅助系统，抑或两者的结合，值得深入探究。

（一）应用成果：智慧法院建设中的刑事类案裁判系统

2018 年 1 月 5 日，最高人民法院正式上线运行了“类案智能推送系统”；同时，地方各级人民法院也在大力开展智能审判辅助办案系统的研发和建设。最高人民法院和相关高级人民法院在此系统研发上均有所推进，也取得了一定的成效。

表 1　法院系统的类案智能推荐技术运用实践典型样本

名称	功能特点
最高人民法院“类案智审推送系统”	从“案件性质、案情特征、争议焦点、法律适用”四个方面，覆盖全部 1330 个案由，通过机器自动学习构建出超过 10 万个维度的特征体系；在精准度方面，做到全案由整体推送准确率达到 63.7%，民事、刑事前十名文书推送准确率达到 85.5%。

1　过去称“同案”，有观点认为“同案”表述不准确，倾向于用“类案”，也有观点认为“类案”重心在于异，“同案”重心在于同，倾向于用“同案同判”表述。参见张志铭：《中国法院案例指导制度价值功能之认知》，载《学习与探索》2012 年第 3 期。

续表

名称	功能特点
安徽省高级人民法院“类案指引”项目	实现涵盖离婚纠纷、民间借贷纠纷、机动车责任事故纠纷、盗窃罪、诈骗罪、交通肇事罪六类案件，为法官提供类案分析。
贵州省高级人民法院“大数据智能辅助办案系统”	覆盖刑事、行政、民事三大审判，其中刑事选择了故意杀人、故意伤害、抢劫、盗窃四类案由，支持量刑推送和偏离度推送，在证据规则分析方面目前完成了案件要素提取功能，系统通过关联量刑规则提取基础刑期和从轻、从重量刑结果。
上海市高级人民法院“上海刑事案件智能辅助办案系统”	选择了 7 类 18 个罪名，对上海市近三年刑事案件分析，分批逐项制定证据标准，用来支持刑事案件智能辅助案件分析系统的运转。

（二）评鉴落差：刑事智能化辅助系统实际效果评鉴

在刑事智能化辅助系统的运用和研发中存在着过度依赖人工干预、语义和类案识别准确度不足、量刑算法非可视化的弊端。[2] 在审判实践中，与研发工作的热烈形成鲜明反差的是专门从事审判的员额法官给予的消极评价，如实用性功能改进不大，对复杂案件的类案推送精准度不足，大量简单案件即使不建立类案推送也很容易迅速作出判断[3]。

二、算法公开 VS 心证公开：类案检索机制合法性之追问

在成文法系统中，类案检索机制的存在需要建构与成文法相一致的共同话语体系，而这一体系建构的基础是其合法性依据。

（一）规范链接：类案识别技术与刑事审判专业化

类案与关联案件检索机制首次以办案规范的形式确立，在 2017 年 8 月 1 日起施行的《最高人民法院司法责任制实施意见（试行）》（以下简称《实施意见》）中规定：承办法官在审理案件时，应当依托办案平台、档案系统、中国裁判文书网、法信、智审等，对最高人民法院已经审结或正在审理的类案与关联案件进行全面检索，制作检索报告。

---

2 王禄生：《司法大数据与人工智能开发的技术障碍》，载《中国法律评论》2018 年第 2 期。

3 左卫民：《如何通过人工智能实现类案类判》，载《中国法律评论》2018 年第 2 期。

表2 《实施意见》规定的检索报告运用方式

<table>
<tr><th>检索范围</th><th>检索工具</th><th>结果</th><th>处理模式</th></tr>
<tr><td rowspan="4">法院内部办案系统平台（内网平台），法院档案系统（卷宗），中国法院裁判文书网（公开文书），法信、智审（法院开发检索平台）</td><td rowspan="4">办案平台检索工具，法信、智审检索工具，档案系统检索工具，中国知网检索工具，裁判文书网（公开）检索工具</td><td rowspan="4">制作检索报告</td><td>拟作出的裁判结果与同类生效案件裁判结果一致的，经合议庭评议后即可制作、签署裁判文书</td></tr>
<tr><td>拟将形成新的裁判结果的，由院庭长决定或建议提交专业法官会议、审判委员会讨论</td></tr>
<tr><td>对拟作出的裁判结果将改变本院同类生效案件裁判尺度的，应当按程序提交专业法官会议、审判委员会讨论</td></tr>
<tr><td>如发现本院同类生效案件裁判尺度存在重大差异的，应层报审判委员会讨论决定</td></tr>
</table>

（二）关键技术：刑事类案识别的难点和突破口

与民事和行政案件指导性案例的一元化结构不同，不只最高人民法院，最高人民检察院和司法部也在陆续发布相关案例。在刑事审判方面，要想通过类案检索达到统一裁判的技术路线包含三个应用模块：知识图谱和语义本体库构建、类案推荐、量刑辅助和偏离预警。这三个模块背后，除了技术支持，还需要如下法律支撑：裁判文书写作标准化与说理实质化、诉讼证据规则的体系化、案例指导与类案检索制度明细化、司法专业技术人员培养制度化。

（三）构建前提：推荐算法可解释性的正当性

推荐算法针对案件作出预测的原理不可被公众及法官理解，就失去了作为决策辅助机制的正当性、合法性基础。在法院信息化建设预期目标和用户体验上存在以下落差：（1）审判辅助效果大于审判决策；（2）人工标记的作用大于机器学习；（3）类案检索结果对技术人员大于对法官思维的依赖。在智能审判系统运用中，未来的诉讼活动中以代码为刑事的计算机语言将可能成为取代法官职业思维的新话语权威，将使司法裁判理由隐退到更深层次的技术问题中，使案例推荐结果成为法官心证的替代品，使审判活动的公正性更加难以公开和接受监督，操控算法选择和应用的因素无法辨识将使司法责任制度成为陈设，公民权利将面对更隐蔽的权力与技术联合侵蚀。

三、数据驱动 VS 规则驱动：算法解释障碍之原因分析

在类案裁判法律制度和裁判方式以及类案裁判辅助系统的技术架构上存在如下具有共性的障碍问题。

（一）语料贫瘠：文书样式陈旧与法律语料库不足

构建法律知识图谱的前提是建立基于语义分析技术的法律语言本体库，本体库的元数据来源主要是各级法院网上公布的刑事裁判文书。刑事裁判文书样式在 2012 年《刑事诉讼法》修订之后没有统一制定新的样式，依然沿用 1999 年修订的《法院刑事诉讼文书样式》和此后分多次发布的司法规范性文件，无法与新《刑事诉讼法》形成系统对照。裁判文书中所体现的将案件事实描述中的自然语言在法律抽象语言基础上进一步相互转移。同时，很多诉讼实践验证有效的司法经验并未成功上升为学术理论，并没有标准的法律术语能够描述。

（二）标准缺失：证据规则体系不健全

在刑事、民事、行政诉讼中之所以会形成不同的证据规则，是根据不同案件主体的举证能力和诉讼地位来建立平衡双方诉讼能力，最终实现实质上的诉讼双方平等。上海市高级人民法院的刑事辅助审判系统的建设依赖于其前期做的结合公检法汇编的刑事案件共同证据规则，根据已经形成一致证据的案件范围确定智能辅助系统的研发进度。但是，刑事证据裁判标准体系一直存在法律规定的“排除合理怀疑”一元化标准和司法实务中出现的阶梯化证明标准。

（三）技术差异：类案要素识别规则不明晰

我国的案例指导制度和类案类判制度都以类案的要素识别为制度应用的前提。不同的是，案例指导制度是从个案出发来演绎裁判规则的，类案检索是从类案归纳规则。[4]《最高人民法院关于案例指导工作的规定》中明确了审判类似案件时应参照指导性案例。截至 2018 年 8 月 30 日，最高人民法院合计发布了 18 批 96 件指导性案例。笔者于 8 月 26 日在裁判文书网检索刑事案件裁判文书，以“指导案例”为关键词搜索进一步得到刑事文书 86 件。其中，只有 24 件正确地参照了最高人民法院发布的指导性案例，余下 62 件都是其他非指导性案例。

---

4 谢春晖：《从“个案智慧”到“类案经验”：指导案例裁判规则的发现及适用研究》，载《深化司法改革与行政审判实践研究——第二十八届全国法院系统学术讨论会论文集》，第 1132 页。

表3　86件出现“指导性案例”的刑事裁判文书实际状态

参照指导性案例	参照非指导性案例
13号案例7件	刑事审判参考17件
14号案例5件	《最高人民法院公报》案例1件
61号案例3件	最高人民法院关于自首、立功司法解释指导案例1件
27、62号案例各2件	其他来源案例43件
4、11、12、12、32号案例各1件	
合计24件	合计62件

（四）实效式微：类案检索制度程序与效力规则缺失

1. 中国裁判文书网的类案实践

2017年《最高人民法院司法责任制实施意见（试行）》第三十九条规定了办案依托相关智能审判平台等制作类案检索报告的要求，第四十条规定了树立新裁判尺度或者改变审判尺度的须交专业法官会议及审委会讨论，与类案裁判差异大的报审管办研究报审委会决定。类案检索是运用大数据的手段客观测量现实中的裁判趋同化的标准，以防止法官滥用法律解释方法，其技术原理是将类案指引的功能嵌入计算机系统运用，在此基础上通过进一步研发可以衍生出裁判结果自动生成、刑事裁判辅助、案件量刑偏离度预警等。2018年5月30日，笔者在中国裁判文书网以类案为关键词仅搜索到31份刑事类裁判文书。

表4　中国裁判文书网关于“类案检索”的实践

类别	内容	数量（件）
提出方式	法院主动采用	6
	检察院抗诉理由	3
	辩护人提出检索要求	22
出现的文书字段	诉辩意见部分	12
	本院认为部分	8
	附件部分（量刑建议表）	1

续表

类别	内容	数量（件）
表述方式来透视语境中类案检索报告效力的根据	实践司法经验：本院认为根据类案相关处理实践	6
	地方司法经验：依照本地区类案量刑本	1
	裁量因素：考虑类案平衡不宜判缓刑	1
	裁量因素：考虑类案平衡予以改判	1
	参照标准：依二审终审之裁判权依法予以纠正，并借由本案确立此后类案处理之参照案例	1

根据表4来看，审判中对类案检索报告的采信标准不明确和裁判中对类案检索报告的回应说理不充分的问题显而易见。这主要由于目前类案检索报告的法律效力、检索方法和范围等都没有明确规定，缺乏制度保障。

2. 类案智能推送系统的类案实践

2018年8月12日，笔者在人民法院内网"类案智能推送系统"检索关键词"类案检索"得到全面各类诉讼案件数量仅为21件，其中刑事案件仅为2件。

表5　类案智能推送系统中两件类案检索报告案件对比

名称	内　容
（2018）渝01刑终188号李某环境污染罪一案	**辩护人提出：**通过检索近年环境污染罪类案发现比被告人排放量浓度远远高出本案的，情节较重的仍然适用缓刑。 **法院认为：**免予处罚不符合《最高人民法院、最高人民检察院关于办理环境污染刑事案件适用法律若干问题的解释》第五条，辩护人提出的类案与本案无关联性。 **问题：**未说明类案的情节和本案情节的区别。
（2017）鲁0683刑初553号赵某贪污罪一案	**辩护人提出：**1. 被告人主观不具有占有故意；2. 具有自首情节；3. 运用大数据分析检索形成20个类案报告，其中情节更加严重的免予刑事处罚。 **法院回应：**辩护人第1项和第2项观点不成立，被告人具有占有故意，且不构成自首，因情节轻微免予刑事处罚。 **问题：**虽然法院未采纳辩护人前2项理由，而采纳了免予刑事处罚的意见，但对于本案情节与类案情节相比是否较轻酌定免予处罚。

在以上两起案件中，法院均未对类案的关键情节和本案的情节具体描述，无法比较类案和本案之间是否存在一致性，特别是赵某贪污罪一案中，虽然法院判决免予刑事处罚，但是未采纳辩护人第1项和第2项意见时，未对第3项意见中的类案情节和是否参考了类案量刑幅度予以说明。

（五）机制困境：专业法官会议缺席与模型迭代掣肘

目前专业法官会议和审判委员会的会议启动方式、程序、案件范围都没有统一规定，对于专业法官会议集中讨论的案件争议焦点问题，也缺乏在类案推荐系统中建立信息反馈机制和计算重点讨论案件问题权重的研究。在智慧法院建设中，专业法官会议的平台系统建设主要集中于远程会议的通讯系统类案标准等功能研发，没有专门结合专业法官会议和审判委员会讨论的程序特点专门设计有效总结计算模型、方法。

（六）阐释不明：法律技术专家缺乏与算法选择盲目化

智能审判系统开发模块中，由法律专家负责的部分应当是包含事实认定和法律适用的全过程逻辑框架，包括举证、证据分析、质证、认证以及对简单争议和复杂进行识别和分流等一系列过程。[5]“司法证明理论发展是从精确概率走向模糊概率或似真性理论的过程。”[6]法律推理过程需要高度结合法律规范体系和实践经验知识，而真正从事审判实务的资深审判专家，难以有大量实践亲自投入科技研发中。另外，由于司法改革制度的不断推进，计算机工程师难以深入理解新制度的具体功能和发展历程，法律专家还需要适度了解新计算机知识才能对技术方案进行初步筛选。

四、法律语言VS代码语言：推荐算法可解释机制构建

刑事案件争议又分为犯罪构成争议、量刑争议，需要结合证据规则进行推理。案例推荐算法的语义标记选定，具有天然的隐蔽性和可操控性，不仅难以被公众质效，同时也难以被法官和法律技术工程师在短时间内全面掌握。类案预判系统的基本架构，包括以下几个必备要素：语义识别、本体库构建、情节提取、知识图谱、决策机制。

5　张保生：《关于人工智能法律系统的思考》，2018年3月23日中国政法大学“人工智能与法学”会议讲稿。

6　张保生：《事实、证据与事实认定》，载《中国社会科学》2017年第8期。

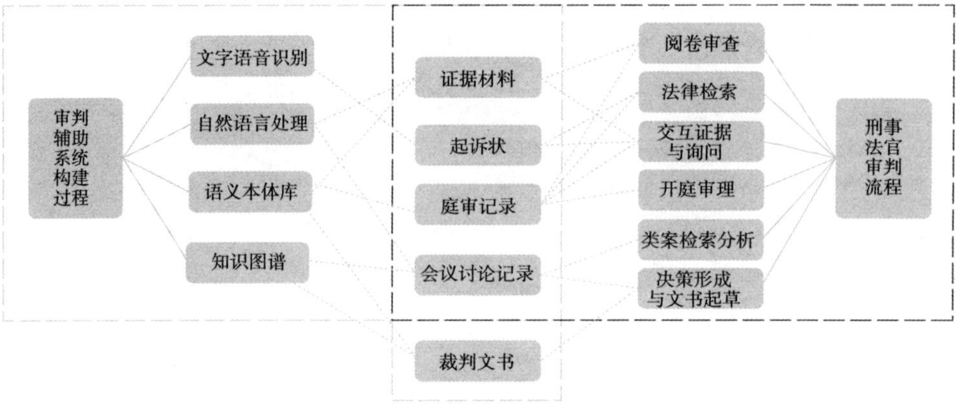

图1　类案预判系统的一般基本架构组成部分

（一）本体库建构：裁判文书评注为导语的转译机制

语义本体库用来对抽取的要素数据进行分析，建立语言与案件事实和司法过程事件的逻辑关联。人工智能专家Tom Gruber在1995年提出了本体构建的五条准则：（1）清晰（Clarity）；（2）一致（Coherence）；（3）可扩展性（Extendility）；（4）最小编码偏好度（Minimal encoding bias）；（5）最小本体约定（Minimal ontological Commitment）。[7]一个完整的语义库数据模型是由公共词汇表（法律语义本体库）、数据类型层次结构、语义上下文分析、元数据（原始法律文本，包括裁判文书、笔录、诉状等文本）、语义事件模型（语义事件的表示和构成，系统中的属性分为数据来源属性和语义属性两类，如来源于案件的事实，来源于司法的事实）和订阅模型（法官群体和意图画像）集成的数据模型。

法律本身是一个封闭的空间，是经过专业法律人加工的数据资源，多表现为非结构化数据，法律评注就是将这一过程逆化成法律案例事实，经过描述具象的语言与法律规范抽象的语言之间的逻辑联系，进一步将其转化为计算机可以分析的数据结构。[8]将法律编写成代码的过程不是一个对未经选择的大数据进行学习的过程。大陆法系的法律评注工作和英美法系的布莱克斯通（Blackstone）所做的判例整理和评注工作，都是人工整理法律数据的先驱。裁判文书评注的作用原理是以普通自然语言为中心，将裁判文书中具象化的语言描述的"诉讼程序逻辑"进行提炼，进一步缩短格式化的计算机语言形式与法律规范抽象用语、裁判文书和案例的具象化语言之间的距离，在分析结论最终以检索报告形式输出时，让其又以具象的通俗自然语言展示。

7　马建刚：《检察事务中的大数据》，中国检察出版社2017年版，第215页。

8　郑戈：《算法的法律与法律的算法》，载《中国法律评论》2018年第2期。

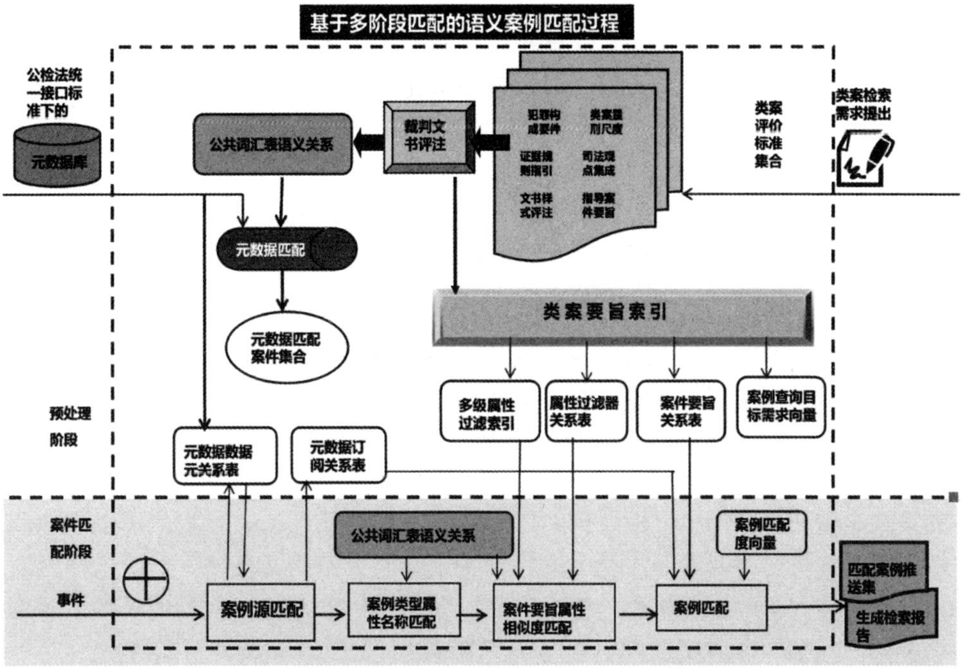

图2　法律语言与推荐算法互译机制的作用方式[9]

（二）识别技术建构：实体标记提取方法的改良

实体标记提取在目前阶段大量采用人工标记方式注入案件类案要素。一般方式是以案由或罪名为主要框架展开，嵌入法律规范库，将法律和司法解释中的语言拆解成关于定罪量刑要素的关键词进行嵌入。目前存在的主要问题有以下几个方面。

1. 刑法中的罪名设置的体系化与例外并存

刑法典的罪名虽然理论上应当按照一定的逻辑体系来分布，但在1997年《刑法典》之后至今已发布了十个刑法修正案和多部司法解释，并增加了若干新的罪名。一些司法解释对原有刑法条文的构成要件与情节进行了扩张或缩小解释，如网络空间犯罪、环境犯罪都存在行政违法向刑事犯罪过度转化的问题，并且曾颁布过一系列相关司法解释，在一个违法行为中往往既出现非法所得金

9　基于语义的多阶段优化的事件匹配算法由马建刚检察官提出，包括预处理和事件匹配两个阶段，其中语义的事件匹配算法包括数据源匹配、属性名匹配、属性过滤器相似度匹配、订阅匹配四个阶段。参见马建刚著：《检察实务中的大数据》，中国检察出版社2017年版，第183－186页。

额，又出现其他违法行为和结果等罪量要素，根据不同的罪量计算要素可能会得出完全不同的结论。仅通过实体标记的识别，无法正确选择违法行为的规则次序。对此，应当在刑事裁判文书说理中强化对案件情节出现多个罪量要素进行判断的规则方法，以利于对实体标记提取方法进行改良。

2. 对于符合构成要件的负面标记作用的忽视

各种案例推荐系统的推荐顺序极大依赖于对用户行为分析的正、负反馈机制。在过去的案件检索的模型设计中，根据法律规范和专家意见建立的标记的最大问题就是仅从“正向思维”角度考虑如何入罪，如何根据符合构成要件建立分析模型，通过案件大数据挖掘出共性问题，在此基础上捕捉支持推理的要素。符合构成要件的负面标记的价值和功能尚未充分受到研发重视。负面标记作为行为出罪化的标记，与刑事案件中“疑罪从无”的原则更加契合，同时，反常态的案例中的负面标记往往意味着新规则的发现。在电影《我不是药神》的案例原型陆某案件中，检察机关作出的《关于对陆某涉嫌妨害信用卡管理和销售假药案决定不起诉释法说明书》释明了陆某大量购买境外生产的未取得我国入境销售许可的抗癌药物的行为不构成犯罪的六条理由，生动地诠释了对刑事案件“出罪”指标的跟踪更有助于“疑罪从无”法律精神的贯彻落实。

（三）技术逻辑架构：知识图谱体系生成

法律知识图谱的生成是由计算机工程师和法律专家共同完成的，为获得系统的法律学科感知，运用函数公式表达实体标记之间的逻辑联系。同时，法律推理的过程对形式逻辑学来说，更加接近于非形式逻辑学的思维过程。因此，法律知识图谱的建立需要通过案例要旨索引规则、证据规则模拟、推理过程在线来进行技术逻辑架构。

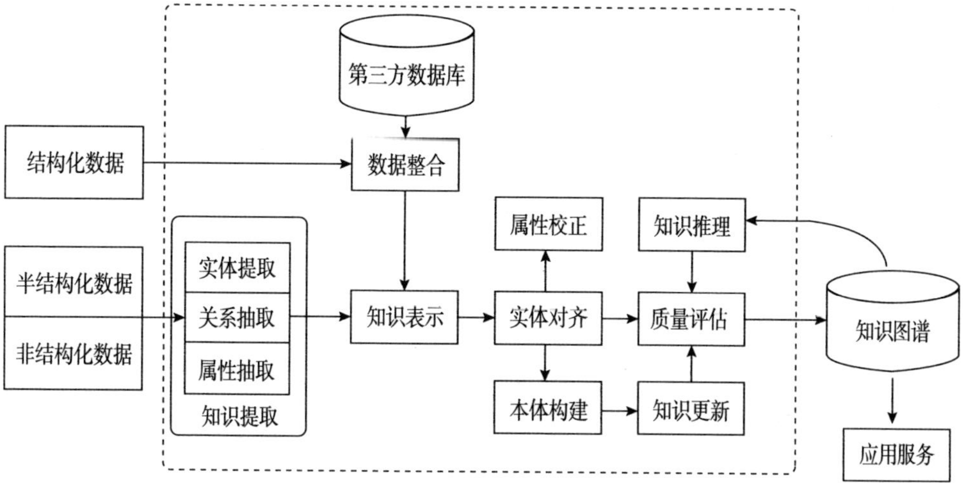

图 3　知识图谱的技术架构[10]

1. 案例索引规则标准化

我国目前没有在成文法与案例体系之间建立起整体化的法律索引规则。目前案例库的索引依据主要是案由、罪名、案号等，但这些信息全面涵盖成文法与案例体系之间的整体化规则秩序。而在美国，由于有系统化的法律规则与案例的检索规则，过去 20 年间，法律文献检索在美国法律教育改革中起到了催化剂作用。在美国，成为一个专业法律人必须具备的专业知识包括法律规则和制度、法律和案例的检索基本工具、条理分明的有效检索方案和实施计划。[11]

2. 证据规则模拟的阶梯化

计算机语言并不会根据三大诉讼制度来区分用语，也可以说在计算机语言中，不同诉讼制度之间法律用语的区别将消失。例如，在关键词提取上，如果首先不是选择人工标记，而是采取词向量（Word2vec）的方式衡量两个词汇之间的客观联系的紧密程度，会发现许多同样的案件情节在三大诉讼中都会出现。以涉税案件为例，对证据规则的运用如果涉及犯罪构成要件的认定，由控方负担排除合理怀疑标准，但是对于出现计税依据不正确（如被告人提出其营业额中有部分是虚假交易额）等抗辩事由，则不需要其证明力达到排除合理怀疑，仅需要达到一般的盖然性标准，并结合有利于被告人的刑事司法原则就足以采

10　知识图谱技术是人工智能技术的重要组成部分，包括知识抽取、知识表示、知识融合、知识推理四大核心技术。参见徐增林、盛泳潘、贺丽荣、王雅芳：《知识图谱技术综述》，载《电子科技大学学报》2016 年第 4 期，第 592 页。

11　王昶著：《美国法律文献与信息检索》，中国政法大学出版社 2014 年版，第 7 页。

信。实践中，刑事证据证明标准呈现出“阶梯化”状态：对定罪和量刑构成性要件采取“排除合理怀疑”证明标准；对证明被告人无罪、罪轻事项则可以根据证明内容的特征采取较低的证明标准；对被告人提出非法证据排除的证明要求更低，仅需提出证据线索，主要证明责任就转由诉讼相对方负担。

3. 推理过程记录的完整化

法律推理过程是法律职业特征的核心要素，法律推理结果容易受办案人员内心预先锚定的影响，使符合预先锚定的案情在信息录入和文书写作中得到强调，不符合预先锚定的案情容易被忽略。目前部分地区开始由公、检、法三机关共同逐个制定类案刑事证据认定规则，但证据规则不可能杜绝案件情节受人工剪裁的影响。我国公、检、法三机关均在《刑事诉讼法》统一框架下办理刑事案件，而现已发现的大量错案往往和案件情节的人工剪裁与办案人员的内心锚定有重大关联。因此，需要设立案件信息录入的标准规范，根据实践中的案件情节出现的频率分析，分类评估反复、大量出现的关键情节要素，在信息录入环节，当办案人员录入案件信息过于简略而无合理说明时，建立风险预警提示机制。

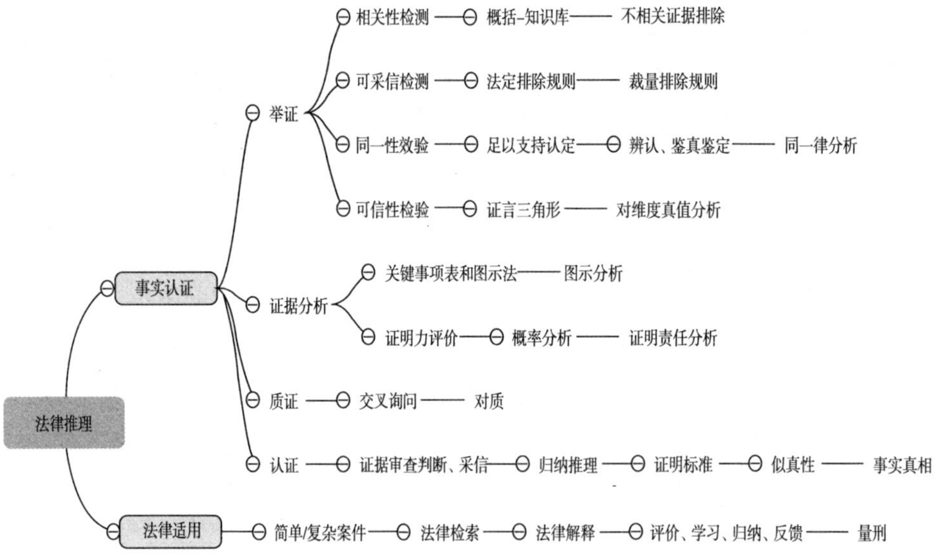

图 4　知识图谱构建中应由法律专家构建的知识框架

五、审判能力 VS 司法文化：法律技术专家养成之路

裁判要旨提炼是从判决内容中总结对类型案件具有指导意义的裁判规则，

也是法官对案件“大前提”进行解释的规则和技能，又可以分为法律适用解释、裁判规则发现、法律概念诠释、司法价值判断等几种类型。[12] 司法规则既是审判能力的整体，又是司法文化的主体；既要符合法律规范体系逻辑，也要获得社会的文化价值认同。

（一）体系建构之一：信息化专业知识培训前置

目前的针对刑事审判人员的司法信息化培训都是后置培训方式，仅限于智能审判系统成型后推广阶段的应用培训，没有对于原型系统开发阶段的设计原理培训。案例检索机制技术研发需要的专家有三种类型，统计学出身的数据科学家、工程领域出身的数据科学家、商业或者其他专业应用领域的数据专家。对于案件预测及类案推荐的算法选择，技术专家提供的理由如果不纳入法官逻辑推理考量的范围，其合理性是不为法官所知的，也就更不为公众所知。虽然科技方法超出法官专业知识范围，但是在逻辑推理中对于实际影响裁量的各种原因作出判断与解释确是法官的应有职责。很多法官放弃对类案推荐误区在于将对于算法原理的理解等同算法的运用。

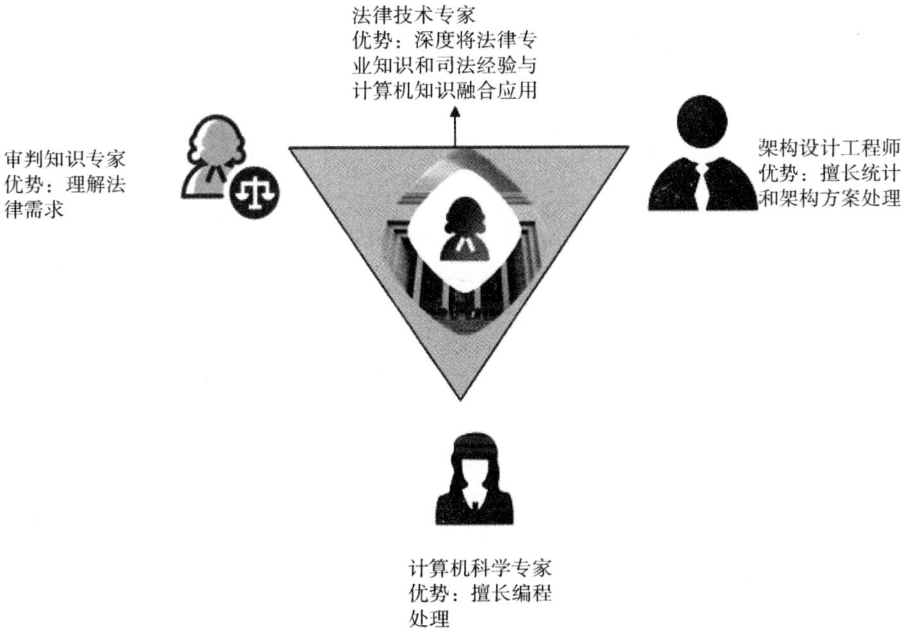

图 5　智能审判系统研发需要的三种专业技术人员

12　石东洋：《裁判要旨的类型化比较适用》，载《上海政法学院学报（法治论丛）》2013 年第 2 期。

如果刑事审判专家在原型系统研发之前或研发过程中进行前置化培训，范围主要限于对算法基本原理的理解，将会使知识接受难度降低很多。真正难以通过短期学习训练掌握的实际上主要是编程实践和数据运算部分技能，而不是对原理的基本掌握。为了验证上述推论，我们检索了中国知网近几年来关于法律类案检索的31项专利，选择2017年以后申请的具有代表性的几个发明专利，根据其发明专利申请书的“摘要”以及方法“说明”并结合其他相关类案推荐算法技术文献资料进行了简要分析。

表6　2017年以后申请的类案智审的发明专利特点分析

专刊名称	技术方法	特点
司法类案检索系统及其检索方法	用户通过输入模块输入查询内容；对用户的查询内容进行解析，得到查询内容的类型；由检索执行模块从裁判知识图谱中得到关键事实，通过案例标记库检索与所述关键事实关联的裁判案例；由排序推荐模块对检索得到的裁判案例进行综合排序；由输出模块推荐给用户。	在人工标记全面的案件类型中，精确度较高，对人工标记依赖程度高，但是后期难以自动更新。
基于模糊深度信念网络刑事案件辅助决策方法	根据法律文书及量刑方法，建立描述案件的向量模型；根据判决问题的复杂度，建立恰当的深度神经网络结构；借助已知的正负判决关系，使用监督和非监督学习方法优化模型参数；利用神经网络进行建模，预测出法官判决的结果。	通过正负反馈机制，可以进一步挖掘案件甚至诉讼参与主体的心理活动反映出的特征性问题，但是会受到主观偏好影响。
基于遗传算法与最近邻算法的案件检索方法	找到与案例的特征相似的相关法条，并提取法条及相关审判推荐，以法院案件审理过程中重要的证据及因循案例海量数据为基础的刑事案件和民事案件判决书文档集。类案例特征涵盖了犯罪行为的起因、经过、事后行为方面语义，拟将案例属性确定为39个指标。	虽然名为遗传算法，但是实际上与初始的法律专家权重设置关系很大。
借助线性规划的基于本体的刑事审判案例推理方法	一种借助线性规划的基于本体的刑事审判案例推理方法，其特征在于将刑事案例数据科学有效地以向量形式表述并存储；使用基通过线性规划利用先验知识，即法律专家的主观经验评估算法的输出结果，能够有效地提高案例推理系统的执行精度；通过海量刑事案例数据的增删改查模块，为用户存取数据提供操作接口。为训练神经网络提供与待检所案例相关性较高的案例作为训练集。	依赖于案件要素反映出的客观先行特征，结合法律专家先验知识，在数据筛选阶段对机器学习学到参数进行调整，无法呈现线性关系的问题，且对法官的主观因素依赖度高。

续表

专刊名称	技术方法	特点
法律知识图谱自动构建方法	分别抽取三类审判文书的主题词，对抽取的主题词进行词性标准和过滤，根据过滤结果，抽取名词或名词短语主题词作为法律知识图谱的实体概念，将 LDA 主题模型和 Word2vec 主题模型训练结合。	该方法实际上主要运用了 LDA 主题模型和 Word2vcc 主题模型这两种侧重语义分析的模型，所得出的结论可能难以在大数据样本下重点刻画疑难样本问题。
刑事案件判决结果度量方法及系统	应对裁判偏离度采取森林算法，建立判决模型构建标签体系、裁决文书结构化解析、机器学习获得判决模型通过机器学习算法构建的预测模型，代人案件数据，通过模型预测得到应判结果计算后果偏离度对模型或结果进行优化。系统包括建立判决模型模块、预测模块、偏离度计算模块。	随机森林方法的好处是防止因个案细节过分关注导致的“过拟合”。但是，针对优秀法官设置额权重不能分辨优秀标准；往往办案能手或者是案件数量最大、维持率最高的不一定是能力最强的法官，也可能能力不强但分配了大量简单案件。

目前的各类案例检索推荐系统普遍采用基于词的向量空间模型相似度和词频的计算方法，以关键词在文本中出现的频率及集中出现该词的反文档频率来表征词权重，通过计算向量之间的余弦相似度来计算文本的相似度。虽然这种方法在理论上相对于人工标记来说能更客观地反映词汇之间的关联性，但裁判文书库都是历史沉淀数据，裁判文书中无实际意义的无关词项参与相似度模型的计算会造成干扰，导致降低检索精确度。因此，上述方法的技术特征揭示了现有类案例及裁判文书库中关键词的检索方法效率低、结果不准确，经过长期使用专业性特征仍无法深入挖掘的深层次技术原因。而在研发中，为纠正上述偏差，一般会采取加大法律专家提供的人工标记权重的方式。在智能审判系统研发中，虽然有着“人工有多远、智能有多远”的经验说法，但这有可能只是一种暂时性表现，人工标记在系统初始设置时越精细，初步应用的有效性会越高，但人工标记过于细化会导致后续应用时对机器自学习带来限制，抑制系统升级的潜力。

（二）体系建构之二：类案检索程序前置

专业法官会议和审判委员会作为与类案类判相配套的系列疑难案件决策机制，具有提炼裁判观点和遴选示范案例的功能。刑事审判工作的主要压力来源并不是大样本之下的简单案件，而是需要提交专业法官会议、审判委员会讨论时呈现的小样本案件。这些案件数量少，一旦融入大样本中将难以对大样本之下的类案检索结果产生影响。应当在全案例库的界面上，单独开设链接专业法官会议和审判委员会讨论的子系统端口，并在会议之前按照以下步骤进行前置的类案检索。

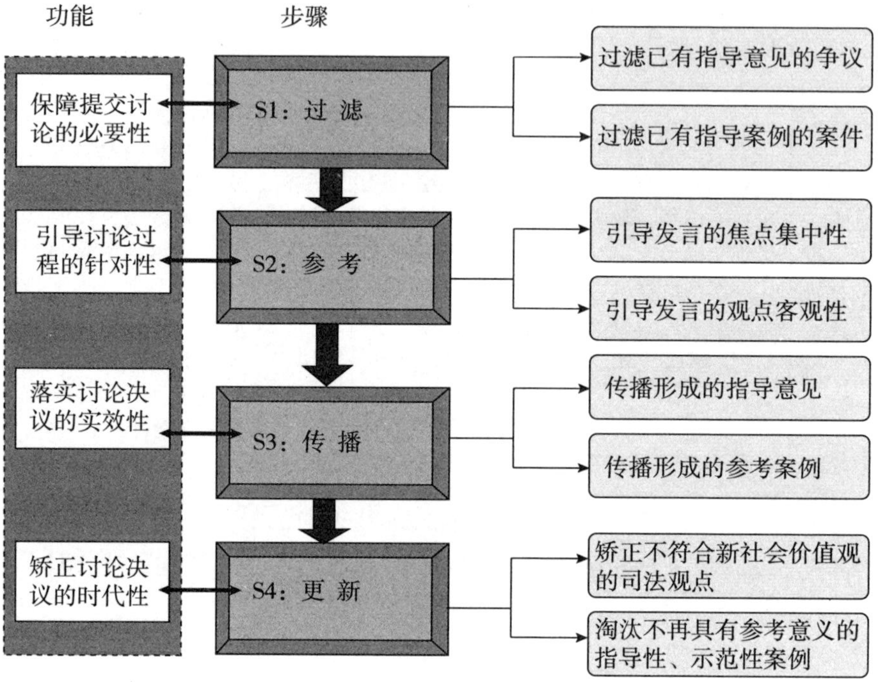

图6　会议讨论前置化类案检索机制的功能与步骤

步骤一：过滤。先通过检索过滤掉已出现了司法解释、指导性案例、地方指导意见、地方性参考案例以及本院已形成决议的、已经形成共识的争议。

步骤二：参考。在大样本之下检索拟提交讨论的争议现有的主要做法、观点以供会议讨论参考，避免会议发言没有方向性。

步骤三：传播。将经过会议讨论已经形成的意见或已经选出的相关案例录入类案推荐系统中，设置相对应的推荐优先级别和权重，使形成共识的司法观点通过类案推荐的运行方式得到传播。

步骤四：更新。当纳入类案系统中的指导性意见和相关指导性、示范性案例经过一段时间出现与时代发展相背离的特征（如系统反馈大量类案出现新的裁判观点等）时，系统及时提示指导性、地方性示范案例是否需要废止。

（三）体系建构之三：语言文化模块内置

法律犹如国之语言。世界各国的裁判文书都有其固定格式与独立语言风格。在人工智能时代，基于在线法律咨询服务和在线法院的人力发展，有人提出：未来法官和律师职业是否会被人工智能取代？职业社会学者认为："一个职业的客观特征往往容易发生变化，但主观属性并不然。"[13]在文化方面，决定职业主观属性包括三个方面要素：诊断（diagnosis）、推理（infer）、治疗（treat），以上三要素对应到刑事审判中则是发现要件事实、判断法律关系、计算罪量结果，但是这一裁判动态过程是通过一系列法律语言来呈现的。[14]智慧审判中的裁判文书日趋结构化与裁判文书承载法律文化的使命渐行渐远。要决解弥合科技与文化之间的间隙，必须在文书样式模块中根据犯罪行为所侵害的法益性质和造成的社会影响来嵌入对应的法律语言习惯用法，以加强裁判说理的社会认同度和案例的广泛传播性。

余论：智慧审判下司法公开与问责机制之隐忧

本文提出，创新性算法可解释规则助推类案检索机制的应用方法和路径，并试图运用创新性案例研究方法弥合实践与理论的鸿沟。基于角色分类研究新视角，本文将参与诉讼的法官和当事人及其他诉讼参与人进行不同诉讼角色的分工，多视角梳理刑事类案检索机制具体应用中的实际效果和问题。基于目前各个科技研发单位的自身特长与技术局限，全国各地智审系统研发程序均呈现碎片化状态，本文提出构建简明化、兼容性智能推荐算法可解释规则，有利于对整个类案智能推荐算法技术进行整合，并实现构建案件、法律语言与推荐算法之间关联规则的简明化。过去的大多数类案推荐系统研究均以法律规范条文和案由分类为基础架构，本文创新法学案例研究新工具，系统梳理近期主流类案智能推荐算法的优缺点，并对应分析其在辅助审判运用中存在的局限，运用裁判文书评注研究范式，以司法实践中出现的法律语言描述模式为基础元素，尝试建构刑事案件裁量和计算机代码互译机制。在人工智能迅猛发展推动智慧审判时代的背景下，如果我们在应用类案智审系统辅助审判决策的同时并不知道其作用与基本原理，也就无法知道影响裁判结果的真正因素。既无法公布心证形成的路径，也无从查验谬误发生的源头。到那时，我们将陷入深深的无知之幕。

---

13 ［法］勒庞著：《乌合之众：大众心理研究》，波洛译，中国华侨出版社2013年版，第2页。

14 ［美］安德鲁·阿伯特著：《职业系统——论专业技能的劳动分工》，李荣山译，刘思达校，商务印书馆2016年版，第24页。

我国标准必要专利问题的司法政策研究

——技术进步视野下的检视

陈学宇　郑志柱*

【内容提要】在技术进步视野下，标准必要专利问题的司法政策是专利标准化法治系统的组成部分，应当为实现专利标准化激励技术创新和促进技术扩散的双重目标提供直接的制度供给和“游戏规则”。FRAND[1]承诺的“诚实谈判义务”属性、以比较法为主的FRAND许可费计算方法和有条件的禁令救济颁布原则是我国现阶段关于标准必要专利问题的司法政策选择，但相关政策均存在争议。通过对标准必要专利司法政策与技术进步的互动性检视，“要约邀请说”可能比“诚实谈判义务说”更有利于技术扩散，FRAND许可费对技术创新的激励依赖于研发投入的回报率和专利实施收益的合理分成，法院也应对“漏发”禁令问题和滥用禁令问题给予同等程度的重视。建议我国标准必要专利问题的司法政策选择回归合同法救济模式，确立“要约邀请说”，探索基于“成本—收益”的许可费计算方法，并建立以判定“缔约过失”为核心的禁令发布原则。

【关键词】标准必要专利　司法政策　技术进步　互动性　合同法

进入21世纪以来，随着我国经济全球化程度的不断加深和产业结构的进一步转型升级，专利标准化与技术进步之间的互动关系日益密切。但与此同时，

---

* 陈学宇——厦门大学知识产权研究院博士研究生，主要研究方向：知识产权法、药事法和竞争法等。郑志柱——广州知识产权法院三级高级法官，管理学博士，主要研究方向：民事诉讼法、知识产权法、技术经济及管理。

1 Fair Reasonable and Nondis，即公平合理和非歧视。

我国产业界的标准必要专利纠纷案件也在不断增加。无论是2000年前后的"DVD专利收费事件"，还是近期的"华为诉IDC案"和"高通案"，标准必要专利权人凭借其掌握的标准必要专利在分享我国产业发展成果的同时，也出现了滥用标准必要专利索取不公平高价、附加不合理条件和滥用禁令救济等行为，严重制约了我国企业的技术进步进程。面对日益增多的标准必要专利纠纷，司法救济正日益成为国内外产业界及时化解争议的主要渠道，司法机关在推动专利标准化和技术进步方面的地位和功能也不断凸显。虽然当前我国《专利法》和《标准化法》在立法目标之中早已明确以"促进科学技术进步"为己任，但是受制于立法规定的原则性和模糊性，当专利标准化矛盾转化为标准必要专利许可谈判、许可费率计算和滥用禁令等具体争端时，我国法院往往难以从技术进步的视角出发对其进行审慎的分析和考量。实际上，不仅法院在标准必要专利纠纷案件中极少论及技术进步问题，学术界也并未对专利标准化与技术进步之关系进行明晰，更未探讨标准必要专利司法政策与技术进步之间可能产生的互动性问题，不利于司法机关在促进技术进步方面发挥应有的作用。面对立法的粗疏和理论的空白，为引导企业合理开展专利标准化活动和推动我国的技术进步，我国法院应怎样选择有利于技术进步的标准必要专利司法政策，成为考验司法智慧的一项重大议题。

有鉴于此，本文立足于技术经济学和制度经济学视域，以司法政策、专利标准化与技术进步之理论关系为指导，从现阶段我国标准必要专利纠纷的司法政策选择及其争议出发，探讨标准必要专利司法政策与技术进步的互动性，进而对未来我国标准必要专利司法政策改革提出若干粗疏的意见，以期求教于学术界同仁。

一、技术进步视野下的标准必要专利司法政策

根据经济合作与发展组织（OECD）在1988年的《科技政策摘要》中的定义，技术进步是指一个包括三种互相重叠又互相作用的要素的综合过程。"第一要素是技术发明，即有关新的或改进的技术设想。技术发明的重要来源是基础科学研究。第二要素是技术创新，它是技术发明（常常体现为全新的或改进的技术）的首次商业化应用。第三要素是技术扩散，它是指创新随后被众多使用者采用。"专利标准化本身就是技术进步的结果，反映了标准化与专利制度、技术进步之间的互动关系。现代市场经济中，众多发达国家已经将专利标准化当成推动技术创新和技术扩散的重要活动，但是专利标准化对技术进步的负面影响也不容忽视。在技术进步的视野下，标准必要专利的司法政策是专利标准化法治系统的组成部分，通过对专利标准化活动的影响作用于技术创新和技术扩

散两个要素，从而对技术进步进程产生影响。

（一）专利标准化与技术进步的基本关系

回顾专利标准化历史，标准化和专利制度正在从分别影响技术进步，转向通过“专利标准化”这一模式对技术进步产生综合性影响。在20世纪上半叶的标准化活动中，世界各国的政府、标准化组织和机构都是拒绝标准与专利制度结合的。原因在于当时的标准化组织倾向于认为，专利制度侧重于赋予权利人垄断权利，标准却是天然的“公共产品”；只有标准不被专利权所裹挟，才能保障标准能够被更为广泛的群体所适用[2]，更有利于标准的技术扩散。虽然在当时专利制度不成熟的环境下排除专利的标准化思路尚能运转自如，但随着专利制度的不断完善和技术水平的不断发展，越来越多的先进技术成果转化为专利技术，标准化组织要想保证标准符合科学性原则，不断提升标准质量和促进标准全球化，就不得不考虑将必要的专利技术融入标准之中。[3]专利权利人也在极力推动专利融入标准之中，以求获得更大的经济收益。正是在此背景下，标准制定组织对专利标准化的态度开始发生转变，逐渐从“排除专利”转向“拥抱专利”。当越来越多包含专利的标准被制定和实施之后，专利标准化产生的正面效应又进一步加强了标准化与专利制度、技术进步之间的联系。这种正面效应在于：专利标准化使得专利权人更有动力推动标准的创新、制定和扩散；而且随着包含专利技术的标准不断扩散和传播，更多的企业有机会学习、模仿先进技术和提高劳动生产率，[4]有机会加入基于这些技术标准的协作创新网络，[5]甚至与专利权人形成了更为细致的产业分工和创新协同关系。在现代市场经济条件下，众多发达国家科技型企业已将“专利标准化”当成了其进行技术研发活动的基本思路和重要内容，甚至形成了一种从“标准化促进技术研发活动”再到“技术研发活动促进标准化”的良性创新循环。[6]

然而，专利标准化对技术进步的影响具有双重性。在专利标准化推动技术进步的同时，因制度缺陷和权利滥用带来的负面影响也不容忽视。综合来看，专利标准化阻碍技术进步的负面效应主要表现在以下两个方面。

---

2 杨正宇：《美国国家标准学会专利许可政策演进考察》，载《知识产权》2018年第3期。

3 张平、马骁著：《标准化与知识产权战略（第二版）》，知识产权出版社2005年版，第38页。

4 刘振刚著：《技术创新、技术标准与经济发展》，中国标准出版社2005年版，第30页。

5 王方红：《基于技术标准的跨国创新网络化战略体系研究》，载《科技进步与对策》2008年第3期。

6 于欣丽著：《标准化与经济增长：理论、实证与案例》，中国标准出版社2008年版，第33页。

一是专利标准化可能对技术创新产生不利影响。在专利标准化条件下，标准必要专利权人有着更为强烈的降低差异化和引导技术研发路线的能力，抑制其他主体创新活动的意愿也更为强烈。传统标准化理论认为，标准化选择与产品差异化选择相对，一定程度上会减少创新的多种可能性。[7]而且标准制定不一定会遵循技术最优原则，因为标准化组织或者企业开发出的技术标准最终能否成为市场的通行标准，在很多情况下并不单纯取决于技术路线本身的科学性，也可能是基于专利权人的商业利益等其他因素[8]，甚至是为了操纵标准制定过程以阻止新技术进入市场。[9]此外，在标准必要专利的许可过程中，如果标准必要专利权人难以获得合理的许可费，创新者的创新热情自然会随收入的减少而减少，进而影响基于专利标准化的创新循环，甚至削弱专利制度激励创新的效果。

二是专利标准化可能阻碍技术扩散。专利标准化对技术扩散的不利影响，本质上来源于专利权人对技术标准的垄断力。凭借专利权的垄断属性，专利权人可以对标准实施者收取高额的专利许可费和设置一些附加条件，而这可能削弱标准实施者实施技术扩散的“原动力”；而且专利许可费和附加条件越高，标准实施者实施技术扩散的成本就越高，技术扩散的动力自然也就越小。学术界普遍认为，如果标准化组织或者标准必要专利持有人做出市场垄断或者滥用标准必要专利的行为，技术和产品的传播会受阻，技术进步的成本也会增加。[10]

正如 Gary Lea 和 Peter Hall 研究指出的那样：在以技术标准作为竞争与合作基本要素的市场中，专利标准化本身是一把“双刃剑”；它既能通过激励自身的创新促进动态的效率，也会因给创新者带来的垄断力量而破坏静态的竞争效率。[11]为了充分发挥专利标准化促进技术进步的正向功能，专利标准化活动应实现对技术创新和技术扩散的双重激励。这就对专利标准化法治系统建设提出了一个基本要求，即专利标准化的法治系统设计必须既能保障专利制度对技术创新的有效激励，又能维护标准化带来的技术扩散效应。

7　王耀中、刘冰、侯俊军：《网络效应下技术进步企业标准化和差异化战略的选择》，载《系统工程》2008 年第 4 期。

8　陈长石、刘晨晖：《标准化与技术进步内在依从关系的实证研究》，载《财经问题研究》2008 年第 12 期。

9　王先林：《涉及专利的标准制定和实施中的反垄断问题》，载《法学家》2015 年第 4 期。

10　中国科学技术协会编著：《2016—2017 标准化学科发展报告》，中国科学技术出版社 2018 年版，第 79 页。

11　Gary Lea，Peter Hall，*Standards and Intellectual Property Rights：an Economic and Legal Perspective*，Information Economics and Policy，No. 16，2004.

（二）标准必要专利司法政策与专利标准化的基本关系

专利标准化应是一种市场主导的活动，但是其顺利开展离不开覆盖立法、行政和司法的专利标准化法治系统设计。从制度经济学的角度看，法治系统是专利标准化活动的“游戏规则”，缺乏“游戏规则”的环境会必然导致专利标准化陷入无序状态，进而自然会对技术创新和技术扩散造成不利的影响。在专利标准化法治系统中，立法是标准化主体开展专利标准化活动的起点，居于专利标准化法治系统的上游，是专利标准化主体开展活动和利益分配的制度基础；行政居于立法之后，居于专利标准化法治系统的中游，既直接参与部分专利标准化活动，也承担着劝导标准化主体合法开展专利标准化活动的职能；而司法位于专利标准化活动的末端，居于专利标准化法治系统的下游，不仅承担着及时满足专利标准化主体“定分止争”诉求的责任，也是对专利标准化立法和行政活动的反思和评估，其判决结果和司法经验将真正改善标准化主体的可预期性和确定性，从而进一步推动专利标准化活动的有序开展。

在当下我国的专利标准化进程中，司法反而领先于立法和行政，走在了专利标准化法治系统改革的前沿。随着我国经济日益融入全球，我国企业在世界市场的参与度越来越广、越来越深，它们身处的竞争环境已远非国内市场，而是直接面对来自全球的竞争。在这种情势下，“中国制造”或者“中国创造”作为全球商品价值链中的重要一环，其技术规范必须采用世界通行标准。在“中国制造”阶段，大量的代工工厂无法拒绝来自境外的技术标准要求；在“中国创造”阶段，作为标准形成的推动者，更不可能关起门来自己搞一套。在“你中有我，我中有你”的专利标准化领域，遵守通用的技术标准几乎是行业的“入场券”。正所谓“春江水暖鸭先知”，我国企业（尤其是高科技领域的企业）与国际专利标准化的关系越来越密切，正在越来越多地或主动或被动地参与各类市场专利标准化活动。同样的，当纠纷发生时，国际上通用的纠纷解决机制和解决规则也是企业必须遵守的“显规则”。当前，司法审判已成为国际通行的专利标准化纠纷解决渠道，国际市场与专利标准化相关的商业惯例和裁判规则也成了国内专利标准化活动的新“游戏规则”。但是这些“舶来品”的移植缺乏相应的本土资源，相关国内法律或是存在空白，或是与之冲突。面对亟待解决的标准必要专利纠纷，我国法院必须先于立法和行政，对相关争议和“显规则”进行中国法律语境下的解读和抉择，这就对我国法院的司法智慧提出了全新的考验。

在技术进步视野下，司法承担着改革我国专利标准化法治系统的特殊历史使命。作为市场经济中的一个“冷静”的参与者，我国法院能够在专利标准化发生市场失灵和政府失灵的领域有所作为，也正在为实现专利标准化激励技术创新和促进技术扩散的双重目标提供直接的制度供给和“游戏规则”。

二、我国标准必要专利纠纷的司法政策选择及其争议

2006年的“天工药业诉邕江药业案”开启了我国法院处理标准必要专利案件的先河，自此我国法院开始陆续处理了“华为诉IDC案”“张某廷诉子牙河公司案”“西电捷通诉索尼案”等一系列具有广泛影响力的标准必要专利案件，并逐步形成了一些审判经验。考虑到我国上位法并未对这些专利标准化相关问题进行明确规定，最高人民法院在总结国内审判经验和参考国际经验的基础上，于2016年发布的《关于审理侵犯专利权纠纷案件应用法律若干问题的解释(二)》(以下简称《专利法司法解释二》)中对标准必要专利问题进行了相应的规定。在此指导下，地方法院结合自身在标准必要专利案件审判过程中的探索，试图对标准必要专利权人作出FRAND承诺，对许可费率的计算和禁令颁布等关键问题作出进一步的解读和澄清。其中，北京市高级人民法院和广东省高级人民法院分别出台的《专利侵权判定指南（2017)》(以下简称《指南2017》)和《关于审理标准必要专利纠纷案件的工作指引（试行)》(2018)(以下简称《指引2018》)，对我国地方法院的标准必要专利审判具有重要的参考意义。分析上述司法解释、案例和审判指南可见，我国司法机关已在标准必要专利领域初步形成了涉及FRAND承诺的法律属性、FRAND许可费率计算和禁令救济颁布等问题的司法政策。然而对于近期标准必要专利问题的司法政策选择，我国理论界和实务界仍存在广泛争议。

（一）FRAND承诺的“诚实谈判义务”属性及其争议

FRAND承诺是指根据标准制定组织要求，参与标准制定和专利技术被采用为标准必要专利的成员作出的将给予标准实施人FRAND许可的声明。目前世界各国法院并未就FRAND承诺的法律属性达成一致意见，在实践中存在“第三方利益合同说”“要约邀请说”“要约说”“单方法律行为说”等观点。[12] 自2013年“华为诉IDC案”中首次提及FRAND承诺的法律属性问题后，我国在司法实践中逐渐发展形成了“诚信谈判义务说”观点。在“华为诉IDC案”中，法院认为，可以依照我国《民法通则》第四条和《合同法》第五条、第六条所确定的公平和诚实信用原则来确定FRAND承诺之含义，而且主要是针对谈判过程

12 管育鹰：《标准必要专利权人的FRAND声明之法律性质探析》，载《环球法律评论》2019年第3期。

是否符合公平和诚实信用原则进行评判。[13] 这一观点在“西电捷通诉索尼案”中也得到采纳。在“西电捷通诉索尼案”中，北京市高级人民法院提出，“由于权利人在标准必要专利上作出公平、合理、无歧视许可声明，因此，标准必要专利侵权民事责任的承担应当考虑双方谈判的过程和实质条件，判断由哪一方为谈判破裂承担责任”，进而承认了FRAND承诺所代表的“诚信谈判义务”。[14] 实际上，我国法院的“诚信谈判义务说”观点与欧盟各国对标准必要专利案件的裁判观点十分相近。例如，在欧盟法院裁决的“华为诉中兴案”中，法院认为FRAND承诺作为一种承诺，足以让第三人对取得符合FRAND条件许可的可能性有正当期待，而接受这一承诺意味着双方均应遵守相应的谈判义务。[15]

然而“诚信谈判义务说”观点本身也存在一些争议。一方面，FRAND承诺设定“诚信谈判义务”的行为表面上属于单方法律行为，似乎是标准必要专利权人自身设立的义务，但是实践中各国法院都倾向于从双方的角度确定谈判义务，主张FRAND承诺带来的法律后果应当是对双方的约束。那么单方作出的承诺行为何以形成对双方的约束呢？另一方面，FRAND承诺本身具有高度模糊性，不仅很难界定其具体内容，也难以直接推断FRAND承诺意味着标准必要专利权人究竟放弃了哪些权利。因此也有学者认为，相比于“诚信谈判义务说”，FRAND承诺的“要约邀请说”不仅可以吸收其合理成分，也符合商业实践，因此更为恰当。[16]

（二）以比较法为主的FRAND许可费计算方法及其争议

标准必要专利的许可费亦是标准必要专利纠纷涉及的核心问题。目前我国法院关于许可费率的探讨正在从判断“许可费率是否构成超高定价”转向“FRAND许可费率的准确计算”，但仍然以判定超高定价的思路为主。截至2019年6月，我国的司法审判实务中尚未出现在许可费计算方法方面深入分析的代表性案例。即使是较具代表性的案例——“华为诉IDC案”中，两审判决均未正面论述许可费的计算方法，而主要是将IDC向华为收取的许可费与IDC向其他公司收取的许可费进行比较，判断IDC对华为的收费是否符合FRAND原则。[17]然而，基于反垄断法判定是否构成超高定价路径的分析思路，显然并不

---

13 广东省高级人民法院（2013）粤高法民三终字第306号民事判决书。

14 北京市高级人民法院（2017）京民终454号民事判决书。

15 Huawei Technologies Co. Ltd v. ZTE Corp.，ZTE Deutschland GmbH，CJEUC－170／13.

16 管育鹰：《标准必要专利权人的FRAND声明之法律性质探析》，载《环球法律评论》2019年第3期。

17 广东省高级人民法院（2013）粤高法民三终字第306号民事判决书。

足以推断出清晰的 FRAND 许可费计算方法。在借鉴国际经验的基础上，最高人民法院在《专利法司法解释二》中提出，法院在确定许可费时“应当根据公平、合理、无歧视的原则，综合考虑专利的创新程度及其在标准中的作用、标准所属的技术领域、标准的性质、标准实施的范围和相关的许可条件等因素”。然而，该规定仍然相对模糊，可操作性不强。为了回应实践的需求，一些地方法院在相关审判指南中对计算方法进行了进一步探索。例如，广东省高级人民法院的《指引 2018》就明确提出了确定许可费率的三种方法，即参照具有可比性的许可协议法、分析涉案标准必要专利的市场价值法和参照具有可比性专利池中的许可信息法等，[18] 这些方法的判定思路与判定超高定价的思路基本一致。可见，我国法院当前计算标准必要专利许可费率的主要方法仍然是比较法。

总体来看，我国法院形成的比较法思维仍然停留在运用反垄断法规制超高定价案件的裁判方面，在确定谈判情况下如何达成 FRAND 许可费方面仍然缺乏经验。从国内理论界来看，虽然也有部分学者重视许可费率是否构成超高定价问题的反垄断法判定问题，[19] 但是不少学者倾向于寻找正常交易情况下的 FRAND 许可费计算方法，提倡通过谈判、价值评估等方式判定标准必要专利的许可费率。例如，国内有学者就认为，我国法院采用“假设性双边协商方法”比采用“比较法”更为合理。[20]

（三）有条件的禁令救济颁布原则及其争议

我国法院对标准必要专利权人的禁令救济请求采取的是“有条件的禁令颁布”的基本态度。根据《专利法司法解释二》第二十四条的规定，标准必要专利的禁令救济颁布的作出，应根据许可谈判双方是否诚信谈判的情况，考察双方是否存在“故意违反 FRAND”或者“明显过错”，进而最终确定。根据该规定，法院既要求专利权人遵守此前的承诺，也要求标准实施者积极配合，凸显了法院对 FRAND 承诺的程序性价值的肯定。我国法院采取这一判断思路，与对 FRAND 承诺的性质采“诚信谈判义务说”有直接的关系。但是由于“诚信谈判义务说”的“诚信谈判义务”内容具有模糊性，而且该规定并未对过错的程度、双方均有过错等情况下应如何处理进行说明，不足以对各类标准必要专利谈判提供清晰的指引。为了化解实践中存在的争议，《指南 2017》虽然与《专利法

---

18 广东省高级人民法院《关于审理标准必要专利纠纷案件的工作指引（试行）》（2018）。

19 杨亦晨、杨遂全：《论专利相关不公平高价认定方法的完善——以高通案与华为诉交互数字案为视角》，载《西南民族大学学报（人文社科版）》2016 年第 4 期。

20 徐家力：《标准必要专利许可费之争——以“高通诉魅族”案为切入点》，载《江苏社会科学》2018 年第 1 期。

司法解释二》的基本思路保持一致[21]，但是在对双方的过错情况进行了细化的基础上，对禁令颁布的情形进行了更为严格的限定，[22]甚至达到了“不发禁令成为原则，颁发禁令成为例外”的程度。[23]

学术界对《专利法司法解释二》和《指南2017》所确定的禁令颁发原则也存在一些争议。对于如何理解禁令救济的颁布原则，各方有不同的理解，特别是对北京市高级人民法院《指南2017》中对“原则性否定”禁令救济的做法存在异议。有学者在参考欧美发达国家的标准必要专利司法审判经验后指出，即使欧美国家也只是秉承谨慎颁布禁令的原则，像《指南2017》这样对专利权的禁令救济权利的原则性剥夺，并不合理。[24]

三、标准必要专利司法政策与技术进步的互动性分析

作为专利标准化法治系统中的关键组成部分，标准必要专利的司法政策选择必须符合专利标准化推动技术进步这一基本目标。因此，合理的标准必要专利司法政策也应是能够与技术进步产生良性互动的法律设计。当前我国法院关于标准必要专利纠纷的上述司法政策选择，必然会对我国技术创新和技术扩散造成不同程度的影响，进而与技术进步产生互动联系。鉴于法学界对标准必要

21　《专利侵权判定指南（2017）》第一百四十九条第一款规定：推荐性国家、行业或者地方标准明示所涉标准必要专利案件中，被诉侵权人经与专利权人协商该专利的实施许可事项，但由于专利权人故意违反其在标准制定中承诺的公平、合理、无歧视的许可义务，导致无法达成专利实施许可合同，且被诉侵权人在协商中无明显过错的，对于专利权人请求停止标准实施行为的主张一般不予支持。虽非推荐性国家、行业或者地方标准，但属于国际标准组织或其他标准制定组织制定的标准，且专利权人按照该标准组织章程明示且做出了公平、合理、无歧视的许可义务承诺的标准必要专利，亦做同样处理。

22　《专利侵权判定指南（2017）》第一百五十二条规定：没有证据证明标准必要专利的专利权人故意违反公平、合理、无歧视的许可义务，且被诉侵权人在标准必要专利的实施许可协商中也没有明显过错的，如被诉侵权人及时向人民法院提交其所主张的许可费或提供不低于该金额的担保，对于专利权人请求停止标准实施行为的主张一般不予支持。有下列情况之一，可以认定专利权人故意违反公平、合理、无歧视的许可义务：（1）未以书面形式通知被诉侵权人侵犯专利权，且未列明侵犯专利权的范围和具体侵权方式；（2）在被诉侵权人明确表达接受专利许可协商的意愿后，未按商业惯例和交易习惯以书面形式向被诉侵权人提供专利信息或提供具体许可条件的；（3）未向被诉侵权人提出符合商业惯例和交易习惯的答复期限；（4）在协商实施许可条件过程中，无合理理由而阻碍或中断许可协商；（5）在协商实施许可过程中主张明显不合理的条件，导致无法达成专利实施许可合同；（6）专利权人在许可协商中有其他明显过错行为的。

23　焦彦：《标准必要专利案件的审理规则》，载360doc个人图书馆，http://www.360doc.com/content/17/1010/09/43460550_693682787.shtml，最后访问于2019年12月26日。

24　郝元：《标准必要专利的禁令救济不宜被“原则性”剥夺》，载《中国专利与商标》2017年第2期。

专利纠纷中的技术进步因素考量探讨较少，本文尝试从标准必要专利司法政策与技术进步的互动性角度分析，为上述标准必要专利司法政策选择提供一些不同的思路。

（一）FRAND 承诺属性与技术进步的互动性分析

从 FRAND 原则的诞生过程来看，标准制定组织要求标准必要专利权人作出 FRAND 承诺，首先是为了维护标准实施者的技术扩散积极性，其次才是保障标准必要专利权人通过 FRAND 原则获得足够的经济补偿。在标准化语境下，专利的标准化本质上仍是技术的标准化，而标准化组织要求标准必要专利权人所作出 FRAND 承诺的首要目标就是防止技术标准被专利权所挟持，以促进技术扩散。因此标准化组织之所以要求专利权人作出 FRAND 承诺，就是为了鼓励标准实施者及时了解和实施标准，将技术扩散的启动时间尽可能提前，进而吸引更大范围的企业尽快进行模仿创新。随着标准实施程度的不断扩张，标准必要专利权人通过 FRAND 许可在总体上就可以获得更多的创新激励。可见，如果没有基于标准实施的技术扩散，就不可能有基于 FRAND 许可的标准必要专利创新激励。因此在探讨 FRAND 承诺法律属性的时候，自然也应当秉承技术扩散优先于保障技术创新的基本思路。

相比于"诚信谈判义务说"，"要约邀请说"可以减轻潜在标准实施者的压力，鼓励相关企业尽早参与到技术扩散之中。在技术经济学语境下，技术扩散是使技术创新真正转化为技术进步的落地环节，其中影响技术扩散的主要因素在于启动的时间和扩张的程度。[25] 在"诚信谈判义务说"之下，一是潜在的标准实施者往往难以确定遵守"诚信谈判义务"的时间节点。例如，在标准必要专利权人尚未正式发出要约的情况下，标准实施者是否必须主动发起谈判才算遵守"诚信谈判义务"呢？遵守"诚信谈判义务"时间节点的不确定性，可能会削弱潜在标准实施者的合作意愿。二是潜在的标准实施者与标准必要专利权人、标准化组织之间存在诸多信息不对称，要求潜在标准实施者必须全面了解和遵守标准必要专利权人的 FRAND 承诺情况、标准化组织的相关规定和相关商业惯例，也是强人所难。究其原因，主要在于"诚信谈判义务"本身是一种义务，意味着对潜在标准实施者的约束，容易引起潜在标准实施者的抗拒；但是如果不能明确义务和约束的时间和内容，其参与技术扩散的意愿自然不高。如果采用"要约邀请说"，对潜在的标准实施者则不存在过多的约束。由于要约邀

25　雷家骕、程源、杨湘玉编著：《技术经济学的基础理论与方法》，高等教育出版社 2005 年版，第 65 页。

请是标准必要专利权人邀请标准实施者向不特定的对象发出的、旨在订立合同的意思表示，其性质上是一种事实行为，因此并不产生明确的权利义务关系，更容易被潜在的标准实施者所接受。潜在标准实施者在了解到相关标准和标准必要专利权人已经发布了FRAND承诺之时并不会直接受到约束，因而也更容易吸引他们了解甚至采用相关标准。实际上，“要约邀请说”的确立，可以减轻FRAND承诺的模糊性对潜在标准实施者的压力，使标准的技术扩散呈现一种开放性的姿态，因而也更容易吸引更多的潜在标准实施者参与到技术扩散活动之中来。

“要约邀请说”与“诚信义务说”在法律效果上是一致的，但相比“诚信义务说”更有利于让我国当事人对参与技术扩散的权利义务形成合理预期。从我国合同法角度看，当标准必要专利权人主动向标准实施者提出了清晰的“符合FRAND原则的专利许可条件”的要约时，标准实施者和标准必要专利权人才真正进入互相承担权利义务的阶段，可以消除潜在标准实施者对FRAND谈判义务的担忧。一是“要约邀请说”依然可以按照我国合同法相关规定，要求进行FRAND谈判的双方遵守诚信谈判义务，而且释明FRAND规则和程序的主要义务方应是专利权人。二是如果因为专利权人“专利劫持”、拒绝许可等行为，或者标准实施者故意拖延，致使谈判破裂时，双方也可以援引我国合同法上“有其他违背诚实信用原则的行为”的先合同义务进行处理，[26]认定其构成“缔约过失”[27]。三是相比于“诚信义务说”，“缔约过失”在我国的法治实践历史更为悠久，也更容易为我国法院和当事人所接受，有利于让潜在标准实施者形成合理预期，鼓励其在谈判之时就同步开展技术扩散活动。

由此可见，对我国专利标准化实践而言，“要约邀请说”有利于标准实施者和标准必要专利权人对受FRAND原则约束的时间和条件形成合理预期。这既能使标准实施者更容易接受包含专利的标准，及时参与相关技术扩散活动，也能使标准实施者在技术扩散过程中合理评估技术内容和实施成本，通过平等协商寻找最佳的合作模式。

---

26 管育鹰：《标准必要专利权人的FRAND声明之法律性质探析》，载《环球法律评论》2019年第3期。

27 《合同法》第四十二条：当事人在订立合同过程中有下列情形之一，给对方造成损失的，应当承担损害赔偿责任：（一）假借订立合同，恶意进行磋商；（二）故意隐瞒与订立合同有关的重要事实或者提供虚假情况；（三）有其他违背诚实信用原则的行为。2021年1月1日起施行的《民法典》第五百条相应规定：当事人在订立合同过程中有下列情形之一，造成对方损失的，应当承担赔偿责任：（一）假借订立合同，恶意进行磋商；（二）故意隐瞒与订立合同有关的重要事实或者提供虚假情况；（三）有其他违背诚信原则的行为。

（二）FRAND 许可费计算方法与技术进步的互动性分析

FRAND 许可费率的计算源自专利制度本身对技术创新的激励机制，因而其许可费率的计算也应从专利制度对技术创新的激励维度进行评判。这种激励机制原本就是一种有限（时间、空间和技术范围）的垄断利润。[28] 在标准必要专利权人作出 FRAND 承诺的背景下，为了优先鼓励技术扩散，专利的激励机制对单个标准实施者的垄断利润受到了进一步的限制，只能是标准实施者基于专利技术的市场价值所给出的合理价格。但是这种进一步限制并不会导致专利权人的利润受到损害，因为他可以因标准实施者群体的扩大而获得更多的利益，实现“薄利多销”，从总体上获得更大的收益。换言之，FRAND 承诺改变了专利权人的盈利模式，从“追求每一笔交易的垄断利润”，转变为依靠标准带来的技术扩散，以“符合专利技术市场经济价值的合理价格”寻求总收益的最大化。那么应当如何寻找符合专利技术的市场价值的合理价格呢？

从经济学的角度分析，专利技术的市场价值在初始阶段表现为专利技术的研发成本投入，最终表现为专利技术实施后给专利权人带来的经济效益。然而，在专利标准化背景下，专利技术实施所带来收益不只是单个专利权的收益，还有整个技术标准和其他专利权带来的收益。因此标准必要专利权人的获益比例也只是技术标准整体经济收益中的一个适当比例而已。正如广东省高级人民法院在“华为诉 IDC 案”中所言，FRAND 许可费率的计算“既要保证专利权人能够从技术创新中获得足够的回报，同时也要避免标准必要专利权利人借助标准所形成的强势地位索取高额许可费率或附加不合理条件”。然而，考察我国司法实践中采用的比较法和学者提出的“假设性双边协商方法”等，虽然都可以在一定程度上对相关标准必要专利的经济价值进行衡量和测算；但是上述方法均未分析对专利技术权人的技术研发投入给予合理回报的问题，也未分析专利权人的收益占整体标准收益的比例问题，其合理性仍然值得商榷。

参考国外学者的相关研究成果，相关专利技术对技术标准整体的贡献率被认为是衡量标准必要专利经济价值的一个较为合理的角度，而 Shapley 值分析方法则是相关专利技术的贡献率的代表性方法之一。根据 Shapley 值方法，可以将标准的制定过程认为是一场合作博弈，每个博弈的参与者都应该按照其专利对技术标准的平均边际贡献率来获取对应的收益。[29] 但是 Shapley 值方法计算过于

---

28 雷家骕、程源、杨湘玉编著：《技术经济学的基础理论与方法》，高等教育出版社 2005 年版，第 240 页。

29 陈永伟：《FRAND 原则下许可费的含义及其计算：一个经济学角度的综述》，载《知识产权》2017 年第 7 期。

复杂，也存在给予标准必要专利权人超过专利贡献的收益的问题，因此仍需要考察标准必要专利权人的实际研发投入等成本因素，确定专利为其带来的利润率是合理的即可。在借鉴Shapley值方法思想的基础上，本文认为，我国法院可以尝试构建一种基于“成本—收益”分析的许可费计算方法，既要考量专利技术的成本问题（即相关专利技术的研发投入），同时也要评估该专利技术究竟带来多大程度上的经济效益，进而最终确定FRAND许可费率。

（三）禁令救济颁布与技术进步的互动性分析

禁令救济的颁布可以产生直接阻止技术扩散的效应，但对技术创新的影响却因案而异。禁令的颁布对技术创新的阻碍主要表现为标准实施者恶意谈判情况下的“漏发”禁令和善意谈判情况下的滥发禁令。在标准实施者恶意拖延谈判或者拒绝支付许可费的情况下，禁令的颁布将使专利权人获得对标准实施者的后续谈判主动权，协助专利权人收回研发成本并获得足够的收益，进而激励专利权人在未来继续开展技术创新。此时如果法院“漏发”禁令，将阻碍专利制度对专利权人的技术创新激励。在标准实施者善意谈判的情况下，禁令则存在被滥用的可能性，这不仅可能导致标准实施者的正常参与技术扩散活动受到阻碍，剥夺其在相关技术轨道的技术创新机会，还可能导致标准实施者无法在相关领域积累技术经验和获得利润，获得技术研发的前期技术基础和研发资本，进而影响该领域技术创新的多面性。[30]如果标准必要专利权人在与标准实施者的谈判过程中动辄滥用禁令救济，无疑会削弱标准实施者实施专利技术的积极性，这也会对技术扩散造成不利影响。在我国标准必要专利司法实践中，一些法院似乎认为，相较禁令的“漏发”，标准必要专利权人滥用禁令救济的行为对技术扩散和技术创新造成的损害可能更为严重，所以才促成了《指南2017》对专利权人禁令救济权的“原则性剥夺”态度的出现。然而现实情况也许并非如此。例如，有学者研究指出，在实践中，标准实施者未经许可就利用标准中的专利技术而且并未打算与标准必要专利权利人协商获得许可的问题也很严重。[31]因此，在禁令救济的判定过程中，司法机关应当对“漏发”禁令问题和禁令滥用问题给予同等程度的重视。

但是如果将禁令救济颁布与FRAND承诺的“要约邀请性质”相结合，可以更好地抑制对技术扩散和技术创新的负面效应产生。首先，FRAND承诺的“要

30 郭壬癸：《标准必要专利禁令救济滥用司法规制困境与完善》，载《中国科技论坛》2019年第1期。

31 李扬：《FRAND劫持及其法律对策》，载《武汉大学学报（哲学社会科学版）》2018年第1期。

约邀请性质”决定了禁令发布必须考虑专利权人与标准实施者的谈判阶段问题。专利权人不经发出要约就径直提起诉讼的禁令主张，不应获得法院的支持。这将使标准必要专利权人承担起预先告知或者“充分明示”的义务，可以减轻标准实施者的信息收集成本，并提升其参与技术扩散的积极性。其次，将 FRAND 原则“要约邀请性质”与禁令的颁布结合，仍然可以在谈判过程中要求标准必要专利权人依照合同法的规定诚信谈判，防止出现“专利劫持”和“拒绝许可”行为，否则就应当根据“缔约过失”的情况承担相应的责任。再次，FRAND 原则的“要约邀请性质”和禁令的颁布结合，能够保护善意谈判的标准实施者获得 FRAND 许可的信赖利益，使其在谈判之时就放心参与技术扩散，有利于鼓励标准实施者的后续技术创新和探索多元化的技术发展路径。最后，由于标准实施者也存在“搭便车”的冲动，FRAND 承诺的“要约邀请性质”并不妨碍禁令救济颁布的可能性和及时性，同时将禁令颁发的条件与“缔约过失”的判定相对接，也可以督促标准实施者对标准必要专利权人的正式要约作出积极和恰当的回应，保障专利权人通过谈判获得的合理收益。

四、完善我国标准必要专利问题司法政策的若干建议

当下标准必要专利的司法政策正日益承担着构建专利标准化规则、改善技术创新和技术扩散状况的重要使命，是推动我国技术进步的重要制度力量。法院对标准必要专利的案件审理应根据专利标准化与技术进步之间的基本关系，构建起基于促进技术进步的司法考察基本路径。标准必要专利司法审判的基本目标，应是保障专利标准化过程的法治化运行既能维护标准化带来的技术扩散效应，又能实现专利制度对技术创新的激励。结合上文对标准必要专利司法政策与技术进步的粗疏分析，本文认为未来我国标准必要专利问题的司法政策可以考虑从以下四个方面进行修正。

（一）司法救济的指导功能：推动合同法救济模式的回归

在市场经济环境下，标准必要专利权人和标准实施者本应是一种合作关系，因此专利标准化法治系统的建设目标也应推动双方的诚信谈判、互利共赢和高效合作。标准必要专利权人和标准实施者的合作，始于标准必要专利权人的技术创新带来的经济效益（无论是实际的收益还是可能的收益），后经由双方共同实施和技术扩散，进而推动技术创新不断融入技术进步的发展轨道之中。为了实现专利标准化推动技术进步效益的最大化，标准必要专利权人和标准实施者的合作基础应是基于合同法的诚信谈判过程和平等协商的契约精神。然而，当前我国标准必要专利纠纷有过度专利法化和反垄断法化的倾向，合同法和契约

精神存在被遗忘的风险。一方面，专利权人倾向于使用《专利法》上的专利侵权救济的武器，限制标准实施者的未经许可实施行为；另一方面，标准实施者则倾向于以反垄断法为手段，对专利权人的谈判和许可行为进行严格约束。平等协商的合作基础被扭曲，究其原因在于：标准化对专利权人的法律约束力有限，而标准必要专利和专利法却给予了专利权人强势的谈判地位，进而才使专利法和反垄断法的介入成为必要。但是专利法和反垄断法对谈判的救济不应当是双方沟通合作的常态。司法机关在案件审判过程中，应当通过标准必要专利的个案裁判和司法政策，引导当事人回归合同法的沟通协商模式。在此意义上，无论是将FRAND承诺界定为“要约邀请”，还是禁令救济的颁布以无过错条件为前提，均是为了提醒双方当事人：专利法和反垄断法只有在双方当事人严重违反FRAND原则的情况下才会介入，双方主要根据合同法和契约精神达成互利共赢方为正途。

（二）FRAND承诺的法律属性：“要约邀请说”的确立

从技术进步的视域来看，FRAND承诺的制度目标首先是推动技术扩散，从而让更多的标准实施者尽早参与到基于专利标准化的创新循环系统当中来。FRAND承诺虽然有保障标准必要专利权人利益的功能，但是这是第二位的目标，并且只有依托技术扩散目标的实现才能达成。如果将FRAND承诺当成是专利权人针对不特定对象发出的、表示准备订立符合FRAND原则的专利许可实施合同的商业推广信息，那么应属于我国合同法上的“要约邀请”。“要约邀请”并不产生权利义务，也不会对潜在的标准实施者形成法律约束力，有利于标准实施者参与技术扩散的启动时间前移，进而也有利于扩大技术扩散的广度。因为“要约邀请说”的确立，不仅可以在一定程度上消除潜在标准实施者对FRAND承诺模糊性导致的“不安全感”，也可以明确标准必要专利权人和标准实施者之间承担权利义务的时间节点和合同法限制，还有利于标准实施者对谈判的过程形成合理的预期。而且根据我国合同法，当标准实施者基于标准必要专利权人的要约邀请产生信赖利益时，如果标准必要专利权人损害了这种信赖利益，也能得到相应的保护。

（三）FRAND许可费率的计算：“成本—收益”计算方法的适用

标准必要专利权利人获得许可费的法理基础在于专利制度对技术创新的激励，但FRAND承诺的作出抑制了专利权人对垄断利润的无限追求，寻求的是基于单笔交易的合理收益基础上的总收益最大化。FRAND许可费率的计算基础应是相关专利技术的研发投入和专利技术实施所产生的经济收益，可以通过标准必要专利的“成本—收益”判断方法来确定。具体步骤可以是：第一步，先确定涉案标准必要专利权人的对相关专利研发投入情况和全部专利权人的研发投入情况，进而分析涉案专利权人的相关研发投入占全部标准必要专利权人研发投入的比值。第二步，选择涉案标准必要专利数量占全部相关标准必要专利数量的比值，作为考察专利技术的贡献率的替代性指标。第三步，以最小可销售单元确定该技术标准所带来的企业收益。第四步，综合上述两个数值所确定的区间，参考涉案专利对标准的价值等信息，最终判定涉案专利许可费占技术标准整体收益的合理比值。例如，假设使用某标准的一个手机芯片，涉案标准必要专利权人的研发投入占标准研发投入的5%，而产生的标准必要专利数量却是8%，每个芯片使用标准给企业带来的收益是 10 元。如果涉案专利对标准十分重要，可以计专利许可费 10 元 ×8%/每芯片，但最低应计专利许可费 10 元 × 5%/每芯片。

鉴于标准所有参与者的整体研发投入往往难以统计，也可以考虑从涉案标准必要专利自身的视角来计算：第一步，计算涉案标准必要专利的研发投入成本情况。第二步，根据同一标准的相似（或者代表性）标准必要专利权人的平均利润率（专利许可费收益/专利研发投入）作为涉案专利权人的合理利润率；[32] 或者根据标准必要专利权人针对同一标准必要专利的平均利润率作为合理利润率。第三步，根据“研发投入成本 ×（1 + 合理利润率）”的数额，确定最小可销售单元的专利许可费。

（四）缔约过失情形下的禁令发布：与“要约邀请说”相结合的分析路径

禁令的颁布应与 FRAND 承诺的“要约邀请属性”相结合，不应是“以不发禁令为原则”，而应形成基于判断双方是否存在“缔约过失”的禁令发布分析路径。如前所述，“漏发”禁令或者禁令滥用均会对标准必要专利权人与标准实施者的谈判进程造成重大影响，进而会对技术扩散和技术创新造成阻碍效应，甚至影响我国产业界的技术进步进程。禁令的颁布应与 FRAND 承诺的“要约邀请属性”相结合，目标是使标准必要专利权人和标准实施者的谈判回归地位相对平等的状态，促成双方信赖利益的形成，这也是标准必要专利法律问题回归合同法和契约精神的基本要求。鉴于目前《专利法司法解释二》已经将“有条件的禁令颁布”中的条件设定为对双方在缔约过程中是否存在过错情况的判断，

32　虽然企业对于个案情况下的标准专利许可费率经常视为商业秘密，但是对于总体获得标准必要专利获利情况则经常是公开的。例如不少上市公司都会在其年度财报中公布其每年度收取的标准必要专利许可费情况。此外，这一比例还可以通过与标准化组织的沟通、相关司法判例或者市场调研等方式获得。

因此禁令是否颁布，也应基于《合同法》第四十二条[33]的规定，对双方是否存在“缔约过失”进行考察。具体而言，主要分析谈判双方是否违反诚信磋商义务、告知义务、协作义务或者保护义务等[34]，其核心仍是对诚实信用原则的具体解释。

结语

专利标准化是标准化、专利制度和技术进步长期互动的结果，并且正日益成为推动我国产业技术进步的重要力量。随着专利制度的健全和标准化的深入推进，专利标准化推动技术进步的功能发挥，愈加离不开融合立法、行政和司法的专利标准化法治系统的干预。在专利标准化法治系统建设中，司法审判也被嵌入其中，且居于专利标准化法治系统的下游。法谚云，“司法是公平正义的最后一道防线”。司法机关在专利标准化法治系统中的定位，并不妨碍其在推动专利标准化的法治化进程中发挥主导作用。在经济全球化背景下，由于立法和行政的专利标准化规则缺位，因专利标准化而产生的一系列标准必要专利诉讼纠纷，把司法推向了引领国际专利标准化规则继受甚至是创设的前沿。当下我国标准必要专利司法政策的形成，说明了司法正以“冷静的”守望者姿态倒逼着专利标准化法治系统的进化。“技术进步”因素是标准必要专利纠纷解决时必须予以回应的专利标准化时代命题，在未来我国的标准必要专利司法审判过程中不可忽视司法政策选择对技术进步的重大影响。

33 该条内容调整后已成为《民法典》第五百条。

34 孙维飞：《〈合同法〉第 42 条（缔约过失责任）评注》，载《法学家》2018 年第 1 期。

绿色建筑推行的制度障碍及其化解

刘亚娟*

【内容提要】 推动绿色建筑发展是生态文明建设的具体一环，其必要性和发展趋势毋庸置疑。从绿色建筑发展的现实情况来看，制度上强制性依据不足、引导性规则不明确阻碍了绿色建筑的推行，应当充分运用强制性制度、合理设计引导性制度以推动绿色建筑的发展。这需要地方立法在中央立法的框架下适当发展绿色建筑标准等相关制度，形成强制性制度与引导性制度协调的绿色建筑法律体系。

【关键词】 绿色建筑　强制性标准　引导机制　制度体系

人类发展的环境资源约束日益显现，节能减排已经不能仅局限于工农业生产领域，建筑节能、生活垃圾减排等也亟须加快推进。绿色建筑正是在此背景下被各国倡导和推行的，即在建筑的全寿命期内，最大限度地节约资源、保护环境和减少污染，为人们提供健康、适用和高效的使用空间，与自然和谐共生的建筑，[1] 须遵从“比典型建筑更加生态环保的设计策略”。[2] 虽然绿色建筑推行的目标明确，我国政府和社会也投入了大量资源，但目前为止取得的效果仍然有限，其原因除了技术、成本等，法律制度上的障碍也不容忽视。缺乏合理

---

* 刘亚娟——广东技术师范大学法学与知识产权学院讲师，法学博士，主要研究领域：行政法、房地产法。本文是广州市哲学社会科学发展“十三五”规划 2020 年度共建课题“绿色建筑推行与管理机制研究”（编号：2020GZGJ137）的阶段性成果。

1 参见发展改革委、住房城乡建设部：《绿色建筑行动方案》（国办发〔2013〕1 号），2013 年 1 月 1 日发布。

2 Raymond J. Cole, *Shared Markets: Coexisting Building Environmental Assessment Methods*, Building Research & Information, Vol. 34:4, p. 357 – 371 (2006).

的制度支撑已经阻碍了绿色建筑的发展，正确认识并破解制度障碍是尽快发展绿色建筑、共建人与自然和谐的基本前提。

一、绿色建筑推行的制度障碍分析

（一）绿色建筑及其发展情况

绿色建筑最初是作为一个倡导性概念提出的，寄希望于通过政府倡议下的社会自觉行动来完成建筑的节能化建设或改造。英国绿色建筑的发展可以追溯到19世纪中叶倡导的“绿色精神”，经历了现代主义背景下的基础阶段，以及20世纪六七十年代的构想和实践，20世纪末的一批绿色建筑得以促成。[3]世界范围内绿色建筑的倡导即始自20世纪末，首先在可持续发展的理念下提出了可持续建筑的概念，逐渐发展出重在“应用环境回馈和资源效率的集成思维去设计和建造”的绿色建筑，有利于资源节约、充分考虑对环境的影响和废弃物最少化、创建健康舒适的人居环境、降低建筑的使用和维护费用是绿色建筑理念的核心。[4]

我国也是在世纪之交开始注重绿色建筑的发展问题，先后出台了一系列政策文件和相关标准。2005年颁布了绿色建筑的技术规范《绿色建筑技术导则》，2006年制定颁布了《绿色建筑评价标准》并于2014年和2019年两次修订，2007年发布了《绿色施工导则》《绿色建筑评价标识管理办法》《绿色建筑评价技术细则补充说明》，原建设部科技发展促进中心印发了《绿色建筑评价标识实施细则（试行）》。2013年国务院办公厅转发了发展改革委员会、住房城乡建设部制定的《绿色建筑行动方案》，明确了绿色建筑发展的目标和任务，绿色建筑的发展进入了新阶段。在地方立法层面，2015年出台的《江苏省绿色建筑发展条例》是我国首部关于绿色建筑的地方性法规，此后《浙江省绿色建筑条例》《上海市建筑节能管理办法》《广州市绿色建筑和建筑节能管理规定》《深圳市绿色建筑促进办法》等也相继出台。

但是，我国绿色建筑的发展并未达到预期，已建成绿色建筑的数量偏少，而且存在重设计轻运行、地域分布不平衡、质量监督不到位等问题，[5]不管从发展成效、社会效果，还是从推行机制、管理机制来看，都存在较大的改进空间。

---

3 参见戴海锋：《英国绿色建筑实践简史》，载《世界建筑》2004年第8期。

4 参见姚润明、李百战、丁勇、刘猛：《绿色建筑的发展概述》，载《暖通空调》2006年第11期。

5 参见姜中桥、梁浩、李宏军、宫玮、张川、酒森、龚维科：《我国绿色建筑发展现状、问题与建议》，载《建设科技》2019年第20期。

（二）绿色建筑推行的制度缺陷

绿色建筑推广需要解决绿色建筑的经济外部性问题，通常需要政府干预。[6]由于经济成本的增加、节能技术的获得障碍，自觉建造或改造绿色建筑的成效并不显著；转而运用强制性措施来推行绿色建筑时，却存在法律依据不足、强制规范植入等难题。总体上看，目前的绿色建筑推行中面临法律支持不足的制度性障碍。

首先，依赖引导制度推行绿色建筑难以取得预期的成效。绿色建筑是对传统建筑的全方位改进，特别是要在节约资源和减少污染上取得明显改进，但是由于节约资源和减少污染存在明显的外部性特征，建筑的所有权和使用权人都很难有足够的动力去推行。因此，通常需要政府制定激励政策进行干预，政策激励是推行绿色建筑的关键动力之一，[7]《建筑法》第四条关于国家“鼓励节约能源和保护环境”的规定是绿色建筑引导制度的代表。但是，政策引导和激励政策本身存在强制力不足的缺陷，是否能够取得实效取决于当事人是否回应和配合。而且，激励政策的成本也制约着其作用的发挥，过高的成本投入可能并非适当的选择。这就导致绿色建筑推行的政策激励等引导性制度难以取得预期的社会成效。

其次，绿色建筑推行的强制手段存在法律依据不足的问题。绿色建筑的内涵是多方面的，其中节约能源等可以经由强制性标准转化为法律上的强制性约束，《节约能源法》明确了国务院有关部门依法“制定并适时修订有关节能的国家标准”“建立健全节能标准体系”的义务，《民用建筑节能条例》也明确国家要“建立健全民用建筑节能标准体系”，《公共建筑节能设计标准》（GB 50189—2015）即包括节能设计的强制性条文。但是在节约水资源、减少垃圾等废弃物排放方面，目前还难以进行法律上的强制性约束，《标准化法》等又对强制性标准的制定设定了条件，并非所有的绿色要求都可以通过法律强制推行，因此整体上强制推行绿色建筑的法律依据不足。这导致建筑物为人们提供健康、舒适的使用空间，促进人与自然和谐共生的目标往往难以实现。

上述两方面的问题集中体现在绿色建筑标准的制定和推行上。我国绿色建筑推行目前还严重依赖《绿色建筑行动方案》等政策文件，《绿色建筑评价标准》（GB/T 50378—2014）是认定绿色建筑的主要依据，但是该标准仍为推荐性标准，虽然在形式上符合“将绿色建筑相关评估标准合并为一个统一的标准体

---

6 参见张仕廉、李学征、刘一：《绿色建筑经济激励政策分析》，载《生态经济》2006 年第 5 期。

7 参见陈立文、赵士雯、张志静：《绿色建筑发展相关驱动因素研究——一个文献综述》，载《资源开发与市场》2018 年第 9 期。

系”[8]的目标，但是仍然无法破解当前绿色建筑推行中遇到的制度障碍。政策文件和推荐性标准反而集中反映了绿色建筑推行中遇到的引导措施效果不佳、强制措施运用不足等问题，这需要重新审视绿色建筑推行的法律制度基础，立足于强制措施建立刚性制度约束，进而运用激励机制发挥制度引导功能来完善绿色建筑推行的制度体系。

（三）绿色建筑推行的制度框架

传统上将法律规范划分为强制性规范和任意性规范，忽视了提倡性规范的现实存在性和独立价值。[9]强制性规范彰显法的强制力，是最有力的规范和矫正社会生活的方式。任意性规范为授权性规范，旨在为当事人的自由活动提供空间，在此情形下法律对当事人活动的影响是隐性的，通常不直接显示法律的规范意义。而提倡性规范是通过提倡和诱导促使当事人采用特定行为模式的法律规范，[10]对社会活动有积极的导向意义。因此，法律介入社会生活的方式主要是强制和倡导两个角度。

绿色建筑推行制度的不足也反映在强制性和引导性两个方面，针对这两个方面的制度缺陷，绿色建筑法律制度的完善要从两个方面着手。一是合理设定绿色建筑的强制推行制度。强制性法律制度往往可以取得直观的效果，因此是法律的主要制度所采用的模式，行政法、刑法等主要是强制性规范。但是强制性规范需要充分的正当性基础，过多的强制不符合法治的要求，长期来看也不利于目标的达成。二是充分运用绿色建筑的柔性推行制度，即加强引导和经济激励以推动绿色建筑的发展。对当事人来说，引导制度特别是经济激励可以带来充分的行动动力，但是引导制度往往需要付出更多的成本特别是经济成本，因此也不能无限制地采用。综上，在发展绿色建筑的总体目标下，要合理运用强制性制度和引导性制度，形成相互配合的制度体系来共同推进绿色建筑发展。

二、充分运用强制性制度推行绿色建筑

政府环境管理是推动绿色发展的重要机制，[11]绿色建筑推行也须政府管理

8　Ye L, Cheng Z, Wang Q, et al., *Developments of Green Building Standards in China*, Renewable Energy, Vol. 73:1, p. 115－122 (2015).

9　参见黎岸、张倩梅：《现代法精神视角下的提倡性规范研究》，载《公民与法（法学版）》2013年第2期。

10　参见王铁：《物权法的规范设计》，载《法商研究》2002年第5期。

11　参见秦书生、晋晓晓：《政府、市场和公众协同促进绿色发展机制构建》，载《中国特色社会主义研究》2017年第3期。

发挥基础性作用。而且，从建筑所有权人和使用权人角度看，达到绿色建筑标准须承担一系列的义务，这些义务的落实首先须依赖强制性制度，强制推行才是义务的常见实现方式。实践也表明，离开强制性制度推行绿色建筑的效果非常有限。但是，强制性制度涉及对当事人的权利的限制，需要充分的法理论证和正当性基础。

（一）绿色建筑强制推行的法理基础

法律上的强制性制度以设定法律义务为表现形式，但是法律义务不能由法律任意设定，其正当性基础有各种观点。例如，有观点认为“法律义务的确立是集体理性选择的结果，设定法律义务本质上就是在良知基础上进行理性选择”。[12] 通过强制性制度推行绿色建筑，须在法律上设定绿色建筑权利人的强制性义务，也需要确立该义务的正当性基础。

推行绿色建筑是主要是为了保护环境，在追求人的居住和工作环境优化的同时实现人与自然的和谐，对当事人来讲，其义务是按照标准建设、使用和管理绿色建筑，其中主要是节约能源、减少碳等废弃物排放的义务。虽然不同的绿色建筑权利人承担的义务各有侧重，但总体上讲都是环境义务的范畴，即为了节约资源、减少污染、保护生态环境而约束自己的行为，甚至承担额外的成本，包括经济成本和行为规范成本等。因此，理论上绿色建筑强制推行的法律基础可以从公民环境义务理论中寻找。

公民环境义务的提出具有现实基础，是实现环境问题的法律控制的基本途径。[13] 但是环境保护中是否可以配置公民的强制性义务，以及公民环境义务的依据和边界问题，仍存在争议，从地方立法来看，基于公民的环境义务可以为公民设定垃圾分类投放等强制性义务。[14] 而且如果将公民环境义务扩展解释为包括企业的环境义务，则其强制性更易证成。事实上，绿色建筑的建设和管理主要是企业行为，因此绿色建筑领域的强制性制度可以公民环境义务和企业环境义务为基础。进言之，应对环境问题不仅需要提倡公民的环境权利，更需要重视公民环境义务的界定和落实，具体形式包括企业环境责任的承担等。

公民承担环境义务是基于权利义务的一致性，本质上是环境资源公平分配的一个侧面。在环境污染和生态破坏较为严重的背景下，公民排除污染、在相对良好的环境中生活的权利逐步获得了理论认可和法律确认。但是权利的获得

12　奇崇文：《法律义务设定原理研究》，载《东岳论丛》2014 年第 10 期。

13　参见张震：《公民环境义务的宪法表达》，载《求是学刊》2018 年第 6 期。

14　参见焦艳鹏：《公民环境义务配置的依据与边界——以〈北京市生活垃圾管理条例〉为例》，载《中国地质大学学报（社会科学版）》2013 年第 6 期。

和实现以对应义务的承担为条件，绿色建筑的推行要求建筑所有权人或使用权人承担节约资源、保护环境的义务，本质上是为公民环境权的实现奠定基础，在此意义上是权利义务一致性的要求。

（二）绿色建筑强制推行的基本途径

法律调整的直观表现是对人的行为的调整，其强制也表现为对行为的强制，即规定符合条件的特定主体须为或者不为一定行为。在绿色建筑的推行过程中，强制性制度也体现为对建筑相关主体的行为强制，其中部分行为强制可以通过法律条文的规定直接表达，但更多强制性措施需要体现在技术标准中，通过强制性标准来实现对行为的强制，在一些情况下也包括直接的行为强制。

强制性标准是推行绿色建筑的主要制度措施。标准已经成为法律调整社会关系不可缺少的工具和手段，[15]强制性标准在实践中发挥着越来越重要的规范作用，绿色建筑推行的主要途径也需要强制性标准。具体而言，就是制定绿色建筑相关的强制性标准来约束建筑的新建、改造行为，达到相应标准的建筑方可投入使用，既有建筑需要在一定期限内完成节能减排等改造，并且在建筑使用过程中遵守绿色建筑的运行规范，正确使用和及时维护节能减排设施。

绿色建筑的强制性标准适用于一定范围的建筑，一是新建建筑原则上须达到绿色建筑标准，二是既有建筑分类型按期限完成改造。同时，不同类型的建筑需要差异化的标准，如针对公共建筑、居民住宅和商业建筑的节能标准应存在差别。

直接的行为强制也是推行绿色建筑的可能途径。由于绿色建筑推行过程中企业的积极性不足，我国有些地方已经采取了针对政府投资建筑的强制措施，即要求一定范围的政府投资建筑必须符合一定等级的绿色建筑标准。但从总体上讲，直接行为强制在绿色建筑的推行中并不易操作，通过绿色建筑标准的强制是绿色建筑强制推行的主要途径。

（三）绿色建筑推行的具体制度设计

当前绿色建筑标准制度设计中存在的主要困难是强制性依据不足。根据我国《标准化法》的规定，对保障生态环境安全的技术要求应当制定强制性标准，但是绿色建筑的技术要求并未直接关涉生态环境安全，出台统一的绿色建筑强制性标准法律依据不足。对于绿色建筑的节能减排等方面的技术要求，可以根

15 参见柳经纬、许林波：《法律中的标准——以法律文本为分析对象》，载《比较法研究》2018年第2期。

据相关法律制定强制定标准，如《节约能源法》规定了建筑节能标准制度，我国已经出台了《公共建筑节能设计标准》等强制性标准。基于这样的制度设计，我国目前发布的《绿色建筑评价标准》（GB/T 50378—2006）还是推荐性标准，在绿色建筑推行中虽可适用但并无强制执行力，极大制约了绿色建筑推行的效果。要改变这种状况，可以从两个层面推进绿色建筑标准的强制化。

一是修改立法为强制性绿色建筑标准的出台提供法律依据。具体来说，可在《建筑法》等法律的修订中扩大建筑标准管理的范围，即在安全标准之外确立绿色建筑标准的法律地位，进而可据以制定强制性的绿色建筑标准，为绿色建筑推行提供统一的强制性依据。我国的强制性标准出台必须有相应的法律依据，而且主要限于安全管理、环境保护等特定领域。绿色建筑标准目前未能进入强制性标准，与其定位不清导致的法律依据不足有关。从内容上看，绿色建筑标准应当归类为环境保护标准，从环境保护需要的角度纳入法律的强制性标准体系。

二是在现有法律框架之下将强制性因素加入绿色建筑相关标准。在立法修订完成之前，可以将绿色建筑标准与强制性标准联系起来，明确绿色建筑须符合强制性的节能减排等标准，并不断提升强制性标准要求以达到推行绿色建筑的目的。同时，可以通过地方立法等途径强制规定公共建筑等特定类型的建筑必须符合绿色建筑标准，实现推荐性标准在实质上强制推行。在国家法律修改短期内难以实现的情况下，充分利用现有法律依据并发挥地方立法的优势不失为可行的选择。

三、合理设计引导制度推行绿色建筑

法律的强制性和倡导性体现了法律的不同特点，强制性制度和倡导性制度应当相互配合发挥作用，在绿色建筑的推行中也应当同时以两个方案完善相关制度。即使可以建立统一的绿色建筑强制性标准，也不应忽视引导制度在绿色建筑推行中的意义和作用。强制性标准往往只是最低限度的要求，难以发挥方向性的引领作用。绿色建筑的技术要求则应当随着社会发展而逐步提高，仅有最低限度的强制是不够的，况且目前部分技术要求还难以强制推行，因此合理设计绿色建筑的引导性制度具有重要意义。

（一）绿色建筑推行中引导性制度的地位和作用

法律对社会关系的非强制性调整通过引导性制度来实现，主要是政策激励制度和目标宣示条款。宣示性条款的意义在于为社会发展指明方向，强调特定的社会价值。宣示性条款在很多法律文本中都存在，其特征在于不直接执行甚至立法者在创立之初都未指望其能严格适用，但是其背后仍体现着更深层次的立法主旨，[16]具有社会价值导向作用。激励机制也是现代法律经常采用的制度设计模式，行政法上的激励机制是指既能激励行政主体积极行政，为公众谋求更多的公益，同时又激励相对方积极实践法定权利、参与行政，以实现私益的递增的机制，[17]通常需要具体的政策措施予以配合。政策激励制度主要是通过经济补贴、金融税收优惠等引导特定范围的主体做出符合政策导向的行为，本质上是通过给予经济利益进行诱导，虽无强制性但在激励力度足够时仍可取得预期的效果。

现代法律已经逐步超越了强制性本质，软法的登场反映了法律含义的演进并带来了法律责任方式的变化，[18]环境治理中政府控制主导的方式也存在明显的不足，[19]绿色建筑推行中充分利用引导性制度便具有重要意义。通过对环境保护和绿色发展价值的宣示，以及经济刺激政策引导绿色建筑的普及和发展，可以弥补强制性制度在绿色建筑推行中弹性不足的缺陷，推动部分建筑在基本技术要求之上更加符合节约资源的要求，可以引领绿色建筑发展的潮流，有助于绿色建筑技术的发展与进步。如果说强制性制度为绿色建筑发展设定了基本的目标，那么引导性制度可以为绿色建筑发展提供长期、更高的目标。在具体实践中，二者可以共同发挥作用推动绿色建筑的实施。

（二）绿色建筑推行中引导制度的基本方案

绿色建筑的引导性制度也需要在建筑法及相关立法中反映，主要分为宣示性条款和政策激励制度两个层面。目前，建筑法中已经规定了“鼓励节约资源和保护环境”等宣示性规定，今后修法时可以增加“发展绿色建筑”等更明确的方向指引。法律价值的宣示具有社会指引功能，比如宣示法律价值的民法基本原则可以“从法的价值方面引导民事主体的行为选择”。[20]将绿色建筑发展导向等以建筑法的基本原则等方式在法律上确认，有助于形成发展绿色建筑的社会共识，进而以社会自发力量推动绿色建筑的发展。但是，相对而言，政策激励制度应当是绿色建筑推行中引导性制度的重点。

---

16 参见陈煜：《“殊为具文”？——浅论〈大清律例〉中的“宣示性条款”》，载《东南大学学报（哲学社会科学版）》2016年第6期。

17 参见罗豪才：《现代行政法学的制约、激励机制》，载《中国法学》2000年第3期。

18 参见毕雁英：《法律社会化视角下的软法责任》，载《行政法学研究》2018年第4期。

19 参见梁甜甜：《多远环境治理体系中政府和企业的主体定位及其功能——以利益均衡为视角》，载《当代法学》2018年第5期。

20 张新宝：《〈中华人民共和国民法总则〉释义》，中国人民大学出版社2017年版，第24页。

法律激励理论在当代中国的法治实践中是通过正向激励的法律奖励制度和反向激励的法律惩罚制度两个维度展开的，[21] 但通常所讲的激励机制是指正向激励机制，即以一定的利益或者名誉鼓励特定行为的机制。绿色建筑的政策激励制度就是以财政、金融等政策支持的对发展绿色建筑的鼓励制度，具体包括财政补贴政策、金融优惠政策、税收优惠政策等。通过政策优惠或者直接的资金补助，给予绿色建筑的权利人以正面激励，可以有效克服绿色建筑发展中的外部性问题，推动绿色建筑的快速发展。

在操作层面，绿色建筑的激励制度可以与推荐性标准制度结合起来，目前绿色建筑标准中对绿色建筑分级的规定已经反映了这一思路。根据绿色建筑评价的不同分级，可以给予不同的政策优惠或者财政补贴，推动绿色建筑权利人提升绿色建筑等级。但目前我国绿色建筑评价标准的分级仍显粗糙，今后需要在绿色建筑的分级标准更加细化的基础上确定更具有针对性的激励政策。原则上，最低级别绿色建筑标准依赖强制性制度推行，达到较高级别绿色建筑标准的应规定对应的激励措施，包括财政补贴、税收优惠等。同时，针对建筑的节能改造等也可以提供一定的补贴。

四、重构绿色建筑推行的制度体系

上述绿色建筑推行的基本构想需要形成体系化的制度设计。绿色建筑推行中，基于建筑类型、技术水平、适用标准等方面的不同，需要从法律的表现形式和实质内容两个方面推进制度的体系化。形式方面主要是相关立法的效力体系，实质方面主要是立法的内容体系。

（一）绿色建筑推行的立法体系

绿色建筑的推行首先需要完善建筑法等国家统一立法的支持。因为绿色建筑主要是对建筑本身的设计和建造提出的技术要求，因此其基本规定应当反映在建筑法中，包括绿色建筑的强制性标准、激励政策措施等都应当在建筑法中有所反映，至少要在建筑法中有概括性规定，作为进一步制定法规或者规章的基础。进而，以建筑法的规定为中心，相关法律包括节约能源法、污染防治法等可以规定更为具体的强制性内容，包括建筑节能标准、建筑用能用水设施标准、污水和垃圾排放标准的基本要求等。在此基础上，制定绿色建筑国家强制性标准作为绿色建筑推行的基本依据。创设中国特色的标准体系是推动绿色发

21　参见丰霖：《当代中国法律激励的实践样态》，载《法制与社会发展》2015 年第 5 期。

展的主要措施之一，[22]绿色建筑的推行也须依靠国家强制性标准。

地方立法可以在绿色建筑推行中发挥重要作用。地方立法在国家治理体系中具有重要地位，是推动国家治理体系和治理能力现代化的重要支撑。[23]当前，由于国家绿色建筑立法不完善，不少地方已经出台了绿色建筑推行的相关法规以及建筑节能等地方性标准，对绿色建筑的发展起了重要作用。一些重要的制度是在地方立法中确立的，如《江苏省绿色建筑发展条例》规定了机关办公建筑和大型公共建筑的能耗限额制度，[24]对建筑的绿色化发展具有重要的推动作用。总体上，地方立法应当在中央立法的框架细化和补充绿色建筑相关法律制度，根据各地实际可以规定更高的发展绿色建筑的要求、更多的激励政策措施，并制定更严格的地方行绿色建筑相关标准。同时，地方立法可以在绿色建筑的类型化管理上规定一些具体措施，比如对政府建筑等的限期节能改造等。

（二）绿色建筑推行的制度构造

从实质内容方面，绿色建筑推行要围绕绿色建筑标准完善相关制度。绿色建筑的评价本身具有强烈的技术性特征，绿色建筑的推行制度需要充分考虑这一特征。而法律对技术性问题的控制主要通过建立技术标准体系，技术标准在形式上是一种特殊的行政规范性文件，但在功能上可能决定法律关系，[25]在绿色建筑推行中也应当充分利用绿色建筑标准来构建相关的管理制度。

一是建立强制性标准与推荐性标准相互配合的绿色建筑标准体系。制定统一的绿色建筑标准体系是发展绿色建筑的有力保障。在统一的绿色建筑强制性标准出台之前，要充分发挥节能减排方面的强制性标准在绿色建筑评价中的规范作用，通过在绿色建筑标准中植入强制性节能减排标准来实现绿色建筑的强制推行。充分发挥推荐性标准的引导作用，明确绿色建筑的发展方向。对于达到不同等级绿色建筑标准的建筑，可以规定不同的政策激励措施。

二是通过类型化方法着力推进重点用能等建筑的绿色化改造和发展。按照建筑的权利主体、投资主体、用途类别等，分别建立不同的绿色建筑标准，形

22　参见余颖、刘耀彬：《国内外绿色发展制度演化的历史脉络及启示》，载《长江流域资源与环境》2018 年第 7 期。

23　参见喻中：《国家治理体系中的地方立法》，载《理论探索》2020 年第 1 期。

24　《江苏省绿色建筑发展条例》第三十条："设区的市建设主管部门应当会同相关部门制定机关办公建筑和大型公共建筑能耗限额，并定期公布超限额的用能建筑名单。建立和实施建筑能耗超限额加价制度和差别电价政策，具体办法由省人民政府制定。超限额的用能建筑应当安装建筑能耗分项计量装置，改建、扩建时应当同步进行节能改造。"

25　参见张圆：《论技术标准的法律效力——以〈立法法〉的法规范体系为参照》，载《中国科技论坛》2018 年第 12 期。

成种类多样、内容科学的绿色建筑标准体系。例如，对于政府出资或者控制的公共建筑可以规定更高的绿色建筑标准，对于能耗较高的建筑规定限期改造的规则等。

结语

通过国家立法和地方立法的配合、强制性制度与引导性制度的协调，针对当前绿色建筑推行的强制性依据不足、鼓励性规定不明确等问题，为绿色建筑发展提供充分的制度支撑。在法律修改或者新的法律法规出台之前，既有规则的解释和执行仍存在尽快推进绿色建筑发展的法律空间。充分利用这一法律空间，同时推动制定地方立法、修订和完善国家立法，是推行绿色建筑的可行选择。

设区的市地方立法权行使现状调查研究

——以广东省设区的市为例

马竞遥*

【内容提要】2015 年我国新《立法法》出台，其中一大特点是地方立法主体扩容但权限范围限缩。地方立法主体扩大至设区的市后，全国地方立法数量大幅增加。本文以广东省 21 个市行使地方立法权的现状为调查研究样本，发现了地方立法稳定性与改革变动性之间不协调、立法质量不高、重复立法现象突出、立法权限不清、审查机制不健全等问题，从而提出地方立法应坚持“小而精”的立法原则，明确立法权限，建立健全制度机制，完善监督机制，构建立法评估机制等具体可行的办法。

【关键词】设区的市　地方立法　立法权限　调查研究

2015 年《立法法》全面赋予设区的市地方立法权，全国近 300 个设区的市获得地方立法权。[1] 广东省的东莞市和中山市属于地级市但未设区，经全国人大批准也获得了地方立法权。这标志着地方立法进入了一个新的阶段，即立法主体由原来的省与较大的市，扩大到了设区的市。

设区的市作为更接近基层的行政层级，其治理的法治化是提升国家整体治理能力的重要基础。推动实现治理水平现代化，深入推进依法治国，是扩大地

---

*　马竞遥——广州医科大学法学系讲师，法学博士，广东省人大常委会博士后。本文系国家司法部 2017 年度国家法治与法学理论研究专项任务项目“城市管理综合执法立法研究”（编号：17SFB5006）阶段性成果；广东省哲学社会科学“十三五”规划 2016 年度学科共建项目“论设区的市地方立法权限划分——以广东省为范本的实证研究”（编号：GD16XFX11）阶段性成果。

1　数据截至 2018 年 10 月，参见杨维汉、陈菲：《改革开放 40 年，地方立法之“变”》，载《公民与法》2018 年第 10 期。

方立法主体范围的根本原因。允许地方根据自己的实际情况制定相关的地方性法规，保障政府行为有法可依，是赋予设区的市地方立法权的重要原因，也是实事求是的要求所在。各市有相同之处也有各自的特点特色，存在方式方法、地方实际等差别，由各市在不抵触上位法的前提下进行地方立法，可以更好地推进地方治理法治化。

从设区的市行使地方立法权的现状来看，令人瞩目的一些成果值得肯定。同时，由于处于起始与摸索阶段，而立法工作本身又具有相当的复杂性，各市地方立法工作仍然存在着困难和不足，需要研究和探讨。

一、广东省设区的市立法现状

本文以广东省21个市的地方立法为研究样本。2015年5月至12月，广东省人大常委会先后通过了三个决定，分三批确定了佛山等17个市开始制定地方性法规的时间。2015年12月至2019年3月，广东省人大常委会总共批准了81部设区的市制定的地方性法规。

（一）设区的市立法权限范围的变化

对广东省21个市目前已经通过的法规进行研究，可以发现地方立法权的不同表现形态。

一是广州市，由原来行使的较大的市立法权，变为行使设区的市立法权，立法权限范围由原来的全覆盖，缩减成《立法法》规范的三个方面，立法权限范围收窄。

二是深圳、珠海、汕头市，在扩大经济特区范围到全市范围之后，这三个市的立法呈现了经济特区立法数量较多、设区的市立法权行使相对较少的情况，更愿意通过经济特区立法结合当地实际情况进行变通规定。设区的市地方立法权则相对少了，更多的是以修正、修订的形式，对以前的地方性法规进行修改。只有确定能够在设区的市立法权限范围内解决的问题，才考虑使用设区的市地方立法权。

三是佛山、东莞、中山等17个市，由原来的不具备地方立法权到现在具备了三个方面的地方立法权，其中又分为两种情况。一是佛山、惠州等设区的市，市、区权限范围明确而且能够行使相应的管理权；行政审批或者处罚权的主体明确，能够相应地开展具体的立法活动。二是东莞、中山两个不设区的市，市直接对应镇、街，地方立法权行使受到了行政管理体制的限制，相关执法主体、行政管理主体资格受到没有区一级行政主管部门的限制，在一定程度上对市的地方立法权行使产生了影响。

（二）设区的市地方立法项目情况

自设区的市获得地方立法权以来，广东省各市的地方立法在数量上呈现上升趋势，质量逐步提高。

广东省设区的市立法项目统计（2015年12月—2019年3月）

	城乡建设与管理	环境保护	历史文化保护
广州市	广州市生活垃圾分类管理条例 广州市社会医疗保险条例 广州市社会工作服务条例 广州市水务管理条例 广州市依法行政条例 广州市供水用水条例 广州市博物馆规定 广州市非机动车和摩托车管理规定	广州市饮用水水源污染防治规定 广州市湿地保护规定 广州市生态公益林条例 广州市森林公园管理条例 广州市绿化条例 广州市白云山风景名胜区保护条例	广州市历史文化名城保护条例
深圳市	深圳市节约用水条例 深圳市排水条例 深圳市燃气条例 深圳市实施《中华人民共和国人民防空法》办法 深圳市养犬管理条例	深圳市生态公益林条例	
珠海市	珠海市排水条例	珠海市防治船舶污染水域条例 珠海市服务业环境管理条例 珠海市环境保护条例	
汕头市	汕头市电力设施建设与保护条例 汕头市防御雷电灾害条例		
佛山市	佛山市排水管理条例 佛山市治理货物运输车辆超限超载条例	佛山市机动车和非道路移动机械排气污染防治条例 佛山市扬尘污染防治条例	佛山市历史文化街区和历史建筑保护条例
韶关市	韶关市烟花爆竹燃放安全管理条例 韶关市野外用火管理条例	韶关市皇岗山芙蓉山莲花山保护条例	
河源市	河源市农村生活垃圾治理条例		河源市恐龙地质遗迹保护条例

续表

	城乡建设与管理	环境保护	历史文化保护
梅州市	梅州市森林火源管理条例		梅州市客家围龙屋保护条例
惠州市		惠州市罗浮山风景名胜区条例 惠州市西枝江水系水质保护条例	惠州市历史文化名城保护条例
汕尾市	汕尾市城市市容和环境卫生管理条例	汕尾市品清湖环境保护条例 汕尾市水环境保护条例	汕尾市革命老区红色资源保护条例
东莞市	东莞市出租屋治安与消防安全管理条例	东莞市饮用水源水质保护条例 东莞市生态文明建设促进与保障条例	
中山市	中山市电力设施保护条例 中山市供水用水条例	中山市水环境保护条例	
江门市	江门市户外广告设施和招牌设置管理条例 江门市城市市容和环境卫生管理条例	江门市市区山体保护条例 江门市潭江流域水质保护条例	江门市海上丝绸之路史迹保护条例
阳江市		阳江市漠阳江流域水质保护条例	
湛江市	湛江市公园条例 湛江市城市市容和环境卫生管理条例	湛江市湖光岩景区保护管理条例	湛江市历史建筑保护条例
茂名市	茂名市城市市容和环境卫生管理条例	茂名市畜禽养殖污染防治条例 茂名市高州水库水质保护条例 茂名市露天矿生态公园保护管理条例	
肇庆市	肇庆市城市市容和环境卫生管理条例	肇庆市端砚石资源保护条例 肇庆市扬尘污染防治条例	肇庆市古城墙保护条例
清远市	清远市城市市容和环境卫生管理条例	清远市饮用水源水质保护条例	

续表

	城乡建设与管理	环境保护	历史文化保护
潮州市		潮州市韩江流域水环境保护条例 潮州市黄冈河流域水环境保护条例 潮州市扬尘污染防治条例	潮州市历史文化名城保护条例
揭阳市		揭阳市生活垃圾管理条例 揭阳市扬尘污染防治条例 揭阳市重点流域水环境保护条例	
云浮市		云浮市畜禽养殖污染防治条例 云浮市农村生活垃圾管理条例	

1. 城乡建设与管理方面

城乡建设与管理涉及的范围十分广泛，基本囊括了大部分市一级城市和农村管理的具体范畴。第十二届全国人大法律委员会在《关于〈中华人民共和国立法法修正案（草案）〉审议结果的报告》中已作了相应说明："从城乡建设与管理看，就包括城乡规划、基础设施建设、市政管理等。"[2] 这说明地方治理中主要涉及的社会建设和治理等问题，地方立法也可以进行规范。一方面，从统计表可以看到，新获得地方立法权的市中，汕尾、江门、湛江、茂名、肇庆、清远六个市都制定了城市市容和环境卫生管理条例，与全国人大法律委员会解释的范围基本一致。另一方面，部分地方性法规是否属于设区的市地方立法权范围，是否属于城乡建设与管理的权限范围，则值得商榷。例如，韶关市的烟花爆竹燃放安全管理条例、野外用火管理条例，或者涉及综合性的管理工作，或者属于专业性更强的野外工作，因此这两个条例是否属于城乡建设与管理的大范畴则值得商榷。

2. 环境保护方面

设区的市在环境保护方面的立法探索比较积极主动，各市都出台了回应本行政区域环境保护立法需求的地方性法规。从统计来看，21 个市都对本市的环境保护进行了立法，揭阳市和云浮市更是分别制定了两部地方性法规。从地方性法规的内容看，绝大部分市的地方立法都首先选择了"水"这一直观可见的

---

2 参见《第十二届全国人民代表大会法律委员会关于〈中华人民共和国立法法修正案（草案）〉审议结果的报告》，载《中华人民共和国全国人民代表大会常务委员会公报》2015 年第 2 期，第 188 页；李适时：《全面贯彻实施修改后的立法法——在第二十一次全国地方立法研讨会上的总结》，载《中国人大》2015 年第 21 期。

环境保护领域，进行有针对性的立法，如《中山市水环境保护条例》《惠州市西枝江水系水质保护条例》《东莞市饮用水源水质保护条例》。从规范的地方特色来看，部分市选取了问题突出、反映强烈的小切口进行立法，如《佛山市机动车和非道路移动机械排气污染防治条例》，专门针对黑烟车这一环境污染突出因素进行立法。同时，佛山市的这一条例对市人民政府采取该条例规定的交通管制措施和禁止使用措施的程序作了明确规定，如应举行听证会、论证会等。佛山市的这一做法为探索这一方面的立法提供了宝贵的实践经验。

从环境保护的立法范围来看，各设区的市的立法空间可能较大。我国《环境保护法》规定，环境保护的范围可包括自然资源、动植物、人文遗迹等。[3]不过，环境保护范围的宽泛性也给立法范畴的交叉留下了模糊的地方，与立法法规定的设区的市的“历史文化保护”方面的立法范围容易重合，特别是“人文遗迹”这一块。

3. 历史文化保护方面

在城乡建设发展过程中可能发生对古文物、古城区、古街道等历史文化遗产的影响甚至破坏，严重时甚至是毁灭性的破坏，因此历史文化保护的问题越来越凸显。同时，历史文化遗产与其所在地区的关系密切，如何因地制宜地保护好本地的历史文化遗产，成为获得授权的设区的市的重要挑战。

这其中具有代表性的有：《佛山市历史文化街区和历史建筑保护条例》，专门针对文化街区进行立法；《肇庆市古城墙保护条例》，专门针对本市的古城墙进行立法；《梅州市客家围龙屋保护条例》，对具有地方特色的客家围龙屋进行专门立法；《河源市恐龙地质遗迹保护条例》，对河源的独有地质遗迹作出了专门立法。总之，设区的市的历史文化保护立法对如何做好本市的历史文化保护进行了有益的探索，也为省和国家制定相关环境保护法律提供了经验和参考。

（三）设区的市立法成效

1. 地方立法的社会效果开始显现

各市的地方立法较为注重从设区的市的地方性法规的针对性、实效性出发，落脚于本市的经济社会发展实际，致力于创造良好的法治环境。

一是服务城乡建设与管理，推动城乡建设的规范化、法治化。在经广东省人大常委会批准的 81 部地方性法规中，城乡建设与管理方面的地方性法规有 33 部，占 40.7%，涉及的具体领域最多，这也是城市发展过程中容易出现困难和

3 参见《第十二届全国人民代表大会法律委员会关于〈中华人民共和国立法法修正案（草案）〉审议结果的报告》，载《中华人民共和国全国人民代表大会常务委员会公报》2015 年第 2 期。

问题的地方。较有代表性的地方性法规包括：（1）《广州市生活垃圾分类管理条例》；（2）《佛山市治理货物运输车辆超限超载条例》；（3）《韶关市烟花爆竹燃放安全管理条例》；（4）《江门市户外广告设施和招牌设置管理条例》；等等。

二是重视环境保护，积极回应群众绿水青山的需求。经广东省人大常委会批准的地方性法规中，环境保护方面的地方性法规有38部，占46.9%，多数结合本地环境保护涉及的具体问题进行相应规范。如《佛山市机动车和非道路移动机械排气污染防治条例》针对黑烟车的防治和规范进行专门立法，《肇庆市端砚石资源保护条例》对特有资源进行保护性立法。

三是民主立法迈出坚实一步。广东各市采取向社会公开征集立法建议项目、公开征求修改意见、举行立法论证会、组织人大代表视察立法工作、立法后评估等多种方式，扩大了公众对地方立法工作的知情权，提高了公众参与地方立法的积极性。

四是规范性工作初有成果。广东省各市均制定了本市的制定地方性法规条例，明确了制定地方性法规的程序性规定。同时，部分市还根据自身工作需要，出台了相关的规范性文件，对立法工作进行规范指引。如东莞市人大常委会出台了《东莞市人大常委会制定地方性法规流程概要》等十项工作指引。

2. 地方立法的执行检查工作开始展开

设区的市人大常委会不仅重视地方立法的起草审议工作，也及时地将地方性法规的执行效果纳入工作范畴，对立法能力建设、法规执行效果等，开展相关问卷调查、执法检查活动。如2019年6月至8月，惠州市人大常委会对《惠州市西枝江水系水质保护条例》的实施情况进行检查。在时间点选择上，该条例自2016年6月起施行，已有三年时间，进行监督检查较为适合，也能够在一定程度上反映法规的实施情况，及时发现问题。总之，适时开展执法检查，有利于推进法规的贯彻落实，同时也是一次法制宣传活动，可以强化社会主体对地方立法的认识，加强政府对贯彻落实地方性法规的重视和执行力度。

二、设区的市行使地方立法权存在的问题

设区的市从数量、速度上都交出了不错的地方立法成绩单，但也存在着不可忽视的问题。

（一）立法稳定性与改革变动性之间的关系未能充分有效协调

立法是将改革的成功经验以法律的形式固定下来，为经济社会发展提供强

有力的法制保障。[4]法律具有稳定性，制定以后不应经常修改。但我国正处于社会变革和深化改革的重要时期，社会生活不断发展变化，如果不及时创立新的法律或者对不适应社会发展变化的法律进行修改或废止，就不能保证法律适应社会变革和不断发展的现实需求。[5]

如何把法律的“定”和改革的“变”结合起来，处理好稳定性与变动性、前瞻性和阶段性的关系，是当前立法工作面临的一个重中之重的问题。这一问题在设区的市的立法发展过程中，更是明显。例如，东莞市在获得地方立法权后就将首部地方性法规的制定置于城市管理方面，希望解决城市综合管理和综合执法问题。东莞市在起草条例时，国家或者省对城市综合执法的问题尚处于探索阶段。在此过程中，东莞市虽经历了多次请示汇报和修改调整，但在城市发展建设管理需求与立法稳定明确相关权利义务之间，有着难以协调的问题，特别是东莞市镇街的执法主体地位问题，直至2019年国家出台相关城市管理文件后，才得以真正解决。历时五载，该项立法最终调整确定为《东莞市城市管理综合执法条例》，于2019年7月获得广东省人大常委会批准。该条例制定过程中的基本问题之一是镇街城市综合管理执法权的问题，它需依据省人民政府制定的赋权清单，行使相应的城市管理综合执法权。[6]总而言之，协调好改革的变动性与立法的稳定性之间的关系，需要统筹规划、综合协调。

（二）地方立法质量水平有待进一步提升

从质量上看，特别是新获得地方立法权的市，大部分地方性法规的质量都有待提高。问题主要集中在文字表述不准确、适用上位法不准确、试图突破上位法的规范来加重处罚或者增加相对人的义务等。从数量上看，广东省17个新获得立法权的设区的市和4个原就有地方立法权的市，每年都有一定数量新提请、新预备的立法项目。特别是在刚刚获得立法权之初，盲目追求立法数量、忽视立法质量的现象比较普遍。盲目追求数量容易导致泛立法化，导致重数量而轻质量问题。个别领域内的地方立法数量过多、相互重叠，民生领域的许多问题却仍属于立法空白，缺乏相对成熟的地方性法规。

4　胡康生：《加强立法工作　推进依法治国——全国人大及其常委会立法工作50年》，载《人民论坛》2004年第9期。

5　《长沙市地方立法工作的调研报告》，载长沙人大网，http：//www.csrd.gov.cn/Info.aspx?ModelId=1&Id=8707，最后访问于2019年8月28日。

6　《东莞出台广东首部城市管理综合执法地方性法规》，载中国商务新闻网，http：//www.comnews.cn/article/local/201908/20190800014286.shtml，最后访问于2019年8月29日。

（三）重复立法问题比较严重

《立法法》第七十三条规定，对上位法已经明确规定的内容，地方性法规一般不作重复性规定。但设区的市的立法空间被压缩在城乡建设与管理等三类事项以后，就会出现部分设区的市重复立法的现象。在实践中，部分设区的市为追求政绩、完成立法指标，重复、抄袭上位法或者其他地方立法的问题已经开始显现。[7]这种盲目追求地方立法的形式、忽视立法内容的现象，违背了《立法法》的立法目的，浪费了地方立法资源，[8]也损害了法制权威，不利于地方治理能力的提高。

例如，在考察了广东省的汕尾、江门、湛江、茂名、肇庆、清远六个市制定的城市市容和环境卫生管理条例后发现，除了个别条款根据地方特点有所创新外，大部分条款是类似的。在这六个市的城市市容和环境卫生管理条例中，其基本内容如执法、责任区管理制度、责任人制度、责任人义务、建筑物基本要求等几乎相同，甚至是抄袭上位法。这就产生了是否都要照抄上位法，或者为了体例完整而照搬上位法全文的问题。

重复立法同时引起了地方立法趋同性的问题。由于各个市的管理有相似的地方，或者基本处于同步发展的现状，在制定地方性法规的过程中，市与市之间会进行彼此的学习和参考，这就不可避免地产生了地方性法规之间趋同性的问题。简单而言，就是地方性法规难以体现地方特色，或者说，由于不同市之间的管理体制、管理方式趋同，导致不同市的地方立法有着趋同性，这种千篇一律的现象必然带来对各市独自立法必要性的质疑。

立法抄袭已成为设区的市地方立法的一个重要特征。这种抄袭可以大致分为两种情况。第一种情况是：地方立法基本上全套复制上位法，然后加上一些适合该地区的地方立法条款，看上去是一个大规模的地方立法，但实际上只有某些条款是真正适用于当地。第二种情况是：复制其他地方的地方性立法，只更改地点的名称，在内容上除了某些与当地实际情况相结合的规定有所变化，其余条款都是复制。这可总结为“小法抄大法”和“后法抄前法”。[9]如此一

7　俞祺：《重复、细化还是创制：中国地方立法与上位法关系考察》，载《政治与法律》2017年第9期；黄锴：《地方立法“不重复上位法”原则及其限度——以浙江省设区的市市容环卫立法为例》，载《浙江社会科学》2017年第12期；明天：《地方立法“非必要性重复”难题的化解路径——以21个地方风景名胜区管理条例为例》，载《武汉交通职业学院学报》2019年第1期。

8　秦前红、刘怡达：《地方立法权主体扩容的风险及其控制》，载《海峡法学》2015年第3期。

9　《关于地方立法工作若干问题的思考》，载北京市人大常委会，http：//www.bjrd.gov.cn/rd-zl/llyj/gzyj/201211/t20121130_98258.html，最后访问于2019年9月2日。

来，不仅地方立法的局部特征消失了，而且重复立法的现象显得比较普遍，浪费了立法资源，违背了扩展立法权的初衷。

（四）立法权限范围有待进一步明确和细化

《立法法》修订后的一大特点是地方立法主体扩容、立法权限范围限缩。[10]修订前的《立法法》以“排除法”的方式规定了较大的市的地方立法权限范围，即只要不与上位法相抵触，较大的市可以根据本市的具体情况和实际需要，制定地方性法规或者地方政府规章，其地方立法权限范围是相当宽泛的。但修订后的《立法法》将“排除法”改为“列举法”，其第七十二条和第八十二条以列举方式规定设区的市的地方立法权限范围限于城乡建设与管理、环境保护、历史文化保护等事项（以下简称“三类事项”），其地方立法权限范围受到较大限制。[11]

但“三类事项”的内容应如何界定，特别是“城乡建设与管理”具有高度的模糊性和笼统性，它具体包括哪些内容？对此，学者们基本上持广义说[12]和狭义说[13]两种不同的理解。不过通过对比可以发现，两种观点的实质内容几乎没有区别，普遍性的观点是应对“三类事项”作宽泛的理解，实际上与官方说法一致。[14]上述解释性说法在全国人大常委会法工委国家法室编写的《中华人民共和国立法法释义》中再次得到体现。[15]

---

10 郑磊：《设区的市开始立法的确定与筹备——以〈立法法〉第72条第4款为中心的分析》，载《学习与探索》2016年第7期。

11 在审议《立法法》修正草案时，关于设区的市的地方立法权限范围有四种意见：“有的代表建议对设区的市的地方立法权限不作限制；有的代表建议增加一些事项，包括教育、城乡规划、社会管理、社会保障、经济发展、民生保障、生态建设、自然资源保护等；有的代表建议对已经享有地方立法权的49个较大的市的立法权不作限制，实行‘老城老办法、新城新办法’；也有的代表认为应当对所有设区的市的地方立法权限范围一视同仁，不再区分原来较大的市和新取得立法权的设区的市。”参见《第十二届全国人民代表大会法律委员会关于〈中华人民共和国立法法修正案（草案）〉审议结果的报告》，载《中华人民共和国全国人民代表大会常务委员会公报》2015年第2期。

12 刘亮：《设区的市立法权限范围之理解》，载《行政法论丛》2017年第1期；李小萍：《对设区市立法权限之“城乡建设与管理”的界定》，载《法学论坛》2017年第3期。

13 程庆栋：《论设区的市的立法权：权限范围与权力行使》，载《政治与法律》2015年第8期，第54－55页。

14 参见《第十二届全国人民代表大会法律委员会关于〈中华人民共和国立法法修正案（草案）〉审议结果的报告》，载《中华人民共和国全国人民代表大会常务委员会公报》2015年第2期，第188页；李适时：《全面贯彻实施修改后的立法法——在第二十一次全国地方立法研讨会上的总结》，载《中国人大》2015年第21期。

15 全国人大常委会法制工作委员会国家法室编：《中华人民共和国立法法释义》，法律出版社2015年版，第229页。

尽管对“三类事项”进行宽泛解释，但在地方立法实践中由于设区的市的立法权限范围受到限制，特别是对城乡建设与管理的具体范畴的认识的不同，容易造成立法困难或者没有立法需求的问题。通过实地调查，可发现有极个别设区的市在行使三年地方立法权之后，出现了没有立法项目可以报送的情况，也就是已经没有了立法的欲望和需求。而公众也对地方立法的下一步开展，或者不知情，或者不关心。这一现象导致设区的市的立法机关非常被动。与此同时，某些设区的市计划结合本市经济社会发展的新情况进行探索性地方立法，却由于对地方立法权限范围存在模糊的认识，对地方立法权限范围把握不准，从而影响了地方立法的积极性和地方立法权的行使。例如，广州市和揭阳市原本计划制定针对新设功能区的地方立法，但是对设区的市是否可以对功能区的管理机构进行地方立法和具体事项在地方立法中能够规范到什么范围、什么程度，把握不准，形成了地方立法的困境。

（五）地方立法的审查机制不健全

设区的市的地方立法不得与上位法相抵触。《立法法》第七十二条规定省级人大常委会应对设区的市制定的地方性法规进行合法性审查。一种观点认为省级人大常委会只能进行合法性审查，不能对设区的市制定的地方性法规的其他方面如规定是否适当、立法技术是否完美、文字表述是否准确等进行审查。[16]另一种观点认为合法性审查是主要标准，但不是唯一标准，省级人大常委会可以对其他方面进行审查。[17]的确，从《立法法》的规定来看，省级人大常委会只对设区的市制定的地方性法规进行合法性审查，但不能由此排除省级人大常委会对设区的市制定的地方性规定中明显不合理的内容进行审查。前者与省级人大常委会是否批准该地方性法规相关，后者虽不直接影响合法性标准和是否予以批准，但省级人大常委会发现此类明显不合理内容时应指示设区的市人大及其常委会进行修正，避免在设区的市制定的地方性法规中出现“雷人”条款和“僵尸”条款，[18]切实提高设区的市的地方立法质量。

但在设区的市的地方立法实践中，地方立法后的审查机制并不健全，或者并未落到实处。一些地方的审查流于形式，造成重复立法、越权立法现象比较突出。出现以上问题的原因是多方面的，与省级人大常委会审查机构的设置、审查机制及行使审查权的工作人员的专业能力、思想观念等有直接的关系，也

---

16 全国人大常委会法制工作委员会国家法室编：《中华人民共和国立法法释义》，法律出版社2015年版，第7页。

17 肖迪明：《问题与对策：设区的市行使立法权探析》，载《地方立法研究》2017年第1期。

18 王春业：《论立法权扩容背景下地方立法的节制》，载《法学论坛》2018年第1期。

与当地的经济社会发展现状有着密切的关系。个别欠发达地区设区的市的地方立法能力有限，质量相对偏低，相应地增加了省级人大常委会进行审查的难度。以广东省为例，2015 年 12 月至 2019 年 3 月省人大常委会共批准了 81 部设区的市制定的地方性法规，年中高峰期时省人大常委会一次性地批准了 8 部设区的市的地方性法规。以 21 个市平均每年制定两部地方性法规的数量来看，每年可能出台 40 部左右的设区的市的地方性法规，这对省人大常委会的审查机构而言将是一个极大的挑战。在如此高强度的审查任务之下，容易产生省级人大常委会对设区的市的地方立法审查不实、质量把关不严的问题。

三、完善设区的市的地方立法工作的建议

2019 年是地方人大设立常委会 40 周年，习近平总书记、栗战书委员长指示要求地方人大及其常委会进一步做好地方立法工作。[19] 党和国家对地方立法工作提出了新要求。如何适应国家和社会新的发展形势和要求，改进地方立法工作，充分有效及时地解决地方立法工作中存在的问题，不断提高立法质量，是摆在地方立法机关和立法者面前的一项重大课题。而设区的市的地方立法在起步阶段所取得的成果和存在的问题，为更好地建立健全地方立法工作机制提供了正反两方面的经验。

为有效解决设区的市在行使地方立法权过程中出现的问题，可采取以下几方面的改进措施。

（一）更新立法理念，坚持有效管用、“小而精”的立法原则

设区的市运用好立法权限，解决好具体的痛点难点问题，真正反映人民群众的需求和呼声，首先需要更新立法理念，坚持有效管用的原则。正如全国人大常委会王晨副委员长所指出的：地方立法要注意用良法促进善治，制定符合实际的、管用的、有效的良法，防止部门利益法制化的不良倾向，提高立法质量。

设区的市的地方立法要坚持“小而精”的原则。设区的市的地方立法应采用简易体例结构，需要几个条款就只列几个条款，在内容上以对上位法的细化、

---

19 汪铁民：《全面提升新时代地方人大工作水平》，载《中国人大》2019 年第 14 期；《栗战书在纪念地方人大设立常委会 40 周年座谈会上的讲话》，载中国人大网，http://npc.people.com.cn/n1/2019/0821/c14576-31309279.html，最后访问于 2019 年 9 月 4 日。

量化、具体化的规定为主，以解决实际问题为根本方针。[20] 设区的市应弱化想要一次性解决所有问题的想法，扎根于一个个具体的问题来进行立法。当遇到国家的上位法或者省的地方立法中没有规定，但在本市相对突出的问题时，可以进行有针对性的立法。设区的市可以制定若干具有本地特色的地方立法，这也是结合当地实际的创制性立法，比如《河源市恐龙地质遗址保护条例》《梅州市客家围龙屋保护条例》《湛江市湖光岩景区保护条例》等。这些地方立法就很具有代表性，充分反映了当地的立法特色与需求。

（二）建立制度机制，明确地方立法权限

目前，当设区的市在立法中遇到具体立法项目是否属于“三类事项”不好把握时，往往是向省、自治区人大常委会法工委进行请示沟通，省、自治区人大常委会法工委认为必要时，再与全国人大常委会法工委进行沟通。[21] 这一做法实际上隐藏着不少弊端。首先，《立法法》第四十五条规定法律解释权属于全国人大常委会，全国人大常委会法工委无权解释法律，它的答复不是对法律的解释，但它可以向全国人大常委会提出解释法律的请求。其次，某一具体立法项目可能具有普遍性，但各个省级人大常委会法工委的答复可能并不一致，某些省级人大常委会法工委认为属于“三类事项”的，某些省级人大常委会法工委却可能持否定立场。为解决这一问题，应由全国人大常委会以法律解释的方式，混合采用列举法和排除法，对“三类事项”作出解释，明确其内容，并规定统一的、仍属不明时的请示与答复机制。进而言之，全国人大常委会可以在法律解释中，以列举法的方式规定：（1）城乡建设与管理包括城乡规划、基础设施建设、公共设施建设、市容市政管理等；（2）环境保护包括空气、水资源、土壤、林地、草原、动植物等的保护；（3）历史文化保护包括文物、历史文化遗迹、传统艺术和工艺、民俗等。全国人大常委会在法律解释中还可以用排除法的方式规定设区的市地方立法权限范围不包括《立法法》第八条规定的国家专属立法事项、涉及政治如政权建设事项等。仍属不明时，为避免各省级人大常委会法工委的答复不统一，全国人大常委会可在法律解释中规定在此情形下省级人大常委会法工委应请示全国人大常委会法工委，由全国人大常委会法工委作出答复。

为从制度上厘清设区的市地方立法权限与省级立法权限重叠的问题，“全国

---

20 沈春耀：《在新的起点上推动地方立法工作与时俱进完善发展》，载《法制日报》2018 年 9 月 25 日，第 9 版。

21 陈国刚：《论设区的市地方立法权限——基于〈立法法〉的梳理与解读》，载《学习与探索》2016 年第 7 期。

人大及其常委会可以通过立法进一步配置地方立法权限”[22]，建立清晰的省级地方立法权限与设区的市地方立法权限划分机制。

对于设区的市地方立法主体之间的立法权限划分不明确的问题，可以由全国人大常委会以法律解释的方式对“特别重大事项”作出解释，也可以由省级人大常委会、设区的市人大在地方性法规中作出规定。对于后一种方式，比较可行的做法是在地方性法规中提及“特别重大事项”，并规定界定“特别重大事项”的路径[23]。另外，设区的市地方立法主体之间应加强立法协调，分别准确行使地方立法权。

（三）增强地方立法的实效性

立法的实效性是指法律（包括法律、行政法规、地方性法规等）发挥实际效果，得到有效实施。增强立法的实效性是贯彻落实全面依法治国方略的重要任务。在我国特色社会主义法律体系建成以后，[24]人大及其常委会的工作重点不仅包括立法工作，还包括如何使立法真正落地，如何使立法的实际效果尽快得到体现。[25]

设区的市在获得地方立法权以后，实际可以立法的空间可能比较狭小。这是因为我国特色社会主义法律体系已经建成，在每一部法律下面，也都有相应的行政法规或者省级地方立法，这些行政法规和省级地方立法基本上满足了地方实施法律的需要。[26]在上位法已经基本完备的情况下，设区的市执行上位法即可，其制定地方立法的空间已经十分狭小。从地方层面来看，根据《立法法》的规定，“三类事项”不是设区的市的专属立法事项，省级地方立法主体完全有权对这三个方面的事项进行立法，事实上在这些事项已经存在大量的省级地方立法。[27]

因此，设区的市在行使地方立法权时，一方面可以对上位法没有规定的、本地有实际需要的领域，依据《立法法》的规定进行地方立法；另一方面应根据本地实际需要，对上位法中仍比较原则性的、模糊性的规定进行细化、量化的规定，使地方立法更好地发挥实效。为此，设区的市在行使地方立法权时应

---

22 郑磊、贾圣真：《从“较大的市”到“设区的市”：地方立法主体的扩容与宪法发展》，载《华东政法大学学报》2016年第4期。

23 刘志刚：《地方人大及其常委会的立法权限划分》，载《法治研究》2016年第1期。

24 吴邦国：《全国人民代表大会常务委员会工作报告——2011年3月10日在第十一届全国人民代表大会第四次会议上》，载《中华人民共和国全国人民代表大会常务委员会公报》2011年第3期。

25 张凌：《增强实效　做好地方立法工作》，载《解放日报》2012年12月19日。

26 王春业：《论立法权扩容背景下地方立法的节制》，载《法学论坛》2018年第1期。

27 肖迪明：《问题与对策：设区的市行使立法权探析》，载《地方立法研究》2017年第1期。

当采取下列三方面对策。

一是准确把握国家和省的立法方向和立法动态，统筹安排本市的各项地方立法工作（包括地方性法规和地方政府规章）。主要安排实施上位法的地方立法项目，增强设区的市的地方立法对上位法的配套性。

二是紧贴当地实际，重点突出对上位法有关规定作精细化规定。“实践需要几条就定几条”，使地方性法规既符合上位法或法律原则规定，又有地方特色和可操作性，真正有效、“管用”，充分体现地方立法在中国特色社会主义法律体系中的重要地位和作用。

三是在立法技术层面，认真执行本市地方性法规技术规范或者省的立法技术规范。按照立法的内容来选择合适的法规体例，使法规规定的内容明确具体、规范简洁。同时要不断探索提高法规质量的有效途径和办法，进一步增强法律法规的实施效果。

（四）完善对设区的市的立法监督制度

《立法法》修订后，一方面享有地方立法权的主体扩容，调动了设区的市地方立法的积极性，有助于各设区的市结合本地实际创制具有地方特色、紧扣实际问题的地方立法；另一方面由于各设区的市的地方立法能力参差不齐，地方立法空间较小、立法人才缺乏等原因，导致地方立法质量有高有低。如何确保设区的市在行使地方立法权时不超越地方立法权限，不违背上位法，符合当地实际需要，体现人民群众意愿，就需要建立起完善的对设区的市的立法监督制度。[28]具体而言，对设区的市的地方立法进行监督包括两个层次。

一是省级人大常委会依职权监督。省级人大常委会依《立法法》的规定，应当对设区的市制定的地方性法规进行合法性审查。因此，省级人大常委会应严格审查设区的市的地方性法规，把好质量关。立法监督要求监督者既熟悉设区的市的实际情况，又能够准确把握上位法的各项规定，能够准确鉴别设区的市的地方立法是否违背上位法。因此省级人大常委会负责对设区的市的地方性法规进行监督的工作人员应具备较高的工作能力。鉴于此，建议在省级人大常委会设立专门的地方立法监督机构，由专人负责执行地方立法监督职责，并加强对监督人员的业务能力学习和培训，不断提高监督业务能力。

二是逐步建立有效的对设区的市的地方立法的社会监督机制。设区的市的地方性法规在通过以后并非万事大吉，而是仍可能存在不符合当地实际的问题，

28 项程舵：《地方立法监督：问题与路径探索》，载《中国社会科学报》2019年7月9日，第7版。

也可能存在落地难、执行难的问题。社会监督机制可以包括两个方面：设区的市人大及其常委会以外的其他公权力机关的监督和公众监督。前者指设市、区两级人民政府及各政府部门、市、区两级人民法院和检察院等；后者指普通民众、企业事业单位、行业协会、当地媒体等。社会监督的内容可以包括法规是否符合当地实际情况、法规是否具有可操作性。

对设区的市的地方立法的社会监督机制与设区的市在立法时扩大公众参与既有联系又有一定的区别。所谓联系是指社会监督与立法时扩大公众参与的主体基本相同，都是设区的市人大及其常委会以外的主体，其目的都是提高地方立法的质量，保障地方立法的科学性和民主性。区别则主要在于介入的时间有所不同。立法时扩大公众参与是在设区的市进行地方立法的准确阶段（如项目前期调研、立法项目立项）、起草阶段和审议阶段介入立法过程，所影响的是地方性法规的内容的形成。但社会监督机制主要是在设区的市的地方性法规通过以后介入，对设区的市的地方性法规的实施过程进行监督，及时发现和反馈实施过程中出现的问题。

为便利社会监督，设区的市人大及其常委会应建立有效的监督信息反馈机制。对社会监督主体的来函来电、网络意见等均应及时解释和反馈，尤其对于不被采纳的监督意见，应及时告知原因。

（五）构建地方立法前和立法后的评估机制

2013年1月1日，公安部第123号令《机动车驾驶执照申请和使用规定》开始实施。然而，该规定中的罚款条款引起了很多争议。实施后不到4天，公安部就不得不声明将进行谨慎处罚，使该罚款条款成为一纸空文。由此可见，即使是国家级行政部门也可能出台不切实际的规定，那么在相当多设区的市的地方立法能力欠佳的情况下，更有可能出现地方立法质量不高的问题。

公安部第123号令的罚款条款难以落地的一个重要原因可能就是未作前期评估或者前期的评估不到位。立法前不作评估或者评估不到位，可能导致立法不科学，立法不能得到有效执行，浪费了立法资源，损害了国家机关和法律法规的权威。2014年全国人大常委会委员长张德江指出要探索建立法律出台前的评估机制。科学的、完善的立法前评估机制不仅可以避免制定质量不高的立法，还可以节省立法成本，提高法律的权威性和可操作性。

因此，设区的市在立法前极有必要进行立法评估。立法前评估的方式可以是立法调研、座谈会、听证会、征求意见等。[29] 立法前评估的内容可以包括：一是立法的必要性。设区的市的地方立法应直接针对当地切实存在的实际问题，具有较高的紧迫性，是当地人民群众比较关注、呼声较高的问题，或者是当地经济社会发展过程中面临的或者可以充分预见的紧迫性问题，如环境保护问题。二是立法的可行性。设区的市的地方立法不能违背上位法，在立法前应评估地方性法规通过后会否违背上位法，是否超越设区的市的地方立法权限，否则将会因合法性问题而得不到省级人大常委会的批准。设区的市的地方立法应尽可能细化、量化，具有可操作性，但在立法前也要评估相关的细化、量化条款是否属于"雷人"条款或者"僵尸"条款，是否切实可行，能否得到落地和执行。

除了立法前评估，设区的市的地方性法规在通过后还应适时进行立法后评估。立法后评估是指在法律法规实施一段时间以后，对法律法规的实施情况包括实施成效、存在的问题等进行综合评价，目的在于检验立法质量，为修改完善法律法规提供参考。[30] 设区的市的立法后评估可建立综合性评价指标体系，一级指标如合法性、合理性、规范性、协调性、可操作性、实效性等；二级指标则可根据一级指标作更细化的设计，如实效性的二级指标可以包括公众对地方性法规的知晓度、公众执行地方性法规的意识、地方性法规实施成本与收益的比例关系、执法力度与效果等。[31]

立法后评估的实施主体应是设区的市人大常委会，实践中可以委托第三方具体实施或者参与评估。评估方法可以采取问卷调查、线上线下征集意见、到负责执法部门实地调研等。例如，早在2012年广州市就通过了《广州市人大常委会立法后评估办法》，对评估主体、对象、方式、指标体系等作了规定。2016年5月，佛山市制定了《佛山市制定地方性法规条例》，明确规定地方性法规实施两年以后，佛山市人大常委会应组织对地方性法规的立法后评估工作。2018年即在《佛山市历史文化街区和历史建筑保护条例》实施两年后，佛山市人大常委会组织有关部门和专家组成评估工作组，以听取汇报、第三方评估、座谈会、实地调研等方式对该条例进行了立法后评估。

近年来设区的市的地方立法评估已经积累了一定的经验，对改进地方立法工作产生了积极作用。但地方立法评估的程序规则、方式、指标体系、理论研

---

29 徐鹏飞、赵莉莉、张钦：《山西省设区的市构建地方立法前评估机制探析》，载《中共山西省委党校学报》2019年第4期。

30 舒颖：《立法后评估：为高质量立法助力添彩》，载《中国人大》2019年第13期。

31 刘志坚、郭秉贵：《地方性法规立法后评估的实践探索——以〈甘肃省水土保持条例〉为例》，载《地方立法研究》2019年第3期。

究等仍待加强。总之，社会实践是发展变化的，为加强立法对社会发展的适应性，地方立法要随时关注社会实践并予以回应，因此必须将立法前评估和立法后评估等工作与不断发展变化的地方立法实践相结合，构建完善的设区的市的地方性法规的立、改、废制度。[32]

---

32 刘志坚、郭秉贵：《地方性法规立法后评估的实践探索——以〈甘肃省水土保持条例〉为例》，载《地方立法研究》2019 年第 3 期。

再论破产审判绩效考核制度的构建

刘冬梅　郭一鸣*

【内容提要】破产案件不同于普通的商事案件，破产案件的审理是开庭与开会、办案与办事相结合的方式，有一定特殊性，所以应根据破产案件审理的特点构建一套独立的考核体系。目前各地法院采用的破产审判绩效考核主要有案件折算考核和单独考核两种模式，其中案件折算又有单一折算法、区分折算法、精细分类折算法、综合折算法以及其他折算方式等多种方式。科学、独立的破产审判绩效考核体系应包括考核机构、考核对象、考核方式、考核内容、奖惩设置等内容，同时要充分借助大数据、信息化技术打造智慧化考核平台，让破产审判绩效考核更加便捷、高效，并确保考核更加全面、客观和合理。

【关键词】破产审判　绩效考核　案件折算　考核体系

笔者在2016年曾撰文探讨如何构建破产审判绩效考核制度[1]，提出设立专门的清算与破产审判庭将有利于解决破产审判绩效考核的问题，并认为不宜对每一件破产案件简单设定一个固定的折算系数，而应该在综合考量司法文书数量以及事务性工作量的基础上对破产案件采取更加科学、合理的折算。当时，最高人民法院正力推在各中级人民法院设立清算与破产审判庭。杜万华专委也在多个会议上提到设立专门的审判庭和绩效考核的关系，清算与破产审判庭设立之后将有利于破解破产案件本身的特殊性给该类案件制定绩效考核标准所带

---

* 刘冬梅——广州市中级人民法院破产法庭庭长。郭一鸣——广州市天河区人民法院民二庭法官。

1 张纯金、郭一鸣：《破产审判绩效考核制度的实证分析与构建——基于广州中院破产审判的现实考量》，载广州市法学会编：《法治论坛》2016年第4辑，中国法制出版社2016年版。

来的困扰。

广州市中级人民法院（以下简称广州中院）在2016年12月底成立清算与破产审判庭之后，学习了其他兄弟法院的做法，将1件破产案件和1件强清案件分别折算为20件和15件普通的二审民商事案件。该方案试行不久，清算与破产审判庭在广州中院2017年的部门绩效考核中脱颖而出获得优秀，但也遭到其他业务庭的反对，认为1:20和1:15的折算方式不合理。人民法院建立审判绩效考核制度的目的在于提高审判质量和效率，在尊重司法规律的前提下充分调动法院工作人员的积极性。如果考核设置不合理，必然挫伤积极性。如果破产案件折算系数太高，其他庭不同意，若系数太低，则导致破产法官内心的失衡。

为进一步推进破产审判工作，提升破产审判专业化、职业化水平，2019年初，最高人民法院办公厅就破产审判绩效考核的问题专门发出通知[2]，提出要根据强制清算与破产案件的审理特点，建立单独绩效考核机制。可见破产审判绩效考核的重要性。本文从司法实践出发，对当前的破产审判绩效考核制度作简要评析，然后在此基础上进一步探讨科学、合理的破产审判考核制度应如何构建并完善。

一、破产审判绩效考核的概念与特点

（一）概念

绩效考核（或称作绩效评价）的概念在企业或行政管理中较为常见。它通过运用特定的方法和标准，对职员的工作行为和工作业绩进行评估，然后向职员反馈评估结果，并以此作为奖惩和晋升的依据。在建立单独的法官管理体系之前，对法官的绩效考核基本上参照行政系统对公务员的评价方式和标准。所谓的法官绩效考核制度，就是通过一套客观化的指标来衡量法官工作努力程度以及工作能力（即审判水平）的法官管理制度。[3]

在美国，司法绩效评价（Judicial performance evaluation，JPE），是指对司法人员履行职务的情况进行评级分析和研究的活动。[4]它最初是用来调查律师协会成员对法官素质的意见，随着评估制度的发展和公众意见的加入，该项制度成为美国法官连任或留任以及提升法官素质的最成功的方法。[5]该制度拥有独立的

2 《最高人民法院关于强制清算与破产案件单独绩效考核的通知》（法办〔2019〕49号）。

3 李拥军、傅爱竹：《“规训”的司法与“被缚”的法官》，载《法律科学》2014年第6期。

4 么宁：《美国司法绩效评价机制概览》，载《人民检察》2012年第3期。

5 佟季、袁春湘：《美国和加拿大司法绩效评估的实践及启示》，载《人民法院报》2011年11月5日，第2版。

评估机构，同时委托第三方开展调查，主要对法官的法律能力、司法品行、沟通能力、管理能力等几个方面进行综合评价，以此促使法官不断改进和自我提升。

2005年，最高人民法院提出，要建立科学、统一的审判质量与效率评估体系，根据法官职业的特点和不同审判业务岗位的具体要求，科学设计考评项目，完善考评方法，统一法官绩效考评的标准和程序，并对法官考评结果进行合理利用。[6]这标志着法官绩效考核制度在我国法院开始正式推行，它在推动法院审判体制改革，保证法院公正审判，提高审判效率，解决法官不作为和乱作为等方面发挥着积极作用。[7]

而破产审判绩效考核，就是根据破产审判工作实际，结合强制清算与破产案件的特点，建立一套相对独立的评估体系对破产法官进行多方面的考核，其中重点考察办案质效、工作态度和理论调研水平，考核结果不仅激励破产法官不断提升业务素养，同时也作为其奖惩、晋升和岗位调整的依据。

（二）特点

由于破产审判本身具有独特性，所以在绩效考核方面也不同于普通的民商事案件。它的特点主要有以下几点：

1. 案件类型多样

我们平时所说的破产案件只是一个简称，从广义上讲，它包括多种案件类型。按照案件性质划分，破产案件包括破产清算、重整、和解三类案件。甚至为了统计的方便，有时也把公司强制清算案件归为破产案件。[8]按照程序划分，破产案件可以分为破产审查、破产受理、破产上诉、破产监督等几类案件。还有些破产案件会涉及衍生诉讼，比如债权确认纠纷，以及管理人行使取回权、撤销权提起的诉讼等。不同的案件类型，法官的工作量大不相同，若不加区分，统一折算标准，显然不具有合理性。

---

6 详见最高人民法院制定的《人民法院第二个五年改革纲要（2004—2008）》（2005年10月26日印发）。

7 沐润：《法院绩效考核机制的评析及其完善》，载《云南大学学报（法学版）》2012年第2期。

8 公司强制清算案件适用《公司法》，破产案件适用《企业破产法》，虽然两类案件在程序上有些类似，但在本质上还是有所不同，有些部门在统计相关数据时往往会把两类案件混为一谈。实际上，根据最高人民法院《关于强制清算与破产案件单独绩效考核的通知》的要求，按照《最高人民法院关于调整强制清算与破产案件类型划分的通知》（法〔2016〕237号）的规定列入一级类型名称“强制清算与破产案件”范围的案件，应当进行单独绩效考核。

2. 工作方式独特

“坐堂办案、居中裁判”“开庭、合议、裁判”，这些都是普通民商事案件常见的工作方式。但破产法官除了要开庭之外，还要听证、开会（像债权人会议、管理人工作报告会议以及各类协调会等）。在破产案件中，“开会、合议、裁定”这只是一个小回合，受理、债权确认、宣告破产、变价、分配、终结等诸多事项均需要审查裁决，而且有些事项需要召开多次会议、多次裁定才能解决。面对如此繁重的工作，简单以案件数来考核破产法官的工作量，明显是不科学的。

3. 案件审理周期长

普通的民商事案件有明确的审理期限，但《民事诉讼法》《企业破产法》及相关司法解释却没有对破产案件的审理期限作出规定。破产案件本身的特点也决定了审理周期相对较长，如债权申报、审核及表决时间长，审计、评估期间不可控，或者出现衍生诉讼等，均会导致整个审理周期延长。据统计，1996年至2016年，广州中院正常审结的破产案件有104件[9]，其中，超过10年以上审结的破产案件有11件，5—10年审结的破产案件有19件，3—5年审结的破产案件有22件，1—3年审结的破产案件有40件，1年内审结的破产案件有12件。

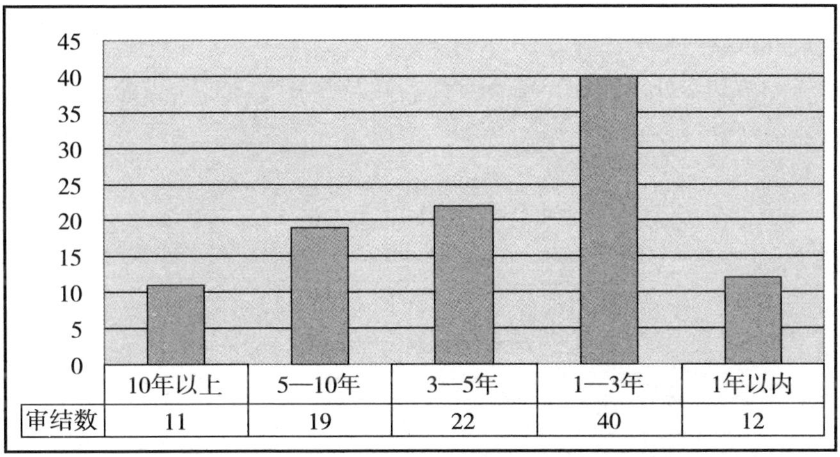

图1　广州中院1996—2016年破产案件审理周期统计表

4. 调处法律关系复杂

《企业破产法》是一部程序法与实体法并重的法律，不仅涉及破产程序中各

9　所谓正常审结的案件，不包括立案审查中“申”字号案件、不予受理的案件、当事人撤回申请的案件等。

方参与主体的行为规范，还涉及与合同法、物权法、担保法、证券法、侵权责任法等多部实体法律的衔接问题。《企业破产法》本身的立法及在法律体系中的位置决定了破产审判所调处的法律关系非常复杂，而且专业化程度很高，这对破产法官的综合协调能力提出了很高的要求。普通的民商事案件通常只需要处理原告、被告之间单一的法律关系，但一个破产案件可能需要处置十几亿元资产，调处几十、几百甚至上千个法律关系。简而言之，破产法官要一揽子解决与债务人有关的所有债权债务纠纷，包括协调解决职工安置、税务、工商等问题。

5. 需要指导和监督管理人工作

管理人是接管债务人企业并负责调查、管理，处分债务人财产，决定债务人内部管理、日常开支、代表债务人参加诉讼、仲裁、提议召开债权人会议等法定职责的专门机构。[10] 管理人作为破产程序的参与者和推动者，在破产工作开展中发挥着至关重要的作用，管理人队伍素质和工作质量直接决定着破产审判工作的成效。虽然管理人是依法独立开展工作，但根据《企业破产法》第二十三条的规定，管理人应向人民法院报告工作。如果管理人不负责任，或者缺乏经验，破产法官在办案过程中需要花费大量时间指导和监督管理人工作。

6. 需要与多个政府部门协调

法院开展破产审判工作离不开相关配套机制的保障，单凭法院一家之力无法确保工作落到实处。比如，破产案件若缺乏财政专项资金保障，即使进入破产程序也无法开展相应的工作。再如，有些案件历史遗留问题多，情况比较复杂，如果各方面的工作没有做好衔接，将容易引发维稳事件。因此，在办理破产案件过程中，向相关部门发出司法建议或者召开沟通协调会成为重要工作内容。

综上，由于破产审判的特殊性，所以简单以案件折算的方式无法体现破产法官的工作量，因此，非常有必要将破产审判业务部门、破产审判法官或者破产审判团队单列，单独进行考核。

二、各地法院的考核模式

从司法实践来看，各地法院的破产审判绩效考核主要有案件折算考核、单独考核两种模式。

---

10 王欣新主编：《破产法原理与案例教程（第二版）》，中国人民大学出版社 2015 年版，第 67 页。

（一）案件折算考核

案件折算考核主要是以传统诉讼案件的评价体系去考核破产法官，重点是围绕案件数量来开展，将审结1件普通的二审民商事案件作为工作量的计算基准，不同的案件类型都可以折算成普通的二审民商事案件。主要有以下五种方式。

1. 单一折算法

如办结1件破产案件折算成8件或10件普通二审民商事案件，特殊类型案件另行申报折算。该折算法的优点在于方便统计，缺点是统一折算不够科学，毕竟重大案件和“三无”案件的工作量还是有很大区别的。有些法院注意到这个问题后，为了体现重大疑难案件的工作量，对重大、特殊案件另行申报折算。采取该折算法的代表法院有：厦门市中级人民法院、包头市中级人民法院、南京市中级人民法院、无锡市中级人民法院。

表1　采用单一折算法的法院统计表

地区	法院	案件折算方式
福建省	厦门市中级人民法院	普通破产案件1件折算8件，重大、特殊案件另行申报折算。
内蒙古自治区	包头市中级人民法院	1件破产案件统一折算20件破产案件。
江苏省	南京市中级人民法院	2011年以前，1件折算为15件一审商事案件，1件商事案件折算为2件二审案件；2011年以后，1件破产案件折算20件商事案件，1件公司强制清算案件折算15件商事案件。
	无锡市中级人民法院	在早期审结1件折算为10件商事案件，提前终结的折算为5件商事案件，折算后的案件数未区分一、二审。2017年之后，1件折算为15件商事案件。

2. 区分折算法

将破产案件按照类型区分，或者按照不同程序区分，比如分为简单、普通、复杂三种类型，不同的案件类型有不同的折算比，1件简单的破产案件可以折算10件或20件普通的民商事案件，而1件复杂的破产案件则可以折算成60件普通的民商事案件。采取该折算法的代表法院有：深圳市中级人民法院、温州市中级人民法院、台州市中级人民法院、天津市高级人民法院。

表2 采用区分折算法的法院统计表

地区	法院	案件折算方式
广东省	深圳市中级人民法院	2016年以前，破产庭参照综合部门的考核标准，2016年以后，破产案件的折算以普通的二审商事案件作为计算基数，办结普通的二审商事案件计1分，简易破产案件计20分，普通破产案件计30分，复杂破产案件计60分。
浙江省	温州市中级人民法院	普通的破产清算案件、和解案件折算35件，重整案件折算80件，“三无”破产案件折算5件。
	台州市中级人民法院	普通的破产清算案件折算35件，重整案件折算80件，“三无”破产案件折算5件。
天津市	天津市高级人民法院	按照一审案件折算，未进入实质破产程序的，1件折算为10件；进入实质破产程序的，1件折算为30件。

3. 精细分类折算法

根据破产审判的特点，破产法官的工作量采取案件基础工作量加案件附加工作量，并结合案件审理进度折算普通民商事案件数的方法进行计算。比如，将办结完一件普通民商事案件的工作量视为1，破产、清算案件折算普通民商事案件的数量为：案件基础工作量×案件进度比例+案件附加工作量。通过分类型、分进度计算工作量相对比较科学，再加上案件附加工作量，全面覆盖了破产法官的所有工作内容。当然这种方法的缺点也非常明显，计算方式过于复杂，如果单纯靠人工方式难以操作。采取该折算方式的代表法院有：江西省高级人民法院、湖南省高级人民法院、启东市人民法院。

表3 采用精细分类折算法的法院统计表

地区	法院	案件折算方式
湖南省	湖南省高级人民法院	1. 简易破产案件折算20件，普通破产案件折算30件，重大破产案件折算50件。 2. 破产案件审理周期长，如果破产案件未审结，年终可以根据审理进度按照一定比例计算工作量：裁定确认债权（40%），裁定批准财产变价方案（60%），裁定批准分配方案（80%），主要财产分配完毕（90%），裁定终结（100%）。 3. 当事人撤回破产申请、驳回破产申请或者移送其他法院管辖的案件，统一折算为1件普通一审民商事案件。

续表

地区	法院	案件折算方式
江西省	江西省高级人民法院	1. 基础工作量按照申报债权额或者债权人数的不同进行折算，1000万元或50人以下的折算20件；1000万至1亿元的或50人至100人的，折算30件；1亿元至5亿元或100人至500人的，折算50件；5亿元以上或500人以上的，折算80件。 2. 重大案件或者案件办理效果良好并获得市以上领导批示肯定的，在基础工作量的基础上再上浮，但附加工作量总和不超过基础工作量的20%。 3. 当事人撤回破产申请、驳回破产申请或者移送其他法院管辖的案件，统一折算为1件普通一审民商事案件。
江苏省	启东市人民法院	1. 基础工作量采取以下方式计算：（1）申报债权额不满1000万元的，为20；（2）申报债权额1000万元以上不满1亿元的，为50；（3）申报债权额1亿元以上不满5亿元的，为80；（4）申报债权额5亿元以上的，为100。 2. 案件进度按以下比例计算：（1）破产清算案件：完成立案受理审查3%，职工债权公示15%，职工分流完成25%，债权表做成30%，财产调核初步完成50%，宣告破产52%，主破产财产处置完毕90%，主破产财产分配完毕98%，裁定终结破产程序100%。（2）重整、和解案件：完成立案受理审查3%，职工债权公示15%，债权表做成30%，财产调核初步完成50%，重整计划草案或和解协议草案作出70%，重整计划草案或和解协议草案获裁定认可80%，重整计划或和解协议执行完毕100%，如和解或重整失败宣告破产，从相关节点计算工作量。 3. 附加工作量计算：（1）每出具一份专题汇报材料（仅限于向市委市府和本院院长、分管院长出具）为2；（2）参与员工维稳与分流、外出追收债权、协调沟通一次为1；（3）参与召开一次债权人会议为5，参与召开债权人预备会议为1；（4）主持召开一次工作协调沟通会（含接待外地法院考察交流学习）为1，参与一次工作协调会（含政府等相关部门主持）为0.5；（5）受院领导指派参与一次政府部门案外协调会，或对危困企业进行“解困策划”或“庭外指导”为0.5；（6）其他重大工作，确需计算工作量的，由破产庭报分管领导同意后，交由审管办决定。

4. 综合折算法

在遵循单独考核原则的基础上，根据案件的类型设计折算系数，同时案件所涉及的债权人数、出具法律文书的件数、组织召开债权人会议的次数均可以折抵相应的案件数量。采取该折算法的代表法院有：广州市中级人民法院、烟台市中级人民法院。

表 4　采用综合折算法的法院统计表

地区	法院	案件折算方式
广东省	广州市中级人民法院	2017 年采取单一折算的方式，即 1 件破产案折算 20 件普通商事案件，1 件强制清算案件折算 15 件普通商事案件，试行 1 年后，作出相应调整，现行的折算方式如下： 1. 裁定不予受理、驳回、指令审理的破产、强制清算案件，破产、强制清算立案审查、监督案件的折算系数为 1.5。 2. “三无”案件的折算系数为 2.5。 3. 破产案件中，债权笔数 30 笔以下的折算 15 件，债权笔数 30 笔以上的折算 20 件。 4. 强制清算案件中，债权笔数 30 笔以下的折算 10 件，债权笔数 30 笔以上的折算 15 件。 清算与破产审判庭可根据个案情况，通过法官会议讨论的方式，就个案系数在基础系数 50% 的幅度内决定增加计算个案的工作量；超出 50% 的，应层报审委会审议。
山东省	烟台市中级人民法院	审查破产案件 1 件折算二审案件 1 件，每一份裁定书、决定书各折算二审案件 1 件，召开一次债权人会议折算二审案件 1 件，裁定终结破产案件根据该案的复杂程度，折算 10 件至 30 件二审案件。

5. 其他折算方法

表 5　采用其他折算法的法院统计表

地区	法院	案件折算方式
北京市	北京市高级人民法院	破产案件一般折算 8 件，但还有许多加权项目，并分别设置折算系数。由于该折算系数比较复杂，北京市各中级人民法院并未统一执行。
	北京市第二中级人民法院	在北京第一中级人民法院尚未集中管辖之前，破产案件在立案后 2 年内审结的，1 件折算为 16 件二审案件（每季度计算 2 件，提前审结的一次性补足未计考数额）；如因法官督导不力或工作拖延致 2 年内仍未审结的，自 2 年届满按延长期间每季度扣减 2 件，总扣减数以 16 件为限，但因客观因素造成延期的除外。
上海市	上海市高级人民法院	设置有许多加权项目，复杂的破产案件可以折算 100 件普通的民商事案件。
内蒙古自治区	内蒙古自治区高级人民法院	出具一份裁定折算一件普通诉讼案件。
广东省	茂名市中级人民法院	原来将 1 件破产案件折算成 10 件商事案件，后来取消了案件的折算标准，直接以工作量进行考核，即参照民商事审判庭的指标数，完成 85% 即可。

（二）单独考核

不作任何案件折算，参照执行部门、综合部门等进行单独考核，或者参照全院的办案平均数。代表法院有：北京市第一中级人民法院、杭州市中级人民法院、瑞安市人民法院。

三、当前破产审判绩效考核存在的问题

（一）绩效考核设置本身存在争议

当初把绩效考核当作人民法院一项常态化和制度化工作的主要目的就是提高审判质量和效率，引导法官改进工作，促进司法公正。但随着该项制度的运行，问题也逐渐暴露出来。就司法权而言，它是一种与行政权迥然相异的权力形态，其使命在于定分止争。绩效考核适合行政管理，但与司法权之间存在不可调和的矛盾。有学者指出，司法不是为社会提供一种管理，而是为当事人的是非曲直提供一种判断，因此司法权本质上不是一种管理权，而是一种判断权。[11]如果对法官进行绩效考核，势必对法官的判断权造成影响。为了获取优秀和晋升，法官不得不投机取巧，甚至选择妥协。当法官为各项指标而裁判时，遵从法律和良心便成为一句空话。一旦法官像粽子一样被捆得结结实实，法官的创造性、能动性也必然丧失。[12]

（二）办案质量难以体现

大部分绩效考核都把办案数量摆在首位，办案质量、办案效果无从体现。这也跟当前的现实有关，因为近年来，各地法院的案件数量都出现大幅增长，绩效考核基本沦为一种促使法官“多办案、快办案”的工具。虽然法官每年不会随着案件的增长多长几个脑袋和胳膊，但这几年办案标兵的结案数却不断刷出新纪录。一旦推崇结案数至上，其弊端便显而易见，法官为了完成预定的结案目标，不得不求简、求快。

（三）案件折算基准选取缺乏科学性

在计算法官的工作量时，往往会选取普通的二审民商事案件作为基准，然

11　孙笑侠：《司法权的本质是判断权——司法权与行政权的十大区别》，载《法学》1998 年第 8 期。

12　李拥军、傅爱竹：《“规训”的司法与“被缚”的法官》，载《法律科学》2014 年第 6 期。

后设置不同类型案件的权重系数进行对比折算。但实际上，每一件二审民商事案件的工作量并非完全相同，而且办结一件二审民商事案件的工作量并非不可拆分。比如，一些案件提交有新证据或涉及鉴定，这些案件的审理可能相对要复杂些。再如，有些案件涉及多个被告，或者牵扯到第三人，那么这类案件的工作量自然繁重些。所以，单纯以办结一件二审民商事案件作为基准工作量，显然缺乏科学性。

（四）没有管理人和公众参与

当前的绩效考核是完全处于封闭环境中的内部考核，首先由上级单位或政治部、审判管理办公室制定绩效考核办法，各类指标参数由内部人员确定，缺乏科学论证，而且考核委员会也基本上是本单位的内部人员，整个过程不对外公开。但实际上，指标参数的设定无论是相对数值抑或绝对数值，都是一项复杂精密的司法工程，需要严格按照诉讼法的规定，结合各地社会经济环境、司法实际情况进行全面考量、反复论证、征求意见以后科学设定。[13]破产案件办理效果好不好，管理人或者债权人可能比法院内部的考核委员会更有发言权。如果没有管理人和债权人的参与，除了案件数量，难以获取客观、真实的评价。

（五）尚未建立专门的破产审判绩效考核系统

前已述及，破产审判本身的特殊性决定了其绩效考核的复杂性，难以用简单以案件折算的方式体现破产法官的工作量。如果要全面、客观考核破产审判绩效，必须充分利用信息化手段设计各项考核指标，建立独立的破产审判考核系统。但从目前了解的情况看，各地法院很少专门为破产案件开发一套独立的系统，更不用说建立一套单独的破产审判考核系统。至于全国破产案件信息平台，则仅仅是对案件进行统计，离实现破产审判绩效考核仍有一段差距。

四、构建独立的破产审判绩效考核体系

正是基于破产审判的特殊性，对破产法官的绩效考核不能像普通的诉讼案件那样，单纯以案件数作为考核依据。如一味强调结案数，必然导致很多法官不愿意办理破产案件。简单地把破产案件折算为普通的民商事案件显然缺乏说服力，也无法科学反映个案的特点。因此，笔者认为，应当针对破产案件的特点，构建独立的破产审判绩效考核体系。

13　么宁：《美国司法绩效评价机制概览》，载《人民检察》2012年第3期。

（一）考核机构

根据《法官法》第三十八条和第三十九条的规定，人民法院设立法官考评委员会，负责对本院法官的考核工作。法官考评委员会的组成人员为五人至九人。法官考评委员会主任由本院院长担任。这是关于法官考评委员会的设置，各地法院大体上参照设立绩效考核委员会（有些法院称作绩效考核小组或办公室），有的绩效考核委员会除了考核法官，还会对法院各部门的绩效进行整体考核。

由于破产审判的特殊性，有必要在现有的绩效考核委员会下设破产审判绩效考核小组，单独对破产审判工作和破产法官实施评价。为了确保考核的中立性和客观性，考核小组的组成人员应尽量多元化，多角度的评价也能够避免专业知识及主观认识的差异所带来的影响。因此，笔者认为除了法院审判委员会、审判管理办公室、监察室等内部工作人员外，还应邀请人大代表、政协委员、律师协会成员、会计师协会成员、管理人协会成员、管理人代表以及债权人委员会主席等人加入考核小组。

（二）考核对象

按照《法官法》的规定，考评的对象是法官。但有些法院更侧重于对部门进行考核，通过部门之间的指标比拼以决定每个部门的优秀名额或者绩效奖金。笔者认为，破产审判绩效考核的对象应着眼于个体，而非部门或审判团队。同时，针对个体的考核应有所区分，除了考核普通的员额法官，对庭长、法官助理、书记员也要分别设计考核指标。毕竟不同的岗位，各自的职责会有所不同。

（三）考核方式

大多数法院在年初会开展上一年度的考核，即采用年度考核方式，优点在于每年只组织一次考核，不会占用太多时间，缺点就是平时的工作表现难以反映。也有些法院采取年度考核和季度考核（或按月考核、半年考核、分段考核）相结合的方式，有平时考核作为基础，年度考核会更加全面，其缺点也显而易见，频繁组织考核将花费大量时间。然而，破产案件审理周期长，有时审结一件破产案件需要数年时间，针对这个特点，破产审判绩效考核应以个案考核和分段考核为主，以年度考核为辅。其中个案考核在案件审结后实施，若案件当年未审结应分段考核，比如当年受理的案件到年底仅仅完成了债权审查，那么只对已完成的工作事项进行考核。至于辅助性的年度考核则偏向于行政类、综合类的评价，诸如考勤、廉政、调研等工作在年度考核中予以体现。

（四）考核内容

绩效考核是对破产法官的履职能力作全方位的评价，较为完善的评价体系应当包括办案能力、调研能力、管理能力以及司法品行四项指标。

1. 办案能力

法官的办案能力是最核心的一项指标，该指标还可以进一步细分成多个二级指标：（1）办案效率，即结案率指标，但建议办结的案件数不以民商事案件作为折算基准，而考虑选取“破申”案，然后再按照“三无”案件、普通案件、重大案件设置不同的折算系数；（2）办案质量，或办案效果，办结重大案件、重整案件、上市公司破产案件均增加分值，若办案效果好，且获得上级领导批示的可适当再增加相应分值；（3）庭审能力，或可称作开会协调能力，开庭或开会的次数作为基本分值，然后附加分值根据参加会议的债权人人数进行上浮；（4）文书制作能力，主要体现为文书的制作数量，如果成为指导性案例或优秀案例，应增加分值。

2. 调研能力

调研能力最能体现一个法官的法律功底，破产法官尤为如此，在破产法律制度不太完善的情况下，要求破产法官必须掌握从现有审判实践中提炼和总结经验的能力，从而进一步指导实践，推动相关制度不断完善。对调研能力的考核主要包括撰写学术论文、调研报告、司法建议、规章制度等几个方面。每完成一篇论文、报告、建议或规范性文件的起草，均可获得相应分值。若论文获奖、报告获得领导批示等，可额外增加相应分值。

3. 管理能力

对破产审判团队的负责人而言，管理能力主要体现为团队管理、财务管理、资产管理，及其他行政性、综合性事务的管理；对普通的员额法官、法官助理及书记员而言，管理能力还包括卷宗管理。

4. 司法品行

该项指标主要包括对廉洁行为、庭审礼仪、对管理人及当事人的态度等方面的评价。如获得负面评价，扣减相应的分值。尤其是个人廉洁方面出现问题，当年的绩效考核得分为0，或者评定为不称职，甚至直接调离岗位。

（五）奖惩设置

1. 奖励机制

为体现破产审判工作的重要性和独特性，鼓励破产法官多办案、办好案，在进行年度考核和评先、评优时，建议破产法官评先、评优的比例，应该比全院的平均水平高50%。若当年有审结金融机构、上市公司或其他重大破产案件，法院应该对从事该案审理工作的法官进行专项的奖励。

2. 惩罚机制

破产法官经考核不合格，或审理的破产案件产生严重不良影响的，应调离破产审判工作岗位。

（六）建立信息化考核平台

随着大数据、云计算、人工智能等新一代信息技术的运用，智慧法院的建设日臻完善，也取得了很多新成就。为了提升考核的效率，让考核更具有科学性和合理性，建立信息化考核平台也应尽快提上日程。尤其像破产审判绩效考核，案件本身的特殊性决定了考核的复杂性，依靠传统的人工打分显然不合时宜。当前的审判管理系统，还有最高人民法院专门为破产审判工作建立的破产案件法官工作平台，仅有案件数量统计功能，对法官开庭（会）、合议案件、制作文书等工作无法展现出相应的工作量。实际上，以目前的信息技术完全可以实现对破产法官全面工作量的统计，将法官的日常主要工作记录上传，把繁杂的考核工作交给信息技术去处理。如果有些无形的工作难以通过时间节点把控，法官可以撰写工作日志或者在系统上添加工作事项，采用工作时长来计算法官的工作量。既然律师可以计时收费，对法官同样可以用工作时长量化考核。借助信息化考核平台，让破产审判绩效考核更加便捷、高效，同时也可以保证考核更加全面、客观和合理。

公司临界破产时董事的破产申请义务

苏喜平　任慧星*

【内容提要】 我国《企业破产法》中并未规定董事在公司临界破产时的破产申请义务，导致实践中公司陷入财务危机、经营困难时，并非主动向法院申请破产，而是隐瞒真实经营状况，继续经营，甚至通过大幅举债进行高风险投资活动以挽救企业，不仅严重损害了债权人对公司剩余资产的索取权，而且使《企业破产法》的功能难以有效发挥。域外许多国家、地区均规定了董事在公司临界破产时的破产申请义务，在借鉴域外经验的基础上，结合我国破产法治情况不甚理想的实践现状，应当在《企业破产法》中科以董事强制性破产申请义务，当公司出现破产原因时，董事未提起或未在法定期限内提起破产申请，导致公司资产遭受损害的，破产管理人得以因董事违反义务造成的损失为限，向董事主张赔偿责任，当管理人怠于向董事主张赔偿责任时，债权人可以自己名义向董事主张赔偿责任。

【关键词】 临界破产　董事　破产申请义务　债权人保护

一、董事破产申请义务缺失的现状分析

2018 年 8 月 31 日，庆云县人民法院宣告中澳控股集团有限公司（以下简称中澳集团）破产，这家曾拥有千余名职工、持有出口欧盟资质的中澳集团破产清算案件在全社会引起广泛关注。经债权申报，法院确认中澳集团破产债权额为 30.82 亿元，债权人主要为金融机构，共涉及 36 家金融机构债权人，债权额 29.94 亿元，占债权总额的 97%，经评估的固定资产在破产清算状态下仅为

* 苏喜平——广州市中级人民法院四级高级法官。任慧星——广州市中级人民法院法官助理。

2.16 亿元。[1] 造成中澳集团破产的原因有很多，其中经营不善和盲目扩张是最主要的原因，但问题在于，在公司出现巨大亏损且难以挽救的情况下，公司管理层不是采取积极措施申请破产，减少投资者和债权人的损失，而是隐瞒公司真实财务状况和经营状况，继续对外融资扩大债务规模，导致公司经营状况不断恶化，给债权人造成巨大损失，而 36 家金融机构没有一家去申请破产。这种实践现状与我国《企业破产法》没有规定公司临界破产时的破产申请义务有重要关系。

（一）董事破产申请义务缺失的实践状况

实践中大多陷入债务危机的企业，都会想尽办法隐瞒真实财务状况，继续经营，有的经营者甚至会孤注一掷，通过大幅举债进行高风险投资活动来挽救企业，结果大都以失败告终，而这些债台高筑、最终难以为继的企业，在极度透支债权人对企业的剩余资产后，大体上有两种走向。

一种是企业停止经营，既未自行清算，也不申请破产，直接以“僵尸”的形态存在于市场之中，任其自生自灭，这是最为普遍的方式。根据国家工商总局统计，自 2014 年商事制度改革以来，新登记企业每年以超过 23% 的速度增长，包括企业在内的各类市场主体数量大，且每年快速增长（详见表 1）。[2] 根据央行行长易纲 2018 年 6 月 14 日在第十届陆家嘴金融论坛上的讲话，我国中小企业的平均寿命为 3 年左右，注册 3 年后中小企业还正常经营的概率只有三分之一。照此计算，每年陷入经营危机的企业至少数百万。但是，进入司法清算程序的极少，全国破产及强制清算案件长期低位运行，随着近几年供给侧结构性改革的不断推进，于 2017 年突破万件大关，相较于每年新增大量的企业数量，现有的破产及强制清算案件数量显然与市场主体存量相去甚远（详见表 2）[3]，破产法的市场主体退出通道和债权人权益保护功能远未得到发挥。

表 1　2016—2018 年全国各类市场主体及企业数量及每年增量

		期末实有（万户）	新登记（万户）
2016 年	市场主体	8705.4	1651.3
	企业	2596.1	552.8

1　详见姜东良、徐鹏：《法制日报调查“中澳控股集团案件”系列报道之一——“前首富”欠债 30 多亿不还 11 家企业受牵连》，载微信公众号“法制日报”，2019 年 4 月 4 日。

2　数据来源：国家市场监督管理总局官网，http：//www.saic.gov.cn/，最后访问于 2019 年 4 月 20 日。

3　数据来源：人民法院大数据管理和服务平台，http：//192.1.36.52：9099/sffx-zzpt/index/index.html，最后访问于 2019 年 4 月 20 日。

续表

		期末实有（万户）	新登记（万户）
2017年	市场主体	9814.8	1924.9
	企业	3033.7	607.4
2018年	市场主体	11020.0	2149.6
	企业	3474.2	670.0

表2　2016—2018年全国破产及强制清算案件收、存数量

	收案量（件）	存案量（件）
2016年	6655	6457
2017年	13635	8809
2018年	22674	13389

另一种是向法院申请破产清算，以企业所剩无几的财产对所有债权人进行公平清偿，未获清偿的债权在破产程序终结后归于消灭。根据广州市中级人民法院近些年的破产审判实践，进入破产清算程序的企业大多数没有财产或财产极少，2018年广州市中级人民法院共审结破产案件103件，其中84件破产企业几乎没有任何财产，债权清偿率极低。企业在耗尽所有资产之后再进入破产程序，此时的破产清算更像是为破产企业债务豁免提供了一条完美合法的路径，而损失惨重的债权人对此却无能为力。

（二）董事破产申请义务产生的问题

我国破产法没有在源头上设置公司临界破产时相关责任人员申请破产的义务，导致实践中一系列的问题，最直接的就是债权人利益被严重侵害。企业在严重透支剩余资产后，大多数都是以上述第一种方式存续在市场上，极少数能够进入破产程序，债权人也难以从所剩无几的企业资产中获得清偿，尤其是无担保债权人，其债权清偿率更低，这也是导致债权人不愿启动破产程序的重要原因之一。

另外，受传统观念影响，债务人也很少主动寻求破产保护，导致大部分企业无法进入破产程序，即使进入破产程序也会因无法支付清算费用被终结。如此一来，即使企业的经营管理人员存在《企业破产法》第三十一条、第三十二条、第三十三条所规定的行为，也会因没有全面清算而难以发现，更难通过撤销、认定无效等途径纠正其不当行为，使得破产法保障债权人合法权益、打击

恶意逃废债务的功能被架空，成为企业逃废债务“完美又合法”的不二选择。

宏观上，放任出现严重债务危机、经营困难的企业存续在市场上，极易导致债务风险累积，进而引发区域性、系统性金融风险。例如，上文的中澳集团破产案中，当中澳集团陷入危机停止还本付息时，庆云县金融不良率一度高达16%，其中中澳集团贡献了90%的力量，金融生态环境急剧恶化，成为引发区域性金融风险的重大风险点，且庆云县11家重点企业因为中澳集团提供担保而陷入危机，导致多家企业被查封、拍卖甚至破产，涉及金额21.25亿元。[4]

在市场经济环境下，如果企业陷入经营危机且无力偿还债务，却不按照市场规律通过破产程序退出市场，长此以往必然会形成更多的“僵尸企业”，不利于供给侧结构性改革的深入推进及市场经济的持续健康发展。[5]尤其是自商事制度改革以来，企业设立更加便利，如果不设置公司临界破产时的强制破产申请义务，在源头上遏制“僵尸企业”的形成，那么司法处置“僵尸企业”的工作将会一直持续下去，而且数量更多、任务更艰巨。目前的“僵尸企业”主要是国有企业，其主管部门、地方政府在费用垫付、职工安置、资产处置等方面给予大量支持，但民营“僵尸企业”因缺乏上级主管部门的诸多支持，处置工作必然更加艰巨。

二、设置董事破产申请义务的法律分析

造成上述实践现状的因素是多元的，包括破产法治观念淡薄、公司治理结构不完善等，但从破产法角度，最直接的原因是破产法对董事破产申请义务规定的缺失，为公司过度透支剩余资产、损害债权人合法权益提供了生长空间。

（一）临界破产时股东与债权人的利益对抗

现代公司治理结构中，董事既是公司的决策机构，也是具体事务的执行机构，根据《公司法》第一百四十七条第一款规定，董事对公司负忠实义务和勤勉义务，而股东作为公司权益的实际拥有者，与公司利益具有内在一致性，所以董事对公司的忠实勤勉义务实际上直接指向公司股东，而且从《公司法》的

4　详见姜东良、徐鹏：《法制日报调查“中澳控股集团案件”系列报道之一——“前首富”欠债30多亿不还11家企业受牵连》，载微信公众号“法制日报”，2019年4月4日。

5　贾树学：《依法治僵背景下公司破产阶段董事不当行为的法律规制——以董事强制破产申请义务为核心》，载山东省法学会企业破产与重组研究会官网，http：//www.ebra.org.cn/news/detail/5705_1.html，最后访问于2019年4月20日。

立法体例看，董事的义务、责任对象也是公司与股东[6]，因此在经营管理公司的过程中，董事以公司利益最大化为目标，遵循的是股东权益最大化原则。当然，这种理论都建立在公司持续运营，并且有足够能力清偿对外债务的前提下，此时包括公司、股东、债权人在内的所有相关主体的利益都能够被满足。

但是，当公司资不抵债，陷入困境时，股东利益、公司利益、债权人利益不仅不再具有一致性，而且股东利益与债权人利益会产生激烈对抗，而债权人完全处于劣势地位。公司临界破产时，公司的剩余价值的所有者权益由股东转变为债权人，相应的董事对公司所负的忠实勤勉义务对象实质上也由股东转变为债权人。[7]此时，债权人希望最大限度地维持公司资产以使自己的债权得以尽量多的清偿，但对股东而言，如果此时进入破产清算程序，公司剩余资产将会被用来清偿债权人，股东将一无所有，受有限责任制度保护的股东就会改变企业正常经营时相对中性的风险偏好，希望以实质上已归属于债权人的企业剩余资产进行高风险投资活动，一旦成功，不仅可以使公司摆脱经营困境，自己的股东权益也会相应增加，如果投资失败，损失的是债权人对公司剩余资产的所有权益，股东受有限责任制度的保护，其损失的也仅限于投资额，不会产生任何增加的损失，也不用对债权人负担任何责任。对董事而言，作为公司的经营管理者，追求公司利益最大化是其本职要求，当公司处于经营困境资不抵债时，董事的风险偏好会与股东趋同，尽管此时董事对公司的忠实勤勉义务已实质上转移至债权人。而且，公司一旦破产，董事不仅会失去工作机会与报酬，而且会影响外界对其经营管理能力的评价。尤其是人合性的有限责任公司占大多数的情况下，公司股东往往也兼任董事，这些公司的董事既是公司所有者也是公司经营者，当公司濒临破产甚至实际已进入破产状态时，董事有充分的动机拖延清算并继续冒险经营或从事其他损害债权人利益的行为。[8]而债权人不参与公司经营管理，且由于存在信息偏在，难以了解公司真实的财务状况与经营状况，等到债权人知晓公司状况时，公司资产已经被消耗殆尽，甚至负债累累。

（二）现行破产法对申请破产的义务性规定不周延

我国《企业破产法》没有债务人等相关主体在公司临界破产时申请破产义

---

6 《公司法》第一百四十七条至第一百五十二条中规定了董事对公司的义务，以及违反此种义务给公司造成损害时，由股东追究董事对公司的赔偿责任。

7 郭丁铭：《公司破产与董事对债权人的义务和责任》，载《上海财经大学学报》2014年第2期。

8 张学文：《公司破产边缘董事不当激励的法律规制》，载《现代法学》2012年第6期。

务的强制性规定，而《企业破产法》第七条[9]第一款看起来对债务人申请破产更像是权利而非义务。第三款仅规定了企业法人在已解散但未清算的前提下，依法负有清算义务的人应当申请破产清算。然而实践现状是，绝大部分陷入经营困境资不抵债的企业并不符合法定解散条件，股东会或股东大会出于利益考量，也不会决议解散公司，因此破产法中仅有的负有破产申请义务的清算义务人，在公司未解散的状态下，有充分正当的理由不履行此项义务。

破产法中其他关于债务人相关主体的义务和责任规定中，很难找出股东、董事等人员在公司破产时的破产申请义务。涉及董事的规定主要有《企业破产法》第一百二十五条[10]、第一百二十八条[11]，其中，第一百二十五条规定的是董事违反忠实勤勉义务致使所在企业破产应承担的民事责任，不仅“忠实勤勉”义务的标准难以把握，而且责任形式与追究机制都不甚明确，在司法实践中可操作性不强，适用情况不甚理想。第一百二十八条是针对企业法定代表人及其他直接责任人员不当减损企业资产、个别清偿、转移企业资产等明显直接侵害债权人利益的行为进行规制，如果相关责任人员未进行上述明显侵害债权人利益的行为，即使公司股东、董事透支公司资产进行冒险投资活动，损害债权人合法权益，法律也无法对其进行制裁。

如何规制相关主体在公司临界破产时的行为，使其在公司临界破产状态下决策时兼顾债权人利益，是现实需要。一般认为，股东作为破产申请的义务主体缺乏理论依据，因为有限责任制的本质就是股东以其出资为限对外承担责任，股东一旦缴足了其所认购的出资，原则上就不再承担任何义务。[12]而且，从法律上讲股东也不是公司的经营者，不宜将股东作为破产申请义务的主体。

理论上，基本都认为应当赋予董事在公司资不抵债时的强制性破产申请义务。首先，基于董事对公司的忠实勤勉义务，当公司处于资不抵债状态时，公司的剩余资产所有权实际归属于全体债权人，此时董事忠实勤勉义务的指向应该是债权人，为了避免债权人的损失不断扩大，董事应当及时提起破产申请。其次，董事作为公司的决策机构，实际控制公司运营，是最为知晓公司财务状

---

9 《企业破产法》第七条：“债务人有本法第二条规定的情形，可以向人民法院提出重整、和解或者破产清算申请。债务人不能清偿到期债务，债权人可以向人民法院提出对债务人进行重整或者破产清算的申请。企业法人已解散但未清算或者未清算完毕，资产不足以清偿债务的，依法负有清算责任的人应当向人民法院申请破产清算。”

10 《企业破产法》第一百二十五条：“企业董事、监事或者高级管理人员违反忠实义务、勤勉义务，致使所在企业破产的，依法承担民事责任……”

11 《企业破产法》第一百二十八条：“债务人有本法第三十一条、第三十二条、第三十三条规定的行为，损害债权人利益的，债务人的法定代表人和其他直接责任人员依法承担赔偿责任。”

12 韩长印、楼孝海：《建立公司法定清算人制度》，载《法学》2005 年第 8 期。

况与经营状况的人，当公司陷入危机时，董事有足够的能力及时知晓情况并提起破产申请。

三、董事破产申请义务的域外经验

（一）董事破产申请义务域外经验的基本情况

为了防止公司临界破产时，公司经营者过度冒险经营，损害债权人利益，大多数国家和地区都规定了董事的破产申请义务，可以为我国的立法提供有益的思路与参考。

《德国有限责任公司法》第六十四条第（一）项规定："公司无支付能力的，董事应无过失迟延地，但至迟在无支付能力后3周，申请开始无支付能力程序。公司财产不足以清偿债务的，准用此种规定。"[13] 德国破产开始的原因为公司支付不能和资不抵债，该法不仅规定了董事的破产申请义务，为防止董事拖延申请破产导致债权人损失，还对此设定了一定的期限。《日本民法典》第七十条规定："法人至不能清偿其债务时，法院因理事或债权人的请求或依其职权，实行破产宣告。于前款情形，理事应即请求破产宣告。"此外日本还规定了董事在履职过程中有恶意或重大过失时对第三人负连带赔偿责任。[14] 我国台湾地区"民法典"第三十五条第一款规定："法人之财产，不能清偿债务时，董事应即向法院申请破产。"若董事违反破产申请义务给债权人造成损失，债权人可以自己名义直接向董事请求赔偿。[15] 除此之外，法国、奥地利、俄罗斯等国的法律中均对董事的破产申请义务进行了规定。

与上述国家和地区直接规定董事在公司支付不能的一定期限内申请破产的强制性义务不同，英国采取不当交易避免规则对董事的行为进行规制。依据英国1986年《破产法》第二百一十四节的规定，当董事知道或应该知道法人已经没有合理希望避免进入破产清算时，董事负有向法院申请破产清算的责任，一旦董事对此项义务违反而继续对公司进行经营管理，并最终造成债务人资不抵债，则在清算公司的司法程序中，经清算人申请，破产法院可以裁定负责任或有主观过错的董事由此给债权人造成的债权减损承担个人责任。[16]

---

13 杜景林、卢谌译：《德国股份法·德国有限责任公司法·德国公司改组法·德国参与决定法》，中国政法大学出版社2000年版。

14 ［日］前田庸著：《公司法入门》，王作全译，北京大学出版社2012年版，第344页。

15 刘晗：《公司濒临破产时董事对债权人的义务研究》，华东政法大学2014年硕士学位论文，第18页。

16 喻峰：《公司临界破产时董事申请破产的强制性义务》，华侨大学2013年硕士学位论文，第18页。

美国破产法是一部对债务人较友好的破产法，美国在制定法中并未规定董事的破产申请义务，但在判例中创立了加深破产原则，当公司经营恶化濒临破产时，如果董事作出不当经营决策而不是及时申请破产，可能会被债权人追究责任，因为其行为加深了破产，据此有人认为加深破产原则在某种程度上确立了一种间接的破产申请义务。[17]

（二）董事破产申请义务域外经验的比较分析

总体而言，上述各个国家与地区确认了董事在破产语境下对债权人的义务和责任，但在具体内容设置上有许多不同之处，主要有以下几方面。

一是规制的方式不同。以德国为代表的大陆法系国家和地区通过直接规定董事在公司临界破产时的强制性破产申请义务，对董事进行规制，而英国则侧重于通过追究董事的不当行为给债权人造成损失的责任来规制董事行为。相较而言，前者规定较为简单明确，在司法实践中有利于适用，后者“不当行为”的界定具有不确定性，这种不确定性表现在董事对“已经没有合理的希望避免进入破产清算”的判断，以及法官对董事商业决策合理性的裁量，但是也可以更早督促董事谨慎经营决策，以应对公司财务危机。

二是董事责任的追究主体不同。英美国家受公司法信托关系的影响，认为董事基于信托义务仅对公司负责，不直接对债权人承担责任，即使在公司破产这一特殊阶段，董事对债权人也只是间接义务，所以英国在破产法中将追究董事责任的权利赋予清算人，倘若清算人出于成本考量不予追究董事相关责任，或者虽然公司破产，但并未进入破产程序时，债权人则缺乏有效的救济途径。德国模式将董事违反破产申请义务作为对债权人的侵权行为，即使公司因其他因素不能进入破产程序，债权人也得因侵权行为直接向董事主张赔偿。

三是董事所承担的责任范围不同。英国模式下，董事对公司的赔偿责任以公司资产因董事不当行为减少的部分为限[18]，而德国将债权人区分为两种，以达到破产条件为界限，破产之前的债权人可以要求董事按比例赔偿损失，破产之后的新债权人可以向董事主张包括期待利益在内的所有损失。[19]

任何一项法律制度的确定与本地的社会制度、市场环境、法律体系、司法实践等诸多因素相关，所以我国可以借鉴域外经验，并结合我国破产实践，来设置公司临界破产时董事的破产申请义务。

---

17 丁铭：《公司破产与董事对债权人的义务和责任》，载《上海财经大学学报》2014 年第 2 期。

18 曹顺明著：《股份有限公司董事损害赔偿责任研究》，中国法制出版社 2005 年版，第 255 页。

19 ［德］托马斯·莱塞尔、吕迪格·法伊尔著：《德国资合公司法》，高旭军译，法律出版社 2005 年版，第 561 页。

四、我国董事破产申请义务的制度构建

（一）董事破产申请义务制度的立法模式选择

上文介绍了以德国为代表的强制性破产申请义务模式以及英国的不当交易规避模式，两种模式各有所长，但是综合各种因素，直接对董事科以在公司临界破产时的破产申请义务是较为符合我国实际情况的。一是直接规定董事的破产申请义务符合我国大陆法系成文法的立法习惯，与现行破产立法体例也比较契合。二是英国的不当交易避免规则有较大的不确定性，对不当行为的审查认定有赖于成熟的市场商业判断规则标准，而我国在此方面远不如市场经济较为发达的英美国家，存在较大的适用难度。三是我国的破产司法现状，决定了应当直接规定董事的破产申请义务。我国的破产法治环境欠佳，债务人缺乏破产保护理念，极少有人愿意主动申请破产，前文数据也印证了这一事实，在此情形下，通过直接对董事科以破产申请义务能够有效改善这种局面。

此外，关于临界破产的认定各个国家和地区采取不同的标准，我国学者对此也有诸多论述。但笔者认为，相较于域外单一的资不抵债破产原因界定方法[20]或者同时认可支付不能和资不抵债作为一般的破产原因[21]，我国现行《企业破产法》将不能清偿到期债务且资产不足以清偿全部债务或者明显缺乏清偿能力作为破产原因的界定标准，不仅从债务人的外在客观行为上进行界定，而且强调了债务人资不抵债的客观财务状况，无疑更明确、更科学。对此有人质疑，资本密集型企业资不抵债是常态，如此硬性的规定是否会扰乱企业正常经营，笔者认为，实践中企业的资产负债是时刻变动的，通过立法精准界定企业是否破产难度未免过大，实践中也不易把握，而且我们此处所讨论的界定标准也只是作为触发董事破产申请义务的引线，至于企业是否进入破产程序，可以交由法院进行判断。因此，笔者认为触发董事强制性破产申请义务的标准可以直接采用现行《企业破产法》的破产原因界定标准。

（二）董事破产申请义务制度的具体设置

关于董事强制性申请义务应以何种形式设置，有几种观点：一是在《公司法》中规定董事对债权人的义务，二是在《企业破产法》中规定董事的破产申

---

20 “不能清偿债务”概念的这两种含义分别规定在英国 1986 年《破产法》第一百二十三条第（1）（e）项和第（2）项中。

21 白江：《公司支付不能或资不抵债时申请破产的义务和责任》，载《华东政法大学学报》2008 年第 1 期。

请义务，三是通过《企业破产法》司法解释的形式对此进行设置。笔者赞同第二种观点，理由如下：按照现代公司理论以及我国《公司法》的立法情况，董事忠实勤勉义务的对象为公司，公司正常经营时董事所追求的公司利益最大化与债权人利益具有一致性，只有在破产这一特殊情形下才会产生利益对抗，因此将此破产申请义务置于以债权人利益保护为主要立法目的之一的《企业破产法》中更为适合。而司法解释本质上是对具体法律适用相关问题的规定，司法解释本身不能创设权利义务，故对董事科以强制性破产申请义务这一规定显然不适合以司法解释的形式进行设置。

前文已述，触发董事义务的条件为债务人不能清偿到期债务且资产不足以清偿全部债务或者明显缺乏清偿能力，即当公司出现破产原因时，董事即产生破产申请义务，但为防止董事拖延申请破产导致公司资产减损，损害债权人利益，应当对此设定一定期限，董事应当自公司具备破产原因之日起的一定期限内，向法院申请破产。域外对于期限长短的设置，有短如十几天，也有长至一个多月的，笔者认为期限的设置一方面应当考虑给予董事适当的时间进行准备，如提请董事会决议、准备破产申请的相关材料等；另一方面应防止期限过长导致公司财产进一步减损，对此应当在科学调研论证的基础上谨慎界定。此外，对于申请破产的类型，董事在公司出现破产原因时，可以向法院提出重整、和解或者破产清算申请。

（三）董事违反破产申请义务的责任

关于董事违反破产申请义务，具体表现为当公司出现破产原因时，董事未提起或者未在法定期限内提起破产申请，造成公司资产遭受损失，导致债权人的受偿利益受到损害的行为。关于董事这一行为性质的界定，一般认为对公司而言属于一般侵权行为，所以大多国家和地区都确认了破产管理人作为债务人代表，向董事主张赔偿责任的权利，赔偿所得财产属于破产财产，对全部债权人按照法律规定进行清偿。

董事违反破产申请义务，对债权人而言是否构成侵权，理论界有不同看法。有人认为，董事侵权的直接对象是公司，债权人属于间接受害人，因此董事对债权人不承担赔偿责任，债权人也无权直接向董事追究责任。对此笔者有不同看法，根据《公司法》的规定，董事对公司负忠实勤勉义务，但是当董事违反法律、行政法规或公司章程的规定给公司造成损害时，公司法也赋予了股东直接起诉的权利[22]，这是因为股东的利益与公司的利益具有内在一致性，股东实质上是董事侵权行为的受害人，一般情况下应当由实际负责经营管理公司的董事或者监事向人民法院提起诉讼，但是为了避免因公司董事、监事怠于起诉，导致缺乏救济途径，同时也赋予了股东在董事、监事不起诉时以自己名义提起诉讼的权利。

同理，在公司破产的特殊情况下，公司的利益已经由股东转变为债权人，公司剩余资产应归属于债权人，此时董事因怠于履行破产申请义务造成公司资产减损，实质上损害的是债权人对公司剩余资产的受偿利益，参照《公司法》中董事造成公司损害时赋予股东诉权的做法，同等情况在破产语境下，也应当赋予债权人在破产管理人怠于追究侵权董事赔偿责任时，得以自己的名义向侵权董事提起诉讼的权利。

至于赔偿责任的范围，按照侵权责任理论，董事应当以因怠于履行破产申请义务给公司资产造成的损失为限对公司承担赔偿责任，董事之间承担连带责任，董事所作赔偿作为破产财产，对所有债权人进行公平清偿。但是出于效率的考虑以及损害赔偿数额的确定，一般情况下应该由破产管理人代表债务人对董事提起损害赔偿之诉，当破产管理人怠于追究董事侵权责任时，再由债权人行使诉权，如此既保证了债权人的诉权，避免因债权人数过多重复起诉导致的低效率及司法资源浪费，又契合债务人作为直接被侵权主体，破产管理人代表债务人作为第一追责主体的内在法理要求。

在债权人作为追责主体时，因债权人未参与公司经营管理，获取信息以及相关资料存在客观困难，证明董事主观过错难度很大，因此在损害事实已经发生的情况下，为确定董事对自己行为所造成的损害是否需要承担责任[23]，应采用举证责任倒置原则，从债权人利益损害的事实中推定董事对此有过错，由董事举证证明自己没有过错而免责，但是董事是否存在不履行或迟延履行破产申请义务的行为以及因此行为造成债权人遭受的损失，则需要债权人承担证明责任。

---

22 《公司法》第一百五十一条第二款："监事会、不设监事会的有限责任公司的监事，或者董事会、执行董事收到前款规定的股东书面请求后拒绝提起诉讼，或者自收到请求之日起三十日内未提起诉讼，或者情况紧急、不立即提起诉讼将会使公司利益受到难以弥补的损害的，前款规定的股东有权为了公司的利益以自己的名义直接向人民法院提起诉讼。"

23 杨立新著：《侵权损害赔偿》，法律出版社 2008 年版，第 77 页。

结语

我国现行《企业破产法》将破产申请作为债务人权利的属性相当明显，当然这与该法破产保护的立法观念是契合的，但是，从实践情况来看，仅仅将破产申请作为债务人的一项权利而不强调其强制性义务属性，导致的结果是债务人的股东、董事在公司陷入财务危机经营困难时，不是主动申请破产，而是通过继续举债、进行冒险投资活动企图挽救公司，不仅使债权人利益严重被损害，而且破产法各种良好的功能设计也无发挥的空间，因此大多数国家和地区都规定了董事在公司破产阶段对债权人的义务与责任，鉴于我国《企业破产法》在此方面的规定还不甚完善，本文仅就董事的破产申请义务进行浅略探讨，以期抛砖引玉，为破产法中董事对债权人的义务与责任相关研究提供一些思路与参考。

在线软件账号共享行为的法律规制研究

徐　璐*

【内容提要】 在云计算和在线软件服务日益普遍的情况下，在线软件服务提供商的合法权益经常受到用户账号共享行为的损害。虽然计算机软件属于著作权法保护的客体，但是由于软件账号共享行为既不构成对著作权专有权利的侵权行为，也不属于规避、破解技术措施或提供规避工具的行为，因此无法适用著作权法对该行为进行规制。在线软件服务提供商可以通过与用户签订最终用户协议的方式来维护自身利益。在合法权益受到侵害时，在线软件服务提供商可以基于最终用户协议的约定提起合同违约之诉，或者基于合同法诚信原则寻求赔偿；在无合同可循的情况下，还可以基于纯粹的经济利益损失提起诉讼。

【关键词】 在线软件　账号共享行为　法律规制

一、问题的提出

随着互联网的广泛普及，基于网络的在线软件成为一种趋势。尤其是在云计算兴起后，软件即服务的模式应运而生，用户只需要通过互联网向软件服务提供商租用基于web的软件，就可以获得自己想要的软件服务。这种提供软件服务的模式通常也被称为“软件即服务”（Software-as-a-service）。为了获得软件服务，用户需要向软件服务提供商付费，从而获得一个合法的账号，通过登录这个账号才能使用相应的软件。软件服务提供商通过向网络用户销售账号来获得收益，而该账号也成为用户使用在线软件的唯一凭证，与用户一一对应。

* 徐璐——华东政法大学博士研究生。

然而，在全球范围内大量出现了网络用户把自己的在线软件账号共享给他人使用的情况。美国商业软件联盟（Business Software Alliance）对33个国家将近15000名网络用户进行了调查，数据显示42%的用户会把他们个人的付费云服务账号共享给他人。[1]一个账号由多个用户共同使用，不仅增加了软件服务提供商的运营成本，还导致潜在客户的流失，减少了本应向软件服务提供商支付的报酬，因而给软件服务提供商造成了巨大的经济损失。那么，用户是否可以对自己的账号行使充分的处分权，随意共享给他人呢？

在我国，第一起因腾讯QQ用户通过出售的方式转让QQ号码而被起诉侵犯计算机软件著作权的案件——“腾讯计算机公司诉王某金和淘宝网络公司著作权纠纷案”中，[2]原告以侵犯计算机软件著作权为由向法院提起诉讼，法院在一审、二审的判决中支持了腾讯计算机公司的诉讼请求，均认定账号转让行为构成了软件著作权的直接侵权。这样的法律定性是否成立？如果不能成立，应当如何合理定性？软件服务提供商在经济利益受到损失的情况下，又应如何阻止该行为并寻求赔偿呢？本文试对以上问题作出探讨。

二、在线软件账号共享行为的界定

为解决以上在线软件账号共享行为的定性问题，首先需要对在线软件账号共享行为进行以下界定：

第一，共享的标的应是在线软件的账号。在线软件是指基于互联网由软件服务提供商提供软件的在线服务。它是一种通过互联网提供软件的模式，软件服务提供商将应用软件统一部署在自己的服务器上，用户不用再购买软件，而改用向软件服务提供商租用基于web的软件。用户可以根据自己实际需求，通过互联网向软件服务提供商订购所需的应用软件服务，按订购的服务多少和时间长短向提供商支付费用，并通过互联网获得服务。应用云计算技术的云服务软件就是典型的在线软件。需要注意的是，那些不需要购买账号可以获得一部分软件服务，购买账号后才能获得更多或全部服务的软件也应在本文讨论的在线软件的范围之内。例如，爱奇艺PPS软件，网络用户不需要购买账号也能观看部分的网络视频或电影，但是在购买了账号成为爱奇艺会员以后可以观看更多的视频内容并且获得更多的服务，这样的软件也属于在线软件。在线软件服

1　Cloud Computing：Piracy Killer or New Infringement Avenue，http：//www.crn.com/news/cloud/240006089/cloud-computing-piracy-killer-or-new-infringement-avenue.htm（last visit：24th Dec. 2019）.

2　广东省深圳市南山区人民法院（2007）深南法知初字第7号民事判决书、广东省深圳市中级人民法院（2008）深中法民三终第20号民事判决书。

务提供商主要是通过销售在线服务账号来获得收益，共享在线软件账号的行为使得多个用户共享一个账号，让软件服务提供商可预见的运营成本增加，潜在客户减少，导致经济上的损失。

第二，共享行为是把自己的合法账号授予其他一个或多个用户使用，可以通过多种方式实现。譬如把自己的账号以低价出售或出租的方式给予一个或多个用户使用，又或者免费把自己的账号分享给一个或多个用户等。不论通过何种方式或手段，只要实施了该行为，都应属于在线软件账号的共享行为。

第三，共享行为的结果是导致多个用户共同使用同一个账号。因为在仅仅把账号转让给单个用户，同时自己放弃对该账号的使用的情况下，并没有增加在线软件服务提供商的运营成本，也不会造成其经济损失，因此这种行为不需要也没有理由受到规制。需要指出的是，这里所指的“共同使用”，不是指“同时使用”，而是在购买账号时约定的一段服务时间内，多个用户使用同一个账号获得软件服务。例如，甲仅在工作日使用自己的账号，便将账号交于与乙周末使用，虽然甲乙并未同时登录使用同一账号，这种行为仍然是本文所指的账号共享行为。当然，若甲乙同时登录使用同一账号，当然也是账号共享行为。如果在线软件本身支持家庭账户或情侣账户等，允许多个用户使用同一个账号，则不在本文讨论的范围之内。

第四，共享行为可能是基于营利性目的或者非营利性目的。有些用户在购买了合法账号以后，把账号的用户名与密码在网上以有偿的方式提供给更多人。[3]这可以协助法官在案件中，判断用户的主观状态。

三、在线软件账号的权利属性

要解决在线软件账号共享行为的规制问题，首先需要厘清在线软件账号的权利属性，为解决问题奠定基石。

（一）账号体现了用户与软件服务提供商之间的合同之债

债是指特定当事人之间的请求一定给付的法律关系。[4]债权是请求相对人为某种行为（如付款、交货、提供服务）的权利，性质上属于请求权。我国《民

3　虽然很多在线软件已经能够在技术上进行应对，限制一个账号不能在不同的 IP 地址同时登录，或者只允许一个账号在两台终端同时登录。有些在线服务提供商会检测使用异常的账号，给用户发邮件确认使用情况，要求用户更改密码，重新登录。但是，这些方法依然难以限制那些共享账号密码，并且在不同时段登录使用的用户群。

4　魏振瀛：《债与民事责任的起源及其相互关系》，载《法学家》2013 年第 1 期。

法通则》第八十四条规定："债是按照合同的约定或者依照法律的规定，在当事人之间产生的特定的权利和义务关系。享有权利的人是债权人，负有义务的人是债务人。债权人有权要求债务人按照合同的约定或者依照法律的规定履行义务。"[5]合同是引起债的发生的常见法律事实之一，合同关系上的权利，就是最典型的债权。[6]

判断某种权利是否为债权，关键在于确认权利人和义务人之间是否具有债权债务关系。就用户与在线软件服务提供商之间的法律关系而言，用户通过与软件服务提供商签订在线软件的最终用户协议而获得账号，该协议约定了用户与软件服务提供商之间有关使用在线软件的相关权利与义务。软件服务提供商提供内容详尽的协议体现了强烈的要约意思表示，用户一旦点击"接受"按钮就意味着作出了承诺的意思表示，用户和软件服务提供商就缔结了在线使用软件的最终用户协议，即形成了服务合同关系。基于合同的效力，用户与在线软件服务提供商之间形成了债权债务关系：软件服务提供商承担向用户提供软件服务的义务，并承担维护在线系统稳定、保障用户信息数据安全等附随义务；用户根据协议获取账号，有权在线使用软件，并接受服务提供商提供的软件服务。因此，软件账号无疑是双方合同之债最为直观的外在体现。如果将软件服务比喻成一座房子，那么账号即是进入房门的钥匙，只有软件服务提供商向用户提供账号，双方的合同之债才能最终有效地实现和履行。

此外，账号作为一串字母或数字，其背后体现了软件服务提供商承诺的特定服务，是一种可期待信用。这种可期待信用体现在以下两个方面：第一，软件服务提供商保证实现账号承载的特定权限。用户合法获取账号之后，就可以通过登录等方式要求软件服务提供商提供特定的软件服务。第二，软件服务提供商承诺的服务是见单即付的。所谓见单即付，是指一旦用户使用账号在线登录软件，服务器程序就必须立即执行账号的权限。这一过程从本质上说，是用户请求受领软件服务提供商的服务，如果软件服务提供商不提供服务，用户就可以请求其履行。请求和受领是债权的本质，这也从侧面反映了用户和软件服务提供商之间形成的是债权债务关系。

（二）账号是用户接受软件服务的债权凭证

账号是一串字符，其本身并没有什么价值，它的真正价值在于其承载了用

5　根据即将于2021年1月1日起施行的《民法典》第一百一十八条第二款的规定，"债权是因合同、侵权行为、无因管理、不当得利以及法律的其他规定，权利人请求特定义务人为或者不为一定行为的权利"。

6　参见孙淑予：《合同之债中无权处分行为的后果》，载《当代法学》2003年第11期。

户要求软件服务提供商提供特定服务的权利。在这种情况下，账号就可以被视为具有证明效力的凭证，性质类似于票据。与支票、汇票等传统票据相比，账号只是在形式上具有特殊性，即前者是实体化的，后者则是数字化的，但是就其在民事法律关系中体现的功能而言，两者之间并没有本质的区别，外在表现上也有许多相似之处：第一，持有人所享有的权利都不在于持有物（票据和账号）本身，而在于其上所记载或反映的事项；第二，持有人一旦不再持有该凭证（票据和账号），就都无法享有该凭证所记载或体现的权利；第三，账号的债务人（软件服务提供商）与票据中记载的债务人一样，只依债权的凭证和其上反映的债权债务关系来履行义务，而不问谁持有票据以及持有人取得票据的原因。[7]

按照支配权与请求权的区分，债权的本质为请求权。[8]因此债权不可能以直接占有的方法证明，也不宜采用登记的方法证明。为了证明此种债权债务关系的存在，就必须利用欠条、合同等形式将其确定。但是，纯粹证明第一手债的关系的欠条或合同并不适合自由流转的需要，为了促使债权获得市场的信任而顺利流通，就引发了债权的债券化，而这种最能够体现债权财产性的有价证券的产生，就可以被视为债权的财产化。此时，债权的拥有和转让完全能适用动产所有权规则，即谁拥有证券，谁即拥有债权；交付证券，即转移债权。[9]这时，法律上的基本规则是：有价证券的本质为债权，但是，有价证券具有法律认可的物化形式，而且其流通完全采用动产物权的法律规则，所以有价证券持有人的权利地位与所有权人的地位一致。[10]在线软件的账号也是用户与软件服务提供商之间的债权债务关系的物化形式，对账号的持有也代表着可以享有特定的在线软件服务，同时对账号的转让也表示特定服务关系的转让。因此，账号具有债券化的债权的基本特征，是用户接受在线软件服务的债权凭证。

四、在线软件账号共享行为非著作权侵权行为

把账号共享给他人，使他人未经许可接触计算机软件作品，那么这种账号共享行为是否构成计算机软件著作权侵权行为？本文持否定态度。

---

7 寿步、陈跃华编：《网络游戏法律政策分析》，上海交通大学出版社 2005 年版，第 43 页。

8 孙宪忠著：《中国物权法原理》，法律出版社 2004 年版，第 19 页。

9 参见［日］我妻荣著：《债权在近代法中的优越地位》，王书江、张雷译，中国大百科全书出版社 1999 年版，第 22 页。

10 孙宪忠著：《中国物权法原理》，法律出版社 2004 年版，第 26 页。

（一）账号共享行为不构成著作权直接侵权行为

我国《著作权法》第十条规定了复制权、发行权、出租权、信息网络传播权等12项财产性专有权利，[11]《计算机软件保护条例》第八条规定了复制权、发行权、出租权、信息网络传播权、翻译权5项财产性专有权利。[12]其中，“翻译权”是指“将原软件从一种自然语言文字转换成另一种自然语言文字的权利”。显然，账号并没有对软件进行语言转换，因此，该行为不受翻译权规制。那么，在线软件账号共享行为是否构成复制权、发行权、出租权、信息网络传播权的侵权呢？以下将进行逐一分析。

第一，账号共享行为不受复制权规制。使用他人转让的账号，登录之后使用在线软件的行为是否构成著作权法意义上的“复制”行为呢？《计算机软件保护条例》第八条第（四）项规定“复制权，即将软件制作一份或者多份的权利”。首先，共享账号行为会涉及对账号、密码的复制，但是，该账号本身不属于计算机软件作品。《计算机软件保护条例》第二条规定，计算机软件是指“计算机程序及其有关文档”。账号及密码既不是“具有信息处理能力的装置执行的代码化指令序列，或者可以被自动转换成代码化指令序列的符号化指令序列或者符号化语句序列”，也不是“用来描述程序的内容、组成、设计、功能规格、开发情况、测试结果及使用方法的文字资料和图表等”。因此，共享账号本身不构成对复制权的侵犯。其次，一般而言，获得在线软件的服务不需要事先在终端上安装计算机软件，只需要下载在线软件服务提供商免费提供的在线软件客户端。用户获得服务主要是通过远程调用的方式，调用安装在云端服务器上的软件。因此，在使用者的终端上并没有形成软件的复制件，或者仅存在软件服务提供商许可免费下载的软件客户端。再次，虽然在使用者通过账号获得软件服务的过程中，会有一部分数据临时进入计算机的内存，但停留极为短暂的时间，也就是出现了“临时复制”的现象；然而，著作权法的“复制”应当是使作品被相对稳定地“固定”在有形物质载体之上。目前我国也并不承认这种在利用作品过程中发生在计算机内存中的“临时复制”属于著作权法意义上的“复制”。最后，虽然《计算机软件保护条例》中还有一个兜底性条款，即“应当由软件著作权人享有的其他权利”，但是这一规定是不能随意适用的，在我国司法实践中也只有非常有限的案例为了达到与国际条例一致的保护水平才会适用该项规定。因此，使用他人共享的账号不能构成对著作权复制权的“直接侵

---

11 参见我国《著作权法》第十条。

12 参见我国《计算机软件保护条例》第八条。

权”行为。

第二，账号共享行为不受发行权规制。《计算机软件保护条例》第八条第（五）项规定“发行权”是指“以出售或者赠与方式向公众提供软件的原件或者复制件的权利”。上文讨论过，账号共享行为不会构成计算机软件作品的复制。但是该行为是否构成“以出售或者赠与方式向公众提供软件的原件”的行为呢？依据传统的著作权法理论，发行权实质上控制的是作品的有形载体的占有转移的行为。[13] 在线软件程序的调用与运行需要在线软件服务提供商事先在服务器中加载计算机软件的代码。在线软件的代码存储在服务器计算机的存储器中。因此，在线软件的有形载体应是承载软件的服务器计算机的存储器，也即我们通常所说的计算机硬盘。显然，账号共享行为不会导致在远端的计算机硬盘的物理转移。因此，账号共享行为也不构成对发行权的侵权。

第三，账号共享行为不受出租权规制。账号共享行为可以通过“出租”账号的方式把账号提供给他人使用。我国计算机软件属于出租权规制的客体之一。那么，在这样的情况下，该行为是否构成对著作权“出租权”的侵权呢？依据传统的著作权法理论，出租权实质上控制的是作品的有形载体的占有转移的行为。[14] 因此，转移作品有形载体（原件或复制件）占有的行为才构成出租，否则不可能构成版权法意义上的出租行为。由于在线软件作品是通过网络以在线使用的形式提供给用户，用户在使用软件的过程中程序代码仅仅被临时调入电脑的内存，在用户的电脑里并不存在软件长期稳定的复制件。在这种模式下，用户仅能通过账号在线使用该软件，无法在本地计算机上获得该软件作品的稳定复制件。因此，用户只能将自己所拥有的合法账号“出租”给他人，供他人使用，而无法将软件作品的有形载体予以转移。这种“出租”账号的行为不可能涉及软件的有形载体，则不能构成著作权法意义上的“出租”行为，无法用著作权法中的出租权来进行规制。

第四，账号共享行为不受信息网络传播权规制。根据我国《著作权法》规定，信息网络传播权是“以有线或者无线方式向公众提供作品，使公众可以在其个人选定的时间和地点获得作品的权利”。[15] 据此，受该权利控制的行为是“通过网络传播作品的行为”。构成网络传播行为则需要具备以下条件：首先，该行为应当通过网络向公众提供作品，“提供作品”，仅仅是指使公众获得作品

---

13 参见《与贸易有关的知识产权协议》（TRIPS）与《世界知识产权组织版权协议》（WCT）对发行权的定义。

14 参见《与贸易有关的知识产权协议》（TRIPS）与《世界知识产权组织版权协议》（WCT）对发行权的定义。

15 《著作权法》第十条第一款第（十二）项。

的可能性，而不要求实际将作品发送至公众手中；其次，该行为应当是“交互式传播”行为，即这种行为应当使公众能够以“点对点”的方式“按需”“点播”作品，可以在其个人选定的时间和地点获得作品。目前网络环境中最为典型的网络传播行为有三种：第一种是网站经营者直接将数字化作品置丁丌放的网络服务器上供用户在线欣赏或下载；第二种是用户将数字化作品上传到开放的网络服务器上供用户在线欣赏或下载；第三种是用户将数字化作品置于 P2P 软件划定的共享区中，供同类 P2P 软件的用户搜索和下载。如上文所述，用户通过网络在线使用软件作品，在他本地的计算机上无法获得作品的永久复制件。既然用户自己无法获得软件作品的复制件，则无法将其上传至网络向公众提供该软件作品。此时，用户提供给第三人的仅仅是一个使用软件的账号，虽然通过这个账号第三人可以在线使用软件，但对用户而言他并没有通过网络对作品进行交互式传播，因此该行为显然不受信息网络传播权规制，无法适用著作权法中的信息网络传播权进行规制。

（二）账号共享行为不属于规避、破解技术措施或提供规避工具的行为

我国《著作权法》第四十八条有保护技术措施的原则性规定，“未经著作权人或者与著作权有关的权利人许可，故意避开或者破坏权利人为其作品、录音录像制品等采取的保护著作权或者与著作权有关的权利的技术措施的行为，法律、行政法规另有规定的除外”。《计算机软件保护条例》第二十四条第一款第（三）项针对“故意避开或者破坏著作权人为保护其软件著作权而采取的技术措施的”行为，规定“应当根据情况，承担停止侵害、消除影响、赔礼道歉、赔偿损失等民事责任”。《信息网络传播权保护条例》第二十六条第二款对“技术措施”进行了分类：“用于防止、限制未经权利人许可浏览、欣赏作品、表演、录音录像制品”的技术措施（“接触控制措施”），以及“通过信息网络向公众提供作品、表演、录音录像制品”的技术措施（“版权保护措施”）。由此可见，我国对技术措施的保护水平较高，既保护“接触控制措施”，也保护“版权保护措施”。他人未经许可且无正当事由故意避开或破坏这两种技术措施，都要受到版权法的规制。

在线软件账号是获得软件服务的唯一凭证，只有输入了正确的账号与密码，才能“接触”计算机软件作品。因此，在线软件账号应属于软件著作权人所设置的“接触控制措施”。共享的软件账号是通过合法途径申请、购买获得的，而不是通过破解软件服务提供者的技术措施获得的，只要输入了正确的账号与密码，就能通过正常的方式、合法的渠道，与普通用户一样，获得软件服务。这与破解账号密码的行为截然不同。多名共享者使用他人的账号获得软件服务，

并没有规避、破解技术措施。同时，由于共享在线软件账号的行为仅仅是把能够接触计算机软件的凭证通过买卖、出租等方式提供给他人，并没有“故意避开或者破坏”权利人为其软件设置的技术措施，也没有“向公众提供主要用于避开或者破坏技术措施的装置或者部件”或“故意为他人避开或者破坏技术措施提供技术服务”，因此该行为同样不属于规避、破解技术措施或提供规避工具的行为。

（三）账号共享行为不构成著作权间接侵权行为

论证一个行为是否构成“间接侵权”或“帮助侵权”，首先需要认定“直接侵权行为”的客观存在。[16]那么使用他人提供的账号与密码获得在线软件服务是否构成对著作权的“直接侵权”呢？以上讨论也曾提到，由于在线软件作品是通过网络以在线使用的形式提供给用户，用户在使用软件的过程中程序代码仅仅被临时调入电脑的内存，在用户的电脑里并不存在软件长期稳定的复制件。自己使用他人提供的账号来获得在线软件服务也不可能涉及侵犯发行权、出租权以及信息网络传播权。因此，在缺乏“直接侵权行为”的情况下，账号共享行为不会构成对著作权的“间接侵权行为”。

综上，账号共享行为不在任何著作权权利的控制范围之内。因此，上文所说的案件，法院认定账号转让行为构成了软件著作权的直接侵权的判定是欠缺说服力的。

五、软件账号共享行为可通过合同法规制

然而，一个账号由多个用户共同使用，不仅增加了软件服务提供商的运营成本，还导致潜在客户的流失，减少了本应向软件服务提供商支付的报酬，因而给软件服务提供商造成了巨大的经济损失。那么，软件服务提供商是否可以通过法律的方式禁止这种行为的发生，甚至寻求经济赔偿呢？

用户在注册合法账号时，在线软件服务提供商往往会在最终用户协议中加入一些禁止条款[17]来限制用户对此合法账号的再次利用，例如在条款中明确规

---

16 参见王迁：《论版权间接侵权及其规则的法定化》，载《法学》2005 年第 12 期。

17 最终用户许可协议是指在软件发行人（Publisher）与最终用户（End-user）之间的一份合同，这份合同详细地列出了发行人和最终用户的权利和义务，指出最终用户受到发行人的何种约束。最终用户许可协议的双方当事人包括软件发行人和最终用户。软件许可方通常为软件著作权的权利人。软件最终用户则是针对软件的开发者或者生产者，软件的经销商或者发行人而言的，包括对软件进行功能性使用的单位或者个人。

定，此账号只限本人使用，不能将其转让、租用、共享给第三人使用等条款。[18]如上文所述，在线软件账号体现了用户与软件服务提供商之间的合同之债，是用户接受软件服务的债权凭证，也是用户的合法财产。

（一）限制条款具有有效性

限制条款体现了合同自由与意思自治原则，是有效的。合同自由原则不仅是民法的基本原则，也是市场经济发展至今的必然结果。由于合同仅仅约束双方当事人，不具有对世性，因此只要不损害社会的公共利益，不违反公序良俗，法律就应该给予双方高度的意思自治。合同自由原则恰恰体现了这一点，所谓的合同自由原则，是指民事活动的当事人在法律允许的范围内享有完全的自由，按照自己的自由意思决定缔结合同关系，为自己设定权利或对他人承担义务，任何机关、组织和个人不得非法干涉。[19]因此，在线软件服务提供商和用户之间的最终协议是双方意思自治的结果，充分体现了合同双方的意志，因此，合同的成立也代表双方都认同了合同中的条款，并自愿受其约束。同样，对用户来说，他既然同意接受此合同，就代表了他同意这些限制条款，并表示自己不会为此行为。

有学者对此限制条款的合法性进行了质疑。他们的观点主要是知识产权是一个法定之权，任何权利人都不应该通过合同来随意地扩张其权利，否则随意扩大权利内容的用户协议往往会导致权利人权利的滥用，无法起到版权法保护作品的根本目的。虽然，目前国内外还没有出租条款限制的有关案例，但我们可以借鉴美国在最终用户协议中加入“禁止反向工程条款”的案例来进行类比。在有名的 ProCD, Inc. v. Zeinenberg 案中，[20]有学者采用美国版权法上的“明示优先”原则来说明此“禁止反向工程的条款”是无效的。该“明示优先”原则的依据来自于美国版权法第 301 条 a 款规定，该款规定：“所有等同于版权法范

---

18 一般来说，最终用户许可协议的双方当事人有以下权利和义务：许可方应该按照合同的约定，许可最终用户在约定的范围、使用期限内使用软件，并保证使用人对软件享有其他的使用权利，保证最终用户按照合同约定使用软件不会损害第三人的合法利益。除此之外，软件许可方还要保证最终用户能够得到质量合格和用途符合的软件，保证用户的人身及财产权利不受侵害，而许可方有获得报酬的权利。最终用户则负有在合同约定的范围和期限内，按照合同约定的方式使用软件并支付对价，保证未经许可，不转让、出租、复制软件的义务；同时，最终用户具有在软件不合要求时退还的权利和受到人身或财产损害时得到赔偿的权利。软件发行人将上述具体的权利义务详细地订立在最终用户协议当中，以此规制双方的交易。

19 梁慧星著：《民法总论》，法律出版社 2007 年版，第 46 页。

20 ProCD, Inc. v. Zeinenberg, 86 F. 3d 1447 (7th Cir. 1996).

畴内的任何专有权利的法定或衡平的权利是由本法独有控制的。”[21] 因此，任何人不享有在普通法或制定法下对作品的同样的权利。然而，此案中的法院却否定了版权法的“明示优先”，肯定了合同的效力。法院认为，“禁反条款”只是一个“附加因素”，在州法中认定合同有效只需双方合意和对价。在判决书中，Easterbrook 法官给出了一个具有说服力的分析：“合同中的权利并不等同于版权法所赋予合同方的专有权利，因为版权法建立的专有权利是对世权，而合同只是影响合同方，并没有建立约束第三方的专有权利。因此，在合同中加入限制出租的条款只要是双方当事人真实的意思表示，就应当得到遵守。”[22]

因此，在线软件服务提供商未违反法律规定的前提下，在用户最终协议中加入限制用户共享账号的条款合法合理。一旦用户违反了此项合同约定，就应当依据合同法追究其法律责任，赔偿在线软件提供商因此而造成的损失。

（二）合同法诚实信用原则的适用

在民事生活中，无论合同条款多么具体、详密，总有不周延之处。因而仅凭合同条款来规范当事人的权利和义务尚不足以调节双方的关系，平衡双方的利益。为保障债权的实现，债务人应当依据诚信原则承担相应的义务，以此来维护对方的合法权益。对用户而言，除应履行合同条款确立的义务之外，还应依据诚信原则尽力维护对方的合法权益免受损害。如果双方订立的合同中并无条款限制账号共享行为，并不意味着用户可以随意将账号提供给其他人使用，如果是因用户个人原因无法使用软件，如生病或出差等，那么他可以委托亲友代为登录账号使用软件，获得所需的服务或信息。这是基于诚信合理的前提和基础，在线软件服务提供商也理应接受这种行为。

但是，如果用户随意把自己的账号共享给他人，那么第三方就无须再向在线软件服务提供商购买软件服务，而只需向用户支付少量费用即可。这样，公众将更倾向于向用户购买或租用账号，导致在线软件服务提供商的用户量或潜在用户量大大减少。同时，多人使用一个账号无疑大大增加了提供商的运营成本，会对提供商的经济利益造成较大影响。因此，用户纯粹基于获益的目的，将账号同时共享给不特定多人使用，这样的行为是违反合同法中的诚信基本原则的。在这种情况下，虽无合同条款的限制，但是基于诚信原则，用户根据合同接受软件服务，不应不合理地加重云计算服务提供商的义务，不应使其利益受到不必要的损害。对在线软件服务提供商而言，可以向用户主张其违反诚信

---

21 See 17 U. S. C s301 (a), (West 2005).

22 See note 20.

原则并造成自身利益受损，要求其承担相应的法律责任。

六、软件账号共享行为亦能通过侵权法规制

用最终用户协议去规制、限制共享账号的行为不失为一个较为妥善的方法。然而，在司法实践中，还可能存在在线软件服务提供商和用户之间没有书面的最终协议、最终协议无效或被撤销、协议中的限制条款被认定为无效等情况。即便在无合同可循的情况下，软件服务提供商也并非无路可寻，侵权法可以为规制账号共享行为提供另一条思路。

（一）侵权责任法保护权利和利益

《民法通则》第一百零六条第二款规定：公民、法人由于过错侵害国家的、集体的财产，侵害他人财产、人身的，应当承担民事责任。[23] 2010 年实施的《侵权责任法》第二条规定：侵害民事权益，应当依照本法承担侵权责任。本法所称民事权益，包括生命权、健康权、姓名权、名誉权、荣誉权、肖像权、隐私权、婚姻自主权、监护权、所有权、用益物权、担保物权、著作权、专利权、商标专用权、发现权、股权、继承权等人身、财产权益。[24]

从我国目前的立法来看，我国在侵权法中不仅保护“权利”，同样保护“利益”。这里的利益不仅包括人格利益、死者利益等众所周知的概念，同样包括纯粹经济损失。纯粹经济损失是指纯粹对经济利益的伤害或者说非绝对权受侵害而发生的财产上的损失（不利益）。[25] 然而，传统的侵权法理论仅仅保护权利，虽然各国现有的立法都承认了同样需要保护利益，但其保护水平不可高于权利。因此，在我国，纯粹经济损失是“兜底性”规定，是在双方没有合同规定时，为了救济损失而构建的制度。也就是说，只要双方之间存在合同关系，则用违约救济这类损失而不用侵权救济，只有在没有合同约定（无明文约定或无法解释合同约定）时才适用纯粹经济损失侵权。因此适用纯粹经济损失来获得侵权赔偿的前提是合同规定不明、合同被撤销、合同无效。而这一规定也不难理解，因为一旦在有合同的情况下保护纯粹经济损失，那么几乎所有的违约行为均可纳入其中，这样会使得合同法的相关规定丧失其本身的意义。

23　第十三届全国人民代表大会第三次会议于 2020 年 5 月 28 日通过了《中华人民共和国民法典》，自 2021 年 1 月 1 日起施行。该《民法通则》第一百零六条对应于《民法典》第一百七十六条：“民事主体依照法律规定或者按照当事人约定，施行民事义务，承担民事责任。”

24　该《侵权责任法》第二条对应《民法典》第一百二十条：“民事权益受到分割的，被侵权人有权请求侵权人承担侵权责任。”

25　参见葛云松：《纯粹经济损失的赔偿与一般侵权条款》，载《中外法学》2009 年第 5 期。

这些纯粹的经济损失的保护不仅可以从立法上推知，同样也可以从近年来的司法判例中得到结论。例如，山西晚报不实报道案中，原告太原市外企公司拟于2001年5月25日组织一场演唱会，演员中包括歌星毛阿敏。被告山西晚报于5月17日转载了其他报纸关于毛阿敏在日本突患阑尾炎的报道，并称毛阿敏八成不来太原了。尽管毛阿敏本人和原告作出澄清后，被告很快刊载了更正性报道，但仍导致大量观众退票。5月25日，毛阿敏和其他歌星如期参加了该场演出。原告因为大量观众退票以及为澄清信息而公开宣传，产生了一定经济损失。太原市中级人民法院一审判决认为，被告报社构成了对原告合法权益的侵犯，应承担侵权责任，赔偿原告的损失。[26]再如，莒县酒厂诉文登酿酒厂不正当竞争纠纷案，原告莒县酒厂生产的“喜凰牌”白酒在当地十分畅销。被告文登酿酒厂为了与其争夺市场，自1987年2月至1988年8月，在自己生产、销售的白酒上采用构图、字形、颜色均与原告的设计近似的瓶贴，并以“喜凤酒”作为自己白酒的名称。同时，被告在同一市场中还采取压价的手段与原告竞争，造成消费者误认误购，使莒县酒厂的产品销量下降、库存积压。但文登酿酒厂未仿冒莒县酒厂的“喜凰牌”注册商标。在当时《反不正当竞争法》尚未出台的情况下，山东省高级人民法院二审依据《民法通则》第四条、第五条、第七条判决文登酿酒厂停止侵害、赔偿损失。[27]由以上两个案例的判决可见，我国法院是认可纯粹的经济损失可以作为一般侵权的客体来保护的。

当然，也不是所有的纯粹经济损失都会受到保护。在一个案件中，医院由于电缆突然断电数小时而遭受了巨大的经济损失，向法院提起赔偿，法院驳回了医院的诉讼请求。在判决书中，法官清楚地写明：“纯粹经济上的损失，除加害人系故意以悖于善良风俗之方法致用户受损害的特殊情形外，不在赔偿之列。”[28]

（二）可以纯粹经济损失提起侵权之诉

如上文所述，一旦用户将自己的账号共享给多人使用，会导致软件服务提供商潜在客户的流失，造成软件服务提供商义务的加重，导致其著作权收益的减少。虽然根据上文的分析可知，目前著作权法中还没有一项专有权利可用以控制此项行为，但是这种经济上的损失显然与用户的账号共享行为具有因果关系，用户明知有危害结果而以共享行为牟利，显然具有主观过错，此种共享行

26 参见赵枫：《推测毛阿敏不能赴演：惹来87万赔偿》，载《民主与法制》2002年第5期。

27 参见回沪明主编：《人民法院年鉴》1990年，第686页。

28 参见重庆市高级人民法院编：《重庆审判案例精选（第二集）》，法律出版社2007年版，第191－196页。

为符合一般侵权行为的构成要件。因此，在双方不存在合同的情况下，软件服务提供商可以用户的账号共享行为造成其纯粹经济损失为由，提起侵权之诉。

用户共享在线软件账号的行为可以用合同加以规制，合同无法规制时仍然可以根据侵权法得到救济。可是第三人，即从在线软件用户处承租或购买而得到软件账号的人，其与软件服务提供商之间并没有合同关系，因此只能通过侵权来规制第三人的使用行为。根据上文分析，第三人与在线软件服务提供商之间不存在直接的合同或其他法律关系，那么，第三人使用他人账号获得软件服务的行为是否可以构成侵权呢？这个问题的答案取决于第三人的主观状态。如果第三人具有主观过错，即可构成一般的财产侵权。反之，如果第三人没有主观过错，则不能构成一般的财产侵权。也就是说，在在线软件服务中，如果第三人明知或应知软件用户恶意侵害在线软件服务提供商的利益，实施账号的共享行为，仍然对账号进行使用，即具有主观过错，是恶意侵害软件服务提供商的一般财产，很显然一定会给软件服务提供商造成经济损失，因此构成侵权。相反地，如果第三人尽到了一般的注意义务，仍然不知用户的共享行为构成违约或侵权，甚至不知软件服务提供商的存在，善意地认为用户具有共享账号的权利。此时，虽然第三人的使用行为给软件服务提供商造成了损失，但是第三人主观上并没有过错，不符合侵权行为的构成要件，不能构成侵权。

综上所述，用户的共享行为与第三人的使用行为应该区别对待。对用户的共享行为如果无法通过合同违约加以规制，因用户明知通过付费方可获得软件账号，共享行为必然会侵害软件服务提供商的利益，所以能够推断出用户具有主观恶意，其共享行为符合侵权的构成要件，可以通过侵权法予以规制。第三人的使用行为能否构成侵权则需考虑第三人的主观状态，如果第三人具有主观过错即可构成侵权，反之则不然。

结语

在线软件账号共享行为虽然无法通过著作权法予以规制，但是可以通过合同法以及侵权责任法进行救济。然而，共享账号的用户众多且分散，而且每个用户导致软件服务提供商损失微小且难以计算，因此，在实务操作中依据合同法与侵权责任法起诉依然存在实操上的困难。未来，是否可以尝试扩大司法解释，把其归入著作权提供规避技术手段的行为，或者认定其为擅自许可他人行使软件著作权的行为，是值得我们继续探讨与研究的方向。

人工智能对法学教育的机遇和挑战

蔡 伟 陈侣霓*

【内容提要】人工智能技术日渐成熟，其应用领域正在不断扩展与加深，涉及范围已经延伸到交通、医疗、金融、农业、工业等各个领域，也对法学界带来了冲击和改变。从传统法律信息的提取和检索，并进行归类和概括，到更为高阶的法律推理的形式、论证和决策以及立法的可执行性模型，再到具有自动化自主学习能力的法律机器人等，人工智能正对法律职业的操作实践和职业样态产生巨大和深远的影响。

【关键词】人工智能 法学教育模式

在“科技就是第一生产力”的时代背景下，互联网、大数据、人工智能等新科技使法律体系面临着“革命性”的挑战与转型升级的发展机遇。[1]法学教育同样面临着探索如何与人工智能深度融合，促进自身与时俱进，实现“卓越法律人才教育培养计划”目标的问题。[2]人工智能等新兴科技究竟会给法学教育带来什么样的挑战与机遇呢？法学教育又应该如何作出回应？2019年10月，中山大学法学院召开以“科技与法学教育的未来”为主题的中外法学院院长论坛国际研讨会（以下简称论坛），着重讨论了人工智能等新兴科技与法学教育的深

---

* 蔡伟——中山大学法学院“百人计划”副教授，南方海洋科学与工程广东省实验室（珠海）研究人员。陈侣霓——中山大学法学院硕士研究生。

1 马长山：《面向智慧社会的法学转型》，载《中国大学教学》2018年第9期。

2 靳宁、王艳丽：《“互联网+”背景下的交叉型法学课程改革探索——以南京审计大学〈经济犯罪调查〉课程为例》，载《公安学刊（浙江警察学院学报）》2016年第6期。

度融合问题。[3]在该论坛上，全球20多所法学院的27位院长对这些问题提出了共同或相似的关切和建议，具有普遍性和代表性。

一、挑战：人工智能技术的成熟改变传统法律实践模式

法律服务与活动不断智能化，人工智能技术已然替代法律职业的部分职能。IBM借助本身超级电脑“华生”（Watson）与人工智慧演算系统，并与纽约Baker & Hostetler法律事务所合作，设计出了全球第一个人工智能的律师“ROSS”，它专门负责公司破产相关业务的协助处理，因为它能够根据法律信息的重要程度进行自主识别，因此大大提高了律师案例检索的效率。在一般的法律服务与活动领域，人工智能更是显示出了自身的巨大优势。有的公司利用人工智能对合同进行审查，如摩根大通开发出的商业贷款合同审查系统就具有极高的效率，它能够在几秒钟内完成人工曾需要用36万个小时才能完成的信贷审查工作。[4]此外，国内外已经有大量的人工智能法律机器人（如“法小淘”“法狗狗”“法律谷”“简法AI”“法蝉”等）投入应用，它们勾勒出了未来法律服务智能化的蓝图。[5]这样的人工智能法律机器人的普及，实现了借助技术以更低的价格提供法律服务的可能，大大降低了法律服务的成本，可解决法律服务资源分配不均的问题，实现广泛的司法正义。

在刑事法律领域，人工智能的应用在犯罪的风险预测与防范工作中大放异彩，美国加利福尼亚州有企业研发了一款新的犯罪预测软件，它能够分析犯罪历史数据，以小时为单位计算出犯罪活动的高发区。相应的，警方可以依据该分析计算结果分配警力，犯罪频发地段多布置警力，相对安全区少分布警力，如此有效分配警方资源，从而更为有效地遏制犯罪，维护社会治安。据报道，圣克鲁斯、洛杉矶和亚特兰大等城市在使用该软件以后，犯罪率都有了明显的下降。美国一些州法庭还在保释与假释决定的考量中使用算法，通过算法来确定被告的“风险程度”，比如这个人再次犯罪的可能性的大小，被告是否会如期出庭等各种因素和可能，从而决定对这些罪犯是否适用保释或假释。[6]

在我国，人工智能已经运用到法院及检察院系统当中，大大提高了司法效

---

3 2019年10月26日至27日，中山大学成功举办了以“科技与法学教育的未来”为主题的中外法学院院长论坛。来自美国、英国、德国、澳大利亚、日本、新加坡、我国内地和港澳台地区知名高校的27位法学院院长参加了该论坛，相关信息可见《中外法学院院长论坛在中山大学成功举办》，载中山大学法学院，http：//law. sysu. edu. cn/article/276，最后访问于2020年1月7日。

4 左卫民：《关于法律人工智能在中国运用前景的若干思考》，载《清华法学》2018年第2期。

5 梁洪霞、杨自意：《人工智能时代的法学教育》，载《高等教育评论》2019年第1期。

6 左卫民：《关于法律人工智能在中国运用前景的若干思考》，载《清华法学》2018年第2期。

率。最高人民法院与最高人民检察院分别提出了建设“智慧法院”“智慧检务”的发展规划，各地法院、检察院等都在努力通过智能化建设提升处理案件和审判的效能。

从域外及我国的司法状态来看，人工智能技术等科技的日益发展在推动法律服务与行业活动进一步智能化的同时，无疑也给整个法律行业带来不少的挑战。不管是在律师行业，还是在法院、检察院，许多重复化、标准化、机械化的简单又繁杂琐碎的劳动（如信息检索与抓取、相关性信息分析、文书生成、录入、送达等）可以交由人工智能技术代替完成。面对时代的发展，法学教育也必须积极回应人工智能时代对法律实践人才的要求，在人才培养定位与目标、教育模式、教学内容等方面抓住人工智能技术所提供的机遇，顺应人工智能时代的发展，促进自身革新。在该论坛上，中国人民大学法学院院长王轶教授就强调，对于新一轮的科技革命和产业革命对法律带来的挑战，需要思考这究竟改变了什么、没改变什么。未来法治只有把握变与不变，才能作出妥当的回应。王轶教授的这一见解无疑也适用于法学教育。

人工智能还是存在诸多的局限性，比如它对很多疑难案件难以提供有效的准确判断，必须辅之以人工的操作甚至以人工为主导。同时，人工智能的识别、控制系统也需要人类不断地加以更新，补充新的法律法规、司法个案等知识谱系，否则难以适应社会层出不穷的各种法律关系和事实。人工智能对法律案件产生的结果也通常需要人工加以审核、纠偏和矫正，并且对整个系统的运作进行评估等。[7]目前看来，在这些领域人工都发挥着不可替代的作用。

在科技对法学教育的挑战上，一个普遍存在的问题是法学教育普遍无法提供足够数量的熟悉科技专业知识的老师。传统上，我国的法学教育实行“专才”教育，其培养目标基本定位在具备丰富的法律知识及专业的法律思维，熟练掌握并运用法律。法学教育专门为我国的公检法监察等部门以及其他政府机关、公司企业、律师行业培养法律人才。另外，我国的法学院普遍要求老师法学科班出身，导致老师的知识结构普遍单一化，缺乏跨学科的基础。然而，在依法治国和科技渗透生活方方面面的时代，没有哪一个领域不需要法律的规范，也没有哪一个领域的发展不需要科技的推动。在一定程度上，传统的法律“专才生”基础上成长的老师已经与现代社会对法律人才的期待以及科技时代的需求不完全匹配。

7　周江洪：《智能司法的发展与法学教育的未来》，载《中国大学教学》2019年第6期。

二、机遇：人工智能助力法学教育

（一）人工智能影响法律教育的定位与目标

在科技时代，尤其是互联网、人工智能的信息时代，社会需要既精通法律专业知识，又在一定程度了解甚至熟悉科学技术（某一专门领域）的复合型人才。可以说，对科技一无所知的法律“专才”如果不能与时俱进，将无法跟上时代前进的步伐。例如，处理通过区块链、比特币等虚拟货币诈骗罪相关的法律问题，如果对网络科技没有较丰富的知识，就难以了解这些诈骗行为的特点并提出对症下药的预防惩治措施或者提供相应的法律服务；若要钻研物联网上个人数据信息保护问题，就必须对网络、算法的技术运行有所了解，否则无法揭示个人数据信息保护工程的困境与关键；此外，在环境保护、网络知识产权保护、医疗纠纷等领域，都需要用科技知识来武装法学教育。换句话说，传统的法学教育不应再着眼于“专才”的培养，而应随着科技的发展进入新的阶段，将法学人才培养目标升挡换位，为社会输送既懂法律、又懂科技的复合型人才。[8]

我国的法学教育正在为顺应已经悄然来临的人工智能时代的发展而适时进行变革：国务院于 2017 年 7 月 8 日发布了《关于印发新一代人工智能发展规划的通知》（国发〔2017〕35 号），明确提出“鼓励高校在原有基础上拓宽人工智能专业教育内容，形成‘人工智能 + X’复合专业培养新模式，重视人工智能与数学、计算机科学、物理学、生物学、心理学、社会学、法学等学科专业教育的交叉融合”。教育部于 2018 年 4 月 2 日制订的《高等学校人工智能创新行动计划》也提出，应当重视人工智能与法学专业教育的交叉融合，探索“人工智能 + 法学”的人才培养模式，开展“人工智能 + 法学”的复合型特色教育。[9] 在这一背景下，全国各地相继成立了一系列人工智能法学院或者研究中心；学界和业界也召开了相应的峰会、论坛等对相关的问题进行深入的探讨。

人工智能不仅改变了法学教育的定位，还影响了法学教育的模式。在论坛上，美国佛蒙特法学院院长 McHenry J. P. Thomas 教授把法律和法律实践中的技术进步分为三个阶段，以解释法律实践的变革和美国法律服务提供的新形式。McHenry J. P. Thomas 教授指出，在 1.0 阶段，技术增强了当前参与者的能力，并提高了法律行业的效率。在 2.0 阶段，技术开始取代法律专业人员开展活动，法律实践面临着挑战。在 3.0 阶段，技术打破了法律行业的现状，代之以与传

8 肖晗、杨艺红：《科技对法学教育影响刍议》，载《科技与法律》2007 年第 1 期。

9 《高等学校人工智能创新行动计划》（教技〔2018〕3 号），载教育部网站，http://www.moe.gov.cn/srcsite/A16/s7062/201804/t20180410_332722.html，最后访问于 2020 年 1 月 7 日。

统法律实践截然不同的新功能。Thomas 教授提出，在 3.0 阶段的法律世界中，法律教育可以让学生成为知识工程师，使学生能够拥有很多科技知识并善于利用这些知识。

无疑，法律人应当抛弃专业“门槛”的封闭性，秉持开放、包容、学习的心态拥抱科技，正视并重视科技，尤其是互联网、人工智能这样生机勃勃的竞争对手与合作伙伴，迎接法学领域的重大变革。[10]我国的人工智能与法学的深度融合已经得到了国家的高度重视与大力支持，二者的互动发展在我国有良好的基础。

（二）人工智能改变法学教育模式

传统的法学教育模式偏重理论教学，实践性有所欠缺，交叉学科更是受到资源、设施和师资等的限制。面对时代的发展，法学教育需要围绕人工智能等深刻的信息科技变革作出积极回应，在互联网、人工智能、大数据、区块链等领域使法学教育抓住升级转型的发展机遇，推动着法学教育的探索创新。

首先，不同学科交叉融合的趋势进一步明显。法学已经受到多个新兴学科交融与渗透，出现了许多法学学科与科学学科复合交叉的领域，如计算法学、信息法学、人工智能法学、生物伦理法学等。在计算法学上，清华大学法学院院长申卫星教授在论坛上指出，计算法学的研究方向是多元的，包括信息科技相关的法律问题研究、法律问题的大数据分析、信息科技在法律行业的应用技术研究等。计算法学在国际上正逐步得到学者支持，在我国，公共政策、交叉学科、互联网产业也为计算法学创造了有利发展形势。

同时，信息时代的一大特点就是知识更新速度快，而法律本身自带滞后性，因此法学教学必须打破法学与其他学科之间的壁垒，开发适应信息革命时代的交叉型法学专业和法学课程，并即时更新，紧跟时代发展的步伐，时刻关注科学技术各个领域尤其是人工智能、互联网、大数据、区块链、生物科技的新动态、新走向，并将新理论、新技术带入法学教育的课堂法学教育。

其次，科技本身也有效推动了信息资源的共建和分享。在互联网技术快速发展与普及的今天，全球多个国家与地区相继开放了线上教育资源，打破了地域、时间限制，以期能最快地整合越来越多的优质教育资源，这既能提高教育提供者本身的声望和影响力，也能有效解决教育资源分配不均的问题，可谓“一石多鸟”。哈佛大学、耶鲁大学均有法学课程的公开课，我国也有一系列慕

---

10 梁洪霞、杨自意：《人工智能时代的法学教育》，载《高等教育评论》2019 年第 1 期。

课平台和课程[11]。根据教育部的数据，截至2018年，我国有关高校和机构自主建成的慕课平台就有十余个，学堂在线、爱课程网已在国际国内具有领先地位，460余所高校已经提供了3200余门慕课上线课程，高校学生和社会人士修读这些课程达到5500万人次。2018年我国的慕课数量已经是世界首位，到2020年，我国的“国家精品在线开放课程”数量将达3000门，进一步迅猛增长。[12]慕课教育模式的出现使教育不再受到地理空间的限制，发展了传统大学的教育模式，使越来越多的人受益，在得到平等教育机会的同时，也促进了知识的更有效传播。[13]

最后，借助人工智能、互联网技术、大数据的应用，法律数据库的共建共享也日益成熟。世界上很多国家都有相应的信息科技公司（如美国的Lexis Nexis与West Law），已经将大量的法律、案例、新闻报道、法律动态等法律信息和教育资源存储到数据库中，向社会各界有偿或无偿地提供法律材料。我国近年来建立了中国裁判文书网、中国庭审公开网等网站，向全社会提供可以公开的法律文书以及庭审录音录像，还有中国知网、北大法宝、威科先行等网络知识库向广大法律人士有偿或无偿地提供期刊论文、法律法规、案例等资料，便于阅读与检索文献，这些都为法律教学提供了方便。今后，国家与教育系统还应当继续加大投入，通过建设和社会需求、学校教学研究相适应的法律网络数据库，推进我国法学教育以及法律信息提供更加便捷有效，从而更加助力法学教育的现代化。

（三）人工智能影响法学教育的内容

人工智能成果不仅丰富了法律法规的内容，还更新了法学教育的内容。最显著的一点是，人工智能的运用将产生大量新的需要法律调整的社会关系。空前的信息革命使工业经济正在向信息型经济转型。人工智能、互联网、区块链、云计算、大数据、虚拟支付等新兴技术的应用在中国产生了很多具有巨大社会影响力的经济平台，这类平台除了巨大的社会影响力，与法律息息相关的是在治理过程中它们集大量的规则制定、解释和实施的权力于一身，对传统的行政法、民商法、经济法律规则带来了很大的挑战。比如，滴滴打车直接改写了出

---

11 慕课（MOOC），即大规模开放在线课程，是“互联网+教育”的产物。英文直译“大规模开放的在线课程”（Massive Open Online Course），是新近涌现出来的一种在线课程开发模式。

12 见《我国慕课数量已列世界第一位》，载中国社会科学网，http：//www.cssn.cn/zx/shwx/shhnew/201801/t20180116_ 3816568.shtml，最后访问于2020年1月7日。

13 冯艳、李萌：《“互联网+”时代法学教育面临的挑战与变革》，载《产业与科技论坛》2019年第7期。

租车原本的行业规则，其顺风车平台又因为司机入驻资质审查缺位，持续监管能力不足，导致该服务行业质量参差不齐，甚至出现抢劫、杀人等刑事案件，需要法律的持续规范。[14] 又如，犯罪集团利用互联网技术实施诈骗、传销、危害国家安全等犯罪活动，这样形式的犯罪往往具有流动性、隐蔽性、智能化、扩散性的特点，加大了此种犯罪证据的收集保全难度，导致传统犯罪侦查体系与司法体制的级别管辖、地域管辖处于尴尬的境地。[15] 可见，在科技时代下，互联网、大数据、云计算、区块链、人工智能等的研究开发以及产业化发展所引起的社会关系无一不需要法律的介入，而法学教育也应当关注这些新兴领域存在的法律问题。此外，科技非法使用也需要运用法律来防治惩罚。因此，针对人工智能的滥用、误用、非道德使用进行预判与风险评估并制定适当的预防或惩治措施，都属于法学研究教学当中重要的课题和内容。

在论坛上，香港城市大学法学院院长 Tan Cheng Han 教授以“法学院如何应对科技的发展”为题分析他的见解。他认为技术变革、人工智能可能会改变和颠覆法律行业，使法律行业的未来发展具有不确定性。因此，从宏观角度看，法学院至少要采取两种措施适应变革。第一，法律的教与学需要加强跨学科建设，与社会学、政治学、伦理学等多学科交叉融合，拓宽法学生知识背景，加强对法律背后规则的理解和对未来风险的应对能力。第二，法学教育需要将相关的事件视角引入课堂。

（四）人工智能为法学教育提供新的硬件与软件支持

在信息时代，尤其是互联网技术普及的背景之下，不少学生的生活几乎被手机、电脑所占据，老师在讲台上讲，学生在讲台下听课、做笔记的传统教学模式受到了严重的干扰——学生专注于手机、电脑、平板，与老师的教学互动大大减少，课堂听课效果大打折扣。法学教育可以利用科技对抗科技，应对此种尴尬的局面。澳大利亚新南威尔士大学法律系副院长 Ben Golder 教授也介绍了该校法律课程面临的挑战，包括学生热衷于利用新技术并对技术使用有着很高的标准；技术对法学教学非常重要，尤其在评价学生方面，法学院若要面向未来就要纳入更多科技；同时，如何融合法律和科技仍是一个难题；等等。

面对这些难题和挑战，目前一些院系在打造多功能信息教室，充分利用海量的网络庭审直播资源。比如，在法学课堂上，真正的庭审比起课本上平面的、枯燥的诉讼法知识更加灵活生动、直观立体，可以帮助学生快速地了解并区分

---

14 马长山：《面向智慧社会的法学转型》，载《中国大学教学》2018 年第 9 期。

15 马长山：《智能互联网时代的法律变革》，载《法学研究》2018 年第 4 期。

各种庭审程序。从法庭调查到法庭辩论阶段，法官询问的切入点，律师代理、辩护的角度都能给学生带来直接的冲击感，引发学生思考，庭审过程中的程序、在裁判文书上无法呈现的细节都在庭审直播中展现得一清二楚。利用庭审直播进行案例分析、诉讼法课程等教学，可减少组织学生们到法院旁听的人力物力成本，促使教师从知识的单向传导者转变为学习的引导者，[16] 让学生不在课堂上当“低头一族”。又如，引进 VR 技术对学生进行职业角色实训。[17] VR 技术能在多维信息空间上创建一个虚拟仿真的环境，能够更有效地让使用者和环境互动，受环境的感化，提高学习的效率。因此，可以考虑发展 VR 技术在法学教育领域的运用，通过个案提供仿真的模拟训练，并指导学生进行角色模拟，在这一虚拟的环境中，让学生真切体验法官、检察官、律师等角色，确立多种立场思辨能力以及概括分析能力。同时，这种新型的教学方式也会极大地吸引学生的注意和学习兴趣，实现科技和法学教育相互有机促进。

相关的院校要加强国际合作和资源配给，促进不同学科如法学和人工智能、法学和计算机等的交流与合作，引入更多具有跨学科背景的法学老师，以及与其他科技院系和业界合作开设课程、指导学生，等等。厦门大学法学院院长宋方青教授在论坛中提出，互联网、大数据云计算和物联网等人工智能技术所引发的新兴业态、商业模式、社交结构在为经济社会注入了新动能的同时，带来了不确定性和风险，这也是法学教育面临的重大课题。她认为，应对之道包括创新法律人才培养理念，培养兼具公共政策考量和国家治理思维的决策型人才；创新法律人才培养模式，积极探索多元化的法律人才培养模式；创新法学课程体系设计，将案例类课程作为一级学科必修课程；打破高校和社会之间的体制壁垒，引进实务专家进课堂；打通学习、研究、实践的关键环节，“学”“研”“行”有机统一；以教育实践基地和项目为平台引导学生等。香港大学法律系主任赵云教授则以“技术发展及其对纠纷解决教学的启示”为题，用四个“I”代表法学教育的思路，即 International（国际化）、Innovation（变革性）、Interdisciplinary（交叉学科）和 Impact（社会影响），四个“I”相互作用，最终实现法学教育推动社会的发展。在这一过程中，他无疑非常看重国际以及跨学科的交流与合作。

---

16 李敏、韩晓玥：《大数据对法学教学模式的影响调查——以湖南省十所高校的问卷调查为基础》，载《高等教育研究学报》2019 年第 2 期。

17 彭丽明、李俊：《“互联网 +”时代法学教育教学模式改革》，载《教育文化论坛》2019 年第 3 期。

三、平衡：慎防过度科技依赖

法学教育在利用好科技的同时，又要防止走进过度“科技依赖”的极端。美国的一些院校曾经尝试的“机器教学”所存在的弊端已经被教育界所证实。过度依赖电子媒体会使教学模式很大程度上体现为一种广播模式，在这种模式下，一个或几个教育者、领域专家或知识工程师为学生、员工、客户等受众制作教学内容，受众通常很少有或根本没有机会参与或反馈。因此，虽然貌似教育成本降低了，但是教育的接受度和质量并没有明显提高，导致它看起来是一场消费过程而非理解力和创造力的激活。这也在一定程度上证实了虽然网络教学有了迅猛的发展，但是实际上实体的教学机构（如各种学校）还是牢牢地占据着整个教学体系，发挥着不可替代的作用。同时，也有研究发现使用各种信息科技未必节省教育的时间和金钱。比如，信息技术应用程序就需要时间来开发、评估、更新和完善。事实上，信息技术创新的最大成本往往是员工必须投入大量时间和精力到信息技术开发、安装、学习、使用、维护、审查和评估的所有阶段；在很多情况下，采用信息技术也需要更大的资金支出。[18]

尤其是对法学教育而言，它不是一门机械的记忆和运用法律的学科，而是带着巨大的个案差异性和创造性。法学教育的一个重要特征在于思辨、诘问及论辩，这也是传统苏格拉底教学法在法学教育领域经久不衰的重要原因。虽然科技在法学教育中的应用越来越多，但是它并没有使法学院实质性地改变其课程结构，而只是增加了一些与科技相关的新课程。迄今为止，新兴技术也还没有迫使法学院教授改变其法律教育所用基础教学方法，[19]传统的法理、法教义学的传授、法条解释、案例分析和各种法律逻辑的运用等还是占据着大多数的法律学科。

国外人工智能在司法领域运用所存在的争议也反映出了科技本身的发展还远远不能和人类的智能、思维和情感相提并论，尤其是在司法领域，它有着明显的局限。基于上述人工智能存在的诸多局限，人工智能在司法领域完成的往往是一些辅助性的工作，而非实体的判断工作。可以说每一个司法案件的证据和事实都是不同的，魔鬼通常存在于细节之中，如何更好地结合案情找出争议点，如何运用法律的逻辑进行判断和论证，对复杂证据如何条分缕析地找出问

---

18 E. Clark, D. Adams C. Annice G. Battye, *The Role of Information Technology (IT) in University Teaching*, Journal of Law and Information Science, Vol. 6:2, p. 131 – 163, 139 (1995).

19 Camille Broussard, *Teaching with Technology: Is the Pedagogical Fulcrum Shifting*, New York Law School Law Review, Vol. 53:4, p. 903 – 916, 906 (2008 – 2009).

题，这些至少目前还不是机器能有效替代人类去进行的；同时，很多争议和证据需要人类的“自由心证”，这些功能也都是人工智能所无法有效进行的。所以，业界力求避免人工智能过度介入司法而导致干扰司法公正或者给法官等司法人员带来误判。法学教育和司法实践面临的问题无疑是相似的，即人工智能的功用还是有明显局限的，法学教育不能对此产生过度的依赖，不能只依靠科技完成人的职能或实现人的功用。

尤其我国是采用成文法体系的国家，法律教育非常注重基础知识的传授，我国的很多法学院校都不同程度地存在学生参与度不高、探索精神不足等问题，因此很多院校都开设了法律诊所、模拟法庭等课程以弥补法学教育实践性的不足。面对这一现状，法学教育在一定程度上更要强调通过老师和学生的互动来提升教学的质量，而非简单地引入科技，以科技主导人与人之间的互动和互学的过程。师生之间的互动能够更好地为法学教育加入人文的情感关怀，而非只是冰冷的法律的传授和机械地适用。

因此，虽然人工智能在一定程度上改变了传统法学的教学方式，但是教师必须在科技运用和传统教学模式之间找到平衡。老师可以借助科技摆脱单一的书本知识的传授，降低备课、板书等的工作量，但不能因此产生“科技依赖”。换句话说，信息技术能促进积极和有意义的学习，能支持和加强教学，并能使教师有更多的时间用于学生互动、思维训练等更复杂、更重要的学习任务，但教师不能只期待通过信息技术来解决他们在教学之中的问题，大部分问题只能通过非技术方案来解决。尤其是对法学教育而言，绝不能用机器代替人的教学，毕竟法律是一门“人”和“艺术”的学科，法律知识的传授和运用充满了各种人文关怀、情感交流和基于不同语境对正义的追求，这些都需要实实在在的人的智慧和情感的沟通与考量。

结语

在全球范围内，对绝大部分的法学院校来说，法学教育与人工智能交叉结合的程度仍然比较落后，主要表现在：由于教师资源、高校财政能力、硬件设施条件等有限，要求全国各高校均开设“人工智能＋法学”专业课程仍不现实；全国范围内统一的法学教育网络资源库尚未形成统一体系，相关课程和知识体系比较零散、欠缺系统化等许多的问题还有待解决。正如武汉大学法学院院长冯果教授所指出的，法律学科不能过于拥抱技术和过于迷信科技，才能使科技沿着正确的方向发展和造福人类。同时，复旦大学法学院院长王志强教授强调，人工智能所不能替代的能力，包括法律思维的能力、认知自我的能力、独立分析的能力、理解法律的能力、沟通合作的能力，还必须通过传统的法学教育加以实现。无疑，我们对科技还是需要抱有积极乐观的态度。华南理工大学法学院院长蒋悟真教授强调，技术并不可怕，大多数技术的发明只是改变我们的生活方式，并没有带来颠覆性的改变，因此法学教育可以应对、迎接挑战的观点；在科技创新的发展中，法学不能亦步亦趋，应保持法学教育的独立品格；未来的改革应打通法学本科专业设置和课程设置的壁垒，并且直接从外面聘请非法学专家担任法学院研究员以弥补法学生相关专业背景的缺陷。

在论坛上，中山大学法学院院长黄瑶教授在指出科技一方面为知识的传播提供更多的途径，另一方面也在技术操作层面给法学教学带来了更多挑战的同时，也提出了几个开放的反思性问题：第一，如何在有限的学时内平衡基础教育与前沿教育；第二，在科技法律课程中出现的碎片化问题如何解决，从而使整个课程体系更加系统、稳定；第三，面对现有关于法学教学模式不足的一些批判，法学教育工作者如何有效地回应和解决。反映出了学界对这些问题的反思和关切。

在人工智能时代，法学教育不能再局限于培养“专才”，学生与教师的互动也不能再局限于教室与课本，人工智能技术的成熟运用必定推动法学教育的革新，法学教育必须化被动为主动，以更加积极的态度乘着人工智能的春风，更好地回应国家人工智能战略部署和社会发展对法律人才的新需求。当然，法学教育也不能因此产生科技依赖，而必须在科技的辅助与人的讲授之间取得良好的平衡，这样才能真正实现法律的正义与人文的关怀。

从司法主导向治理指导嬗变

——我国职务犯罪境外追逃模式考察

宿伟伟*

【内容提要】 中国特色社会主义制度是中国共产党领导下的伟大创造，具有深刻的历史和实践逻辑。自20世纪90年代至今约30年，我国职务犯罪境外追逃作为微观层面的社会治理实践，内嵌在中国特色社会主义制度形成与发展的过程中，经历了从司法主导向治理指导的模式变化过程，并顺应国家治理体系和治理能力现代化要求不断调适完善。

【关键词】 腐败　境外追逃　司法主导　治理

引言

腐败是一种全球性现象。在经济全球化浪潮席卷下，任何开放的政治经济实体，都要面对腐败在不同实体之间发生溢出效应。《联合国反腐败公约》强调“腐败……是一种影响所有社会和经济的跨国现象”。改革开放40多年以来，我国在经济高速发展过程中，必然要面对腐败高发、腐败溢出等社会问题。20世纪80年代末开始，我国出现大量因涉嫌经济犯罪出逃的腐败分子。根据中国社科院课题组2009年《中国惩治和预防腐败重大对策研究》估计，中国有4000多名外逃官员。[1]另有研究显示，从20世纪90年代中期到2008年，有1.6万名

* 宿伟伟——武汉大学法学院博士研究生、广东省委巡视组巡视巡查员，曾任四级检察官。

1 翟悦：《境外追逃追赃国际警务合作机制研究》，大连海事大学2015年博士学位论文，第4页。

到1.8万名腐败官员携带8000亿元人民币逃往海外。[2] 基于司法实践需要，针对腐败案件同步开展境外追逃、境外追赃工作的现实必要性和急迫性凸显。由此，我国将职务犯罪境外追逃列入我国开展国际刑事司法合作内容，正式开启我国以司法机关（主要是检察机关）主导的职务犯罪境外追逃模式。党的十八大以来，随着国家监察体制改革深入，我国反腐败工作法治化程度提升，反腐败成为国家治理理论和实践的重要组成部分，职务犯罪境外追逃内嵌在中国特色反腐败制度发展演变中，不再是单纯国际刑事司法合作工作，而是从单一政策执行逐渐被吸纳到国家治理体系构建和治理能力提升的理论框架之中。因此，对我国职务犯罪境外追逃模式的变迁过程进行梳理，对丰富当前反腐败制度建设和国家治理理论具有实践价值。

同时，在进行简单的文献梳理后笔者发现，关于我国职务犯罪境外追逃的理论研究尚处于规则介绍、案例总结、法律编译阶段。现有研究主要包括追逃追赃的基本战略、具体措施以及《联合国反腐败公约》与我国境外追逃追赃立法、实践的关系；关注境外追逃各种具体措施的界定与适用等。理论研究对我国职务犯罪境外追逃发展变迁的考察工作尚处空白。本文将我国职务犯罪境外追逃模式变迁作为研究问题，有利于职务犯罪境外追逃理论研究发展的深化。

一、司法主导的职务犯罪境外追逃模式

纵观我国职务犯罪境外追逃工作开展，从20世纪80年代末至2013年，可以细化为两个阶段，即20世纪80年代末至1996年，初步设立境外追逃机制阶段；1997年至2013年，基本建立境外追逃法律体系。两个阶段体现了我国职务犯罪境外追逃从无到有，从司法实践向立法推动的发展过程。两个阶段具有共性特征，即以司法机关（主要是检察机关）为主体，将职务犯罪境外追逃与追赃作为检察机关专项工作，依靠国际刑事司法合作机制，在此基础上探求制度完善。我们称上述阶段是司法主导的职务犯罪境外追逃模式，在以下两个发展阶段表现不同。

（一）20世纪80年代末至1996年，初步建立境外追逃实践机制

这一阶段我国职务犯罪境外追逃主要是检察机关以“个案”形式开展区际司法协助。

该阶段我国对外刑事司法协助的法律依据较为欠缺。虽然当时我国与原社

---

2 Shi Yan'an & Li Guolin, *On the Construction of Legal System of Pursuit of Fugitives and Asset Recovery in China*, China Legal Science, Vol. 6:5, p. 5 (2018).

会主义阵营的波兰、罗马尼亚、古巴、蒙古等国家，乌克兰、哈萨克斯坦等部分原苏联加盟共和国以及加拿大等共 14 个国家签订了双边司法协助协定/条约，与其中 6 个国家签订了引渡条约；但是我国的对外双边协定均以“民事、刑事司法协助的协定”或“民事、商事和刑事司法协助的协定”形式签订，民商事和刑事司法协助混淆在一起，实践中主要满足民事司法协助需求。

司法实践中不断出现人员外逃、资产转移，亟须司法机关有所作为。检察机关作为法定的职务犯罪侦查机关和刑事案件公诉机关，肩负着保证刑事诉讼程序顺利流转的使命，必然成为职务犯罪境外追逃的推动者、主导者。1986 年，随着改革开放，沿海城市尤其是广东等省市出现大量向香港等地转移资产、出逃等犯罪活动，粤港两地开始寻求建立个案协查关系。1989 年，我国首个反贪污贿赂局在广东省人民检察院挂牌，负责职务犯罪侦查工作。1990 年，广东省人民检察院成立首个个案协查办公室，作为最高人民检察院设置在广东省人民检察院的一个全国性检察业务机构，负责推动全国各级检察机关同香港廉政公署、澳门反贪污暨反行政违法性高级专员公署相互协助开展调查职务犯罪案件。1991 年 4 月《最高人民检察院工作报告》首次提到“严重的贪污、受贿罪犯作案后外逃……这类案件在沿海省份发生比较频繁，在内地也有。如原中国进出口公司武汉分公司保成路商场经理陈新国，贪污二百多万元后携款潜逃国外”。此后，最高人民检察院“开展了同国外、境外检察、司法机关的友好交往，同一些国家建立了检察司法协助关系”，加强了追捕逃犯工作，1993 年就捕获了 600 余名携款潜逃的案犯。检察外事工作成为检察工作的专门内容，最高人民检察院不断增强国际交流与合作，1995 年在北京成功主办第七届国际反贪污大会。

（二）1997 年至 2013 年，基本建立境外追逃法律体系

这一阶段我国关于职务犯罪境外追逃的立法工作获得长足发展，建立了基本的境外追逃和国际司法合作法律体系，为职务犯罪境外追逃提供了充分的法律依据。在国内立法上，我国 1996 年《刑事诉讼法》（1997 年正式实施）第十七条规定[3]，长期以来被视为我国对外开展刑事司法协助的法律依据。2000 年，全国人大常委会通过了《引渡法》，不仅明确引渡的基本原则，还详细规定引渡的条件、范围、职权部门、具体程序、法律后果等。2005 年生效的《联合国反腐败公约》是我国境外追逃追赃最重要的国际法基础。公约为预防和打击腐败犯罪、国际合作和资产追回等问题提供了崭新的国际合作平台。《联合国反腐败

3 1996 年《刑事诉讼法》第十七条：根据中华人民共和国缔结或者参加的国际条约，或者按照互惠原则，我国司法机关和外国司法机关可以相互请求刑事司法协助。

公约》直接促使我国在 2012 年修订《刑事诉讼法》，增设了犯罪嫌疑人、被告人逃匿、死亡案件违法所得的没收程序。该程序不仅有利于职务犯罪境外追赃工作，也有利于通过追赃对外逃人员施加经济压力，增强外逃人员回国意愿。这一阶段也是我国签订双边国际司法协助条约的高峰期，我国与 34 个国家签订双边国际刑事司法协助条约，包括与美国签订《中国和美国刑事司法协助协定》；与西班牙、法国和意大利等 28 个国家签订引渡条约；与澳大利亚、葡萄牙、韩国、俄罗斯和泰国 5 个国家签订移管被判刑人条约。[4]

在国际和国内法律体系逐渐完善的背景下，检察机关对职务犯罪境外追逃越来越重视。一方面，最高人民检察院加强对检察机关开展境外追逃工作的规范指引，于 2004 年制定下发《人民检察院反贪污贿赂部门开展境外缉捕、追赃及取证程序概述》等指导性文件。另一方面，检察机关开始重视与公安机关合作，在职务犯罪追逃领域激活公安机关执法力量和国际执法合作资源。2000 年底，最高人民检察院首次会同公安部针对重大贪污贿赂犯罪嫌疑人开展追逃专项行动。最高人民检察院 2003 年度工作报告首次提出“加强跨区域协作和国际执法合作，加大追逃、追赃力度”。[5] 从追逃效果看，这一阶段检察机关坚持境内外追逃统筹进行，尚未确立职务犯罪境外追逃的独立地位。比如，2009 年至 2013 年最高人民检察院工作报告均详细列举了历年来抓获在逃职务犯罪嫌疑人的数据，但从未公布从境外追回外逃人员的情况。

二、以治理理念为指导的职务犯罪境外追逃模式

2013 年 11 月，党的十八届三中全会提出“全面深化改革的总目标是完善和发展中国特色社会主义制度，推进国家治理体系和治理能力现代化”。“治理”概念正式成为中国共产党建设和国家能力建设的首要目标。这种体现中国社会主义制度特色的国家治理理论，与 20 世纪 80 年代末 90 年代由世界银行、国际货币基金组织等重要国际组织提出的“善治”概念，追求共同价值。追求善治被认为是治理改革的首要目标。治理（“善治”）概念自进入中国学界以来，曾引起广泛关注。俞可平把善治定义为“使公共利益最大化的社会管理过程”，并认为它有 10 个基本要素：合法性、法治、透明性、责任性、回应性、有效性、

4　参见外交部条约数据库，http：//treaty. mfa. gov. cn/Treaty/web/index. jsp，最后访问于 2019 年 12 月 2 日。

5　参见《最高人民检察院工作报告》，载最高人民检察院网站，http：//www. spp. gov. cn/spp/gzbg/200602/t20060222_ 16386. shtml，最后访问于 2019 年 12 月 2 日。

参与、稳定、廉洁、公正。[6]王利明则提出，善治包含双重含义，一是指理想的治理方式和模式，善治即是良法之治；二是指一种秩序和结果，也即良好的治理状态。[7]与此同时，在凸显我国国家制度和国家治理体系的显著优势上，有别于西方治理理论和治理实践，更强调中国特色社会主义制度的执行能力、国家动员能力，追求制度的生命力和在推动构建人类命运共同体中的普适性。

这一国家治理理念在重塑中国纪检监察体制，对包括职务犯罪境外追逃在内的反腐败工作进行全面改造的实践中得到充分体现。正是在此背景下，我国职务犯罪境外追逃模式在理念、制度、政策驱动和法律框架等方面发生重大变化。我们将党的十八大以来对职务犯罪境外追逃的模式称为以治理理念为指导的模式。该模式主要特征体现在：以治理理念为指导，在国内层面强化职务犯罪境外追逃的政治属性，在国外层面侧重以法律和外交相结合的方式推动追逃开展，从而破解职务犯罪境外追逃过度依靠司法机关和长期面临引渡壁垒的难题。

（一）坚持党的统一领导，强化追逃的政治属性，体现制度的执行优势

治理理念指导下的职务犯罪境外追逃，要求加强党对职务犯罪境外追逃的统一领导。党的十九大报告强调“不管腐败分子逃到哪里，都要缉拿归案、绳之以法”[8]，这种“零容忍”是职务犯罪境外追逃的核心目标，因此境外追逃以把外逃人员追回国内，接受国内法制裁为优先选择，较少考虑异地追诉等替代措施。将职务犯罪境外追逃从司法机关的专项任务上升为党和国家的政治任务。2014 年初召开的十八届中央纪委五次全会，首次将“狠抓追逃追赃”列入党风廉政建设和反腐败工作七项主要任务，此后该工作逐渐成为中央和各级党委的政治责任和政治任务。职务犯罪境外追逃作为政治任务，必然要在党的统一领导下开展工作，由党内监督的法定部门——纪检机关负责。这种制度机制变迁在效果上体现了制度强大的执行和动员能力。根据中央追逃办发布的信息，2014 年至 2019 年 6 月，我国从 120 多个国家和地区共追回外逃人员 5974 人，其中党员和国家工作人员 1425 人，“百名红通人员”已有 59 名归案。[9]

6　俞可平：《全球治理引论》，载《马克思主义与现实》2002 年第 1 期。

7　王利明：《法治：良法与善治》，载《中国人民大学学报》2015 年第 2 期。

8　参见习近平总书记在党的十九大上代表十八届中央委员会所作的题为《决胜全面建成小康社会　夺取新时代中国特色社会主义伟大胜利》的报告。

9　参见中国长安网报道，载新浪微博，https：//m. weibo. cn/5617030362/4388072529631165，最后访问于 2019 年 12 月 2 日。

（二）国内层面，整合追逃资源，实现多元参与，提高追逃效率

2014 年 10 月成立的中央反腐败小组国际追逃追赃工作办公室（以下简称中央追逃办），由中央纪委国际合作局承担具体工作，改变原由最高人民检察院牵头的单一行动部署，建立由中央纪委统筹协调，最高人民法院、最高人民检察院、外交部、公安部、国家安全部、司法部、中国人民银行等七个成员单位，按照中央反腐败协调小组的统一部署和职责分工开展工作的系统追逃追赃协调机制。2015 年，中央纪委监察部网站公布信息显示，全国 31 个省区市和新疆生产建设兵团已全部成立省一级“追逃办”。统一协调机制在整合各类资源开展专项行动上体现了较高的效率：2014 年 3 月，最高人民检察院下发《关于进一步加强追逃追赃工作的通知》；7 月公安部“猎狐 2014”专项行动集中开展缉捕在逃境外经济犯罪嫌疑人专项行动；9 月最高人民检察院召开全国检察机关开展职务犯罪国际追逃追赃专项行动部署会，决定从即日起开展为期半年的职务犯罪国际追逃追赃专项行动；10 月最高人民检察院、最高人民法院、公安部、外交部联合发布《关于敦促在逃境外经济犯罪人员投案自首的通告》。2015 年，中央纪委首次部署“天网行动”，包括公安部“猎狐”专项行动，重点缉捕外逃职务犯罪嫌疑人和腐败案件重要涉案人；最高人民检察院牵头开展职务犯罪国际追逃追赃专项行动，重点抓捕潜逃境外的职务犯罪嫌疑人；同时通过国际刑警组织集中公布了针对 100 名涉嫌犯罪的外逃国家工作人员、重要腐败案件涉案人等的红色通缉令，即引起社会各界广泛关注的“百名红通人员”。此后每年定期部署“天网行动”。

（三）国际层面，融合法律、外交政策，完善法治框架，确立追逃主动权

2018 年国家监察体制改革，全国人大修改《宪法》《刑事诉讼法》，制定《监察法》《国际刑事司法协助法》。2019 年 8 月，中央纪委办公厅、国家监委办公厅印发《纪检监察机关办理反腐败追逃追赃等涉外案件规定（试行）》，是纪检监察机关首部反腐败追逃的规范性、指导性文件，是开展职务犯罪追逃的工作指南。

自国家监察委员会成立以来，职务犯罪境外追逃“成绩单”被视为国家监察体制改革的制度优势转化为治理效能的生动诠释。[10] 国家监察委员会接力中

10　参见《制度优势转化为治理效能的生动诠释——聚焦五部门公告“成绩单”》，载中央纪委国家监委网站，http：//www. ccdi. gov. cn/yaowen/201901/t20190110_ 186751. html，最后访问于 2019 年 12 月 2 日。

央纪委承担在国际层面的职务犯罪追逃"总指挥"。我国将国家监察委员会追加为《联合国反腐败公约》指定的开展国际司法协助的"中央机关"。《国际刑事司法协助法》第六条明确指定国家监察委是国际刑事司法协助主管机关之一。因此，在追逃实践中，国家监委履行反腐败国际追逃追赃组织的协调职责和职务犯罪案件刑事司法协助主管机关的双重职责。监察机关履行双重职责首先是发挥组织协调职能，具体负责组织协调和督促审判机关开展境外送达出庭法律文书的司法协助工作，有关方面开展国际追逃追赃，引渡或遣返罪犯，将其交付执行刑罚等。同时，监察机关作为职务犯罪调查机关，需要主动评估职务犯罪外逃案件，是否适用缺席审判程序。在移送检察机关审查起诉前，着重于严格遵循刑事审判要求和标准收集、固定证据，查清犯罪事实。涉及在境外调查取证的，依据《国际刑事司法协助法》，国家监察委以主管机关身份向有关国家或地区提出司法协助请求，协助证据收集及对涉案财产采取查封、扣押、冻结措施，进一步完善境内外证据链，全面查清犯罪事实。

同时，通过外交方式扩大我国反腐败影响，增强在国际合作层面掌握反腐败国际合作的话语权和主动性。2014 年，我国主导通过首个国际性反腐败文件《北京反腐败宣言》，彰显我国反腐败的决心，有助于加快我国与美、加、澳等国家在内的 APEC 成员国签署双边引渡和司法协助条约，有利于加强与亚太经合组织反腐败执法合作平台的建设和信息交流。2016 年，我国在杭州 G20 峰会倡导制定了《二十国集团反腐败追逃追赃高级原则》，首次对国际反腐败追逃追赃提出"零容忍""零漏洞""零障碍"三原则。国家监察委员会作为我国独立的反腐败机构，正逐渐参与到外交合作中去。尤其是国家监察委员会首次与澳大利亚以签订《合作谅解备忘录》的方式，签署反腐败执法合作文件。

（四）治理模式破解司法机关主导和引渡壁垒的双重难题

司法主导下的职务犯罪境外追逃模式将该工作局限在司法事务层面，职能部门在处置该事务时行使的是司法权。从职务犯罪案件侦查实践看，职务犯罪涉案人员外逃主要发生在刑事立案前或采取刑事强制措施前阶段，该阶段重点在于证据调查与保存，具有保密性高、参与主体单一等特征，这与司法权的"被动性、公开和透明性、多方参与性、亲历性、集中性和终结性"[11] 等基本特征相冲突。司法机关主导职务犯罪境外追逃工作必然受到司法权运行的桎梏，追逃职能局限在国际司法协助法律制度框架内的法定方式。比如，通过引渡方式实现职务犯罪境外追逃长期被视为境外追逃的优先选择。

11　陈瑞华著:《司法体制改革导论》，法律出版社 2018 年版，第 17 页。

然而引渡作为国际条约和国际司法协助公认的法律制度，坚持“双重犯罪原则、一事不再理原则、特定性原则、政治犯罪不引渡原则”等基本原则。上述原则与我国法律传统和法律制度兼容程度低：我国刑法体系与其他国家刑法体系的兼容程度，影响双重犯罪原则适用；在英美法系、大陆法系刑事诉讼中得到贯彻的一事不再理原则并未成为我国刑事诉讼法的基本原则；我国职务犯罪主体——国家工作人员大多具有中国共产党党员身份，这种政治嵌入的身份特征导致我国大部分职务犯罪需经过纪检机关的党内审查和司法机关的刑事侦查两个程序，因此成为外逃人员以“政治犯罪”为借口拒绝被引渡。

治理理念指导下的追逃模式打破上述追逃壁垒，国家监察委员会作为国家监察机关，不同于党内监督部门，对职务犯罪严格依照《监察法》《刑法》和《刑事诉讼法》开展监督工作。实践中对职务犯罪追逃已逐步探索尝试适用引渡，比如 2018 年“百名红通人员”乔建军案，我国首次在无引渡条约的情况下依据《联合国反腐败公约》向瑞典提出引渡请求并得到承认和执行。

四、提升治理指导的职务犯罪境外追逃模式价值追求

推进我国治理体系和治理能力现代化的国家治理理论具有对外开放性和制度普适性，比如外交政策的发展面向推动人类命运共同体的目标。具体到职务犯罪境外追逃工作，是不同政治制度、法律文化的主权国家（或地区）之间的协作，国际环境变化，其他国家政治、法律制度变化，国家之间的关系变化，都是影响这项工作的变量，其中不变的是现代文明的价值预设，以及不同国家制度对法治、高效、廉洁的现代化治理模式的共同价值追求。有的研究认为新时代反腐败追逃追赃更应该强调精神意蕴，强调对“道义”的伸张与“信任”的确立，向世界展现和证明中国刑事法治的发展与进步，赢得国际社会对中国刑事法治的肯定与信任，才能全面提升中国刑事法治的国际形象，推动反腐败追逃追赃的良性循环，进而推动依法治国的全面开展。[12] 本文认同这一观点，尤其是目前中央追逃办对追逃追赃工作形势作出“追逃追赃进入深水区和攻坚期”[13] 的科学研判，在推进我国国家治理理论和实践发展的进程中，我国的职务犯罪境外追逃模式要实现这种“良性循环理念”，要在追逃实践中实现法治、高效的价值追求，需要思考追逃的政治属性、评价标准和检察机关的职能定位对当前模式的影响。

12　张磊：《道义与信任：新时代反腐败追逃追赃的精神意蕴》，载《法学杂志》2019 年第 4 期。

13　窦克林、宋梁缘：《从 4 个关键词看 2019 全国追逃防逃追赃工作新布局》，载《中国纪检监察》2019 年第 8 期。

（一）追逃模式的政治属性对法律适用的影响

治理理念指导下的职务犯罪境外追逃模式的政治属性能够增加各级党委对该工作的重视程度，能够体现我国科层组织机制的高度动员能力，集中各项政治和法律资源在职务犯罪追逃领域实现有效治理。这一政治属性在实践中不断加以强化，其适用范围从顶层设计扩张到具体操作层面，受此影响，职务犯罪境外追逃过程中会惯性选择优先适用政策方式、行政方式以及政治方式处理追逃事务，表现较为突出的就是对劝返等非法律适用的追逃方式过度依赖。

以纪委监委作为牵头协调机关的职务犯罪境外追逃工作，延续了公安、检察机关过于依赖劝返的特点。长期以来，无论是公安机关还是检察机关开展境外追逃，劝返都是适用程度最高的追逃方式。甚至部分学者认为“劝返是我国检察机关在开展境外缉捕工作实践中摸索出的一种通过劝说方式动员外逃的犯罪嫌疑人自愿返回国内接受追诉的引渡替代措施”[14]。通常认为过度依赖劝返作为追逃方式，主要原因有二：一是我国同大多数外逃目的地国未正式签署双边引渡条约；二是引渡、遣返等追逃方式要求我国追逃机关非常熟悉国外司法制度、相关法律规定、证据制度等[15]，我国追逃队伍的综合素质离该要求尚有距离。本文认为最重要的原因是，纪委监委统筹职务犯罪追逃后，纪委作为党内监督部门、政治机关，长期使用“谈话”作为重要调查方法，以做被调查对象“思想工作”为重点内容的工作模式，延伸影响了追逃方式选择。因此，尽管职务犯罪境外追逃模式已发生变化，适用劝返的偏好仍存在。以“百名红通人员”为例，已到案的59人中，通过劝返回国的超过到案人数70%。尤其是在发达国家开展境外追逃时，主要适用劝返措施。据统计，目前从发达国家归案的38人中，36人适用劝返措施。劝返与引渡等其他追逃方式比较，具有灵活性高等特点，主要依靠追逃机关的自首承诺、量刑承诺促使外逃人员归案。比如，根据中央纪委网站报道，我们采取劝返方式到案的外逃人员，对外均称系“主动投案”“投案自首”。劝返阶段的自首承诺、量刑承诺是对《监察法》《刑事诉讼法》关于认罪认罚从宽制度的扩展适用，但现有法律尚未明确规定劝返程序、劝返承诺和不同条件下劝返主体的权限，必然存在适用程序不规范、标准不统一等问题，也会影响后续诉讼程序的公平公正。

---

14 陈雷著：《反腐败国际合作理论与实务》，中国检察出版社2012年版，第32页。

15 在追逃“百名红通人员”程慕阳案的过程中，“我国提供给加拿大联邦法院的证据带有一定的随意性，带有刑事司法思维方式的‘想当然’，对国外司法制度、审查标准和证据规则把握不够到位等因素影响了加拿大对程慕阳遣返程序的认定。参见黄风：《从程慕阳案看移民遣返的证据规则》，载《法学》2017年第2期。

（二）评价标准单一性对效率价值的影响

党的十九大报告强调“不管腐败分子逃到哪里，都要缉拿归案、绳之以法”，是对我国职务犯罪境外追逃的政治要求。评价标准的单一性重视追逃的政治效果，以单一标准对追逃工作进行整体评价，在价值追求上较少考虑交易成本和效率价值、社会效果：追逃资源分配缺乏科学标准，以追逃对象的主体身份为重点，忽视刑事案件的其他因素。以“百名红通人员”情况为例，存在国家公职人员实际涉嫌非职务犯罪——集资诈骗罪的情况，“百名红通人员”王军涉案金额仅57万元人民币，“百名红通人员”中最长出逃达23年，其间我国《刑法》多次修正，遵循刑法从旧兼从轻原则，可能出现超过追诉时限或无法追究刑事责任的情况。目前到案的“百名红通人员”中，检察机关已对其中两名作出不起诉决定，多名被法院判处缓刑。另外，追逃资源集中在监察调查阶段，较少关注外逃行为发生的其他诉讼阶段，较少考虑依法交由不同的司法机关采取不同的国际刑事司法协助或合作程序进行追逃，以及较少考虑遣返、异地追诉、缺席审判等程序适用。既然将职务犯罪境外追逃作为国家治理体系的一部分，应当丰富对追逃效果的评价，将政治效果与社会效益有机统一，将涉案金额、是否共同犯罪、是否涉嫌数罪等具体案件因素与追逃方案结合起来，才能实现追逃资源的最优配置。

（三）对检察机关国际刑事司法协助法律定位的影响

我国职务犯罪追逃模式的改变对检察机关在国际刑事司法协助和国际司法合作中的法律定位和角色影响较为突出。据统计，在我国签订的47项刑事司法协助双边条约中，有12项条约把最高人民检察院指定为中国的“中央机关”。国家监察委员会成立后，最高人民检察院仍是职务犯罪案件、贪污贿赂案件境外追逃的“中央机关”之一。根据国际惯例和国际司法合作协定，多数国家遵循检察官领导司法合作原则，检察官是对外开展引渡、刑事司法协助的主体。在《联合国反腐败公约》框架下，最高人民检察院作为开展国际司法协助的中央机关，先后与外国司法、检察机关签署了100多个双边合作协议或司法合作备忘录，近年来广泛搭建国际司法协助平台加强追逃。地方检察机关还可以根据《联合国反腐败公约》、国际反贪局联合会机制、上海合作组织总检察长机制、中国—东盟国家总检察长机制、国际刑警机制等多种司法协助机制开展追逃追赃。[16]我国检察机关在境外追逃国际合作第一线比较容易找到对口的、有

16 胡洁人：《多元方式开展海外追逃追赃》，载《检察风云》2015年第12期。

权的主管机关。2018 年《刑事诉讼法》修改引进的缺席审判程序，只有确定“犯罪嫌疑人、被告人在境外”的情况下才能启动，是典型的涉外刑事诉讼程序，该程序适用主要依靠检察机关参与和推进。尽管国家监察体制改革改变了职务犯罪调查管辖机关，检察机关在国际司法合作中的角色和作用却无法被替代。

结语

职务犯罪境外追逃作为我国国家治理能力提升和治理体系建构的具体实践，自 2012 年转变追逃模式后取得明显成效。在实现我国职务犯罪境外追逃制度推动法治建设、提升国际法治形象的目标上，目前的追逃模式尚需要继续进行调适。该项工作及相关制度建设是我国司法实践结合我国国情创设出来的，其模式变迁基于党和国家建设的需要而发生，未来的发展也必然遵循这一规律，不能直接套用国外经验。唯有遵循我国国家治理理念的发展和法治建设的要求，追逃模式才能不断适应追逃形势的变化。

调研报告

广州法院司法体制综合配套改革调研报告

广州市中级人民法院研究室调研组*

【内容提要】 随着司法体制综合配套改革向纵深推进，广州法院司法权力运行更加规范，人员管理更加科学，资源配置更加优化，司法过程更加透明，信息技术更加先进，司法结果更加公正，审判质效显著提升，领导有力、系统完备、科学规范、运行有效的改革体系已基本形成。改革也推动了广州法院审判执行工作水平全面提升。通过改革，司法公正与效率进一步提高，人民群众的司法获得感普遍增强。

【关键词】 法院　司法体制　综合配套改革　创新实践

广州市中级人民法院（以下简称广州中院）遵循中央顶层决策，依靠上级有力指导，结合广州法院实际，深入推进司法体制改革，各项工作取得显著成效。2018 年 3 月，广州中院办公室印发《广州法院司法体制综合配套改革实施办法（2018—2019）》（以下简称《实施办法》），在“四梁八柱”改革主体框架已基本搭建的情况下，进一步落实司法责任制，着力增强改革系统性、整体性、协同性，探索解决司法实践中影响司法公正和制约司法能力的具体问题，助力国家治理体系和治理能力现代化。广州中院通过对《实施办法》施行近一年来各项改革措施贯彻落实情况进行调研，形成课题报告。

一、总体情况

《实施办法》分 10 个部分共制定 100 个改革项目，201 项具体改革措施，按

---

* 广州市中级人民法院课题组组长：姜耀庭；成员：谢平、杨晓怡、陈嘉贤、林锐君；执笔人：杨晓怡。

两年计划在 2018—2019 年分步骤完成。截至 2018 年 12 月底，上述改革措施有 70 项已完成，占总数的 34.8%；有 130 项正在推进中，占总数的 64.7%；仅有 1 项因客观原因尚未启动。其中有相当数量的改革措施已制定规范或形成机制，只是因属持续性工作，我们在统计时也将其列为正在推进的事项，改革措施实际完成率在 50% 以上，总体推进情况良好（详见图 1）。

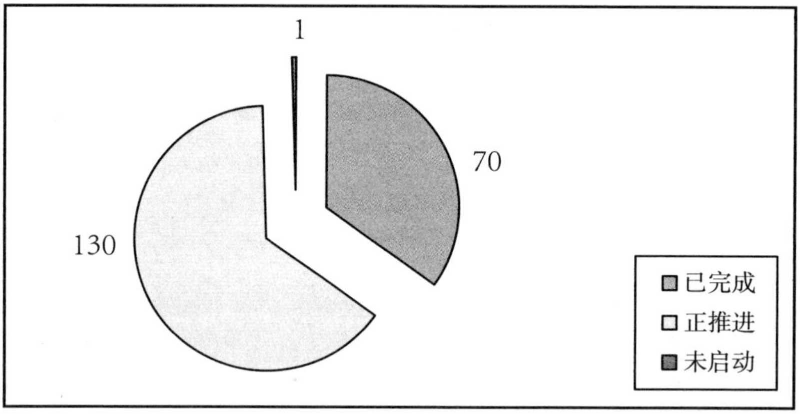

图 1　司法体制综合配套改革措施推进情况统计图（截至 2018 年底）

按照改革措施完成时限统计，在总共 201 项任务中，2018 年内需完成的为 126 项，目前有 61 项已完成，占总数的 48.4%；有 64 项正在推进中，占总数的 50.8%；有 1 项尚未启动，占总数的 0.8%。因上述正在推进的事项中有 48 项属于持续性工作，其实已制定规范或形成机制，故实际完成率达到 86.5%。2019 年内需完成的任务为 75 项，目前有 9 项已完成，占总数的 12%；有 66 项正在推进中，占总数的 88%。

按照改革措施牵头部门统计，承担较多任务的是政治部、审管办、科信处、立案庭、刑一庭、执行局、研究室。上述 7 个部门承担了 169 项改革任务，以广州中院部门总数 24.1% 的占比承担了改革任务总数的 84.1%，是司法改革的排头兵和主要力量。上述部门改革措施落实情况，直接影响了全市法院司法体制综合配套改革的进程（详见表 1）。

表 1　各部门承担司法体制综合配套改革任务统计表

部门	任务总数	推进中	已完成	未启动
政治部	39	36	3	0
监察室	3	1	1	1
办公室	6	3	3	0

续表

部门	任务总数	推进中	已完成	未启动
研究室	15	8	7	0
审管办	32	26	6	0
立案庭	22	11	11	0
刑一庭	17	6	11	0
刑二庭	3	2	1	0
少年庭	4	2	2	0
民事庭	1	1	0	0
涉外庭	1	1	0	0
环资庭	4	4	0	0
清产庭	3	0	3	0
审监庭	3	2	1	0
赔偿办	1	1	0	0
执行局	17	2	15	0
行装处	2	2	0	0
科信处	27	21	6	0
南沙自贸区法院	1	1	0	0
总计	201	130	70	1

随着司法体制综合配套改革向纵深推进，广州法院司法权力运行更加规范，人员管理更加科学，资源配置更加优化，司法过程更加透明，信息技术更加先进，司法结果更加公正，审判质效显著提升，领导有力、系统完备、科学规范、运行有效的改革体系已基本形成。改革也推动了广州法院审判执行工作水平全面提升。2016—2018 年，广州法院受理案件数量逐年攀升，法官人均结案逐年增长。2016 年，全市法院受理各类案件 370346 件、办结 293564 件，法官人均结案 216. 8 件，其中广州中院受理案件 48233 件、办结 43451 件，法官人均结案 155. 18 件。2017 年，全市法院受理各类案件 426144 件、办结 355945 件，法官人均结案 325 件，其中广州中院受理案件 53621 件、办结 49069 件，法官人均结案 232. 55 件。2018 年，全市法院受理各类案件 464138 件、办结 405798 件，法官人均结案 356. 9 件，其中广州中院受理案件 54853 件、办结 51733 件，法官人均结案 253. 59 件（详见图 2）。通过改革，司法公正与效率进一步提高，人民群

众的司法获得感普遍增强。近三年来，信访投诉率逐年下降，从 2016 年的 0.44%下降至 2017 年的 0.38%，再到 2018 年的 0.29%。

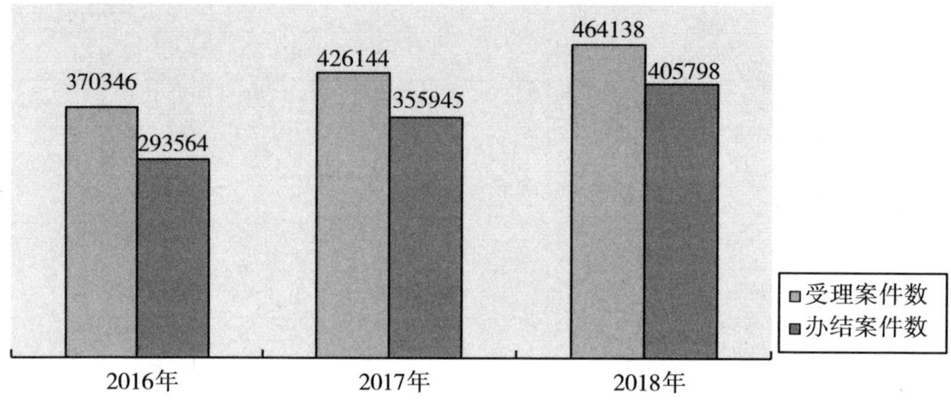

图 2　2016—2018 年广州法院受理和办结案件数统计表

二、主要成绩

（一）审判监督管理制度逐步完善，审判权运行体系日益成熟

落实审判权运行机制改革的要求，加强审判监督管理，实现放权与监督的有机统一。健全审判工作机制，优化司法职权配置，进一步提升审判质效。

1. 制定《关于规范院庭领导审判管理监督职责的若干规定》。员额制改革后，法官担任自己经办案件的审判长并签发裁判文书，院庭领导原则上不再审批案件，审判监督管理存在真空地带。广州中院于 2018 年 4 月制定《关于规范院庭领导审判管理监督职责的若干规定》，明确院庭领导审判管理监督的权力清单与行使程序，加强对“四类案件”的个案监督，院庭领导审判监督管理职责得到落实。

2. 修订《专业法官会议规则》。自 2017 年以来广州中院提交专业法官会议讨论案件 6705 件，形成决议 6492 件，专业法官会议成为法官业务研讨和统一裁判尺度的主要平台。2018 年 10 月重新起草了《专业法官会议规则》，对各审判庭原有的庭务会、审判长联席会议、审判团队组长会议等进行规则整合，规范专业法官会议的工作流程，充分发挥专业法官会议对审委会讨论案件的过滤作用，强化专业法官会议讨论成果转化，促进裁判标准和尺度统一。

3. 开展长期未结案督查和案件质量评查。按照广州中院制定的《长期未结案件管理办法》，2018 年广州法院继续开展长期未结案督查工作。每月建立工作台账，坚持定期和随机召开评查会议，采取逐案评、逐人过的方式进行深入督查。对评查出的无正当理由长期未结案件、超审限案件，由院领导、纪检组长、所在部门负责人与案件承办法官开展谈话提醒，签订清案责任状，限定结案时间。自2017年以来，调查委员会共召开评查会议31次、评查案件5545件。通过督查，广州法院长期未结案件从2016年底的7362件下降至2017年底的6665件，再到2018年11月底的4788件。按照广州中院制定的《案件质量评查工作方案》，2018年广州法院继续开展案件质量评查工作。成立领导小组，抽调资深法官担任评查专家，组织对全市基层法院和广州中院各业务庭的案件进行整体质量、文书质量、上网情况和审限情况的评查。评查范围覆盖各类型案件和所有员额法官。在抽取的408件样本案件中，优秀案件153件，占37.50%；良好案件244件，占60.05%；合格案件7件，占1.72%；瑕疵案件3件，占0.74%；无问题案件。案件质量优良率达97.55%，总体情况较好。

（二）人员分类管理顺利开展，内设机构改革有序进行

继续完善分类科学、结构合理、职责明晰、管理规范的人员分类管理制度，为推进法院工作科学发展提供坚强的组织保证。在省法院的统一部署下开展内设机构改革，探索建立设置科学合理、职责划分明确、运行高效顺畅，符合审判机关特点和审判权运行规律的内设机构体系。

1. 做好员额法官动态管理和逐级遴选。确定19名入额法官推荐人选和91名初任法官推荐人选，初任法官根据要求全部安排到基层法院任职，目前遴选材料已报送省法院并对人选进行公示。首次遴选两名法学专家到广州中院任职，任命为四级高级法官。建立“有进有出”“能上能下”的员额常态化运行机制，对符合员额退出规定条件的员额法官，通过按章考核、依法追责，使其有序退出员额。2018年8月，省法院批复同意广州法院报备的16名员额法官退出法官员额。2018年广州法院共推荐6名同志选升二级高级法官，69名同志选升三级高级法官，124名同志选升四级高级法官（目前正在推进过程中）。建立员额法官单独职务序列后，员额法官职务晋升渠道畅通，待遇提升明显。

2. 合同制审判辅助人员待遇提升。根据各部门人员变动情况及时招聘合同制法官助理和书记员予以补充。2018年广州中院共招录合同制法官助理81人、书记员38人，有效保障了审判业务部门对辅助人员的需求。争取市委和相关部门的支持，合同制法官助理年薪从原先的8.84万元提升至12万元，合同制书记员年薪从原先的6万元提升至7万元，上升幅度分别达到35.7%和16.7%。待遇提升对合同制审判辅助人员质量提高和队伍稳定必将起到良好作用。

3. 进一步完善绩效考核办法。为构建科学、公平、合理的评价体系，广州中院在充分调研、征求各部门意见的基础上制定《部门绩效考核办法》《法官审

判绩效考核办法》《审判辅助人员绩效考核办法》《司法行政人员绩效考核办法》。新的绩效考核办法将从 2019 年 1 月起施行，以期对不同部门、不同类别的法院工作人员实现科学化、精细化考核，作出合理的工作评价，建立有效的激励机制。

4. 开展内设机构改革工作。2018 年 8 月省法院下发《广东法院内设机构改革工作实施方案》后，广州中院及时向市委组织部、市编办和市委政法委汇报改革精神，争取支持。确定广州 11 个基层法院参与内设机构改革，要求改革法院结合实际制定内设机构改革方案，广州中院审查修改后报省法院审核。广州全市基层法院拟设置内设机构共 124 个，其中审判业务机构 91 个，非审判业务机构 22 个，审判辅助部门 11 个，比改革前精简内设机构 78 个，其中审判业务机构精简 53 个，非审判业务机构精简 25 个。省法院将在 2018 年底前完成审批程序，报最高法院备案。2019 年 3 月底前全面完成内设机构改革任务。

5. 设立广州互联网法院。2017 年杭州互联网法院成立仅一个月后，广州中院即对争取设立广州互联网法院进行调研立项。2018 年 7 月 6 日，中央全面深化改革委员会第三次会议审议通过《关于增设北京互联网法院、广州互联网法院的方案》，在省委、市委高度重视和上级法院的大力支持和指导下，法院各部门协同配合，仅用两个多月时间就完成了新设互联网法院临时办公场地选址、人员选任、信息化建设等筹备工作。面向全市法院遴选组建起一支年轻化、专业化、多元化的互联网法院审判团队，首批入额的 13 名法官中硕士以上学历约占 70%。广州互联网法院集中管辖广州市辖区内应当由基层法院受理的 11 类互联网案件，诉讼各环节在线完成，并充分运用大数据、司法人工智能等新技术，建设智慧审理平台，为当事人带来极简化诉讼服务体验。广州互联网法院将积极探索完善符合互联网规律的新型技术平台和诉讼、裁判、治理规则，努力成为维护网络安全、化解涉网纠纷、服务保障互联网经济发展的示范点和排头兵。广州互联网法院建设获评“2018 年度广州优化营商环境十大创新案例”。

（三）繁简分流提高审判效率，“送必达、执必果”破解工作难题

科学调配、高效使用审判资源，依法快速审理简单案件，严格规范审理复杂案件，以较小的司法成本取得较好的法律效果，促进审判资源的优化配置。开展“送必达、执必果”工作试点，提高送达效率，兑现胜诉权益，破解送达和执行工作难题。

1. 深入推进繁简分流工作。广州中院依据全院案件大数据分析预测简单案件规模和类型，组建了 6 个快审团队，努力实现人案平衡、动态调整。建立案件甄别、分流和退出机制确保案件快速分流。通过“门诊式”庭审模式及庭审

记录方式改革进行类案连审，提高审理效率，运用语音识别、“智审”系统、语音合议助手等“智慧化”手段确保审判质效。2018 年，快审团队共结案 12722 件，同比增加了 21.89%，结案率 96.68%，居全院各业务部门第二位；法官人均结案 707 件，同比提高了 21.94%，是全院平均水平的 3.06 倍；案件平均审限比全院民事案件平均审限缩短近 10 天，存案数同比下降了 12.42%；案件审理质量进一步提升，未有超审限案件及生效案件被改判发回重审的情况。

2. 推动“送必达、执必果”试点工作。在送达工作中，设立广州法院“送必达”工作办公室，落实“五位一体”16 项重点工作举措。在采集送达信息方面，规范立案阶段送达地址确认工作，通过通信运营商采集受送达人手机号码，互通共享受送达人信息数据，确保送得“准”。在开拓送达渠道方面，上线广州法院全域智慧送达平台，拓展邮政公司辅助送达工作，安装智能全天候送达专柜，提高电子送达适用率。委托代理律师直接送达，有效提高送达效率。自试点以来，广州法院民事案件直接送达平均用时 8.94 天，同比缩短 8.5 天；首次送达成功率 60.05%，同比提高 15.2 个百分点。

在执行工作中，优化执行权运行机制，强化执行指挥中心对全市法院执行工作统一指挥。上线执行大数据管理分析平台，实现全流程可视化管控。建成普通执行、快速执行、精细执行多层次繁简分流体系。出台“执行转破产”16 条实施意见，14107 件执行不能案件移送破产审查。开展“夏季执行风暴”“清理涉民生案件”等 11 场专项执行行动，专项治理取得显著成效。完善执行联动格局，与 49 家职能部门共享 70 亿条数据，依托“四标四实”数据库实时查询全市人口地址信息，各区 11000 余名网格员协助查找被执行人。天平执行查控网查询存款 3477.81 亿元、控制财产 15657 次，网络司法拍卖成交额 88.54 亿元、溢价率 44.55%，小客车带指标司法拍卖落地实施，查人找物、财产变现难题逐步缓解。加大失信惩戒威慑力度，推动出台广州市失信惩戒实施意见，对失信被执行人实施 32 类百余项信用惩戒措施。公开失信被执行人名单 89460 人，限制消费 191628 人，限制出境 157 人，罚款 3109.37 万元，拘留拘传 463 人，对 66 名被执行人依法追究刑事责任，12716 人慑于信用惩戒主动履行义务。在 30 多个主要地铁站点投放失信惩戒公益广告，与主流媒体开展的“直播抓失信被执行人”活动观看人数突破 750 万人次。2018 年广州法院受理执行案件 175110 件，执结 155032 件，实际执行到位金额 226.53 亿元，同比分别上升 3.4%、8.1% 和 59.17%。最高人民法院院长周强批示向全国法院推广广州法院“送必达、执必果”改革试点工作经验。

（四）专业化审判机制推陈出新，“三精品”工程提升办案质量

探索进一步扩大专业化审判范围，提高专业化审判人员的工作积极性，充

分发挥专业化审判在提高审判质量和效率上的作用。建设“三精品”工程，努力培养一批在全省全国有影响力的精品庭审、精品文书、精品案例，推动广州中院从案件大院向审判强院迈进。

1. 在刑事审判中，除继续完善“三项规程”、深化刑事速裁程序改革外，一方面，2018年8月，广州中院与相关单位联签《广州市刑事案件认罪认罚从宽制度试点工作座谈会纪要》，进一步健全认罪认罚从宽试点工作联动机制。另一方面，健全证人出庭作证制度。2018年9月，广州中院与相关单位在全国范围内率先制定《关于证人保护的规定》，明确了证人保护对象、启动程序、保护评估程序，构建了系统化、合理预期性的证人保护措施。通过安排证人专门通道、提供视频作证室、对图像声音进行技术处理、运用微信小程序远程“刷脸”作证等方式，鼓励知情人员指证黑恶势力犯罪，取得良好效果。

2. 在少年家事审判中，广州中院成立“广州万事兴”妇女儿童权益诉讼保护与研究基地，开展相关调研。2018年陆续出台《家事案件审理规程》《家事调解工作指引》《家事调查工作指引》《家事心理疏导和干预工作指引》（“一规程三指引”），对审判组织、家事调解、开庭审理、证据规则、家事调查、心理疏导、联动保护等内容以及家事调解、家事调查、家事心理疏导和干预三方面工作进行专门规定。依托“广州万事兴”家事司法工程，不断深化广州家事审判方式和工作机制改革，积极构建全市法院家事审判一体化格局，成为全省唯一适用统一家事案件审理规范、统一多元化纠纷解决队伍、构建上下联动同步推进家事审判方式和工作机制改革的法院。广州中院家事纠纷多元化解决机制被国家、省、市媒体报道，并入选《地方法治蓝皮书（2018）》。

3. 在破产清算审判中，推动“僵尸企业”破产清算工作。2018年，广州中院先后制定《关于设置国有“僵尸企业”破产审判绿色通道的若干意见》《关于执行案件移送破产审查的实施意见》，推动破产审判专业化建设迈上新台阶。制定《管理人个案考核办法》，指导广州市破产管理人协会制定《广州市破产管理人协会会员职业道德和执业行为规范》，规范管理人的执业行为。推动成立广州市司法处置“僵尸企业”工作联席会议，凝聚府院合力，高效解决司法清算难题。目前广州中院已受理338件国有“僵尸企业”破产及强制清算案件，受理数名列全国法院前茅，得到最高人民法院、省市领导肯定，中央媒体予以报道。制定《执转破案件审理参考》，细化“执转破”衔接机制。成立“执转破”综合协调小组，专门负责“执转破”工作的协调推进。

4. 大力建设“三精品”工程。为更好总结推广审判经验，形成培育精品案件的良好氛围，发挥精品工程的带动引领作用，2018年广州中院提出建设“精品庭审、精品文书、精品案例”工程，鼓励法官认真组织好每一次庭审，认真撰写好每一份裁判文书，对典型案例进行分析总结。邀请法学专家、资深法官担任评审委员会委员，参与精品工程建设。全市法院共评选出获奖庭审13件、文书63篇、案例65篇。通过开展“三精品”活动，营造了学精品、出精品的办案氛围，提升了办案工作质量。2018年广州法院共有40篇案例在全省、全国评选活动中获奖，27篇案例被国家级刊物采用登载，获奖数量和采用数量在全省、全国居于领先地位。

（五）全方位推进便民利民司法举措，解决人民群众诉讼难

坚持以人民群众需求为导向，深化司法便民利民措施，把维护好人民群众的根本利益作为法院工作的出发点和落脚点，不断增强人民群众的司法获得感。

1. 立案登记制得到严格落实。广州法院认真落实立案登记各项制度，2018年全市法院登记立案28万余件，当场登记立案率98.1%，位居全国前列。继续加强立案风险防控和特殊、敏感案件信息联动工作，妥善处理“云联惠”案、小鸣单车破产案、高校艺术类专业收费案、三鼎家政公司案、大象科技公司“健康猫”案等一大批敏感案件风险防控工作。开通绿色通道加快涉军停偿案件立案，依法服务社会经济大局。积极推进网上立案平台建设。与市律协合作，通过律师事务所试点用户体验角度完善网上立案系统，提高平台操作便利性和系统稳定性，探索网上立案“容缺受理机制”，让当事人更愿意选择网上立案。将网上立案平台与微信立案系统联通，方便法官审查和大数据管理。2018年，全市法院网上立案申请数为68316件，成功立案数为55268件，分别是去年同期的12.5倍、18.9倍。

2. 加强诉讼服务中心建设。建设一流的硬件设施，提供多层次、全过程、一站式的“全方位”诉讼服务。截至目前，除个别法院的诉讼服务中心正在报建外，广州两级法院诉讼服务中心均达到省法院要求的建设标准，2018年，继白云区人民法院后，南沙区人民法院荣获广东法院诉讼服务示范窗口，进一步推进全市法院诉讼服务建设再上新台阶。推动互联网、大数据、人工智能和诉讼服务深度融合，打造“智慧型”诉讼服务。以门户网站、公众号、微信小程序等渠道建立24小时全天候的网上诉讼服务平台，广州法院网上诉讼服务中心获评全国“2018年度政府网站网上办事精品栏目”。对诉讼服务岗位定人、定岗、定责，实现服务标准化、管理科学化和办事公开化的“有温度”诉讼服务。开辟齐全的各类绿色服务窗口、绿色立案通道，为老年人、弱势群体、民生案件当事人提供立案、保全、审执及诉讼费减免快速通道等。设置服务评价器、群众意见箱，广泛接受人民群众对诉讼服务的评价、监督和反馈。保障当事人合法权益，加强力量完成诉前财产保全，2018年，广州中院共对24件案件实施

诉前财产保全措施，同比增长50%。

3. 推动《律师调查令实施办法》的贯彻落实。2018年，全市法院共受理律师调查令申请5888份，除20份因超过申请期限或申请内容缺乏关联性等原因未予批准外，其余5868份均予批准签发，签发率达99.66%，充分保障了律师调查取证的权利。律师调查令制度充分发挥了律师在民事诉讼中的积极作用，加快了调查取证、保全措施等诉讼进程，实现了司法资源的优化配置，在一定程度上提高了审判质效。

4. 充分发挥矛盾纠纷多元化解机制作用。依托快审团队和诉讼服务中心，将诉至法院的大量矛盾纠纷通过诉前引导、诉中分流、调判结合、案件速裁，选择适当的纠纷解决途径，降低诉讼成本，满足人民群众高效便利的司法需求，贯彻共建共治共享理念。继续加强申诉案件代理制度、调解律师工作站、劳动争议诉调对接工作室在矛盾化解方面的作用，并于2018年7月与市司法局挂牌共建律师调解工作室，大力推进律师参与矛盾纠纷多元化解工作。2018年，全市法院通过诉前联调化解矛盾纠纷34841宗，涉及标的5.92亿元，当事人自动履行率达99.9%。

5. 提高涉法涉诉信访案件办理质效。制定《关于群众来信的处理规程》，完成涉法涉诉信访制度汇编，加强对信访接待、来信处理、非正常访处置、重大敏感案件呈报等主要工作内容的规制。深入开展各类信访矛盾隐患排查化解，制定专项工作方案。对排查出的重点案件和重点人员建立动态信息管理台账。在重大政治活动期间及重要敏感节点，组织安排专人落实“每日一报”及“零报告”制度。进一步规范信访处置秩序，推行非正常访风险预警告知制度，坚持教育疏导和依法惩处相结合，有效减少闹访、滞留访等非正常信访情况的发生。认真高效办理中央第十二巡视组转交群众信访投诉事项。成立专责小组，安排专人跟进，及时核查，迅速交办。2018年收到的94宗中央巡视组交办信访案件已全部办结。进一步提高信访事项依法分类处理质效。加强对转办信访件的跟踪查询，实现两级法院信访信息数据的互联互通。2018年，共处理群众来信1147件次，接待来访群众1576人次，较去年同期分别下降43.05%、41.24%，其中重复来访823件次，与去年相比下降33.36%。积极开展信访案件复查、评查、终结工作，找准症结，依法化解，信访秩序取得“三下降，一好转”的显著成效。

（六）智慧法院建设深入推进，信息科技助力审判执行

继续大力推进智慧法院建设，为各项司法体制改革提供更加有力的科技支撑，促进审判体系和审判能力现代化。设立广州互联网法院，集中受理涉互联

网案件，高效化解网络纠纷，维护网络安全，促进广州互联网产业发展。

1. 服务审判执行工作。完善辅助办案系统。建成全国首个“移动执行”手机 APP，专门服务执行法官办案。上线“智卷”系统，诉讼材料实现过程化扫描，推动电子卷宗深度应用。上线“智能快审系统”，试点部门庭审时间平均缩短 50% 以上，大幅提升工作效率。开发上线全国首个仲裁、审判对接电子卷宗共享平台，提高仲裁司法审查工作质效。研发全国首个破产案件资金管理系统，实现对破产案件资金实时查询、动态监管，服务供给侧结构性改革。研发债权申报小程序，在全国首创以微信平台召开债权人会议，顺利推进小鸣单车破产案审理。审务通手机 APP、律师通手机 APP 获评全国“2018 年互联网 + 政务服务创新应用”。

2. 建成“广州微法院”。集成公众服务、微诉讼、微执行和案件管理四个核心模块 23 项主要功能，实现诉讼业务全流程网上办理，刷脸查案、多方在线开庭、执行悬赏等功能开全国法院先河，为当事人提供个性化诉讼服务，促进司法过程更加透明公正、诉讼服务更加便捷高效。《人民法院报》、《参考消息》、日本《读卖新闻》等媒体予以报道。“广州微法院”获评全国“2018 年互联网 + 政务服务创新应用”。

3. 司法公开继续保持全国领先。深化司法公开工作，在中国社科院发布的中国司法透明度指数报告中，我院获全国法院第一名，实现“三连冠”，并获评全国司法公开标杆法院。我院在人民法院庭审公开第三方评估报告发布暨庭审直播工作研讨会上介绍了庭审直播工作经验。在中国社科院国家智库报告《人民法院庭审公开第三方评估（2017）》中，我院获全国各中级人民法院第一名。

广州智慧法院建设工作的成效得到最高人民法院院长周强、省委原副书记任学锋、省委政法委书记何忠友等领导的肯定。中央电视台《焦点访谈》栏目介绍广州智慧法院建设经验，新华社《新华视频》播发专题片。广州智慧法院建设经验连续两年被中国社会科学院主编的《法治蓝皮书·中国法院信息化发展报告》全文收录，并在中国法院信息化研讨会上向全国推广。广州智慧法院入选广州 2017 年度最具改革创新代表性的十大项目。

（七）全面推进产权司法保护，打造法治化营商环境

党的十八大以来，中央出台一系列产权保护举措。2016 年 11 月，中共中央、国务院发布《关于完善产权保护制度依法保护产权的意见》，提出加快完善产权保护制度，依法有效保护各种所有制经济组织和公民财产权，增强人民群众财产财富安全感。2016 年 11 月，最高人民法院印发《关于充分发挥审判职能作用切实加强产权司法保护的意见》，要求各级法院充分发挥审判职能作用，切

实加强产权司法保护。

1. 制定《关于充分发挥审判职能作用切实加强产权司法保护的实施方案》。2018年4月，广州中院制定上述实施方案，提出17项加强产权司法保护的工作措施，明确各项措施的具体牵头部门，要求切实落实主体责任，不断完善工作机制，加大产权保护力度，着力为各类经济主体创业创新营造良好的法治环境，取得了阶段性成效。

2. 制定《关于切实依法平等保护民营企业合法权益　为民营经济高质量发展营造良好法治环境的意见》。为全面贯彻党中央鼓励支持民营企业发展的决策部署，落实习总书记在民营企业座谈会上的重要讲话精神，广州中院在全面梳理总结全市法院涉民营经济审判工作基础上，于2018年12月制定出台上述意见，从树立依法平等保护民营经济司法理念、严格把握涉民营企业刑事犯罪认定标准、依法保护涉民营企业合法权益、加大执行力度、完善审判工作机制、积极延伸审判职能6个方面提出30条措施，依法平等保护民营企业合法权益，增强民营企业家人身、财产安全感和干事创业信心，为民营经济高质量发展营造良好法治环境，服务保障经济社会发展大局。

3. 发布《广州法院产权保护状况》白皮书。为总结和宣传全市法院产权司法保护的经验和成效，广州中院于2018年12月召开“广州法院保障民营经济高质量发展暨产权保护状况”新闻发布会，发布《广州法院产权保护状况》白皮书及典型案例，从组织部署、刑事审判、民商事审判、执行工作、审判工作机制等方面对广州法院产权保护工作进行全面梳理，并整理编辑了广州法院产权保护典型案例。诸多人大代表、政协委员参加发布会，中央及省市媒体到会采访并广泛报道，取得了良好的宣传效果。

（八）加强司改理论调研，推动法院整体工作走前列

组织开展司法改革和创新实践与研究，实现法学理论研究与审判工作实践有机结合。建立完善调研课题和学术论文考评制度，切实提高调研内容与法院实际工作契合度，提升理论研究质量，为司法改革提供智力支持和决策参考。

1. 加强最高人民法院司法改革与创新研究实践（广州）基地建设。2017年12月，最高人民法院批准在广州中院设立最高人民法院司法改革与创新研究实践（广州）基地，着力研究破解改革中的各类难题，推进司法体制改革向纵深发展。2018年7月，在最高人民法院的指导下，广州中院以基地为依托承办“羊城杯”新时代人民法院深化司法体制综合配套改革研讨会，为全国法院系统和法学理论界研讨交流司法体制综合配套改革中基础性、前沿性问题提供平台和契机。最高人民法院副院长李少平出席会议并作总结讲话，对广州法院在司

法体制综合配套改革中取得的成绩予以充分肯定。

2. 加强调研工作制度化建设。2018 年 3 月，广州中院制定《重点调研课题管理办法》，对全市法院重点课题的确定、实施、中期检查、报告撰写、成果转化、成果提交、奖惩机制、经费保障和管理等问题进行全面规范，为提高重点课题管理质量水平提供制度保障。2018 年 4 月，广州中院制定《关于进一步加强学术研讨工作的意见》，从“加强学术论文工作的组织领导和思想动员”“加强学术论文宏观组织和精细化管理”“加强专业指导和培训”“强化保障机制”“创新学术研讨工作激励机制”等方面对学术研讨工作机制进行完善。通过定期组织学术论文专题培训班，创设精神奖励制度，推出论文作者资料用书申购和封闭写作时间等举措，着力提高法院干警参与学术研讨工作的积极性。

3. 课题调研和学术论文工作取得突出成绩。2018 年，广州中院中标的 3 项 2017 年度全省法院重点调研课题《社会热点案件的司法公信力与法律方法研究》《推进庭审实质化的探索研究》《执行程序与破产程序衔接制度研究》均已顺利完成并通过省法院验收，其中前两项获评优秀。广州中院中标的 2017 年度最高人民法院重点调研课题《执行程序与破产程序衔接制度研究》正顺利推进。另外，评选出 2017 年度全市法院优秀调研成果 10 篇。2018 年，广州中院已中标的《推进庭审实质化的探索研究》《互联网 + 语境下电子数据证据的开示与审查》《关于探索建立破产事务管理与破产案件审判相分离体制的调研》等 3 项全省法院重点调研课题，又中标最高人民法院《网上审判方式与审理机制研究》重点调研课题。另外，2018 年 12 月已对全市法院 2018 年度重点调研课题中的 24 项开展结项评选。学术论文方面，在 2018 年公布的全国法院第 29 届学术讨论会评选结果中，广州法院共有 14 篇论文获奖，其中二等奖 6 篇，三等奖 2 篇，优秀奖 6 篇，获奖数量占全省获奖论文总数的 54%，继续保持全省第一。越秀区、天河区人民法院被授予“组织工作先进奖”。在省法院公布的广东省法院系统第 29 届学术讨论会获奖名单中，广州法院共有 7 篇获得一等奖、8 篇获得二等奖、11 篇获得三等奖，10 篇获得优秀奖，获奖数量继续稳居全省第一。

三、存在问题

在司法改革各项工作取得优良成绩的同时，我们也必须清醒地意识到，当前工作中仍然存在一些“瓶颈”性问题制约着法院整体工作水平的提高，改革成效还没有充分反映到提升办案质效上，法院科学发展的难题还没有得到根本解决。

(一) 办案模式仍然较为粗放

在当前案件数量大幅度增长、信息化技术高度发达的情况下，不少法官的办案模式和多年前相比并未得到根本性升级，仍在沿用手工化、单机化为主的传统办案模式，新科技的应用率不高，司法效能较低。在各审判庭、各审判团队的内部管理上，基本沿袭传统粗放式的管理模式，专业法官会议的运行、审判权的监督管理仍有不到位的地方，审判团队负责人管理能力相对不强，办法不多，相关管理制度还有欠缺。以案件繁简分流制度为例，自从广州中院推行繁简分流模式以来，以较少的人力资源承办大量简单案件，有效提升了审判效率，取得了较好效果。但当前的繁简分流模式仍然较为粗放，在快审团队的收案上，简单以系列案数量作为划分繁简的标准，导致部分复杂案件进入快审团队，且退出机制运行不畅。基于绩效考核机制等原因，大部分审判庭内部的繁简二次分流没有实施。另外，除了案件本身的繁简分流，庭审（庭询）、文书的繁简分流同样重要。相当一部分的二审案件并未提出新的证据和理由，仅仅重复一审的诉辩意见，在一审已对此进行详细分析论述的情况下，二审完全可以简化庭审（庭询）和裁判文书撰写方式，节约有限的司法资源。在传统的二审裁判文书中，大部分篇幅都用于重复一审法院已经查明的事实和论述，真正属于二审的内容只占一小部分。调研中在审判系统随机抽取10件二审民商事案件裁判文书，经对文书内容进行统计发现，当事人二审诉辩意见、二审法院查明事实、二审法院论述及判项等内容平均只占到文书的39.3%（详见表2）。按这样的模板撰写裁判文书，二审法官浪费时间精力，徒增文书出错风险，予以改进实属必要。此前提出的令状式、表格式裁判文书都是有益的尝试探索，但目前在实践中仍未得到推广运用。

表2　二审内容在二审裁判文书中占比统计表

裁判文书编号	总页数	二审内容页数	二审内容占比
1	8	2	25.0%
2	10	4	40.0%
3	8	2	25.0%
4	8	2	25.0%
5	8	3	37.5%
6	20	10	50.0%
7	9	4	44.4%

续表

裁判文书编号	总页数	二审内容页数	二审内容占比
8	15	6	40.0%
9	12	5	41.6%
10	9	4	44.4%
总计	107	42	39.3%

（二）人力资源动态调配机制相对滞后

从理想模型角度来看，全市各法院之间以及法院内部各部门之间应当根据人案配比相对平衡的原则，实现员额法官数量的合理分配。但因为各法院和各部门的受理案件数始终处于变化之中，员额分配无法做到一劳永逸，在这种情况下，建立科学合理的人力资源动态调配机制十分必要。当前，广州中院采用的是“年初调人、年中调案”的调配模式。因为年底存在绩效考核统计各部门人均完成案件指标数的问题，不宜进行大规模的人员流动，故在年初根据上年度案件受理情况进行各部门人员调配，年中、年底则根据当年度案件受理情况在各部门之间进行适度案件分流，从而变相实现人力资源调配。从理论上讲，这样的模式是合理的，但因为案件数量是瞬息万变的，而要实现部门之间案件分流则需要经过部门与部门的协调、报审批、领导研究讨论等各个环节，耗费时间较长，等案件分流实现的时候，需要调出案件的部门已不堪重负，或者情况又有新的变化。这种情况必然会导致部门之间存在不同程度的忙闲不均，引发案件质量、审限管理、绩效考核等诸多问题。此外，各法院之间的员额调配也存在机制障碍。以前，上下级法院之间会经常性地从下级法院借调法官到上级法院协助办案，或者从上级法院安排法官到下级法院锻炼，一方面有利于两级法院法官之间的交流学习，另一方面也对各法院之间人均办案数不平衡情况起到缓解作用。但在当前制度安排下，从一个法院借调法官到另一个法院办案，需要报省法院审批，经人大任命，进入另一个法院员额系列之后才可以进行，耗时可能长达一年，操作上基本不现实，从而限制了法院之间人员的合理流动。

（三）统一裁判尺度问题没有得到根本解决

统一裁判尺度是多年来老生常谈的一个问题。虽然从法律渊源上说，我国并非判例法国家，不存在后案判决需要遵循前案的法律原则；虽然从认识论上说，不存在案情完全相同的两个案件；虽然各合议庭和法官独立办案，存在一定的自由裁量空间；但从实际效果来说，对于法律关系基本相同、法律事实基本相似的同类案件，仍应当保持裁判尺度的大致统一，如果各法院、各合议庭甚至同一法官对类案存在前后大相径庭的判决，显然有悖法官职业伦理，从而会引发争议，影响法院判决的公信力。在新的审判权运行模式下，每名法官都担任自己经办案件的审判长，自己签发裁判文书而无须报批，裁判尺度不统一的风险加大。为此，全市法院试图通过推行专业法官会议制度、加强业务培训、印发审判参考、编辑精选案例、智审系统类案推送等各种方式予以解决，取得了一定的成效。但从总体上说，该问题尚未得到根本解决，并且每间隔一段时间会以形成舆情等较为剧烈的方式表现出来，给法院工作带来负面影响。

（四）办案质量提升不明显

近年来，受到案件数量激增和法官人数实际减少的影响，办案质量受到一定程度的冲击。从办案质量的核心部分裁判文书质量方面看，有些文书查明事实不够清晰，对重要证据没有一一列明，有些文书说理部分简单粗暴，该说透的地方一笔带过，有些文书甚至出现了一些低级化的文字错漏，引起当事人不满和投诉。虽然在案件质量评查中，绝大部分案件都评到了优良等级，但从统计数据看，2016—2018 年，全市法院代表办案质量的一些核心指标不仅没有明显改善，甚至出现了一定程度的滑坡（详见表 3）。司法服务水平与人民群众的期待还有差距，要真正做到让人民群众在每一个司法案件中感受到公平正义还需继续努力。另外，在案件质量评查中发现，全市法院有超过 40% 的裁判文书没有上网，文书公开工作仍有较大提升空间。上述问题的存在，固然有案多人少的客观原因，但法官和助理工作责任心不强、审判权运行监督管理不到位、相关工作制度不健全等主观方面的因素也不容忽视，下文还会对此进行分析。

表 3　2016—2018 年 11 月广州法院部分办案指标统计表

年份	一审案件改判发回重审率	再审启动率	一审案件服判息诉率
2016	2.87%	5.54%	84.62%
2017	4.12%	15.06%	79.45%
2018（1—11 月）	2.96%	19.05%	82.36%

（五）智慧法院建设的用户体验设计不足

广州法院在智慧法院建设方面成果丰硕，各项成绩领先全国，但也存在建设成果应用不充分，用户体验设计不足的问题。在走访的法官和助理中，相当比例的人认为智慧法院对具体审理案件帮助有限，甚至不了解智慧法院智审系统的作用和具体操作方法。在使用过智慧法院项目的法官或助理中，不少人也提出一些具体的问题，比如用于类案推送的案例库过于庞大，针对性不强，推送的案例与实际经办案件有较大出入，无法用于审判参考；比如法官通 APP 功能和实用性要与 PC 端实现同质化办公还有很大差距；比如自动分案系统较为原始，只能起到类似简单自动发牌的效果，不能根据专业合议庭的设置情况、繁简分流的具体要求进行智能化自动分案；比如裁判文书说理库是对法官办案相当有用的工具，但因各种原因始终无法建立起来；比如运用大数据平台实现廉洁办案风险防控项目至今尚未启动。上述短板的存在，说明智慧法院建设在针对用户需求方面仍有不足，建设成果在实际应用方面仍需改进。

（六）审判辅助人员作用发挥不够

自从广州中院实施合同制法官助理制度以来，审判辅助力量大大加强。至 2018 年 10 月，法官与法官助理、书记员比例提高到 1:1. 13:0. 95，已实际超过 1:1:1的预定目标，多年来审判辅助人员不足的问题已不复存在。但在调研中也发现，当前审判辅助人员特别是合同制法官助理作用的发挥还是不够的。据走访的法官反映，目前法官助理能协助法官办理的事务，基本限于开庭排期、电话通知、法庭记录、宣判归档、裁判文书模板套改（所谓“前期”）等非审判核心工作，以简单重复劳动为主。撰写裁判文书初稿、组织证据交换、调查取证等重要审判辅助工作，除部分能力较强的政法编法官助理外，大部分助理都难以胜任。在这种情况下，虽然法官助理确实起到了把法官从一般事务性工作中解放出来的作用，但重要审判辅助工作仍须由法官亲自办理，法官助理作用呈现出边际效用递减的问题，即在满足法官基本事务性工作需求后，再增加法官助理数量也无法对进一步释放法官司法生产力起到正效应。另外，目前各审判庭的核心调研工作也基本由少数几位政法编法官助理完成，大量合同制法官助理基本不参与调研，工作能力和工作责任心也较政法编法官助理弱。合同制法官助理普遍对法院归属感不强，没有意愿参与更多的法院核心工作，而各审判庭也认为合同制法官助理很快会离开法院，没有必要花费太多资源培养他们。这样的现状，既不利于法院工作，也不利于合同制法官助理成长。

四、原因分析

上述问题的存在，初步分析有以下原因。

（一）案件数量大幅增长，法官工作压力巨大

近年来，全市法院受理案件数量大幅增长，由此带来法官年度人均结案数

的大幅增长（详见图3）。以广州中院某庭为例，十多年前全庭人均结案每年在140件左右，结案超过160件就可以当办案标兵。而在2018年，仅截至11月底，该庭人均结案已达到214.35件，预计全年人均结案会在250件左右，而办案标兵的结案数预计会在300件以上，人均结案数对比10年前增长78%以上。而且目前的结案数是在快审团队截流了大部分系列案的前提下取得的，扣除系列案因素，实际增长率可能在100%以上。依据该庭工作经验，一般每月办结单案超过20件，就需要在工作日晚上或周末加班，年度办结单案超过240件，基本全年都处于加班模式中。虽然法官助理大幅度增加、信息技术日益先进对办案工作有帮助，但案件数量激增带来的负效应已基本抵消了上述改革措施带来的正效应。不少庭领导和法官表示工作不堪重负，“虽然每年都说累，但今年是入院工作十几年来最累的”，“这样的工作强度，很难再支撑几年”。可见，法官个人办案潜力已接近极限。在现有的人力、办案模式和技术条件下，如果案件继续大幅度增长，法官工作就很难支撑，由此带来的结果必然是办案质量出现滑坡，法官身心健康受损。这也是导致案件质量在某一水平上很难再提升，长期未结案在某一水平上很难再下降的重要原因。

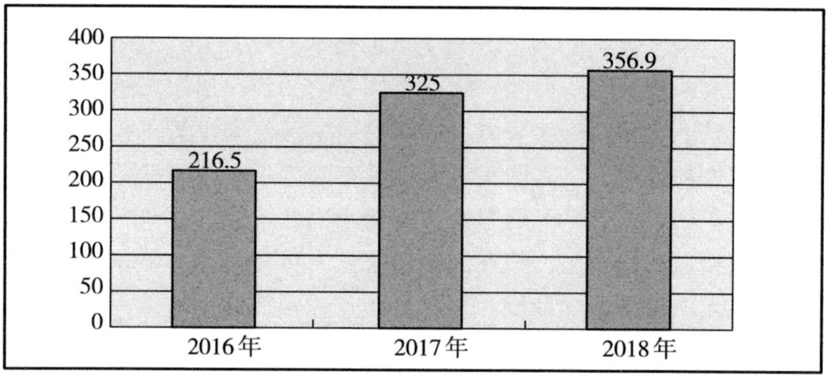

图3　2016—2018年广州法院法官人均结案统计图（件）

（二）人员结构不尽合理，员额法官人数不足

中央政法编制并非主要依据各地的案件数量进行分配，存在一定的不合理因素。而在广州中院本已相对紧缺的政法编人员中，还存在结构不合理的问题。从法官人数看，自2016年员额制落地至今，虽然每年既有入额也有退额，但均是退额人数大于入额人数，法官人数呈逐年递减趋势，已从2016年的230人下降至目前的208人，降幅达到9.6%（详见表4）。在案件数量大幅增长的情况下，法官人数不增反降，无疑更增大了法官工作压力。分析原因，2016年以后，

广州中院新入额的法官均属于员额制实施前就已经担任法官，但因为各种原因没有在第一批入额的人员，人数相对有限。因为制度方面原因，员额制实施后广州中院没有安排过初任法官或从基层法院遴选法官入额，法官队伍得不到新生力量补充。在退额方面，则是因为退休、调离、辞职、办案能力不足等各种原因，每年均有一定数量法官退出员额，导致了法官实际人数的减少。从司法行政人员人数看，因为每年较大数量的转业干部入职以及部分法官助理安排在行政岗位的原因，导致在行政部门工作的人员实际已超过《人民法院工作人员分类管理制度改革意见》中对中级人民法院规定的20%上限（详见表5）。目前，广州中院270个法官员额编制中尚有空编62个，空编率高达23%，政法编制却已接近用尽，客观上也导致实际无法遴选新的法官入额。

表4　2016—2018年广州中院员额法官人数变化统计表

年度	入额人数	退额人数	实际人数
2016	230	0	230
2017	14	19	225
2018	5	15	215
	1（待省院批复）	8（待省院批复）	208（待省院批复）

表5　2016—2018年广州中院审判部门与行政部门人员构成比例统计表

年度	政法编制人数	审判部门人数	行政部门人数	行政部门人数占比
2016	534	419	115	21.5%
2017	523	407	116	22.2%
2018	530	416	114	21.5%

（三）法官业务能力提升遇到瓶颈

广州法院法官绝大部分都拥有较高的学历和丰富的审判经验，整体业务水平较高，但目前在业务能力提升方面也受到一些制约。从主观方面分析，部分法官运用新知识、新思维解决问题的能力还有欠缺，主要习惯于依赖老经验机械办案，对新法律、新技术的学习主动性不够。从客观方面分析，现有的工作模式确实没有为法官业务能力提升创造良好的外部条件。法官平时忙于应对海量的案件，学习时间不多，即使安排学习培训，也是以政务性学习为主，真正用于业务学习的时间很少。全市法院各审判口的业务学习会议，每年基本只安排两天，实际用于业务交流讨论的只有一天。重要的法律法规、司法解释颁布后，很少安排专门的学习或仅简单安排一场讲座就匆忙适用，对法条背后的法学理论、立法原意基本不作探究。最高人民法院的“理解与适用”系列丛书是理论与实践兼具的重要学习载体，但很少有法官进行系统深入阅读。在考评机制方面，基本是以办案数量作为考核法官的唯一标准，因此法官较少参与调研，审判庭的核心调研工作基本都交给法官助理完成，法官不对办案过程中规律性的东西进行总结提炼，就难以进一步提升业务能力。另外，过多的会议也确实占据了法官有限的学习时间和精力。以一位综合性审判部门的领导为例，2018年第三季度参加会议42次，占据其工作时间的三分之一，基本以政务性工作会议为主。而另一位审判庭的庭长，2018年第三季度参加会议51次，占据其工作时间的一半，其中除了审委会会议和专业法官会议18次，其余也均为政务性工作会议。即使是普通法官，每周一般也有一次以上的政务性会议需要参加。以会议传达会议的政令执行方式并未从根本上得到改观。

（四）部分改革机制没有得到落地推广

在司法改革过程中，广州法院制定了大量文件规范，仅统计至2017年8月编印《司法改革文件汇编（第二版）》时，已收录文件规范69项。不少规范性文件对审判执行工作颇具指导意义，但在制定之后却因种种原因被束之高阁，没有真正落地推广。举例来说，关于专业法官会议制度，广州中院早在2015年就已制定了相关规范，但是各庭的庭务会、审判长联席会议仍然按照原有的模式进行，全院没有形成统一的专业法官会议运作模式，使得该机制的运行效果打了折扣，直至目前仍在进行制度的统一修订。又如，前文说到的智慧法院建设中的裁判文书说理库项目，虽然其建成后对法官审理案件帮助极大，但前期建设投入巨大，需要各法院、各部门投入大量的人力和智力资源，仅依靠科信处本身的力量根本无法推动。再如，关于裁判文书简化工作，需要两级法院共同调研，形成统一的操作规范。广州中院某庭曾受理三件二审案件，因为案情简单，一审法院只对其中一件案件制作了完整的判决书，其余两案仅以表格方式记录了当事人名称、诉讼请求、标的物、裁判结果等事项，附在第一案判决书之后。这本来是推动裁判文书简化的有益尝试，但因为当前两级法院对此没有统一的规范，二审裁判文书如何出成了问题。在多方咨询无果后，只能根据一审的表格内容和卷宗材料在二审判决书中补足了事实查明、法律适用等各个部分，反而增加了工作量。

（五）合同制辅助人员队伍不稳定

合同制法官助理和书记员的招录大大缓解了广州中院审判辅助人员不足的

窘境，但因为工资待遇偏低、职业发展受限、管理制度松懈等各种因素，合同制审判辅助人员队伍并不稳定，呈现所谓“来得快走得快”的特点。2014—2018年，平均每年有61名合同制辅助人员辞职，且近年来辞职人数有逐年增多的趋势（详见表6）。据审判庭普遍反映，一名新入职的合同制法官助理要基本适应工作岗位，至少需要两个月的业务学习时间，而其离职前两个月，又因为工作交接和个人事务等原因，工作效率已大打折扣。因此，如果按照每名助理平均在院工作时间1年来计算，其中只有大约8个月的时间可以投入正常工作，仅占其在院工作时间的三分之二。大量合同制辅助人员快速流失，使得各审判庭和法官处于不停培训新助理的模式中，无谓地将时间浪费在工作磨合上，严重影响工作效率。虽然目前合同制辅助人员的待遇已得到了较大幅度提高，客观上对稳定队伍会有一定的帮助，但因为职业发展空间限制等问题，合同制辅助人员流失快的现象在一定时期内仍会存在。

表6　2014—2018年广州中院合同制审判辅助人员招录和辞职人数统计表

年度	招录助理人数	辞职助理人数	招录书记员人数	辞职书记员人数
2014	115	9	9	24
2015	66	36	15	31
2016	104	82	31	20
2017	116	80	36	36
2018	81	98	43	38
合计	482	305	134	149

五、对策建议

要破解司法工作中的体制性、机制性、保障性难题，确保司法体制综合配套改革落地生根并成为推动法院工作科学发展的利器，就要针对问题的症结，采取有效的措施予以应对。

（一）提高思想认识，狠抓改革措施的贯彻落实

推进司法体制综合配套改革，是党的十九大作出的重要部署，是党中央巩固改革成果、提高改革效能、深化改革实践的重要战略。全市法院对此必须提高思想认识，深刻认识司法体制综合配套改革对推进依法治国、实现社会公平正义、维护人民群众根本利益的重要意义，把推进司法体制综合配套改革作为一项重要政治任务来抓。各法院、各部门要认真对照执行《实施办法》制定的

各项改革措施，牵头部门要制定详细具体的实施方案，并确定具体的责任人，周密部署，稳步推进。要加强督促检查，对没有按时落实的部门负责人和直接责任人员予以问责。对确因客观原因不能按时落实的，要提前说明原因，提出具体意见，报院领导研究决定下一步方案，坚决杜绝不办理、不报告、放任自流的行为。在推进司法体制综合配套改革的工作中，各法院、各部门要注重协调配合，畅通信息共享渠道，加大支持力度，形成工作合力。特别是两级法院对口业务部门要加强沟通，确保工作推进步调一致。要坚决克服形式主义，坚持求真务实，广泛听取人民群众和干警的意见建议，把矛盾和困难摸清摸透，把对策和方法考虑周密，做到心中有数、有的放矢，找准症结、开对药方。要通过改革解决司法工作中的具体问题，切实达到促进法院工作科学发展的目的。

（二）健全调配机制，实现人力资源动态科学调配

在内部关系方面，基本遵循"年初调人、年中调案"原则，并强化实时办案大数据的深度应用。可以用即将出台的绩效考核办法中确定的办案基数标准为依据建设模型，当庭与庭之间的受理案件数和办结案件数差距达到一定比例时，系统自动发出警示，并计算出应当调配到其他庭室的案件数量，作为党组研究讨论人员和案件调配的主要依据，有效避免各庭之间对调案调人的纷争，改变粗放式、谈判式、随意性的人员调配，实现人力资源调配的科学性和自动化。对审判辅助人员的调配要更加科学合理，不单纯以各庭法官人数作为分配依据。对办理简单案件较多的庭或团队，如快审团队、减刑假释团队等，要适当提高审辅人员配比。在外部关系方面，应该尽力争取到合理的人员安排。编制与员额冲突的问题要逐级呈报正确协调解决。在广州中院近期一批法官助理下基层入额后，尽快实现从基层法院遴选员额法官到我院工作，缓解法官不足的紧张局面。

（三）加强学习培训，提高法官司法业务能力

要注重法官司法能力的培养，着力提升法官的审判业务、群众工作、科技应用、社会沟通等方面的能力。法官不能仅满足于熟练办理简单案件，进行机械性重复劳动，而要成为能动适用法律的学习型专家型法官。应该加强业务培训，每年安排一定的时间进行统一的业务学习，重点是新颁布的重要法律、司法解释，强化法律法规的理解适用。要特别重视最高人民法院、省高级人民法院发布的典型案例的学习，研究其法律适用标准。要制作标准化庭审模型、文书模型供法官学习参考。要继续加强"三精品"评选活动，建立有效的办案激励机制。要加强案件质量评查结果的反馈应用机制，针对评查中发现的问题，

包括程序错误、法律适用错误、文书格式错误、语病错字、标点不当等进行详细的归类总结，及时公布供法官学习参考。要鼓励广大法官参与调研，各审判庭对综合调研工作，不能仅安排内勤合议庭办理，要合理分配给各审判团队承担，锻炼每一名法官归纳总结审判经验、提炼工作要点的能力，做到在审判中有调研，在调研中促审判，审研结合提升业务水平。

（四）措施多管齐下，推动裁判尺度统一

以新的专业法官会议制度实施为契机，强化专业法官会议机制作用发挥，特别注重讨论成果转化。对专业法官会议形成的意见，要及时制定审判参考。对合议庭拒绝按照专业法官会议多数意见作出裁判结果的，应当要求其作出说明并逐级呈报审批，必要时提交审判委员会讨论。要进一步拓宽审判参考的覆盖面，对所有类型案件，都应当逐步制定审判参考发全市法院，原则上所有类案都应当依据审判参考确定的裁量范围进行裁判。要加强智审系统案例库建设，不盲目扩大案例库规模，先建立全市法院或本院的案例库，加强对类案的甄别筛选，挑选出真正的类案予以标识，实现智能搜索时的精准推送。要进一步加强上下级法院业务交流，对新类型案件、疑难案件、敏感复杂案件多进行研究探讨，形成一致的思想认识和裁判尺度。

（五）采集法官需求，进一步深化智慧法院建设

要加强智慧法院建设的调研工作，将建设方向和法官需求、群众需求、管理需求结合起来，将建设成果真正转化为司法生产力。要面向实战，将是否有利于实际应用、是否有利于解决审判执行工作实际问题作为衡量智慧法院建设项目是否上马的唯一标准。要加强基础数据录入，系统设置强制性标准，杜绝基础数据录入的随意性。要加强大数据的开发应用，为审判执行、管理监控、纪检监察提供切实有效的数据模型。要坚持全市法院一体化发展，避免重复建设、各搞一摊。在满足法官需求方面，要重点抓好智能化分案系统建设，智审系统类案库、说理库建设，实用型裁判文书模板建设。要注重培养法官利用信息化手段办案的习惯，畅通法官提出系统改进意见的渠道，全力提升法官的使用体验。在满足人民群众需求方面，要根据最新的诉讼服务方向，推出更多、更实用的网络服务举措，方便人民群众参与诉讼，节约其时间精力。

（六）改进管理方式，稳定合同制审判辅助人员队伍

除了争取合同制辅助人员待遇随经济发展动态增长，也要改进对合同制人员的管理方式。据了解，在美国联邦法院系统，法官助理也实行聘用制，一般

工作年限在三年左右。由于在法院工作期间受到良好的司法训练，法官助理离开法院后在法律服务市场上非常抢手。因此，虽然待遇不算优厚，但联邦法院的法官助理岗位依然对法律生有非常大的吸引力，可以适当参考美国的方式。在签约时，为合同制辅助人员制定最低服务年限。在薪资发放方式上，扩大薪水随服务年限增加的幅度，并考虑实施年终奖制度，将工资的一部分作为奖金在年底考核合格后发放，减少年中随意辞职的人数，减轻对正常工作的干扰。在审判庭内部的管理上，要对合同制法官助理的工作职能进行更精细的划分，对工作纪律作出更严格的要求。要加强业务培训，鼓励合同制辅助人员参与更多的审判核心事务，让他们感受到在法院能真正学到有用的东西，提升自身素质，拓宽职业发展路径，为今后从事各种工作奠定良好的基础，从而更加珍惜在法院的工作机会。

“认罚”何以体现：有效认罚的作出、后果及规制

——对G市Y区法院改革试点样本的再研究

郭　玉*

【内容提要】“认罪认罚从宽”滥觞于“坦白从宽”的刑法规定。在认罪认罚从宽制度试点工作开展之初，囿于文本缺失和经验缺乏，认罪认罚案件往往被粗糙地按照认罪案件对待，因与坦白从宽并未明显区别而被质疑为新瓶装老酒。随着试点工作的深入开展，认罪认罚从宽制度应逐渐突破简单化、口号化的形象，凸显“认罚”的独立作用，真正成为“坦白从宽”的升级版本。

【关键词】认罪认罚从宽　有效认罚　法院样本

一、现象：检视认罪认罚从宽试点工作中的问题

笔者继续选取所在的G市Y区法院作为样本法院，该院是沿海发达省份中心城区基层法院，是刑事速裁及认罪认罚从宽试点法院。该院案件数量大，试点样本丰富，工作开展早、起步快、有创新，在全国具有一定的代表性。该院年收案量在5万—7万件，刑事案件年收案量在1600—2000件。通过数据分析及法官访谈，发现该院的认罪认罚从宽制度试点工作存在几个现象。

现象一：认罪认罚与速裁高度重合

以2017年数据来看，认罪认罚案件967件，其中832件适用了速裁程序，

* 郭玉——广东省广州市越秀区人民法院法官。

占 86.04%。普通、简易程序适用认罪认罚从宽的仅有 135 件。

主要原因在于检察机关对非速裁案件缺乏量刑建议动力。根据最高人民法院、最高人民检察院、公安部、国家安全部、司法部《关于在部分地区开展刑事案件认罪认罚从宽制度试点工作的办法》（以下简称试点工作办法），认罪认罚需要同意量刑建议，故存在量刑建议是前提。相对而言，检察机关对被告人自始认罪、非速裁案件缺乏给出量刑建议的动力。囿于此，认罪认罚主要集中在速裁案件中适用，一些普通程序案件受制于此而不能按认罪认罚对待。

表 1　公诉机关量刑建议积极性分析

考虑方面	具体因素	类型	量刑建议积极性
考虑量刑建议采纳率	样本充分程度 刑期预估难易度	轻罪案件	☆☆☆☆☆
		重罪案件	☆☆
	考虑变数	简单案件	☆☆☆☆☆
		复杂案件	☆
考虑起诉成功率	协商必要性	有证据压力	☆☆☆☆☆☆☆
		无证据压力	☆☆
考虑工作量	是否可以用简易起诉书、由专人出庭支持公诉等	速裁程序	☆☆☆☆☆
		其他认罪案件	☆☆

该现象体现出认罪认罚对量刑建议的依赖性，辩方没有办法主动提起，而法官除了征求公诉机关意见外也别无他法。

现象二：辩护人与法官对认罪认罚的关注程度一冷一热

该院法官普遍遇到一个问题，即辩护人向法庭申请对被告人按认罪认罚处理。对辩方来讲，认罪认罚意味着被告人的悔罪态度更好，可期待的从轻幅度更大，故辩方表现出更为热衷积极的态度。此外，在辩护意见中，认罪认罚字眼也高频出现（详见图 1）。

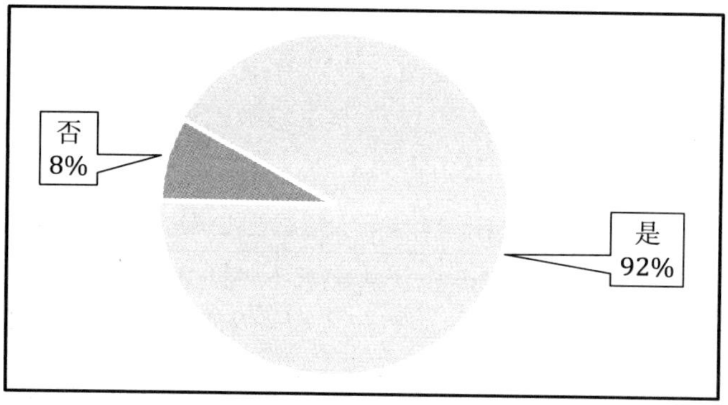

图1　认罪案件辩护意见中是否有“认罪认罚”字样

与此形成鲜明对比的是，法官对本案是否打上认罪认罚的标签却并不十分在意。量刑时往往不会特意区分，基于这种心态作出的量刑结果难有显著差异。在经年累月的办案中，法官早已积累了固有标准，认罪认罚可能被按以往的如实供述进行量刑。

由于认罪认罚在作出方式、承担后果、程序规制等方面缺乏详细的规定，法官难以体察到不同，导致其在实体法意义上与普通认罪难有量刑结果的显著差距；另外，辩方积极提出认罪认罚申请容易搁浅，被告人真心悔罪的期待也会随之遇冷。

现象三：“认罚不服判”时有发生

虽然被告人签署认罪认罚具结书就表示接受量刑建议，但以量刑过重为由上诉的情况并不鲜见。经统计，认罪认罚案件的上诉率为4.14%。即便是速裁案件，在一审判决后，仍有2.1%—2.6%的上诉率。还有部分被告人口头表示，上诉是因为不想被送往监狱服刑，仅是借上诉拖延留在看守所的时间而已。

表2　样本法院结案、上诉情况

年份	案件类别	结案数	结案率	上诉率	改判率	发回率
2017	全部刑事案件	1621	93.11%	8.76%	8.80%	1.60%
	·速裁案件	832	100.00%	2.28%	0	0
2016	全部刑事案件	1492	93.72%	8.85%	13.87%	5.11%
	·速裁案件	608	100.00%	2.14%	0.82%	0
2015	全部刑事案件	1677	91.24%	11.75%	14.87%	6.15%
	·速裁案件	545	100.00%	2.57%	0.91%	0

就最终的上诉结果来看：一是速裁案件发回重审、改事实认定的案件为零；二是速裁案件撤回上诉情况非常普遍，2017 年比例高达 43.75%，主要存在于拖延送监的情况；三是改判案件主要集中在危险驾驶罪能否适用缓刑问题上，10 件改判中，有 9 件是这种情况，除此之外，改判率只有 1.43%。

表3 速裁案件上诉人撤诉及二审结果

年份	总数	上诉人撤诉	上诉维持	部分改判	全部改判	发回重审
2017	32	14	18	5	0	0
2016	21	4	12	5	0	0
2015	17	1	11	0	0	0

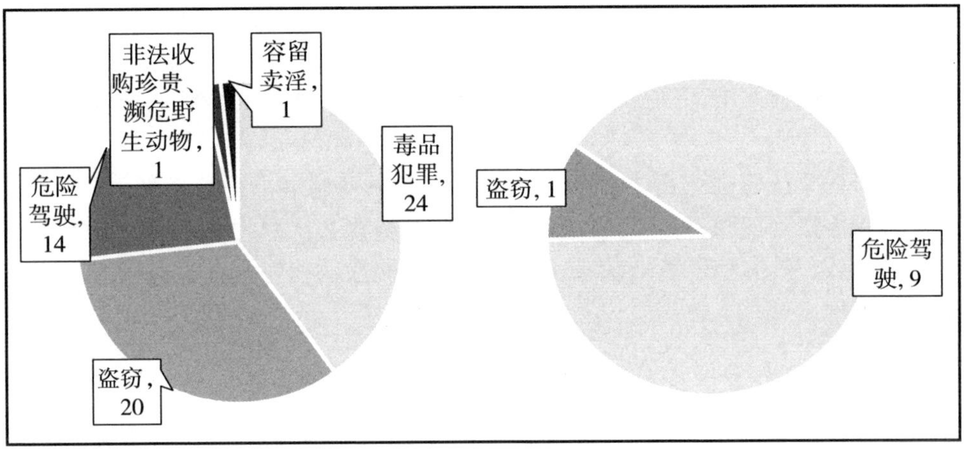

图2 二审维持及撤诉（左）与二审改判（右）案由对比

现象四：提升“结案速度”但难持续提升“办案效率”

在提升效率方面，样本法院速裁案件提速效果明显，认罪认罚案件提升效率主要体现在此。该院成立了速裁组，由 1 名法官、3 名辅助人员组成，实现了以全庭 11.76% 的法官力量完成 51.33% 的案件，[1] 看上去效果极为明显。

1 详见《程序简化审判提速 更加注重权利保护》，载《人民法院报》2016 年 2 月 21 日，第 4 版。

表 4　样本法院不同程序“提速”对比

	普通案件	速裁案件
排期开庭	15—30 天（受提前 10 日送达起诉书副本的限制）	0—2 天
庭审时长	1—3 小时	5—7 分钟
宣判时间	除案件本身审理难度之外，还受制于多种案外因素，如法官是否有更紧迫的案件需要优先办理	当庭宣判
制作判决书时间	简易程序 1—2 小时 普通程序约 1 天	10 分钟（格式化填写）
判前校对	0.5—1.5 小时	0
结案时间	长达数月，半数以上案件在审限届满时进行了延期	10 日内
法官数	7.5 名法官（0.5 为庭长系数）	1 名法官（专办速裁案）
人均结案	105.2 件/人	832 件/人

然而“提速”和“提效”是两个不同的概念。提速是单个案件办理时间缩短，提效则是审结案件需要的人力降低，只“提速”不“提效”无法缓解案多人少的压力。两者的关系体现如表 5 所示。

表 5　样本法院速裁案件“提速”与“提效”对比

<table>
<tr><th></th><th>提速</th><th colspan="2">提效</th><th>分析</th></tr>
<tr><td>缩短排期</td><td>↑↑↑↑</td><td colspan="2">↓</td><td>并没有解放人力，反而由于期限更短、要求更高、灵活性更低，导致需要投入的人力资源更多</td></tr>
<tr><td>缩短审限</td><td>↑↑↑↑</td><td colspan="2">–</td><td>结案快是因为案件本身就是简单案件，只是将分散在各个法官手中的简单案件统一归口处理而已</td></tr>
<tr><td>简化庭审</td><td>↑</td><td colspan="2">↑</td><td>平均每个案件节省 1.5—2 小时的时间消耗</td></tr>
<tr><td rowspan="2">简化文书</td><td rowspan="2">↑↑</td><td>法官</td><td>辅助</td><td rowspan="2">格式化判决书，每人可节省 1—2 小时。工作下沉，由法官助理完成，节省了法官的人力消耗</td></tr>
<tr><td>↑</td><td>↓</td></tr>
<tr><td>集约管理</td><td>↑↑</td><td>法官
–</td><td>辅助
↑↑</td><td>集约效应。根据分工越细、效率越高的工业流水线原则，节省流程衔接时间</td></tr>
</table>

简化庭审、简化文书可以起到一定的提升效率的作用，但提升程度有限，理论界也有不少学者质疑靠压缩庭审提升效率能走多远；[2] 简化文书确实能减少法官的人力投入，但这类简单案件的判决书原本应该是法官助理可以辅助法官

2　陈瑞华：《认罪认罚从宽制度的若干争议问题》，载《中国法学》2017 年第 1 期。

完成的工作，只要配备充足的辅助人员就可以节省的法官人力，只是该院在无法给每个法官都配备助理的情况下，把助理优先配置给了速裁组而已。速裁程序“提效”还体现在集约管理上。事务性重复可以实现批量作业，但节省的主要是辅助人员的工作时间，对法官的影响却不明显。从访谈中可发现，速裁法官并不轻松，其承担的案件数是其他法官的8倍之多，用于审阅卷宗、研判案情的总时间非常惊人，样本法院速裁法官的加班时长也确实不低于其他法官，速裁法官感到办案压力很大。

二、反思：试点工作中围绕“认罚”产生的实务问题

“认罪认罚从宽”应包含“认罪”“认罚”“从宽”三个内涵，但实务中还停留在对“认罪”进行“从宽”的传统认识上，“认罚”的价值没有得以体现。概括起来，围绕“认罚”产生的问题如下。

（一）“认罚”概念的模糊性

现象一揭示了“认罚”概念存在模糊性。认罪认罚从宽制度试行的依据是试点工作办法，此外并无详尽规定，大量问题留待实践中探索。概念模糊导致制度没有完成升级。宏观方面，将“认罪”和“认罪认罚”混为一谈，把“认罚”理解为凑足音节之虚词，同时还有辩护人将认罪认罚理解为一种程序，请求适用认罪认罚程序审理。法官则难以区分认罪认罚与如实供述的区别，量刑时不能加以体现。微观方面还表现在：概括地表示愿意接受处罚而不回应量刑建议，是否属于认罚；[3][4]量刑建议是否应明确能否适用缓刑的执行方式；认罚行为有无形式要求等问题。

（二）“认罚”激励的失当性

现象二揭示了“认罚”激励结果存在的失当性。如实供述并不总是意味着被告人有悔罪意识，被告人可以供述事实而辩解性质。只有表示愿意接受犯罪结果的惩罚，才意味着服判服法，因此对那些不但认罪而且认罚的被告人给予更加宽容的量刑具有合理性。[5]而激励失当，会挫伤其悔罪心态。失当性体现在：一是激励偏差。有的被告人真诚认罪，甚至愿意接受量刑档以内任何幅度

3 陈光中、马康：《认罪认罚从宽制度若干重要问题探讨》，载《法学》2016年总第417期。

4 陈卫东：《认罪认罚从宽制度研究》，载《中国法学》2016年第2期。

5 郭玉：《“从宽”何以适当：认罪认罚从宽的量刑适当性研究——以Y法院两年试点改革数据为研究样本》，获全国法院第29届学术讨论会论文二等奖。

的处罚，但公诉机关因为把握不准等原因不作量刑建议，无法按照认罪认罚进行从宽处理，对这些悔过之心更强烈的被告人而言有失公平。二是激励空洞。法官在一气呵成的量刑过程中，往往忽略对认罚与否作出区分对待，且由于判后反悔上诉的情况客观存在，法官对被告人“认罚”的信赖程度也会有所保留，因此往往不会给予明显的额外从轻处理，双方陷入信任缺失的恶性循环。

（三）“认罚”结果的矛盾性

现象三揭示了“认罚”存在结果上的矛盾性。根据规则设置，以速裁程序结案的案件，刑期均是在被告人接纳的量刑建议幅度内被法官采信的，2.1%—2.6%的上诉率看似不高，却大大超出试点前期预期的不超过0.5%的情况。以认罪认罚的姿态进入庭审，博取法官的同情或好感进而获得充分的量刑从宽之后，以“上诉不加刑”的原则作为护体法宝，继续游弋到二审法院试一试运气，成为一部分诉讼投机分子的最佳选择。虽然从结果来看，除了危险驾驶罪较为特殊之外，绝大部分案件二审实际上并没有发生变化，却消耗了数百工时的二审法院更加宝贵的司法资源。

（四）“认罚”效用的极限性

现象四揭示了“认罚”在提效效用上已趋极限。速裁组法官之所以不是一桩“美差”，是因为这些案件只是证明难度较低，而证明标准没有降低，[6]错案责任与普通案件并无二致，办案差错并不会因被告人认罪而被容忍。由于被告人可以在判决后轻易反悔，所以法官并不敢放松对卷宗的审阅和对证据的审查。速裁法官实际上是以倍增的风险来换取结案数字的增加。辅助人员充足的边际效用式微，而庭审及裁判文书亦不可能无限压缩，以速裁程序为代表的认罪认罚案件在“提速”上的效用似乎非常有限，且已达到极限。[7]

三、破局：完成从“认罚行为”到“认罚程序”的转变

正是因为“认罚”概念的模糊性、结果的矛盾性、激励的空洞性及提速效用的极限性，使“认罚”在实务中的存在感微弱。现阶段，完善认罪认罚从宽制度应围绕“认罚程序”展开，才能找到破局点。

---

6 卞建林、谢澍：《职权主义诉讼模式中的认罪认罚从宽——以中德刑事司法理论与实践为线索》，载《比较法研究》2018年第3期。

7 孙长永：《认罪认罚案件的证明标准》，载《法学研究》2018年第1期。

（一）从模糊到清晰：明确有效认罚的行为要式

认罪认罚从宽制度视野下，认罚不再只是一种心理状态，而应成为一个法律要式行为，才能上升到程序意义的存在。

1. 表达要式——认罚意思要自愿真实

自愿原则要求：第一，有效的认罚行为必须“亲为”，不得由辩护人代为认罚；第二，认罚必须建立在知悉法律后果的基础上，办案单位必须释明罪名规定、罪责后果，告知量刑建议也有不被采纳的可能，避免被告人陷入错误认识。若非自愿，则越以从宽引诱越易造成冤假错案。[8]

真实原则要求：第一，被告人的主观心理状态应当是负疚的、后悔的，其庭审中的言行表现应符合悔罪的表现，如被告人虽声称认罪认罚，却在质证等环节流露出强烈的对抗情绪，法官需要对被告人认罪认罚的情况进行重新核实确认。第二，不得以博取更宽的量刑为名，虚假认罚。一审判决作出之后，不因量刑太重上诉，否则实为虚假认罚。第三，要有一定的证据基础，[9]至少能与有罪供述相互印证。

2. 程序要式——认罚程序要规范完备

被告人在陈述过程中的悔罪意思不能只是口头表露，而应该是“要式”的。该原则要求：第一，被告人的认罪需要书面认罪，既包括具结书，也包括庭审笔录。第二，作出认罪陈述的被告人，必须有辩护人、法律援助律师，最低也要有法援值班律师提供起码的法律帮助，以从程序上保证被告人的认罪不是错误的。[10]第三，被告人作出的认罪，必须经当庭核实，核实被告人的认罪具备以上两点，是自愿认罪、真实认罪。

3. 结果要式——认罚后果要明确合理

有程序规则，必有违规代价，否则就是在排斥打击遵守规则的“良民”而鼓励纵容失信违约的“小人”。按照目前的操作，被告人毁弃“认罚”承诺几乎受不到任何限制，亦不承担任何后果。有效认罚作为一个法律行为，其作出应有相对应的法律后果产生。被告人通过有效认罚获得的利益是法院的从宽量

---

8 顾永忠、肖沛权：《“完善认罪认罚从宽制度”的亲历观察与思考、建议》，载《法治研究》2017年第1期。

9 杨宇冠、刘曹祯：《辩诉交易制度简论》，载《人民检察》2016年第11期。

10 错误认罪是指本来不属于犯罪的，被告人由于不熟悉犯罪构成要件，而误以为是犯罪。例如，销售假冒注册商标的商品罪，被告人以为自己卖了假货，就肯定构成了犯罪，而根本没想到自己卖的这个品牌本身不是注册商标（或注册已过期、未续展）。专业领域的问题应由辩护人帮助被告人把关。

刑，[11] 这一利益是明确的和有保障的，因为法官在量刑时受到一定的约束，无特殊情况时应对量刑建议予以采纳。被告人以认罪获取公诉人较轻的量刑建议，又利用法官受量刑建议的约束从而获得一个量刑建议内的刑期，就必然隐含着一项规则在其中：被告人获取了自己认可的刑罚，就不得再以量刑过重为由提出上诉。即被告人需要对自己的认罪负责，在一审判决后需要受到上诉方面的诸多限制。

（二）从失当到合理：保护有效认罚的信赖利益

激励偏差导致了“认罚无门径，毁罚无后果”的吊诡现象，而激励空洞则导致鼓励认罚的积极激励效用式微。法官们对被告人毁罚上诉表示出了极大的不满。除了心理上的原因，还因为毁罚上诉会增加大量事务性工作。法官本是基于对被告人认罪认罚的相信才作出判决，被告人的上诉却证明此人之前是虚假认罚。裁判者虽受到了欺骗，但判决一旦作出，就不能收回重判，即便在二审法院，毁罚者也会受到上诉不加刑原则的保护。由此带来一个严重的后果，即法官将可能不由自主地对被告人进行心理上的预先防卫，对被告人认罚的真实性打一个折扣，防止被告人在判决后反悔。每一次“认罚”后的上诉，都会消解一部分法官对认罚者的信任。长此以往，被告人的认罪将难以取信于裁判者，裁判者给出的从宽量刑幅度将会预先打折。容许一部分人违约伤害的实则是守约者的利益。故只有纠正偏差，让诉讼投机者难以得逞，让量刑的信赖保护利益形成，才更有利于解决量刑的空洞问题。

（三）从矛盾到自洽：明确有效认罚的法律后果

如果定罪是“认罪”的后果，则“认罚”的后果应是受到一定的刑期拘束。具体应表现为，对已经表示同意的刑期幅度内的量刑，不能轻易反悔。其合理性主要是基于权责对等原则。认罚行为使控辩双方在量刑问题上达成了一致，双方将同时受到这个诉讼行为的约束。控方受到的约束在于，除非被告人反悔，不得单方面撤回或加重量刑建议；在法院采纳量刑建议作出判决之后，不因量刑过轻为由提起抗诉。故辩方受到的约束在于，被告人虽然可以在一审判决前撤回认罪以及认罚的声明，但法院一旦采纳，不得因量刑过重提出上诉。“上诉”实际上是对量刑协商的单方面“违约”，应承担违约责任。此外，还可以起到减少诉讼投机分子、预防错案的积极作用。法官希望被告人认罪认罚，却不希望任何一个被告人错误地认罪认罚。通过强化认罚的法律后果，通过制

11 根据两高三部试点工作办法，法院原则上应当采纳检察机关的量刑建议。

度设计引导被告人在内心并不坚定时不要草率认罚，在作出认罚后就要对结果负责。

至于法律后果以何种方式体现，存在争议较大。实务界普遍希望一审终审，[12] 而学界对此颇有抵触，[13] 甚至有学者认为推行一审终审是在“致命的自负”下所作的“危险的抉择”，[14] 不能剥夺上诉权，以防止冤错案件。[15] 保障被告人上诉权不被剥夺，不意味着没有限制办法，如有学者虽反对一审终审，但也提出了“有条件的上诉权”[16] 概念，还有观点提出可以对这类案件不再适用“上诉不加刑”原则，[17] 或设立“前置过滤审查程序”。[18]

参考外法域立法，上诉权受到某种程度的限制是通行做法。例如，在英美辩诉交易制度中，控方通常要求在被告人放弃上诉权。[19] 剥夺上诉权与放弃上诉权不同，当出现无效辩护、非自愿认罪、量刑严重偏离法律规定的情况，被告人仍有上诉权，但要受到极为严格的司法审查。[20] 德国的简易程序案件，被告人需要部分地放弃上诉权，即上诉前需要由法院进行资格审查，如果审查符合上诉条件，才得以上诉，否则即径行驳回上诉。[21] 我国台湾地区规定，依协商程序所为之科刑判决，不得上诉。[22] 认罪认罚案件只是要求被告人提前承诺当特定条件成就时，放弃上诉行为，是一份附条件的提前声明。没有剥夺被告人的上诉权，只是给被告人提供了可以“选择放弃”以换取更宽量刑的机会。被告人仍然是有选择的，不放弃上诉机会时仍然享有“坦白”应有的从宽量刑激励。

---

12 丁国锋：《刑事速裁一审终审呼声渐高》，载《法制日报》2015年11月2日，第5版。

13 2016年6月18日，试点法院组织刑事速裁程序改革理论与实践研讨会，与会学者有陈卫东、卞建林、陈瑞华、顾永忠、李奋飞、王敏远、王学沛、熊秋红、杨建广等。根据会议纪要，与会学者会上达成意见认为不能绝对堵死被告人的上诉通道。我国目前的立法和司法尚不健全，上诉权不能缺失。

14 陈瑞华：《认罪认罚从宽制度的若干争议问题》，载《中国法学》2017年第1期。

15 陈光中、马康：《认罪认罚从宽制度若干重要问题探讨》，载《法学》2016年总第417期。

16 熊秋红：《认罪认罚从宽的理论审视与制度完善》，载《法学》2016年第10期。

17 刘静坤：《英国刑事程序对上诉的限制及其启示意义》，载《人民法院报》2015年1月30日，第8版。

18 李本森：《我国刑事案件速裁程序研究——与美、德刑事案件快速审理程序之比较》，载《环球法律评论》2015年第2期。

19 陈光中、马康：《认罪认罚从宽制度若干重要问题探讨》，载《法学》2016年总第417期。

20 李本森：《我国刑事案件速裁程序研究——与美、德刑事案件快速审理程序之比较》，载《环球法律评论》2015年第2期。

21 德国《刑事诉讼法》第三百一十三条。

22 我国台湾地区“刑事诉讼法”第四百五十五条。

（四）从极限到扩容：维护有效认罚案件的判决稳定性

前文论述了认罪认罚案件在控辩双方之间应当形成制衡，而事实不仅如此，认罪认罚实际上是在控、辩、审之间形成三方约束。审判者在三方约束体系中需要让渡的利益体现在：一是放弃了一部分审理时间，以保证此类案件能快速结案。二是量刑受到限制，被告人与公诉机关达成的量刑协商结果，非特殊情况一般应当采纳。在错案追究方面，速裁案件并不因被告人认罪认罚并选择速裁程序审理而减轻法官的责任，既然如此，速裁法官应当也有权利要求自己获得不低于简易案件的审理时间。要求法官不但要快速，而且要原则上同意采纳量刑建议，却要承担全部的错案风险，唯一的合理性就在于，让一审法官的裁判拥有更高的稳定性。唯此，法官在面对不但认罪而且认罚的被告人时，才能够大胆地、快速地作出判断，给出判决，“认罚”才能真正实现激发裁判效率的重要作用，实现审判资源扩容。

四、构建：围绕“认罚程序”完善认罪认罚从宽体系

认罪认罚从宽制度正式写入法条，其概念进一步清晰。围绕“认罚程序”完善认罪认罚从宽体系，还需要解决的问题集中表现在两方面：一是庭审前启动方式僵化，对真心服判但没有量刑建议的被告人呈现不置可否的冰冷面孔；二是在处理毁罚问题上后果缺位，表现出无能为力的纵容姿态。

（一）审前：设置控辩审主导下的三种启动模式

模式一：控方主导启动——交涉式认罚协商[23]

该模式由公诉机关承担启动认罪认罚程序的推动者角色，主动给出量刑建议。这是样本法院最主要的启动方式。控方的动力是双重的：实体上可以激励认罪，减轻证据压力；程序上可以积极促成速裁程序的适用，减少工作量，享有远程开庭、简化开庭、专人代为出庭等诸多便利。这一模式是在审前完成的，此时控辩之间在试探中完成信息量的交换，更多体现的是相互之间的信息交涉。[24]

此种模式下，认罚的要式文书为认罪认罚从宽处理具结书。

---

23 本文参考了李奋飞教授对控辩关系的分类。详见李奋飞：《论控辩关系的三种样态》，载《中外法学》2018 年第 3 期。

24 李奋飞：《论控辩关系的三种样态》，载《中外法学》2018 年第 3 期。

模式二：辩方主导启动——协作式认罚协商

受制于对量刑建议的依赖，目前尚不存在辩方主导启动方式。当公诉人出于某些考量给出量刑建议时，被告人应独立争取获得认罪认罚从宽覆盖下的权利。可以尝试允许由辩护人根据事实及情节，独立拟定一个被告人能够接受又合法合理的量刑幅度，由被告人书面签字确认，辩护人可以当庭向法庭提交自己愿意接纳的量刑幅度。只要法院经审理后认为适当，予以采纳，就应当作为认罪认罚案件对被告人从宽处理。也可以由辩护人在审前直接与公诉人进行协商，以配合、协作的姿态争取检察机关的量刑建议，此时将又回到控方主导启动模式中。

此种模式下，认罚的要式文书是认罪认罚状。

模式三：审方主导启动——对抗式认罚协商

对那些可能存在认罚协商空间的案件，法官可以主导搭建控辩双方进行意见对抗的格局，双方借助法官的主持而向对方施加压力。在样本法院这种启动模式中偶有发生，但往往局限于进入法院时并非认罪认罚案件，但庭审时被告人对案件事实、罪名没有争议的情况。审方动力来源：一是案件结果更有稳定性，上诉率相对降低；二是工作可以下沉，法官工作量减少。此种模式中法官应注意守住边界，只做程序性主导，不应发表实体处理上的观点，如有需要，可以休庭以给控辩双方留有对话空间。

此种模式下，认罚的要式文书是庭审笔录。

（二）判后：限制被告人上诉的事由

对上诉权进行限制较容易接受也较为可行的方式是对被告人的上诉事由进行限制。经过前面的调整，认罚结果应是实实在在的从宽，为换取这个结果，被告人应附条件地放弃部分上诉权：一旦法院采纳量刑建议，则不得上诉的条件生效。

1. 设置上诉审查程序

为打消认为一审法院可能自我保护的顾虑，建议将上诉审查程序设置在二审法院立案部门，其职能对接与运作方式类似于再审立案审查，立案难度应低于再审立案审查，但应高于普通案件立案。对一审法院而言，被告人上诉后仍应将全部卷宗移交二审法院。

2. 限制审查内容

上诉审查应限于上诉事由是否基本成立。以量刑过重为由上诉的，不予立案。名为事实不清，实为量刑过重的，做基本审查之后也不予立案。

3. 限制适用立案审查的案件类型

限制被告人上诉事由是我国刑事诉讼程序上前所未有的尝试，因此建议采取相对保守的态度，将案件类型限制在速裁程序中，在后期推广适用时也应严格限制在认罪认罚的案件中。应防止一审法官为控制上诉率而将限制上诉事由扩大到非认罚案件中去。

（三）三种不同模式下的控辩审制约关系

第一，在控方启动模式下，当法院采纳公诉机关量刑建议时，被告人不得以量刑过重为由上诉，公诉机关亦不得仅就量刑问题提起抗诉。此种情况下，公诉人对于不认罪的案件，有可能存在迫切的认罪要求，为防止公诉人给出过轻的量刑建议，需要法院在裁判结果上制衡公诉人。法院通过拒绝采纳量刑建议来对公诉机关形成一定的内心约束，防止公诉机关以刑期换认罪。为防止公诉人采取美国辩诉交易的方式，用放弃指控被告人涉嫌的其他罪名等方法进行交易，需要被告人在认罪认罚具结书上签署声明表示没有受到公诉人除本案量刑建议以外的其他承诺。

第二，在辩方启动模式下，被告人为获取额外的量刑从宽，可以在辩护人的帮助下签署认罪认罚状，声明一个可以接受的量刑幅度，提交法庭审查。庭审时，应就辩方提出的量刑幅度征求公诉人意见。公诉人同意的，制约关系参照第一种模式；公诉人不同意或不表态的，由法庭决定最终是否采纳，法庭采纳的，辩方不得因量刑过重而上诉，但控方由于未表态而不受约束。此种情况下，由公诉机关以抗诉方式制衡法院，防止法院为控制上诉率而采纳畸轻的量刑建议。

第三，在审方启动模式下，法院在庭审中征询双方对量刑能否达成一致意见。此时案件已经审查起诉至法院，公诉人对案件的把握大，对交换证据的需求不再迫切，且又是在正式的庭审中当面向法庭作出量刑建议，故此种情况的量刑建议普遍较为适中，不容易出现畸轻畸重情况，被采纳的概率也很高。量刑建议作出后，被告人不接纳的，不属于认罪认罚案件，上诉权不受限制；被告人接纳并表示受上诉理由约束的，属于认罪认罚案件，法庭采纳量刑建议后，双方不得因量刑不当而上诉、抗诉。

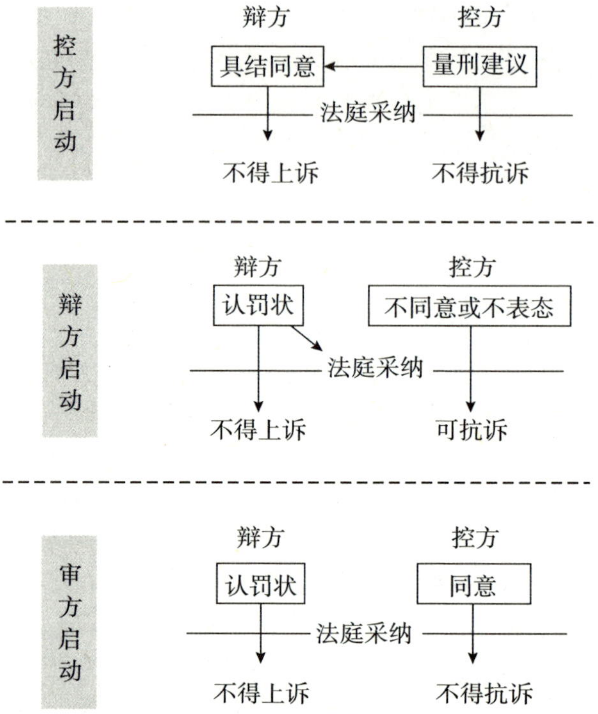

图4　三种不同模式下的具体限制

（四）对公诉机关和审判机关的要求

对公诉机关的要求：第一，坚守底线，不得以罪名、罪数进行协商；第二，要如实告知被告人量刑建议不必然被采纳，但已作出的有罪供述将作为指控犯罪的证据；第三，量刑建议要明确刑罚适用方式，不得采取迷惑性方式骗取被告人认罪，如不能以缓刑协商，却在量刑建议书中只写刑期，不写刑罚执行方式，人为导致争议。

对一审法院的要求：第一，如无必要，不轻易拒绝采纳量刑建议，不采纳的应着重释法说理，以免使公诉机关丧失信用，动摇认罪认罚的协商根基；第二，上诉是无因行为，不反映裁判水平，应放弃考核上诉率，防止为追求上诉率而对认罚状过低的量刑请求予以采纳。

对二审法院的要求：认罪认罚的案件上诉后，非必要情况一般不单独就量刑问题作出改判，以维护认罚案件的一审裁判稳定性。

结语

没有不受约束的权利，也不应该有缺失违规代价的规则。只有制定权责对等的、有权利就有责任的认罚程序，才能让“认罚”名副其实，形成“认罚有激励，毁罚则有后果”权责对等的认罚体系。同时，认罪认罚是被告人彻底悔罪的深刻表现，该行为的作出不应依附于公诉机关的态度，应交由法庭独立作出判断。应疏通庭前认罪认罚的渠道，并堵塞判后毁罚的路径，让虚假认罚的诉讼投机分子敬畏于制度规则的严厉和冷酷，也让每一位真诚悔罪的被告人体察到裁判者的宽仁和温度。

互联网背景下的涉众型经济犯罪实证研究

——以天河区人民检察院近年办理的相关案件为样本

广州市天河区人民检察院课题组*

【内容提要】 本报告基于天河区人民检察院的办案实践，以天河区人民检察院五年来的办案数据为分析样本，充分考虑互联网背景下涉众型经济犯罪的场域特征，深入研究该类犯罪活动在罪名认定、证据提取、证据固定和风险防范等方面的问题。互联网的跨界性带来的基层检察院管辖权不明和跨域办案的协作机制的不完善是检察实践面临的新难题。

【关键词】 涉众型经济犯罪　互联网　犯罪　实证分析

引言

涉众型经济犯罪是指基于同一法律事实，利益受损人数众多，可能影响社会秩序稳定的经济犯罪案件，包括但不限于非法吸收公众存款，集资诈骗，组织、领导传销活动，擅自设立金融机构，擅自发行股票、公司企业债券等犯罪。近年来，随着互联网的深入发展，涉众型经济犯罪借助高科技和便利的网络，在犯罪形式、犯罪手段、侵害范围等方面都出现了重大变化，不仅严重扰乱了市场经济秩序，也给广大人民群众带来了重大的经济损失。位于广州金融核心区的天河区人民检察院在近几年承办了大量借助互联网的涉众型经济犯罪，如

---

* 课题组负责人：广州市天河区人民检察院检察长，林伟忠；课题组成员：华南理工大学知识产权学院教授刘汉霞，广州市天河区人民检察院廖丽红、潘东、张宇琼；执笔人：张宇琼。

“E 租宝”“健康猫”“邦家”等大案要案的办理在国内引起了广泛关注，产生了重大影响。在案件办理过程中，我们发现由于互联网的渗透，涉众型经济犯罪呈现出高科技、高智商、刑民交错、罪名交织的现象，不仅案情疑难复杂，取证难，新情况、新问题层出不穷，而且因为金融创新与经济犯罪的界限模糊，因而对此类案件进行深入研究，无论是在法律层面还是在经济发展层面都具有重大意义。

受国内外复杂经济形势的综合影响，当前我国涉众型经济犯罪发案总量持续高位运行，特别是社会领域经济犯罪与专业领域经济犯罪相互叠加，传统经济犯罪与新型网络经济犯罪相互交织，新型犯罪形式、犯罪手段层出不穷，犯罪地域波及范围广，案件涉及的利益受损人数量众多，带来的社会影响极其恶劣。据统计，2018 年全国各级检察机关起诉涉众型经济犯罪 26974 人，同比上升 10.9%[1]。2019 年 5 月，公安部通报 2018 年至 2019 年第一季度，全国共立非法集资、传销等涉众型经济犯罪案件近 1.9 万起，涉案金额达 4100 亿元，单个案件的投资者超过百万人、涉案金额超过百亿元的“双百案件”数量较多。涉众型经济犯罪已经成为全社会关注的一个热点问题。

面对日益变化的涉众型经济犯罪，最高人民法院、最高人民检察院陆续出台了多个涉及非法集资、互联网金融、网络借贷等的司法解释。但涉众型经济犯罪手段多变，新情况、新问题层出不穷，立法滞后于实践的矛盾相对比较突出。在互联网背景下，涉众型经济犯罪借助于网络技术，因其便利性和隐蔽性呈现出涉案地域更广、金额更高、人员更多的高发态势，许多案件犯罪嫌疑人打着互联网金融创新的幌子行诈骗之实，欺骗性更强，查证核实难度更大，带来的社会危害性更大。如何区分互联网金融创新与假借互联网名义行刑事犯罪之实的“伪互联网金融”，成为司法实践中面临的难题。在这种情况下，从司法实践的角度来进一步分析和研究涉众型经济犯罪，改进现有司法实践中的不足，对进一步预防和治理涉众型经济犯罪，有着十分重要的现实意义。

本课题研究主要分以下几个部分：互联网对涉众型经济犯罪案件的影响、互联网背景下涉众型经济犯罪案件实证分析、涉众型经济犯罪预防和社会矛盾风险防控问题。

以互联网为代表的现代信息科技，特别是移动支付、P2P 平台、APP 等对人们的生活方式、经济发展模式产生了根本影响。互联网是一个开放的空间，企业只要将融资支付投资信息在平台上发布，无论网民身在何处，都能获知信息，并作出不同的交易反应。在互联网上交易，往往突破地域限制甚至国家限

1 参见 2019 年 3 月 12 日最高人民检察院检察长张军所作最高人民检察院工作报告。

制，一旦发生涉众型经济犯罪，受害人众多、覆盖面广、影响大，对经济秩序的损害不言而喻。从天河区人民检察院2008年至2018年办理的涉众型经济犯罪案件的情况来看，后五年的办案数量比前五年增长达278%，涉案金额增长88%，数据令人触目惊心。这十多年的数据折射出改革开放30年到改革开放40年的社会巨变，反映了互联网高速发展的同时，也滋生了越来越多的涉众型经济犯罪案件，在互联网时代，防范化解重大风险的问题不容忽视。

"互联网+"是新经济的增长点，也是创新型金融模式的重要基础，而利用互联网的经济犯罪常常打着金融创新的幌子鱼目混珠，非法敛财，扰乱经济秩序。因此，如何区别真正的金融创新与非法金融活动成为司法实践中面临的首要问题。在处理涉众型经济犯罪时，首先，界定"罪"与"非罪"的界限，以免误伤新经济的发展。其次，界定"此罪"与"彼罪"的界限，以正确适用法律，有效打击犯罪。最后，根据罪刑责相适应的原则，准确适用刑罚，惩处"互联网+"涉众型经济犯罪活动。

聚焦近五年来检察机关办理涉众型金融犯罪案件遇到的问题，找出潜在的风险点进行评估，包括风险类别、风险标准的研究及设置，构建预警机制，形成检察机关化解涉众型金融案件潜在风险的工作框架，服务经济转型高质量发展。

为完成本研究的目的和内容，课题组采用了以下研究方法：

一是法律解释。使用文义解释、目的解释和比较解释等多种方法对《最高人民检察院公安部关于公安机关办理经济犯罪案件的若干规定》及相关法律法规、司法解释等权威文件进行整体解释，厘定涉众型经济犯罪的内涵和外延。

二是实证研究方法。采用平均值、比例值、相关值等统计指标，对五年来天河区人民检察院办理的涉众型经济犯罪案件开展比对分析。为了确保数据的全面性、完整性，本课题研究选取的数据范围为2014年1月至2019年7月，并通过全国统一业务应用系统逐项累加。对于社会风险防控问题，采取电话访问信访群众的方式深入了解案件办理的实际情况和问题困难，以期提出对涉众型经济犯罪案件的防范对策。

三是时间跨度研究。采用时间跨度横剖式和纵贯式研究方法，鉴于犯罪的实效性和滞后性，以十年为整体，每五年一比对，通过前后五年经济社会发展形势对涉众型经济犯罪数据进行纵贯式研究。此外，对近五年来涉众型经济犯罪数据开展横向比较。

日新月异的涉众型经济犯罪，对司法工作者而言是一个新的挑战，在很多时候，司法实践更是走在了立法的前面。提高对涉众型经济犯罪的重视程度，不仅有助于更深入地了解此类犯罪，为今后理论界和实务界对此类犯罪的研究和司法实践提供一定的借鉴，也有利于提高全民对此类犯罪的了解，避免陷入罪与非罪的泥潭之中。

一、互联网背景下的涉众型经济犯罪规范依据

2018 年 1 月 1 日起施行的《最高人民检察院公安部关于公安机关办理经济犯罪案件的若干规定》（以下简称《若干规定》），是目前对涉众型经济犯罪具有司法解释性质的规范性文件，该规定修订了 2005 年《公安机关办理经济犯罪案件的若干规定》，结合《刑事诉讼法》关于程序正义和人权保障的价值定位，细化了涉众型经济犯罪案件的办理程序，规范了检察监督的办案职权，下文即结合《若干规定》等权威性文本的规定，从法律解释论的立场上界定互联网背景下的涉众型经济犯罪的基本规范要素。

（一）涉众型经济犯罪内涵及外延

涉众型经济犯罪案件是指基于同一法律事实，利益受损人数众多，可能影响社会秩序稳定的经济犯罪案件，包括但不限于非法吸收公众存款，集资诈骗，组织、领导传销活动，擅自设立金融机构，擅自发行股票、公司企业债券等犯罪。涉众型经济犯罪尚不是严格意义上的刑法学概念，而是在犯罪侦查的实务工作中，根据经验总结所提出的犯罪学概念。具有以下三大要素：

第一要素是基于同一法律事实。法律事实就是法律规定的，能够引起法律关系产生、变更和消灭的现象，可以理解为同一件事。比如，在非法集资案中，犯罪行为人依托同一网络平台，以高额回报为诱饵，以借款项目和基金为名非法吸收公众资金，这里的同一法律事实是指行为人以非法牟利为目的，依托网络平台以借款项目和基金吸收资金的同一行为侵害了不特定多数人的财产利益，诱发社会不稳定因素。

第二要素是利益受损人众多。利益受损人常见于民法的概念，在刑事法律中没有对利益受损人的界定，参考法律文献及学者观点，利益受损人是指正当权利或合法权利受到直接或间接侵害的人。[2]涉众型经济犯罪不是指犯罪嫌疑人涉众，而是指利益受损人涉众，这里的利益受损人既包括直接受损人即受害人，也包括间接受损人，如在传销案中，虽然参与者的利益不受法律保护，但是实际参与者的利益确实受损。人数众多，指的是对象的不特定性，或者是特定的某一类人群但这类人群人数众多。换言之，一对多，多对多的经济犯罪，都是涉众型经济犯罪。

2　朱里：《非法经营罪中利益受损人权利救济的思考》，载《法制博览》2013 年第 5 期。

第三要素是仅限于经济犯罪案件。涉众型经济犯罪覆盖的经济生活领域广泛，主要是指公安经侦部门管辖的各类刑事案件，及其他办案部门管辖的破坏社会主义市场经济秩序犯罪有关案件。主要包括非法吸收公众存款，集资诈骗，组织、领导传销活动，擅自设立金融机构，擅自发行股票、公司企业债券等犯罪。[3]笔者认为，合同诈骗和信用卡诈骗属于经济犯罪范畴，而近年来高发的电信诈骗如果是以电话网络形式骗取投资理财的，因具有涉众因素，又具有非法集资的特点，为扩大研究范畴，也列入了本文统计中。而一般的诈骗罪属于《刑法》第五章侵犯财产罪，则不属于涉众型经济犯罪。

（二）互联网对涉众型经济犯罪的影响

互联网和涉众型经济犯罪有机结合，依托和利用互联网技术实施的涉众型经济犯罪案件中，[4]互联网既可能是犯罪工具、犯罪对象，也可能是实施犯罪行为的场所。“互联网＋”时代加剧了涉众型经济犯罪的规模和态势，与传统犯罪相比，互联网对涉众型经济犯罪的影响有以下几点：

首先，犯罪形式的多样化。互联网渗透社会生活的各个领域，无论是工业、服务业、商业甚至是农业，还是人们的衣食住行，互联网都无处不在，这为犯罪分子实施犯罪提供了多样化的选择。于是乎，网络借贷、私募股权、虚拟货币、电子商务、消费返利、慈善互助、养老等领域均有涉及，利用各类交易平台从事非法证券、期货活动成为“新兴”犯罪样态。

其次，犯罪行为的隐秘性。这是由互联网自身的虚拟性所决定的，犯罪分子利用虚拟信号进行犯罪的隐蔽性、专业性、传导性进一步增强，如互联网金融、内幕交易、“老鼠仓”、操纵市场等。此类案件中，犯罪行为人注册公司筹建专门的互联网融资平台，通过 P2P 信贷、P2P 自融、设立资金池等模式，在“线上”“线下”两个渠道开展融资业务。一旦案发将对市场经济秩序、社会稳定和政治安全造成严重危害，这是以往传统经济犯罪案件所不具备的特征。

最后，犯罪跨度大。这是互联网的开放性所决定的，犯罪分子利用互联网可以跨地区甚至是跨国界进行犯罪活动，例如跨国的电信诈骗，只要有互联网，犯罪分子就可以实施涉众型经济犯罪，利用互联网的开放性，犯罪分子跨越了涉众型经济犯罪时间和空间的界限。

---

3 其中公安经侦部门管辖的经济犯罪案件有：妨害对公司、企业的管理秩序犯罪案件；破坏金融管理秩序犯罪案等六大类 89 种刑事案件；金融诈骗犯罪案件；危害税收征管犯罪案件；侵犯知识产权犯罪案件；扰乱市场秩序犯罪案件等。

4 任怡：《论大数据背景下涉众型经济犯罪侦查工作机制》，载《中国人民公安大学学报（社会科学版）》2016 年第 2 期。

（三）互联网背景下涉众型经济犯罪的类型

互联网正处于高速发展时期，中国正由“网络大国”走向“网络强国”，特别是在互联网全面嵌入现有的生产生活方式之际，可以预见，涉众型经济犯罪形式仍将不断变化，并且趋于复杂化与多样化。

第一类是“公益”筹资类。这是传统的涉众型经济类型，利用当前社会正着力发展养老、医疗等关系国计民生的事业为契机，吸引投资者投资，既投资农业、矿业等传统产业，也涉及生物科技、药物、新能源等高新科技领域，这一类非法集资行为往往采用大量的宣传包装，给人一种公司实力雄厚、行业前景光明的假象，迷惑性和隐蔽性较强，通常针对手中有点闲钱的中老年人进行。

第二类是“高收益”理财类。成立投资公司，在媒体发布广告，吹嘘有机构、资金、专业优势，以提供国际线路的外汇、贵金属、原油投资，零风险的玉石等以小搏大式短期投资为名，向社会不特定公众非法集资，这种类型专门针对不懂业务的投资客。

第三类是“概念化”炒作类。非法公开销售原始股，虚构拥有上百万会员的跨境电商平台，诱骗公众消费返利；编造只升不跌的虚拟货币，诱骗客户注册账户并以人民币入金。

第四类是“虚构类”的网络借贷类。这是近年来增长速度较快的非法集资类犯罪，如P2P网络借贷、私募基金等。P2P和私募基金都是未经有关部门批准，在网上设立网络借贷平台，以年息高额回报为诱饵，发售虚假投资产品面向社会公众吸收资金。相比较P2P，私募资金在投资门槛、投资数量、宣传方式和收益等方面有更加严格的要求，P2P没有统一的投资门槛，平台投资门槛更低。

第五类是“层级化”的组织领导传销类。以共享经济、新销售为幌子，成立电子商务有限公司，要求会员缴纳一定费用取得加入资格，通过设立多等级的会员制度组成层级，以发展人员数量作为计酬返利依据，引诱他人继续参与，骗取财物。

实践中的非法集资行为更多的时候并不是单纯地属于以上五种类中的一类，而是多种要素进行不同组合的复合型非法集资，欺骗性更强，甄别难度也更大。

二、互联网背景下涉众型经济犯罪实证分析

天河区是广州国际金融城核心区，GDP连续13年位居全国前列，属于经济犯罪多发地区，涉众型经济犯罪案件数量多、涉案金额高。2014年1月至2019年7月，天河区人民检察院共审查起诉涉众型经济犯罪案件360件涉1277人，

被害人数557539人，涉案金额1982.35亿元。通过案件分析，可以发现这些案件具有以下特点。

（一）发案数量、被害人数、涉案金额大致呈逐年上升趋势

从表1和图1可以看出，2014年至2018年五年间，天河区涉众型经济犯罪案件数量的变化比较平缓，被害人数呈明显上升趋势，涉案金额除2017年略有回落外，整体上并未偏离上升趋势。为了保证实证研究的客观性和科学性，参考涉众型经济犯罪的滞后性，本文参考了2008—2018年的涉众型经济犯罪数据，这一期间正是改革开放30年到改革开放40年的重要节点，这10年间中国经济迅速发展、社会变革日新月异，第三方支付、P2P、众筹等互联网金融业态不断发展和深度社会化，全方位地改变着人类的社会面貌和生活。社会环境的变化对涉众型经济犯罪也产生了深刻的影响。如果把这10年以每五年为轴，前五年是以实业投资为主的涉众型经济犯罪的发展期，后五年是以金融理财为主的涉众型经济犯罪“互联网+”时代。据统计，天河区人民检察院近五年来办理的涉众型经济犯罪案件比上一个五年在数量上超278%，涉案人数超104%，涉案金额超88%[5]，98%以上的案件都是通过互联网实施的。这些数据高位运转的背后，正是网络融资、第三方支付等金融业态的发展。[6]从近五年的案件来看，2014年、2015年、2016年我国宏观经济稳中向好，经济运行在合理区间，金融平台融资约束有所放松，2016年案发的64件涉众型经济犯罪涉案金额超千万元的案件占案件数的74%。2017年是金融市场监管强化年，国务院金融稳定发展委员会成立，相关部委出台了规范金融资产管理系列政策，在各部门强力监管下，影子银行、互联网金融、房地产金融等领域的金融风险得到明显缓解，这一年的涉众型经济犯罪案件数有所回落。2018年是改革开放40周年，金融业成为对外开放主方向，在进一步完善金融监管的大势下，受到经济下行和金融去杠杆的影响，随之出现P2P网贷平台“爆雷”潮。据统计，2018年案发的P2P案件占总案件数的47%，涉众型经济犯罪案件数量又出现爬坡式增长。2019年1—7月，涉众型经济犯罪案件数量已接近2018年全年的80%，涉案金

---

5 2008—2012年五年间办理涉众型经济犯罪案82件涉417人，被害人数241808人，涉案金额123.6亿元。而2014—2018年同样是五年的时间，涉众型经济犯罪案件高达310件涉1008人，被害人数493639人，涉案金额高达232.09亿元。

6 据数据显示，2013年至2016年间，中国移动支付年交易量由1.3万亿元增长至35.33万亿元，其中第三方支付交易规模达19.1亿元。据中国互联网信息中心发布的报告称，我国网民数量规模达7072亿，互联网普及率高达55.8%，超过全球平均水平（51.7%）4.1个百分点，超过亚洲平均水平（46.7%）9.1个百分点，以上数据印证了互联网对涉众型经济犯罪的影响。

额是近10年总额的5倍，单件涉案金额超千亿元。例如，犯罪嫌疑人杨某力注册“健康猫”APP平台，吸引全国各大学体育院校在职老师、学生等近5万余人投入到该APP中赚取课时补贴费用，后资金链断裂，无法归还，涉案金额达1716亿元。因此，防范和打击涉众型经济犯罪的任务仍然很艰巨。

表1　2014—2019年7月涉众型经济犯罪案件情况表

年份	案件数（件）	被告人数（人）	被害人数（人）	涉案金额（元）
2014	56	169	12323	34.55亿
2015	54	90	20956	49.73亿
2016	64	138	66175	55.71亿
2017	72	353	87218	21.79亿
2018	64	258	306967	70.31亿
2019年1—7月	50	269	63900	1750.26亿
合计	360	1277	557539	1982.35亿

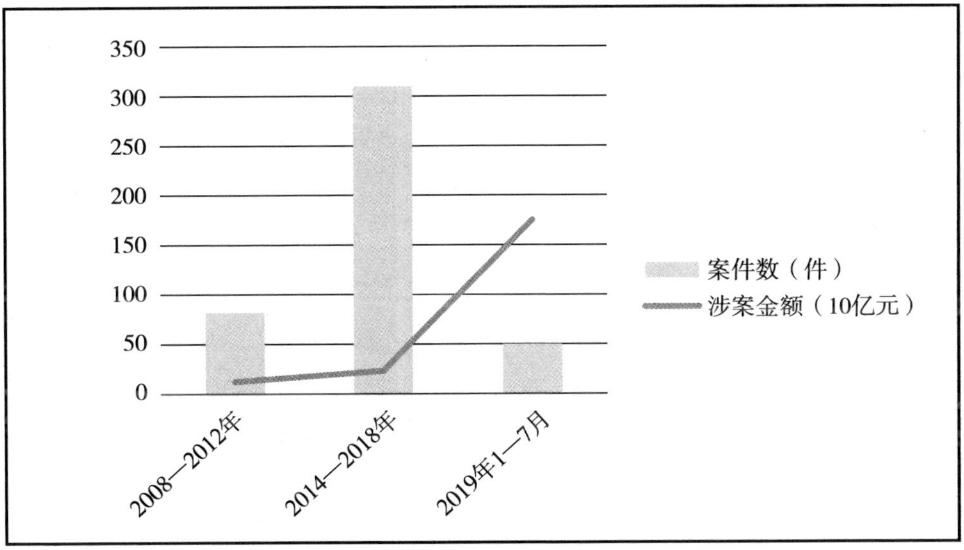

图1　近10年间天河区人民检察院办理涉众型经济犯罪案件量及涉案金额变化情况

（二）涉案罪名较为集中

涉众型经济犯罪案件涉及的犯罪类型广泛，包括非法吸收公众存款、集资诈骗、组织领导传销活动、非法经营、诈骗等众多包含涉众因素的类型。但在司法实践中，非法吸收公众存款和集资诈骗所占比例较大，这两类犯罪占涉众型经济犯罪案件总量的71%，涉案金额占总额的95%，两者的区别在于行为人主观故意的认定。集资诈骗罪是以非法占有为目的，行为人采用虚构事实、隐瞒真相的方法意图永久非法占有社会公众的资金；而非法吸收公众存款罪行为人只是临时占用投资人的资金，行为人承诺也意图还本付息。非法集资类犯罪中经常会出现组织者与其他参与者的主观犯罪故意不一致的情形，组织者暗怀非法占有意图，并通过收款账户绝对掌控犯罪所得收入，但蒙骗其他参与者为其犯罪行为效力，参与者可能并不知悉公司运作实质，只为获得高额业绩提成而卖力，因此要以参与者对公司运营模式非法性的认知程度来界定其主观犯罪故意。例如，“礼德财富”P2P网络借贷案中，涉及受害人4595名，涉案金额7.4亿元，主犯郑某被认定为集资诈骗罪，其他参与人员均被认定为非法吸收公众存款罪。值得注意的是，由于涉众型经济犯罪中非法占有的主观故意较难认定，许多实质上的涉众型诈骗犯罪一般会认定为非法经营罪，因此，非法经营的案件数和涉案金额都不可小觑。

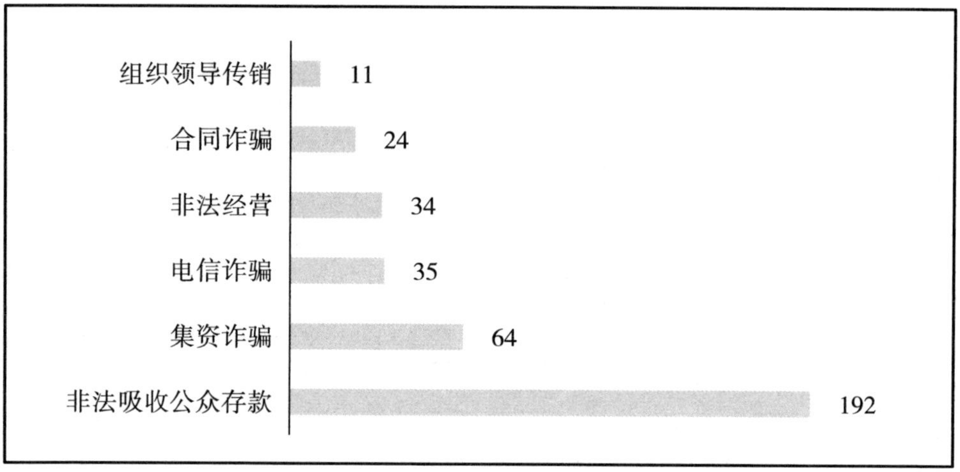

图2　2014—2018年天河区人民检察院办理涉众型经济犯罪案件涉及罪名情况

（三）犯罪地由核心商圈向东部金融城、互联网创建小镇扩散，犯罪地域扩大化

由图3可看出，天河区的涉众型经济犯罪的分布，有着明显的地域集中特征，集中于珠江新城周边及天河路一带，其中以珠江新城所在的冼村、猎德为圆心辐射至林和、石牌、天河南这五个街道，这五个街道的案件量占案件总数

的77%，涉案金额占总数的88%。[7] 这与该五个街道辖区已经成为日趋成熟的CBD（中央商务区）密切相关。天河CBD不仅是华南地区最大的CBD，更是华南地区总部经济和金融、科技等高端产业高度集聚区，该区域集中的超甲级写字楼给犯罪行为人获得公众关注和信任提供了极佳的气场和迷惑性。值得关注的是，天河区涉众型经济犯罪案件虽然存在上级机关指定管辖的客观因素，但主要还是依据地域管辖，大多数天河区人民检察院承办的案件就发生在天河区，天河区的营商环境仍然是乐观可控的。另外，天河辖区21个街道中每个街道都有不同程度的涉及，受天河东部打造金融城，互联网集聚区的影响，近两年的互联网涉众犯罪出现了向员村、车陂、黄村、棠下等东部商圈扩散的趋势[8]。

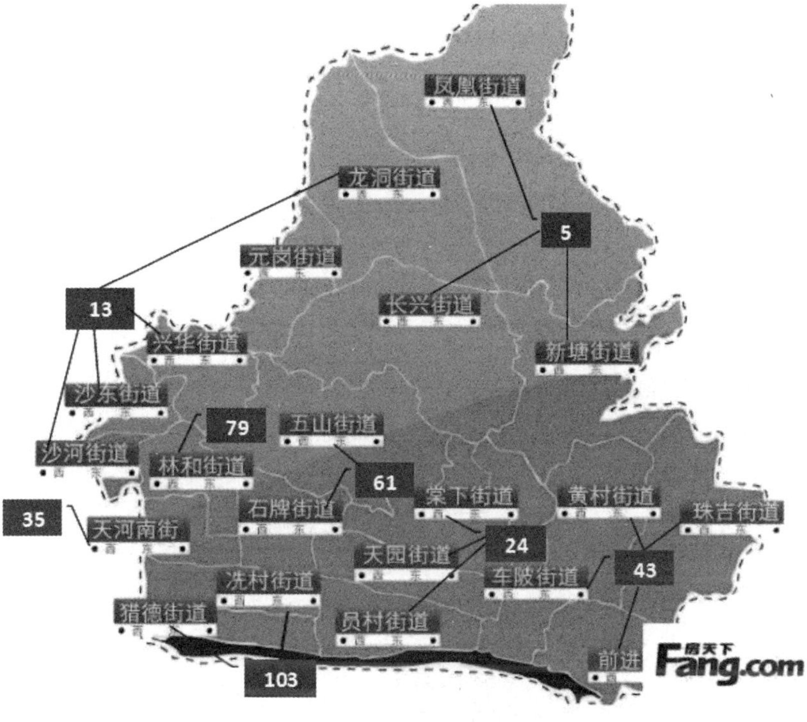

图3　天河区涉众型经济犯罪分布图

此外，涉众型经济犯罪的涉案地域由固定区域开始向跨省区域发展。传统的涉众型经济犯罪案件一般以地域为界，在犯罪地周围区域进行。然而时至今

7　近五年办理的362件案件中均分布在天河区的21个街道，以冼村、猎德、石牌、林和、天河南为核心商圈的这五个街道案件数278件，涉案金额253.93亿元。

8　科韵路周边列为全省首批“互联网+”创建小镇之一，目前小镇已集聚互联网企业400多家，互联网认筹超过4万人，按照天河区的规划，天河东部将打造为千亿级互联网集聚区。

日，借助先进的互联网技术，涉众型经济犯罪从单一的非法传销、非法吸收公众存款、非法集资等诈骗类经济犯罪，转变为多元化犯罪形式交织的复杂犯罪；犯罪区域由固定地区向全省、全国乃至全球跨区域发展。面对这种犯罪的跨区域性，由于犯罪形式的复杂化、多样化和信息不对称，犯罪识别难度大大增加。以邦家公司非法集资案为例，该案的主犯蒋某伟等人在天河区的CBD成立广东邦家租赁服务有限公司后，以天河区作为始发点在全国16个省、直辖市设立了多达64家分公司、24家子公司，以正常业务作掩护，在未取得融资行政许可的情况下，以非法占有为目的，虚构高额回报，采用推销会员制消费、区域合作及人民币资金借款等方法，向社会公众进行非法集资活动，案件影响范围广，带来的社会影响恶劣。

（四）犯罪潜伏期较长，渐变性累积爆发，犯罪公开化

涉众型经济犯罪从萌芽到案发通常有一个较长的潜伏过程。调查发现，存续时间在1年以内的案件量占总数的39%，虽然作案时间短，但发案数量大，具有“短平快”的特点，说明大部分犯罪组织均是“草台班子”，捞一把就走。存续4年以上的案件金额占总金额19%，时间长说明投入大，隐秘性强，对投资者的迷惑性大，侵害后果也严重，具有“放长线钓大鱼”的特点。在开始阶段，犯罪分子往往制造种种假象，如通过办理正规工商执照、税务登记等手续，成立合法公司，以部分实际经营掩盖其犯罪活动等，使投资者难以发现其犯罪实质。在实施阶段，犯罪分子往往是从小额资金的聚拢开始，进行滚雪球式的发展，在案发前会采用兑付回报的方式掩饰其犯罪的本来面目，以取得投资人的信任；而且在资金链尚未断裂、犯罪分子尚能维持“拆东墙补西墙”时仍不收手，直至资金链完全断裂才“东窗事发”。

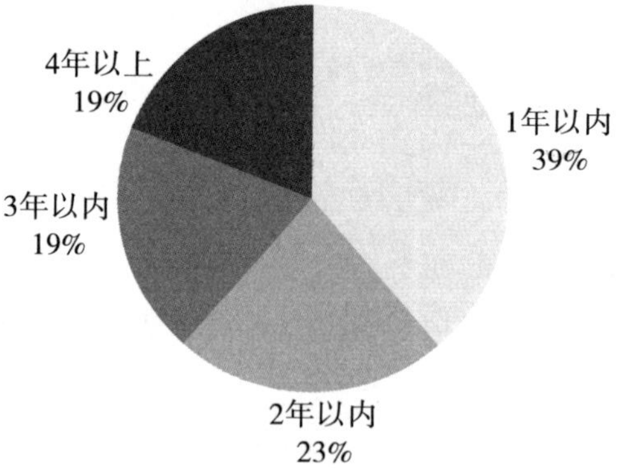

图4　2014—2018年天河区人民检察院办理涉众型经济犯罪案件的潜伏期情况

此外，与传统的涉众型经济犯罪案件私下运作的情况不同，现在新型的涉众型经济犯罪往往披上合法的“外衣”公开进行经营，以合法经营的外在形式掩盖违法犯罪的内在实质，真实项目与虚假承诺、合法交易与违规操作相交织，具有较强的伪装性与欺骗性，令人难以辨别。以“国盈基金”案为例，国盈广州分公司本具有私募基金牌照，被告人覃某生等11人借用私募基金牌照突破特定对象，违反国家相关法律法规，以固定收益回报、溢价回购为诱饵，公开向社会不特定人群销售该公司私募基金，截至案发共有253人报案，累计投资款达9.1亿元。在销售基金的过程中，该公司前期的销售行为是经过银监会备案许可的，但后期持合法牌照打违规经营的擦边球，违背募集机构及其从业人员推介私募基金的禁止性行为，该公司通过公众号、举办推介会、客户答谢会、投研报告会、全国营销会等形式推介，明确规定投资人必须提供资产证明文件证实个人金融资产不低于300万元且投资于单只私募基金的金额不低于100万元。被害人往往难以分辨出犯罪行为而遭受利益损失，也使得打击此类犯罪的难度加大。

（五）犯罪手段多样化，触及经济生活各领域

金融业是天河区的第一大主导产业，截至2019年8月底，天河区持牌金融机构累计达到236家，占全市总数的70%以上，一定程度上形成了金融业的集聚效应，因而涉众型经济犯罪的行为人会将其据点设在此地以彰显其所谓的“专业性”和“发展前景”，具有较大的迷惑性。因此，在天河区以“私募基金”“P2P网贷”“文化产业投资”进行理财投资的形式成为涉众型经济犯罪常见的犯罪形式，占案件总数高达51%，涉案金额占总数的62%。其中，P2P案件频发，涉案数占该类案件数的51%。同时，非法经营案件的触角不断向新领域蔓延，除非法经营烟酒、药品等常见犯罪类型外，还出现了非法经营承兑汇票，POS机套现及买卖期货、黄金和外汇等新型犯罪形式。传销案件由商品型向服务型、资金型变化，现在常见的是通过购买服务或缴纳年费取得会员资格，并发展下线获取返利。涉众型经济犯罪的手段以及涉及的领域趋向于多样化发展，以往多涉及养殖种植、旅游养老、高铁广告、网络电信、珠宝玉石、金矿开发等不同领域；近年来，在互联网金融快速发展、相应监管机制缺失的情况下，众筹、P2P网络借贷、私募股权、虚拟货币、电子商务等新兴互联网金融业态为犯罪分子所利用，沦为涉众型经济犯罪“重灾区”。据不完全统计，2017年以来全国公安机关共立非法集资、网络传销等涉众型经济犯罪案件1.7万起，其中利用各种交易平台从事非法证券、期货活动成为新兴犯罪样态。以天河区为例，2014年至今，天河区人民检察院公诉部门受理金融类非法集资犯罪案件

313 件，占涉众型经济犯罪案件总数的 87%，而且涉案资金往往非常高，远远超出过去的同类案件。以“E 租宝”案为例，李某等 9 人以珏城国际公司名义开展的“E 租宝”理财基金以及芝麻金融网贷平台，1 年多时间就吸收辖区内 5151 名被害人的 3 亿余元资金。如此的规模，过去是难以想象的。

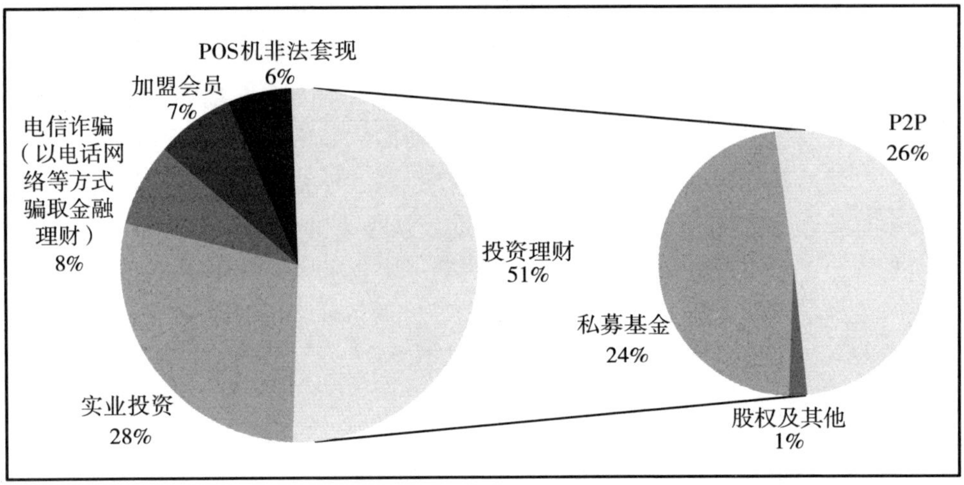

图 5　2014—2018 年天河区人民检察院办理涉众型经济犯罪案件涉及领域

三、涉众型经济犯罪案件办理过程面临的问题和挑战

涉众型经济犯罪案件频发，产生的社会危害严重。与此对应，案件办理过程中相关法律规定的滞后及其他疑难给案件的办理加大了难度。这些疑难主要集中在五个方面。

（一）法律相关规定的滞后问题

法具有安定性，使得法律相关规定不可避免地在一定程度上滞后于社会实践的发展。在当前涉众型经济犯罪形式的发展趋势之下，依据既有的法律体系已难以调整新型犯罪关系，主要表现为三种情况：一是刑法条文（包括司法解释）观念滞后所导致的犯罪定性问题。比如，对 P2P 非法吸收公众存款案当中对“资金池”的认定就存在着多种不同的理解，认定的偏差集中于构成非法吸收公众存款或集资诈骗的主要区分标准。两者在客观行为方面相似，量刑幅度相差却很大，关键在于是否有非法占有的主观故意，而对非法占有的认定是主观见之于客观的过程，司法解释列举较为含糊，实践中更难以准确把握。二是当民刑问题交织，即经济纠纷与经济犯罪交织时，案件定性的争议问题。例如，商业欺诈与合同诈骗的界限问题，传统理论并没有彻底厘清。在一起案件中，行为人赖某宣称可以帮助中小企业主或者个体经营老板开发手机专用APP应用程序并负责维护，与被害人签订合同后收取被害人1年至10年不等的维护费用，但其最后交付给被害人的手机APP，只是花一两千元找其他公司开发的简易APP，远远达不到当初向被害人宣传的实用性和经济性效果。由于合同条款内容过于简单模糊，被害人亦难以通过合同维权。在这种情况下，行为人的行为到底是合同诈骗还是商业欺诈，甚至只是合同纠纷？其中的定性存在着严重的争议。三是犯罪主体的确定问题以及随之而产生的罪数问题。实践中，很多涉众型经济犯罪案件的主体范围难以准确界定，如有的涉案企业采用家族式管理，个人决策与集体决策交织，是单位犯罪还是自然人犯罪，二者难以厘清；有的非法集资类犯罪经历非法吸收公众存款到集资诈骗的漫长转变过程，是以单纯的一罪论处，还是转化犯论处，抑或是数罪论处，这都需要具体案情具体分析。在这一层面还包括更为复杂的边缘人员的界定问题。由于涉及众多犯罪参与人，对其中一些特殊人员是否确定为共犯不好把握，如公司聘请的培训业务员的讲师、前台文员、参与时间不长业绩不多的业务员、为获取提成介绍新客户入会的其他客户等，追责范围是按层级划分还是按业绩、入职时间划分？更有甚者，有些涉案人员具有犯罪人与受害人的双重身份，对其身份应该如何认定，其中存在着诸多的法律疑难[9]。

（二）基层单位管辖权的局限问题

互联网涉众型经济犯罪案件在犯罪空间上表现出跨界性和广泛性特征。互联网涉众型经济犯罪案件中的实体犯罪空间涉及互联网金融公司注册地、公司经营地、利益损害人分布地等，实践中涉罪公司注册地和公司经营地（包括总公司经营地和分公司经营地）分离的情况十分常见，且融资活动借助互联网打破了地域限制，利益受损者分布在全国各地甚至境外国家或地区，这就对基层院管辖权带来了很大的冲击。2018年1月1日起施行的《关于公安机关办理经济犯罪案件的若干规定》规定由最初发现、受理的公安机关或者主要犯罪地的公安机关管辖。明确了管辖机关，一方面能够在一定程度上解决公安机关立案时的顾虑，另一方面也能遏制公安机关利用管辖权问题相互推诿，但面对互联网涉众型经济犯罪案件时仍显得捉襟见肘。互联网涉众型经济犯罪案件中的犯罪空间具有广泛性，大量取证工作需要跨行政区域方能完成。由于各地公安机

9 这类疑难问题一般来说在理论层面解决起来并不是非常困难，但在实务层面却极其琐碎，逐个定性往往需要耗费大量的时间与精力。

关之间的协作机制运行不畅，加之警力缺乏等客观原因，很多地方公安机关畏惧侦办此类案件。司法实践中，互联网涉众型经济犯罪的案件管辖权冲突时常发生，比如在批捕和审判环节中，检察院和法院经常就管辖权提出异议，犯罪空间与侦查管辖格局之间的矛盾可见一斑。

（三）司法机关技术水平的落后问题

根据刑事侦查学与犯罪学的相关理论，当犯罪人的技术水平不断发展的时候，司法机关的技术水平也必须不断发展，才能满足社会需要。然而在现实中，由于缺乏足够的技术设置与人力、财力为后盾，导致基层检察院办案手段总体依然处于相对落后的局面，这与涉众型经济犯罪高智商化、多样化的犯罪趋势严重不适应，导致证据收集和固定难。涉众型经济犯罪案件往往历时较长，涉案人员众多且分布于各地，资金去向难以掌握，导致证据收集困难，如书证、被害人陈述。司法机关往往为核实一个案件的涉案金额及被害人人数即需要耗费大量的人力、物力和时间，甚至连如何取证、如何装卷等琐碎的细节性问题都不堪其累，长此以往很难保障办案质量。以邦家非法集资案为例，从案发到判决，历时长达4年，涉及28名被告人、88家公司，卷宗材料超过8000册，其间侦破与核查的难度可想而知。此外，此类犯罪往往多人共同犯罪，行为人之间经常订立攻守同盟，突破口供比较困难，甚至少数犯罪嫌疑人为了逃避打击，故意隐匿、销毁会计账簿和其他书证，导致证据缺失。除此之外，这类案件的爆发大都具有突然性，且往往伴随着群体性事件，司法机关时常会迫于形势而不得已将主要精力放在稳控犯罪嫌疑人和维护社会经济秩序上，导致在一定程度上忽视了罪证收集工作的质量，从而给下一个诉讼环节带来困难。实践中，一些案件由于前期工作质量不到位，检察机关经过严格审查认为证据不足，不批捕比例较高，不捕退查后，案件仍难以取得新的突破，重新报捕率较低。

（四）信访维稳风险大的问题

涉众型经济犯罪案件涉及人员众多，由于受害者有相同或相类似的诉求，容易形成共鸣，上访时往往成群结队。根据不同的案件类型，受害人多数为退休职工，已年逾花甲，部分人还疾病缠身，也有部分是中青年或城市白领阶层。受害人来访的诉求大部分是要求司法机关帮助其挽回损失，并严惩犯罪嫌疑人。但也有部分受害人要求从轻处理犯罪嫌疑人的，要求司法机关释放犯罪嫌疑人，比如马某详非法吸存案中，大部分受害人就多次到天河区人民检察院集体访，请求司法机关释放犯罪嫌疑人，他们轻信犯罪嫌疑人的承诺，认为只要犯罪嫌疑人一出来就能退钱。受害人遭受巨额经济损失，以致其求偿心态迫切，倾向于采取越级访、集体访、闹访等方式进行信访。案发后，受害人往往会抱团维权，互相商量对策，组建维权微信群，一有情况就蜂拥而动，到访政府或司法机关维权，给政府施加压力，由于受害人人数众多，方式激烈，给维稳工作带来了很大压力。

（五）各方关注产生的办案压力问题

这类涉众型经济犯罪案件往往涉及大量的涉案人员与被害人的切身利益，从而引发了社会的强烈关注，导致处理这类案件时办案压力大，难以及时结案。具体来说，首先是领导层面的压力问题。对于此类案件，各级领导都会密切关注，甚至还可能提出一些要求或建议，从而给办案带来很大压力，有的时候甚至使司法机关左右为难。尽管与过去相比这种现象已经有了明显的减少，但还是会不时出现，从各个层面影响侦破与审查工作。其次是舆论充满的压力问题。当前社会自媒体发达，这类涉案人员众多的案件不时会引发某些媒体或舆论的炒作，从而诱发大众的种种质疑或不满，甚至对社会的稳定带来冲击。对此局面，司法机关极为困惑，却难有作为。最后是经办人办案的压力问题。受上述两方面的影响，检察官一般不愿意办理涉众型经济犯罪案件，多数检察官反映此类案件难度大、耗时长，需要承受巨大的身体、心理上的压力。在基层院的内设机构改革中，检察官对办理经济犯罪案件的部门避之不及，宁愿选择更多其他案件，也不愿意办理一件涉众型经济犯罪案件。以上种种，都不利于该类案件的专业化办理。

四、互联网背景下涉众型经济犯罪的防治建议

涉众型经济犯罪案件当前面临的问题众多而且复杂，有的是法律规定层面，有的是法学理论层面，有的是制度设计层面，有的是社会人文层面，这些问题都绝非一朝一夕可以彻底解决，而只能随着社会的整体进步不断地强化。就当前的局势而言，比较合理的措施是确定工作时的基本原则，强化工作的技术环节。本文站在检察院工作的角度，提出以下防治建议。

（一）明确处置涉众型经济犯罪的基本原则

一是要坚持办案与挽损并重、办案与维稳兼顾的原则[10]。在办案时，需要

10　从刑事诉讼法学的基本理论来说，司法本身是不适合兼顾维稳问题的，这实际上影响了司法的独立性。但在当前的具体形势下，完全不考虑维稳问题是不现实的。这就要求在法律与现实之间寻找一定的平衡。

结合刑法和民商经济法等法律的规定，将不同性质的案件进行区分。首先要区分罪与非罪，解决哪些行为入罪、哪些行为不入罪的问题。主要是应判定案件中的行为到底是民事违法行为、行政违法行为，还是犯罪行为，在此基础上再确定具体的打击范围。区分时应慎重，从民宜于从刑，从轻宜于从重。例如，对于带有民事欺诈性质的经济合同纠纷，不宜作为犯罪处理，必须处理的只能是社会危害严重或存在其他恶劣情节的案件；对于未经有关主管部门批准向不特定对象集资用于正常经营，情节轻微的，同样不宜作为犯罪处理。其次要根据罪名性质的不同，确定追究责任的范围。检察机关首先应当从维护被害人合法权益出发，重视被害人的合理诉求，协同其他部门，力求和社会其他部门形成稳控合力，尽力帮助其挽回损失，以便于维护社会稳定。同时，做好不捕不诉案件的释法说理工作。

二是要坚持宽严相济的刑事司法政策，轻其所轻，重其所重，不搞扩大化。在司法实践中，力求实际处理的人数和范围在总体上与案件的社会危害程度相适应，既不能一味地追求打击的人数，也不能盲目地息事宁人、还款了事甚或以罚代刑。对于自然人犯罪，要区分主从。对负主要责任，起组织、领导、决策作用的，要从严打击；对起次要作用且积极退赃、认真悔罪的，可从宽处理；对于边缘性涉案人员，特别是主要体现为受害人而非犯罪人的，要本着教育挽救的原则予以处理，必要时可以考虑不予追究刑事责任。对于单位犯罪，则应根据案件的性质和人员在涉众型经济犯罪案件中起决策、组织、指挥作用或者其他主要作用的主犯和作用大小实行分类处置。在这一过程中，要注意区分公司的法定代表人、实际控制人、企业的高管、企业的财会人员以及直接实施经济犯罪的行为人、社会中介等几类人员的区别，要根据这些人的表现具体分析，如通过判别其主观能动性来考察其主观恶性以及是否因此特别受到重用或者获利来考察其实际作用，是否具有刑法上的期待可能性，再判断是否予以入罪。

三是要坚持公开办案和保守侦查秘密相结合的原则。公开办案细节与保守侦查秘密，二者本身是一对矛盾。但在现实情况下，需要找到矛盾的平衡点。这是因为涉众型经济犯罪涉及众多受害人的切身利益，不少受害人的集资款是其养老钱、买房钱甚至是本人的全部家当，如果一味保密隐瞒有关侦破情节，可能诱发社会的恐慌情绪，导致流言四起。有鉴于此，司法机关在办案过程中，应当遵循依靠群众、积极侦查的工作方针，如建立新闻发言人制度，适时适度地向社会或者相关群众公布案情。在侦查的各个环节，要对被害人权益保护的具体方式、方法加以规范，帮助被害人准确理解法律的规定和相关程序，支持被害人正确行使权利。但这种案情公开，要建立在对侦查细节和关键证据的模糊处理的前提之下。但凡涉及核心案情和关键证据的，一律以模糊化处理，甚至直接表明不得公开，以捍卫法律的权威。

（二）细化司法实践工作的技术环节

一是在侦查指导环节，做好提前介入的准备，以全面引导侦查。由于涉众型经济犯罪案件的繁多和复杂，公安机关在取证时往往面对一些证据学上的技术性问题。有鉴于此，检察机关引导公安机关侦查取证就尤为必要，特别是要确保会计、账目、合同、第三方支付平台数据、银行交易记录等书证、电子证据等证据收集的合法性，以防证据缺失给后期的司法工作带来不必要的法律难题。天河区人民检察院在办理涉众型经济犯罪案中，积极试行重大疑难案件公安机关听取检察机关意见建议制度，明确公安机关侦查方向、讯问重点，并且贯穿立案、审查批准逮捕、审查起诉等不同环节，取得了较好的效果，其中的一些宝贵经验值得向兄弟单位推广。

二是在跨区办案环节，建立并完善异地、异域的多发联动机制。涉众型经济犯罪的特点决定了其证据的收集、案件的审理工作时常会跨越多个省市。为了避免多头管理出现的推诿扯皮或争执不休的现象，有必要由省级司法机关牵头，建立异地、异域的多发联动机制，负责不同地域司法工作的组织与协调。对于重大涉众型经济案件，在必要的时候还可以考虑成立相关司法机关工作人员组成的专案组，专门负责协调案件的处理工作，实现案件处理的一致。对于因少数地方保护主义而引起的部门协作不畅通的问题，应当通过加强监督机制和落实责任追究来尽可能减少协作不畅通现象的出现。

三是在队伍建设环节，完善专业化办案机制，建立具有高度责任感和丰富办案经验的专业队伍，以实现技术力量的强化和优势互补。例如，针对近年的网络金融犯罪，可以探索成立专业金融检察部门或金融检察专业办案组，形成专业办案机构；此外，还应当不断加强公诉专业化人才培训和专业交流，提高公诉人的知识水平和业务能力，逐步形成犯罪案件专人办理、系统研究、专业积累的良性循环，保证办理涉众型经济犯罪案件质量，提高办案效率。

四是在理论研究环节，应当加强对涉众型经济犯罪相关法律适用问题的研究工作。鉴于实践中，检察院往往受制于人力、时间的限制，对一些具有共性的问题难以进行有效的分析与认定。此时，有必要会同法院、公安机关、金融监管部门等实务部门，以及高校、研究机构等理论部门针对重大、疑难、复杂的法律适用问题在保证时效性的前提下展开研究，进行专门研究，加强涉众型经济犯罪个案研究和类案分析，对涉及新产品和新业态的违法犯罪行为，加强法律适用和刑事政策把握，通过对新类型案件的准确指控定罪，以发挥其对同类案件的参考指导作用。

五是在案件防控环节，突出风险防控意识，真正做到案结事了，社会恢复正常状态。最高人民检察院检察长张军在大检察官研讨班结束时的讲话中指出：要积极参与打击非法集资犯罪专项行动，把办理涉众型经济案件与化解风险、追赃挽损、维护稳定结合起来，坚决防范经济风险向政治安全领域传导。这一发言深刻阐明了风险防控工作的重要性。由于涉众型经济犯罪案件的处理结果往往关乎众多受害者的利益，应根据发案态势准确判断案件可能引发的群体性事件，对有重大社会影响的案件，由两级检察机关共同介入发表意见，并及时将案情汇报至省级检察院，突出风险管控重点，努力实现办案效益最大化、经济损失最小化。为了解决追赃难、退赔难等现实问题，还应建立相关退偿制度和程序，督促被害人有序地参与到诉讼及退赔程序中。无法全额退还的，应做好对被害人的释法说理与疏导工作。同时，及时采取查封、扣押等强制措施保全被告人财产或建立涉案公私财物托管制度，监督被告人履行承诺，实现对被害人损失的有效退赔或补偿。

结语

随着我国社会主义市场经济的不断深入发展，以及国家“一带一路”建设的不断推进，社会发展对融资的需求必定越来越强烈，而融资方式也必然变得越来越多元化，金融创新作为改革发展的一个重要部分，也必将展现出其强大的生命力。

涉众型经济犯罪是我国经济领域近年来出现的问题，其产生与存在，有着复杂的经济因素和历史因素，这不仅是中国，也是全世界都正面临的一个难题。特别是自 2018 年以来，受经济下行压力加大、银行信贷收紧等影响，企业融资困难的情况越发严重，涉众型经济犯罪问题日益凸显，案件高发多发，对国家的金融安全、老百姓的生活都造成了巨大的负面影响。涉众型经济犯罪作为一个在短时间内快速爆发的新型犯罪类型，司法实践在很大程度上走在了理论研究的前面。大量的问题来不及经过理论界充分研究就已经出现在司法工作者面前，如何从司法实践的角度来看待涉众型经济犯罪，解决涉众型经济犯罪出现的新问题成了每一个刑事司法工作者都必须面对的问题。笔者根据自身的司法实践经验，从实务的角度对涉众型经济犯罪的犯罪构成、犯罪特点、常见的疑点难点问题以及一些办理涉众型经济犯罪过程中的程序问题进行了分析和研究，这其中借鉴了不少学者和同行的研究成果与理论心得，同时也包含笔者对此类犯罪的一些研究成果与经验总结，在现有的法律体系下，对涉众型经济犯罪的预防与惩处，显然还存在一些不足与需要改进的地方，对此笔者也提出了自己的一些建议与看法。鉴于实践经验与理论水平的欠缺，这些建议难免存在不完善和值得斟酌的地方，也存在一些和其他学者意见不同的观点，但笔者认为，正是不同意见的碰撞与融合，最终促进了法律的进步以及理论与实践的结合。随着对涉众型经济犯罪的关注度不断提高，以及互联网金融日新月异的发展，可以预见到的是，对该类犯罪的研究必将不断深化，谨希望能以本文引发更多人关注涉众型经济犯罪，以期能为我国涉众型经济犯罪的理论研究与司法实践提供一些参考。

破解网络公司执行难之路径选择

——以构建被执行人域名查控体系为突破口

黄媛媛*

【内容提要】 在实践的执行案件中，作为被执行人的网络公司往往“身无分文”、踪迹难寻，成为常见的“老赖专户”，案件多以“终本”结案，红灯高悬，群众满意度低迷，法院执行权威大打折扣。法院执行工作者如何在网络世界这个漫无边际的战场找到老赖公司的藏匿之处，已然成为刻不容缓的问题。近年来，有部分执行法院尝试通过查封被执行人域名的方式，迫使被执行人正视法院执行工作，自觉履行判决确定的义务，取得了一定的效果。本文拟围绕当前司法实践中以网络公司为被执行人的案件执行现状，分析强制执行域名的正当性、可行性，并就查控被执行人域名这一执行措施未能大范围运用的原因进行探讨，尝试通过构建域名执行查控体系的方式寻求解决网络公司执行难的突破口。

【关键词】 网络公司　域名强制执行　域名查控体系

一、实践检视：被执行人为网络公司案件的尴尬执行处境

（一）案件数量激增、多涉民生

随着网络世界的日渐繁荣，网络公司纷纷注册域名，抢占互联网世界的阵地。中国互联网络信息中心发布的第41次《中国互联网络发展状况统计报告》显示：截至2017年12月，我国网站数量为533万个，年增长率为10.6%。域名CN的注册量早在2016年便超过2000万个，高居世界榜首，网络公司在虚拟

---

* 黄媛媛——广东省广州市越秀区人民法院法官。

世界的活跃程度可见一斑。

网络经济的蓬勃发展、网络公司的迅猛成长带来的是经济主体之间的摩擦增加，近年来，以网络公司为被执行人的执行案件数不断攀升。

以Y基层法院近三年所受理的网络公司为被执行人的案件为例。为了掌握该院被执行人为网络公司案件的总体执行情况，笔者分别以“网络科技公司”“信息科技公司”（网络公司常用公司名称）为被执行人主体关键词，在该院2015—2017年三年立案的执行案件数据中筛选满足条件的590件执行案作为样本。总体而言，近几年该类案件数量呈线性增加趋势（详见表1）。

表1　Y法院2015—2017年被执行人为网络公司的案件收案数统计

年度	2015年	2016年	2017年
收案数（件）	27	298	265

对上述案件进一步归类，其中涉民生案件（几乎均为追索劳动报酬案件）分别为13件、36件、179件，占比如图1所示。可以说，该类执行案已然成为涉民生案件的另一个多发区域。

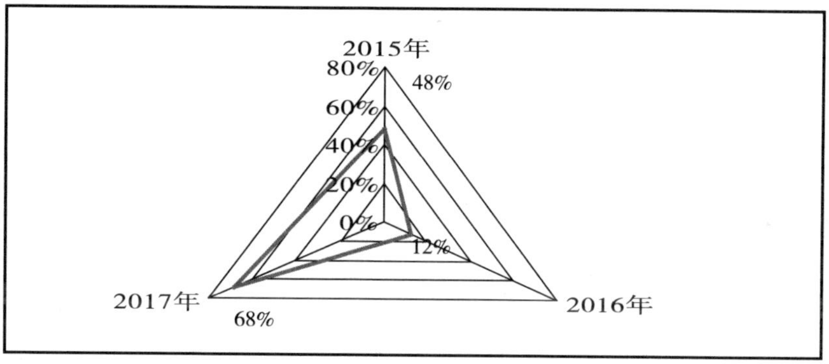

图1　Y法院2015—2017年被执行人为网络公司的案件中涉民生案件的统计

（二）案件成效不够理想、终本居多

对上述样本按结案方式进一步细化，具体见图2、图3。

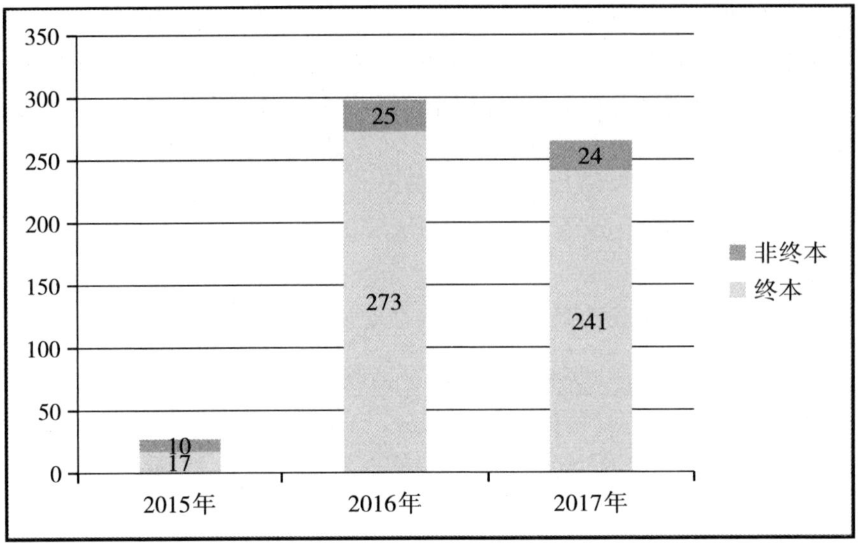

图2　Y法院2015—2017年被执行人为网络公司终本结案数量统计（计量：件）

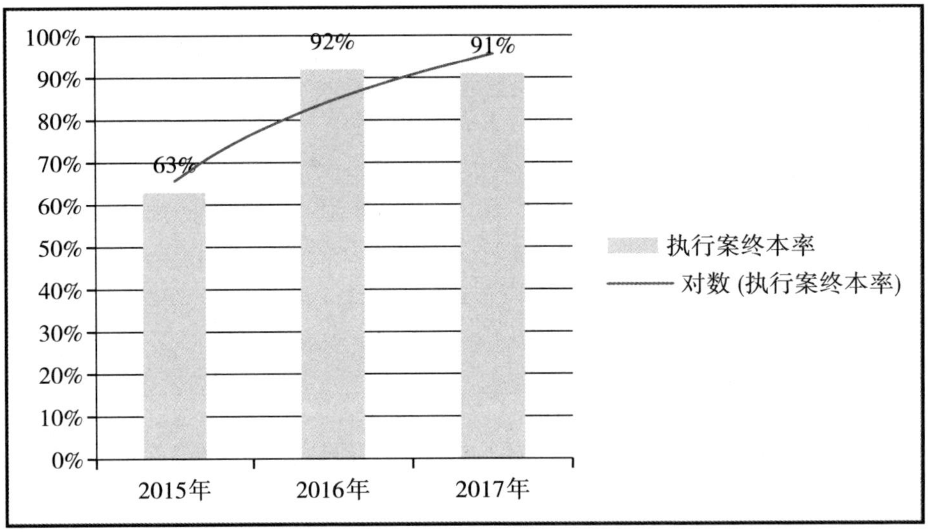

图3　Y法院2015—2017年被执行人为网络公司的终本率统计

从图2、图3反映的情况来看，从2016年起该类执行案终本率进入90%以上的高危区域。可见，在这三年，被执行人为网络公司的案件数量呈增加趋势的同时，终本率亦是居高不下。

通过对样本进行分析可知，主要原因是网络公司规模小、常规财产有限，查控措施有限。该类公司多为中小型企业，人员结构简单，名下流通资产十分有限，绝大多数没有房产、车辆等固定资产，常通过租赁办公场所、办公设备等形式满足经营需求，流动性大，对其经营场所进行搜查，也多为“人去楼空”，踪迹难寻。针对该类执行案，执行法官一般以采取总对总、点对点查控系统调查财产为主，部分以现场搜查等传统执行措施辅之，以避免“无益”执行。

从数量及成效上来看，以被执行人为网络公司的执行案数量逐年增加、“终本”率红灯高悬，已然成为解决执行难中的硬骨头。为重点解决其中的涉民生案件，在此类执行案件举步维艰、难有突破的困境下，执行法院理应转变思维，关注、研究针对域名等网络产物的强制执行。

二、可行性探究：域名强制执行的正当性

何谓域名？从 2017 年 11 月 1 日起施行的《互联网域名管理办法》已有定义——域名指互联网上识别和定位计算机的层次结构式的字符标识，与该计算机的 IP 地址相对应，是连入网络的计算机在 Internet 中的技术标识符，是易被人记忆（Easy-remember or Human Friendly）的网络计算机标识符或者说是计算机 IP 地址的外部代码[1]。

（一）域名对网络公司经营的重要性

域名具有标志性。比如，人们一看到 www. baidu. com，就能联想到百度搜索引擎，看到 www. court. gov. cn，就会联想到最高人民法院官方网站。网络时代盛行的是“注意力经济”[2]，网络公司为了保护自身知识产权、巩固原有客户、吸引更多客源，越来越注重自身域名的标识功能，竭尽所能将自己的企业名称、商标等变成其在网络世界的地址——“域名”。域名的标志功能让其成为更具价值的字符，成为网络公司的身份象征。

域名具有绝对专属性，一个域名只能对应一个域名持有者，是网络公司在互联网领域的住址，被形象地称为网络世界的“门牌号”。掌握域名就能在虚拟世界“定位”网络公司的经营场所，反之，删除一个域名或者禁止解析一个域名就可轻易地阻断网民正常浏览该域名所绑定网站的信息内容[3]，进而在一定程度上影响网络公司的经营与生产。

（二）域名自身具备的财产属性

理论界对域名的权利属性多有争议，主要有“民事利益说”“知识产权说”

---

1 王潘：《域名权探析》，载《法制与社会》2008 年第 12 期。

2 谢冠斌：《从域名的法律保护看知识产权制度的发展》，载《法学评论》2001 年第 3 期。

3 丁春燕：《互联网域名管理制度对网络言论的控制》，载《法学杂志》2017 年第 1 期。

“权利否认说”“物权说”等观点[4]，但对域名具备财产价值这一点却基本保持一致。

从会计角度而言，域名满足“资产”的基本定义，应当视为网络公司的一项资产。(1) 域名是由企业过去经营交易事项形成的。根据域名相关规定，网络公司可通过电子邮件、联机注册、书面申请等方式向域名注册服务机构申请域名注册，并与之签订注册协议，以获得域名使用权。(2) 域名是由企业拥有或控制的。域名具有专属性和排他性，取得域名的网络公司就域名享有专有、使用、租借、转让、续展等权益。(3) 域名预期会给企业带来经济利益。域名是网络公司在虚拟世界经营场所的“门牌号”，是网络公司在虚拟世界盈利必不可少的“工具”。

从大陆法系对财产定义的角度而言，域名具备大陆法系对财产的属性要求。(1) 域名具有价值性，域名在形成管理使用过程中，管理机构、注册服务机构、域名持有者等网络群体都为之耗费了一定的精力、时间和金钱。(2) 域名具有有用性，域名是网络公司构建网络经营场所、用户浏览网站的必需。(3) 域名具有稀缺性，可供选择的域名资源有限，域名注册的需求却不断增长，好的域名更是“一字千金”、供不应求。(4) 域名具有可控制性，网络公司可以专有使用域名，也可以对域名进行转让处理。(5) 域名具有流通性，域名每天都在许多交易、拍卖平台活跃，部分域名甚至可以拍出天价。

域名的财产价值起初并未凸显，直至越来越多的域名被抢注，域名的财产价值才逐步呈现。2006年，在中国首次网络域名的公开拍卖会上，一名网民持有的 www. lenovo3000. com 域名以32000元的价格成交[5]。域名价值通过拍卖的形式变成了现实，域名也从此有了“明码实价”。

(三) 域名管理制度保障的可行性

我国域名管理制度的逐渐健全也给域名执行提供了便利。《互联网域名管理办法》明确规定：域名注册申请者要提供域名持有者真实、准确、完整的身份信息等域名注册信息，域名注册服务机构应当公布域名注册服务的内容、时限、

---

4 参见姜晓亮：《论域名权与商标权的冲突》，载《中国司法》2001年第3期；王潘：《域名权探析》，载《法制与社会》2008年第12期；景岚：《域名法律问题思考》，载《法学家》2000年第3期；王半牧：《试析域名的法律性质》，载《国际经贸探索》2001年第5期；唐广良：《INTERNET域名纠纷及其解决》，载郑成思主编：《知识产权文丛（第四卷）》，中国政法大学出版社2000年版，第290页。

5 《首次域名拍卖：“lenovo3000”3.2万元被抢走》，载搜狐网，http：//it. sohu. com/20060321/n242387379. shtml，最后访问于2018年6月3日。

费用，保证服务质量，提供域名注册信息的公共查询服务。域名实名制的逐步实现，亦为法院确认域名与网络公司的对应关系、畅通域名查询渠道提供了先决条件。

三、适用壁垒：域名查控体系的缺位

既然强制执行域名具有正当性、可行性，那么现实中采取域名查控这种较为新颖的执行措施，执行情况又是如何？笔者以“执行案件”“域名”为关键词，以2015—2017年为截取时点，在中国裁判文书网进行检索，共检索出275件相关执行文书，去除无效样本，在执行过程中采取查封、注销、转让域名等措施的仅有32件，不涉及知识产权纠纷（如域名侵犯商标权等）、由执行法院主动采取的仅有4件。在中国知网、百度等网站以“查封域名”“执行”为关键词检索查封域名执行案的新闻报道也仅有7件，具体见表2。

表2　近十二年全国涉及域名查封案件报道情况汇总表

执行时间	执行法院	协助执行单位	协助执行内容
2006年	北京某法院	中国互联网信息中心	禁止使用
2006年	北京某法院	中国互联网信息中心	不明
2012年	浙江某法院	不明	不明
2013年	上海某法院	不明	不明
2016年	江苏某法院	北京××信息技术有限公司	不影响使用
2016年	济南某法院	中国互联网信息中心	不影响使用
2017年	广州某法院	××科技有限公司	禁止使用

同时，截至2018年6月1日，在几大司法拍卖平台未发现1起拍卖域名的案例。综上所述，在全国范围内法官主动适用域名执行措施的仍然十分少见。归根结底是域名管理的不尽完善，而近几年域名实名制的管理让法院查控域名不再是一纸虚妄。

当下，出现网络公司在虚拟世界风生水起、执行法院却在实践中毫无作为的情况，最主观的因素是执行人员对域名知之甚少，最主要的原因是执行法院受到技术等方面的局限，对网络公司线上经营情况的掌握不足，最关键的问题是域名等网络产物的查控力度难以把控，更为重要的是缺乏现实可操作的制度规范。

（一）主观层面的因素

法律是一个独立的学科，却不是一个自给自足的学科；为了满足社会发展的需要，它必须不断地从其他学科中汲取知识来充实法律学科的发展[6]。由于长期以来缺乏通才教育，法学界人士对市场经济的理论和实践缺乏系统知识[7]，极易因知识老化、知识更新受限，而使法官队伍建设存在知识短板、知识盲区，部分执行法官连什么是域名都甚为困惑，更谈不上以此为契机，剑指老赖网络公司。

（二）实践层面的因素

笔者尝试以现有资源查询广州市×悦网络科技有限公司名下持有的域名，过程如图4所示。

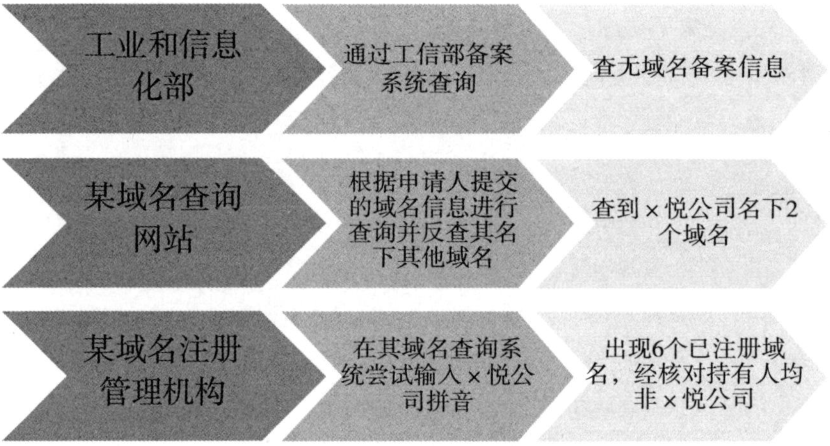

图4　广州市×悦网络科技公司查询域名情况

可见，想要获得某网络公司完整的域名持有情况并不容易。所谓的公众查询服务目前只能支持“由域名到持有者”的信息披露，但“由持有者到所持有域名”的查询通道并不畅通，尤其在多数网络公司名下所持有的域名并不能与其名称、商标相对应的情况下，若想在茫茫网络汪洋里猜到它的“门牌号”实属不可能任务。对执行法官而言，这是强制执行域名最难逾越的障碍。

与此同时，现有域名注册管理机构、域名注册服务商众多，路径的多样化

6　［美］波斯纳著：《法理学问题》，苏力译，中国政法大学出版社1994年版，第532页。

7　苏力著：《法治及其本土资源》，北京大学出版社2015年版，第323页。

反而增加了调查的难度，极其可能出现同一个公司却在不同域名注册服务机构注册不同域名的情况，要将众多分散的信息收集、汇总、甄别、筛选，需要大量资本、劳力的投入，在目前案多人少的情况下，并不是十分理想的执行措施。

（三）客体层面的因素

域名作为一项网络产物，其复杂性非一般财产所能比拟。网络公司持有域名主要有两种作用，一是通过注册域名开展网上宣传和经营；二是将域名作为一项投资，以备高价卖出，获得利益。法院在对域名进行强制执行的过程中，需要注意把控域名本身的财产价值、关联网站的经营情况，以及查封域名对被执行人的影响程度。这对法官而言，亦是一大考验。

目前国内对域名评估的专业性文献较少，专门的域名评估公司也有限，市场定价混乱，关于域名的定价比较多的是参照国际著名域名交易商 Greatdomains 的估价方式，采用三个 C 来估计域名的价值，分别是 Characters（域名长度）、Commerce（商业价值）和 . com（所在的顶级域名）[8]。法官如何结合国情、域名实际情况，衡量域名价值也需要慎之又慎。

移动时代，越是简短易记的域名，越具有惊人的附加商业价值，但并非所有的域名都具备这样的特性。域名只是“门牌号”，并不是网民选择网络服务的直接依据，加上网络搜索引擎工具的发展，一般情况下，网络群体不会想当然地将熟知的商标或商号作为域名进行定位，普通网民更不会有意识地对复杂、无规律的域名字符进行记忆。对于这样的域名，其财产价值不确定性大，评估拍卖域名的意义不大。

因此，比起拍卖域名，查封域名这项更类似于扣押经营设备的措施，反而更为法官所青睐。一旦域名被突然查封，对赖以经营的网络公司而言，势必对其部分生产经营工作造成影响，或影响用户使用，或影响广告投放，都能在一定程度上对被执行人造成压力，促使其履行义务。但如何把控其中的力度，既保障申请执行人的正当利益，又能避免乱执行、滥执行，也并非易事。同时，域名查封也存在一定的“流失风险”，一旦事先走漏风声，网络公司可以迅速转移阵地，只需要通过更换域名或者变更域名持有人等简单方式就能“堂而皇之”地规避执行。

（四）制度层面的因素

通过对以往执行域名的案例分析可知，不同法官对协助执行内容、协助执

8 姜彤彤：《浅谈网络域名的股价》，载《广西会计》2001 年第 12 期。

行单位选择都存在着分歧（详见表2），查封域名后能否允许被执行人继续使用？协助执行的单位是工业和信息化部、所在区域的通信管理局、中国互联网信息中心，还是具体的注册服务机构？在我国现有的执行体系里并没有包含对强制执行域名等网络产物的相关规定和指引，更遑论具体的操作流程和方式为执行法官提供指导。这使得执行法官在涉及域名等问题时常常无所适从、左右思量，故而采取不置可否或敷衍了事的态度，最终不了了之。

四、重构路径：构建域名查控体系并纳入现有执行机制

前文可见，强制执行域名具体规范的缺失、实际操作经验的不足以及强制执行域名客观上存在的不确定性，给强制执行域名的推广使用带来了冲击和挑战，使得法院强制执行域名的工作一直停滞不前。在目前阶段，我们应理性看待域名强制执行存在的困难和问题，直面法院执行不足，为强制执行域名制度的规范和发展寻求体系化、规范化、可操作性强的解决方案，把虚拟世界中的事物纳入现有的执行法律体系中来，为突破网络公司执行困境提供可行路径。笔者针对上述存在的问题提出对域名查控体系的构想，具体如下：

（一）加强法官队伍知识培训

法官是一个需要终身学习的职业，不能奢望毕其功于一役。一线执行人员，尤其是基层法院的执行人员，很少有时间和精力去主动吸纳多范围交叉学科知识，参加培训、接受上级法院的信息就成了执行人员学习的主要途径。要注重对优秀执行案例的推广，重视对法官相应配套理论知识、系列操作方法的培训，让法官有充足的知识储备，充分理解域名，才能在执行过程中正确适用域名执行措施，让域名查控作用最大化。不仅是域名查控，面对网络技术的日新月异，只有让“法官拥有知识”而非“知识占据法官”，[9]抓好队伍建设，才能让法官们了解网络、运用网络，克服畏难情绪，从容地面对网络时代的冲击。

（二）搭建良好辅助联动机制平台

执行法院获取域名信息的举步维艰映射的是法院和域名注册机构、管理机构之间执行联动机制的缺位。工欲善其事，必先利其器。繁琐、重复性的查询、核对工作不应过多占用法官的时间和精力。如何积极发挥域名管理机构、注册服务机构的协助执行作用，建立长期稳定的协作机制十分重要，要让法院在网

---

9 王申：《法官法律知识的本源与确认——以法官的实践理性为视角》，载《现代法学》2012年第2期。

络世界也能毫无障碍地执行，必须以联动机制为基础，构建解决执行难的大格局[10]。

根据《互联网域名管理办法》《中国互联网络域名注册实施细则》的规定，全国的域名服务由工业和信息化部负责监督管理，在获得工业和信息化部的许可后，域名注册服务机构方可与中国互联网信息中心签订协议，进而开展注册服务业务。网络公司可通过电子邮件、联机注册、书面申请等方式向域名注册服务机构申请域名注册，并与之签订注册协议，获得域名使用权。具体如图5所示。

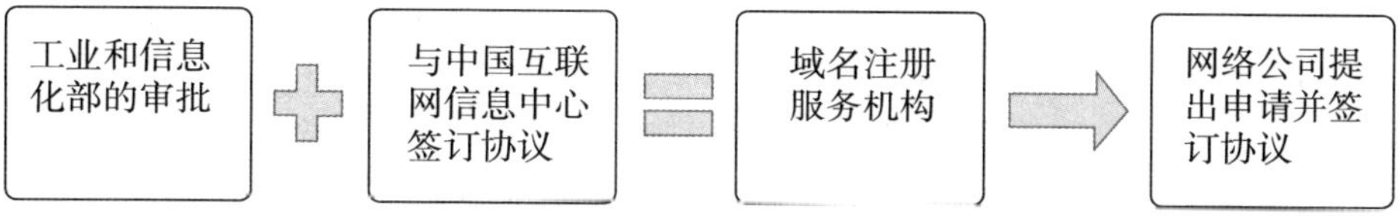

图5 域名管理体系四大组成单位关系图

在明确上述管理关系的基础上，应积极发挥各管理运营单位的作用，与中国互联网信息中心及各大域名注册服务机构协作，建立覆盖在册域名注册服务机构的联动快速查询平台，构建由单项局部查询到双向全面查询的模式，并将域名查控系统纳入全国总对总查控系统中。借助这个平台，法院能够与全国多家域名注册服务机构实现基本覆盖、专线连接，凭借被执行人的公司名称信息、注册信息就可以通过实时的电子数据交换进行查询，获得所有注册域名机构、使用年限、域名使用情况等反馈。

（三）补强失信被执行人名单公示体系

“人无忠信，不可立于世”，经过近几年的实践探索，法院借助于信息化手段，构筑的失信被执行人名单公示体系已相对完备，如何结合域名查控措施，让“失信公示”的受众精准化、成果高效化，是进一步在网络运营领域发挥失信公示作用的研究方向。

目前，利用现有的域名及其背后一系列网络定位技术手段，能够对网络用户解析域名、登录网站的请求加以拦截，将其解析到错误的地方从而使网络用户无法顺利访问目标网站。在此基础上，我们能否利用现有技术，在不直接阻断被执行人运营的同时，对被执行人网站加以一定的限制，在用户进入该网站的同时先行跳转到“失信被执行人警示提醒”的网页，让社会受众知悉，尤其

10 江必新：《如何打赢“基本解决执行难”这场硬仗》，载《人民论坛》2017年第3期。

让被执行人公司的现有客户、潜在客户知悉，进而在虚拟世界压缩失信被执行人的生存空间，倒逼“老赖公司”履行义务，这值得进一步研究。

（四）完善强制执行域名操作规范

现代市场经济要求的不只是更多的法律和制度，而是需要更多的具有“形式理性的”法律制度[11]，强制执行域名这一网络产物，更应明确执行的适用范围、启动程序、内容范畴、流程设计以及被执行人的救济途径。

1. 明确强制执行域名适用的范围

受域名的强制执行措施影响较大的当属对门户网站经营依赖性强的公司，如视频点播公司、网络游戏公司等，如若不加区分、一概适用域名查控措施，则难免有滥执行、乱执行的嫌疑，引发当事人的强烈不满。执行法官应当在保障申请执行人债权利益的同时，选择对被执行人影响最小化的执行措施。目前，总对总、点对点查控系统已基本覆盖对银行存款、房地产、车辆、证券等主要财产的查控，相比强制执行域名，在基本成熟的配套体系指引下，对这些财产的查控、处置成本较低，更为迅速和便捷。因此，执行法官理应优先执行此类可供执行的财产。综合各方利益，应当对被执行人为网络公司的执行案件作如下大致区分：对于通过常规财产调查发现足额可供执行财产的网络公司，以及执行中积极配合法院、确有困难的网络公司，法官不宜采取强制查封域名的执行措施；针对拒不履行生效判决规定的清偿义务，却仍在门户网站上正常经营取得收入的网络公司，则可以适用强制执行域名的措施。

2. 细化强制执行域名的启动程序

对于查控域名的启动程序，法院可以依照申请执行人提供财产线索、被执行人的自行申报以及法院依职权调查来进行，但确有必要在启动前进行初步审核。根据《最高人民法院关于人民法院执行工作若干问题的规定（试行）》中关于查封、扣押财产措施的规定，被执行人无金钱给付能力的，人民法院有权裁定对被执行人的其他财产采取查封、扣押措施。强制执行域名措施应在确实查无被执行人足额常规财产可供执行的情况下才能予以启动。

3. 界定强制执行域名的内容范畴

对域名的查封措施是一律禁止被执行人使用，还是允许使用，但不得转让与变更？笔者认为，两种执行内容互不冲突、互为补充。从实际操作效果而言，禁止被执行人使用域名的目的主要是在一定程度上对被执行人造成压力，促使其履行义务，讲究的是一击即中，令被执行人措手不及、无力规避，适用于被

11　苏力：《法治及其本土资源》，北京大学出版社2015年版，第85页。

执行人采用故意规避或以置之不理的态度拒不履行判决确定的义务的情况；仅对被执行人转让变更作出限制的执行内容，则适用于评估拍卖域名阶段，评估拍卖域名与被执行人门户网站设置、服务器设定等均无关系，允许使用的目的在于给予被执行人“清场”的时机，是必要和必需的。

仅将查封域名作为威慑手段是不够的，要让强制执行域名措施落地，就要让域名价值实质化，不可避免的是评估拍卖域名这一环节。鉴于域名价格起伏大、对网络数据变动依赖高、定价难等一系列特点，运用互联网大数据评估平台进行评估定价更为妥当。在综合考虑域名本身特点、注册期限、所在顶级域名的基础上，参考相应市场价、特定标的类型等因素，估算出域名起拍价，进而在现已基本成熟的网络司法拍卖平台上发布公告，无人竞买的，也可以物抵债。

无论是域名拍卖成交，还是双方协商以物抵债，最后都涉及域名的交付问题。在双方自主协商的基础上，可以采用双方自行交接，并在域名注册服务机构做好转让变更登记的方式；需要法院强制交付的，法院应当及时制定相关执行文书，交相关域名管理服务机构办理。

4. 衔接域名执行与其他执行措施的流程

人民法院现有查控系统旨在设立专门稳定的渠道实现执行查控系统与政府、证券登记结算部门、不动产登记中心、银行等主体之间的网络结合，建立覆盖全国的网络化执行查控系统[12]。唯有将域名查控统一到现有执行体系，才能既充分发挥原有强制执行措施的效力，又发挥强制执行域名的补充效用，流程设计如图6所示：

12 杜东安：《构建执行大数据，全力破解执行难》，载《人民法院报》2017年3月29日，第2版。

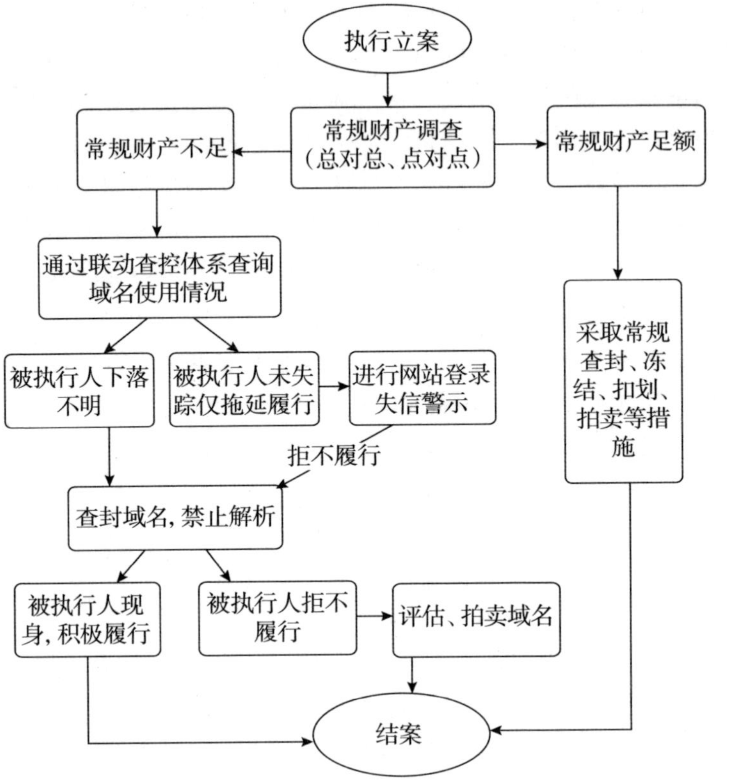

图 6　域名执行工作流程图

5. 保障当事人权利救济的途径

在加大执行力度的同时，需明确执行措施合法与否、适当与否的界限，一方面靠的是法官的理性权衡，另一方面靠的是当事人通过提起执行异议的自我救济。

（1）被执行人可就执行行为提起执行异议。我国民事诉讼法规定，被执行人对违反法律规定的执行行为有权提出执行异议，但对违反法律规定的事项却无进一步的明确界定。故在适用该条法规时，对被执行人而言，既有宽泛的概括性“优势”，又兼具无所适从的“劣势”[13]。在法院强制执行过程中，当事人认为法院强制查封域名、设置“网站失信公示”、评估拍卖域名等措施违法或侵害其权益时，应在本案执行程序终结前依据民事诉讼法的相关规定提起执行异议。

（2）案外人可提起排除执行异议。案外人在法院执行的过程中，认为自己对域名享有足以阻止执行措施的权利，应在案件执行程序终结前，依据民事诉

13　江必新主编：《民事执行重大疑难问题研究》，人民法院出版社 2010 年版，第 398 页。

讼法等相关规定提出执行异议。由于域名实名制现已正式开始实行，域名的权利归属问题，主要应当依据域名的注册登记信息进行判定。

根据《最高人民法院关于人民法院办理执行异议和复议案件若干问题的规定》，法院审查执行异议，应当依法组成合议庭，办理执行实施案件的人员不得参与审查。

无论是补齐知识短板，培养适应网络时代的执行法官，还是借助各方力量拓宽法院查控的外延，构建联动覆盖性查控体系，既需要通过上级法院的顶层设计，以上率下，又需要基层法院通力配合，以下促上，方能事半功倍[14]，破解当前“法院执不到钱、抓不到人、无奈终本”的困局，进一步提升每个案件的执行成效。

结语

新时期的法院执行早已超越了“为”与“不为”，迈入“如何为”与“更好为”的征程[15]。对人民群众而言，“解决执行难”要的不仅是程序合法、执行规范，更应该是执行的实效，否则人们对司法的尊重也无所依凭[16]。如何利用域名这一产物完善执行机制、补足法院执行在互联网世界的短板，只是“基本解决执行难”中的冰山一角，如何利用越来越多的新技术跟上时代脚步，从传统财产覆盖到互联网虚拟财产，从传统查控进阶到“智慧法院执行”，更充分地维护当事人的权益、捍卫司法的尊严，才是应有之义。

---

14 黄弘源、陈丽：《法院微博管理困境反思与突围之道——基于31个省会城市中级人民法院官方微博的实证分析》，载贺荣主编：《司法体制改革与民商事法律适用问题研究》，人民法院出版社2015年版，第195页。

15 沈德咏主编：《司法公开实践探索》，中国法制出版社2012年版，第233页。

16 陇夫：《尊重司法的理由》，载《法制日报》1999年12月5日，理论版。

司法责任制背景下的房地产纠纷裁判尺度统一路径研究

广州市中级人民法院房地产审判庭课题组*

【内容提要】 法律指引功能是“统一裁判尺度”的核心价值，既包括建立较为稳定的行为指引，也包括基本一致的裁判尺度指引。本报告通过分析近年来广州市房地产纠纷的裁判数据，并分商品房预售合同纠纷、房屋买卖合同纠纷、房屋租赁合同纠纷、居间合同纠纷、物业服务合同纠纷、农村宅基地房屋买卖合同纠纷六类典型案件，类型化梳理裁判尺度异化的原因。基于此，本文系统总结了现有裁判尺度统一探索实践中的领导示范机制、类案跟踪机制、立体沟通机制、集体研判机制、专项调研机制五项机制保障，从建立专业审判特色机制、畅通法律适用交流渠道、持续抓好司法能力建设、注重典型案例司法宣传四个方面提出优化裁判尺度统一的方案。

【关键词】 司法责任制　房地产纠纷　裁判尺度统一　自由裁量

法律指引功能是“统一裁判尺度”的核心价值，既包括建立较为稳定的行为指引，也包括基本一致的裁判尺度指引。随着社会诉讼意识的觉醒与发展，社会公众将更多公平正义的诉求寄托于法院。一方面，自由心证的相对独立性、围绕证明标准降低的认识分歧、经验规则之选择多样性、司法裁量空间的广泛性，让“同案异判”在房地产司法审判中并不鲜见。而其中背离司法公正要求的“同案不同判”现象却时有出现，不利于法律适用统一和司法裁判权威，降低了社会公众对法律的信仰和对司法的信任。如果一条法律同时存在截然相反

---

* 林北征——广州互联网法院审判管理办公室（研究室）法官助理，曾任广州市中级人民法院法官助理。林婕——华南师范大学法学院经济法学硕士。

的解释与适用结果，法律本身应该具有的预测功能与指引功能自然无从谈起。[1] 另一方面，根据“四五纲要”“五五纲要”文件精神[2]，在司法责任制改革背景下，“审理者裁判、裁判者负责”作为司法改革的重心，有效的裁判尺度统一机制对法官降低误判风险、提升审判质效具有实际意义。因此，需要系统评价现阶段裁判尺度统一的具体实践，探索房地产纠纷裁判尺度统一的优化路径。

一、裁判尺度的数据化观察

（一）裁判尺度异化描绘

发回重审与二审改判案件，是监控裁判尺度离散程度的核心指标。从2011—2017年广州市房地产纠纷上诉案件发回改判数据来看，发回重审率、二审改判率和总体发改率平缓上扬，这与近年来房地产市场重大调控措施和民商事法律修订等事件密不可分。裁判尺度的离散呈历史惯性发展，既有案件质量监督机制正常发挥效用。

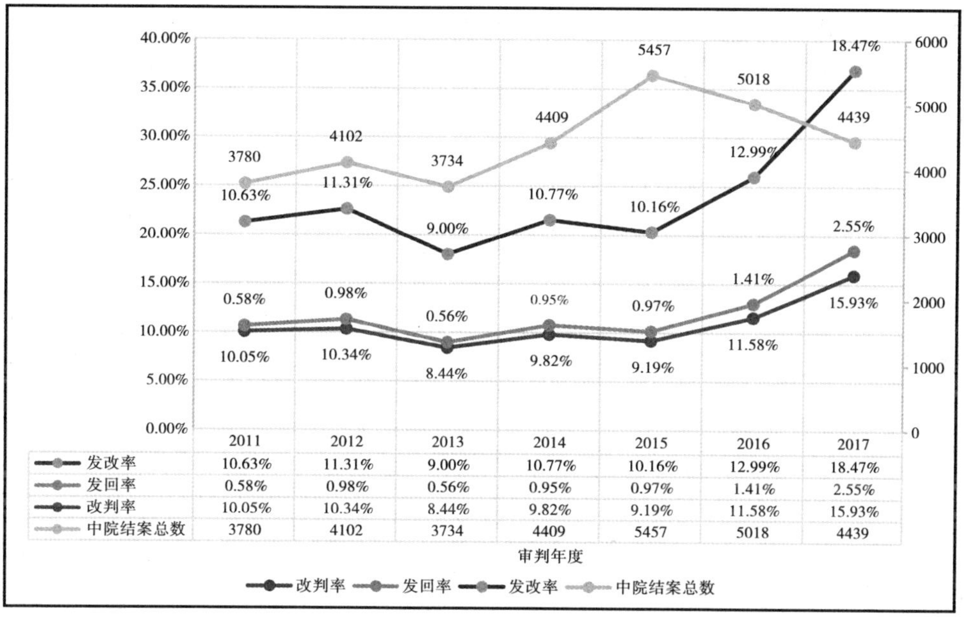

	2011	2012	2013	2014	2015	2016	2017
发改率	10.63%	11.31%	9.00%	10.77%	10.16%	12.99%	18.47%
发回率	0.58%	0.98%	0.56%	0.95%	0.97%	1.41%	2.55%
改判率	10.05%	10.34%	8.44%	9.82%	9.19%	11.58%	15.93%
中院结案总数	3780	4102	3734	4409	5457	5018	4439

图1　2011—2017年广州市房地产纠纷上诉案件发回改判率统计图

1　刘贵祥：《再谈民商事裁判尺度之统一》，载《法律适用》2011年第5期。

2　详见最高人民法院：《人民法院第四个五年改革纲要（2014—2018）》（法发〔2015〕3号）、《最高人民法院关于深化人民法院司法体制综合配套改革的意见——人民法院第五个五年改革纲要（2019—2023）》（法发〔2019〕8号）。

具体到2016—2017年，图1出现了二审结案总数下降而三率上升的“倒挂”（曲线交叉）现象，表明全市房地产审判裁判尺度存在系统性异化，主要包括：第一，根据司法改革的要求，改革裁判文书签发机制，主审法官独任审理案件的裁判文书，不再由院、庭长签发，具体个案的裁判尺度实质上解除了主管领导的签前审核。第二，配合“繁简分流”司法政策执行，二审法院将大量5件以上系列案件分流至立案庭速裁程序，除结案总数降低、拉高发改率外，由于两个庭室之间对类型化案件的审判知识与知识并未统一，导致部分案件与房产庭既往生效裁判不一致。第三，由于上述政策，大量单案涌入房产庭，改变了庭室以往“难案＋易案”的复合结构，简易案件比例进一步下降，案件审理难度变化较大，加之当事人诉讼请求、举证责任履行与诉讼策略（集中表现为所诉案由选择）等因素，类案识别难度增大，进一步加剧发改率拉升，裁判尺度异化。

在85%的置信范围内，基于FORECAST函数预测广州市房地产纠纷上诉案件2018—2020年发回改判率可知，据现有审判流程，二审案件发改率在2018—2019年两年的酝酿后，随着结案数的增加，将进一步跃升至22.49%。如何收敛裁判尺度离散化趋势，压低发改率核心指标，是统一裁判尺度的重点问题。

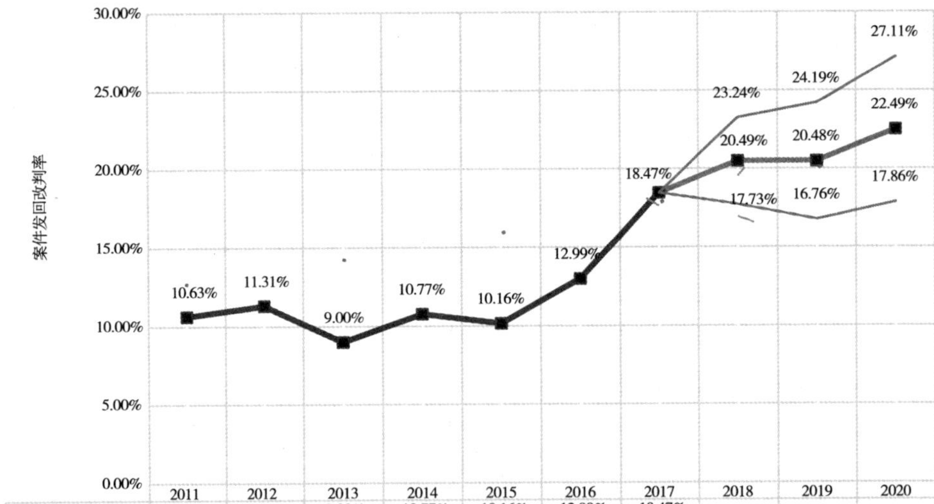

	2011	2012	2013	2014	2015	2016	2017	2018	2019	2020
发改率	10.63%	11.31%	9.00%	10.77%	10.16%	12.99%	18.47%			
趋势预测(发改率)							18.47%	20.49%	20.48%	22.49%
置信下限(发改率)							18.47%	17.73%	16.76%	17.86%
置信上限(发改率)							18.47%	23.24%	24.19%	27.11%

图2　广州市房地产纠纷上诉案件2018—2020年发回改判率预测

（二）“同案异判”的原因

一是不同法律规范之间存在适用摩擦。制定法本身具有不确定性容易导致“同案异判”。我国现行法律体系具有局限性和滞后性，制定法本身存在不确定性、模糊性乃至于法律空白，制定法的抽象性造成原则条款的大量适用。由于我国法律同位法之间存在“不一致”和异位法之间存在“相抵触”的情况，再加上诸多地方立法标准存在差异，不同法律规范之间难免存在冲突。法官选择适用的法律法规不同，或法官审判思路不同，就会出现不同的裁判结果。

二是法官对法律理解认知和适用不统一。由于法学理论基础、知识层次、个体认知背景、审判经验和价值评价等因素的影响，法官对法律规范的理解必将存在个体差异。在法律法规没有明确规定或者法律不够完善的情况下，上级法院针对审判实践中出现的某一类突出问题往往出台“规范意见”，而这些“规范意见”又常常具有滞后性，且不同法院之间的“规范意见”又可能存在不一致的情况。例如，在具体裁判案件时，不同法官会对举证期限、举证责任的分配和证明程度及证明力大小等证据采信标准不同，会根据自己的理解选择适用不同的法律规范。

三是办案任务日益繁重无暇同步裁判尺度。从全市两级法院年收案形势来看，基层法院新收房地产案件7476件，同比上升18.38%，存案数即将突破1.5万件。市中院收案幅度虽有所下降，但系列案件减少，受房产调控政策、电商冲击实体经济等因素的影响，新型、复杂案件增多，法院面临的办案压力有增无减。从各基层法院发改案件的分布情况来看，如从化、南沙、增城等法院发改率增长较快，因为这些法院房产案件相比基数小，成立专门房产业务审判庭较晚，作为房地产产业高速发展地区，纠纷显著增多，而裁判尺度需要进一步弥合。

四是裁判个案思维抑制尺度普适化应用。讨论疑难、复杂、新型或具有典型示范效应案件的具体裁判思路，并加以总结升华为一般性裁判推荐标准，是裁判尺度统一的重要工具。实践中，基层法院案件请示会或庭务会常常止步于个案决定，其一般指导性功能往往被虚化。拘泥于“讨论个案”而轻视统一审判理念的局面，没有打开向外辐射的出口和空间。中级法院各业务庭更多时候会退化为推动个案流转处理的机构，导致其统一裁判尺度的功能严重受限。虽同一案件工作思路统一，但由于形式上仅是对个案的讨论，尽管已在中院与某一基层法院之间达成共识，却缺少向外辐射的出口和空间，无法保证此后对类似案件作出相同处理。探索从“个案”裁断到“普遍”问题指导的有效路径，既能保证及时有效、有针对性，又能保证一定的普适性，是改革亟待探索的问题。与此同时，司法公开强化了裁判尺度监督的公众参与度。虽然上述案件基于实际情况不同而出现不同的处理结果，但客观上容易导致当事人误解，从而产生不必要的缠诉缠访。

二、裁判尺度的类型化梳理

（一）商品房预售合同纠纷

一是延期交房违约金的计算问题。例如，原告起诉开发商，要求开发商支付延期交房违约金（每日按照房屋总价款的 0.01% 的标准计算），并主张根据被告的要求为了规避限价政策另行缴纳了装修费，由某装修公司出具装修款收据或发票，部分案件原告还与装修公司签订了装修合同，部分案件没有装修合同。装修合同中的装修标准与其余没有缴纳装修费的案件的商品房买卖合同约定的交楼标准一致，甚至包括“公共部分（外墙、住户大堂、标准层电梯间、安防系统、信箱、停车场、走火楼梯、背景音乐）”的装修标准。现原告主张装修费实际为购房款的一部分，也应作为计算延期交付违约金的部分本金。被告表示装修公司并非被告指定，无须向其支付装修款。另查工商登记资料显示，装修公司的法定代表人与开发商的法定代表人是同一人。因此，计算延期交房违约金的本金时是否应把装修费计算其中存在不同的理解。二是商品房买卖合同中交楼标准的认定问题。如交楼是否必须以取得竣工验收备案表为条件；是否应依据合同约定，有约定从约定，如果合同没有约定以竣工验收备案表为交楼条件，不应当要求以取得竣工验收备案表作为交楼标准。如果房屋买卖双方补充协议改变了交楼标准，对买房人居住使用造成影响，且未取得工程质量监督机构、规划、公安、消防、人防、环保部门准许使用文件，业主起诉开发商请求逾期交楼违约责任，在实践中存在不同情形，例如买受人在诉讼期间尚未收楼的，迟交楼违约金宜计至何时；又如开发商在诉讼期间尚未为买受人办理房产证的，迟办证违约金宜计至何时，都是需要统一的问题。

（二）房屋买卖合同纠纷

一是合同约定卖方违约导致买卖合同解除。在此前提下解除合同，卖方应依约按总价款的 10% 向买方支付违约金。在买方只支付了定金（或部分购房款）的情况下，如果卖方提出违约金过高要求调整，如何确定违约金应否调整及调整至何标准需要明确。二是二手房买卖中涉及房价上涨所产生的差价损失认定的问题。二手房买卖差价的认定应经过评估，且因部分房屋价格鉴定结果与市场价差距较大，该评估的标准应兼顾市场价，综合多方评判因素作出认定。

差价损失是全额支持，还是根据合同的实际履行情况、当事人的过错程度、原告支付购房款的数额、合理的成本支出及卖方所获利益等综合因素进行考量，需要统一意见。有基层法院认为二手房买卖差价的认定应经过评估鉴定，鉴定实施评估标准应兼顾市场价作为差价认定的具体标准，经过折旧评估，综合多方评判因素作出认定。房屋差价损失如何确定，可比照房屋市场价与双方约定的房屋买卖价款之间的差价确定损失。评估时点可以考虑起诉之日。差价损失是全额支持，还是根据合同的实际履行情况、当事人的过错程度、原告支付购房款的数额、合理的成本支出及卖方所获利益等综合因素进行考量，需要统一意见。三是限购政策相关案件的处理尺度。在限购政策背景下，诉请办理房地产权证的案件，各区法院裁判尺度不一致，尤其是限购政策之前的房屋买卖合同的处理；商品房买卖中出现买卖双方中一方违约，另一方要求继续履行合同，办理过户登记如何处理；房屋买卖"阴阳合同"如何认定采信，都需统一处理。四是以股权转让方式转让房、地的合同纠纷的认定问题。对于该类合同，是根据合同表面形式认定股权转让合同纠纷，还是根据双方真实目的认定房、地买卖合同纠纷，需要进一步明确。

（三）房屋租赁合同纠纷

一是承租人逾期交租的违约责任处理问题。合同约定承租人逾期交租的，应支付违约金，以及逾期交租超过一定期限，出租人有权提前解除合同、收回房屋和没收保证金，或要求承租人按一定租期内租金的比例支付违约金。现出租人以承租人逾期交租超过合同约定期限为由要求解除合同，并要求承租人支付欠租及逾期交租的违约金、没收保证金或承租人按一定租期内租金的比例支付违约金，或约定多重解除合同的违约金。对该类案件的处理原则是按合同约定处理，即支持出租人的请求，当承租人提出合同约定的按一定租期内租金的比例支付违约金的标准过高时，根据实际情况考虑是否调整违约金标准。这类案件在二审时绝大多数维持原判，但个别案件被改判为承租人无须承担逾期交租的违约金，理由是对同一违约行为不能重复计算违约金。二是土地类型案件纠纷中出现土地出租是否需要审查土地所有人权属的问题。有观点认为审理土地纠纷类案件均需审查土地所有人的权属问题，涉及的转承租关系才能明确权利义务的分配。三是租赁合同中涉及夫妻双方责任承担问题。在租赁合同中，承租人以个人名义承租，另一方要求承租人夫妻共同承担责任时如何判定，需要进一步明确承租主体承租的资格，以及对承租土地类型的性质作出判断。

（四）居间合同纠纷

一是房屋买卖合同解除后的中介费用支付问题。例如，被告以买卖双方自行解除买卖合同为由认为无须支付中介费，以往均根据《合同法》第四百二十四条、第四百二十六条的规定，认为被告在原告的促成下，已成功与买方或卖方签订了《存量房买卖合同》，原告作为居间人的义务已履行完毕，故原告有权按照约定收取咨询及中介服务费。故原告有权要求被告支付全额的中介费和逾期付款的违约金。新近出现二审改判的情况，认为买卖双方解除了买卖合同后，中介公司没有继续履行后续职责，根据公平原则改判被告只需支付部分中介费，或认为违约金过高予以调低。二是中介方的居间服务问题。常见的问题有中介方履行何种义务视为履行了居间服务，未告知房屋抵押情况是否视为不符合居间服务标准。三是委托中介方过户的问题。有炒房投机者作为中介方与卖方签订房屋买卖合同及委托过户合同，并在委托过户合同中约定卖方委托中介方将房屋过户到买方的名下。中介方可借此囤积多套住房，伺机抬高房价待售赚取差价，违反相关住房限购政策，扰乱二手房买卖市场的正常经营秩序，亟须明确处理尺度。

（五）物业服务合同纠纷

物业服务合同纠纷在房产类案件中所占比例较大，其问题主要集中在物业费方面。物业服务行业日渐规范，在业主委员会成立之前，物业服务企业与房地产开发商签订书面的前期物业服务合同，在业主委员会成立之后，物业服务企业与业主委员会之间一般都会签订书面的物业服务合同。审判实践中，出现个别的物业服务企业未与业主委员会签订物业服务合同或者仅仅与个别的业主签订物业服务合同并认为该业主有权代表业主委员会签订物业服务合同，但物业服务企业为小区业主提供了物业服务诉请业主缴纳诉讼费的案件。物业服务企业与业主委员会之间没有签订书面的物业服务合同，或物业服务合同无效的情况下，提供物业服务的企业是否有权向业主主张缴纳物业服务费的问题需要解决。

（六）农村宅基地房屋买卖合同纠纷

一是合同确认无效后，房屋价值的认定问题。农民将其宅基地上的房屋出售给本集体经济组织以外的个人，该房屋买卖合同认定为无效，按市场价评估确定房屋整体价值后扣除宅基地区位楼面地价的价值（非该房屋单纯的建筑成本价格确定房屋的价值）。近年来，房屋价格一路走高，最主要的原因是地价逐年攀升。若仅以诉讼中的房屋价值作为标准认定损失则显失公平。受人请求返还购房款及其利息，以及请求赔偿翻建或者改建成本，应当综合考虑当事人过错等因素予以确定，土地增值部分也应当由双方当事人按照比例分享。二是涉农村开发房地产合法性问题。该类案件不能简单地与一般小产权房纠纷进行类比。比如，村社参与开发的房地产存在很多违规的情况，却合法取得预售证进行销售；或根本无预售证却已将房地产登记在村社名下，以二手房买卖的形式预售新房；或未经过村民大会讨论等诸多问题，导致合同效力难以认定。三是与之关联的房屋拆迁安置补偿合同纠纷。房屋拆迁安置补偿关系到村民的基本生存权利，问题处理不当将直接阻碍拆迁工作的进程，引发新的社会矛盾。在处理房屋拆迁安置补偿纠纷的问题方面出现的新问题，如村民将原有宅基地使用权证的房屋拆除新建住房，但新住房未取得房屋产权证，如对新建住房进行拆迁，村民是否有权就新建住房的拆迁获得拆迁补偿款等需要明确。

三、裁判尺度统一的探索实践

（一）领导示范机制

商品房预售合同、大型场地内租赁合同、物业服务合同等纠纷常会出现系列案，或对同地域范围内具有示范意义的首案。推动庭领导到一线办案，重点审理“首案”，发挥领导办案的指导示范作用，主持审理社会关注度高、影响范围广的典型纠纷，倡导“失信受惩、守信受益”的办案导向，通过司法裁判引导形成守信光荣、失信可耻的良好社会氛围，能引导各类因诚信缺失引发的房产纠纷矛盾通过司法渠道得到妥善解决，促进广州房地产市场的有序健康发展。具体措施包括：实行首案示范宣判机制，针对系列案的首案，一般根据系列案数量情况分别由庭长或专委签发，如遇上诉，则快速办理上诉手续，然后根据二审结果组织剩余案件的调解或宣判工作。关于同地域范围内出现的同类纠纷首案，即使目前仅有一件，同样要由庭长或专委签发，并将处理结果通报部门内其他法官。2016 年，广州两级法院院庭长办结案件 82390 件，占全市法院办结案件总数的 28.1%，同比增长 41.9%，实现了院庭长办案常态化。2017 年，两级法院院庭长办案数再创新高。截至 2017 年 12 月，广州两级法院院庭长办结案件 115346 件，占全市法院办结案件总量的 32.4%，同比增长 40%。[3]

（二）类案跟踪机制

建立以系列案首案报告、登记造册等工作为核心的类案跟踪机制。受收案类型的影响，房地产审判庭的系列案、同类案较为集中，如楼盘预售、物业管

---

3 《2017 年广州法院司法改革推进及落实成效观察：广州两级法院院庭长一年办结案 11 万多宗》，载广州审判网，http：//www. gzcourt. org. cn/sfgg/sgyw/2018/01/6502710509324184. html，最后访问于 2018 年 1 月 10 日。

理、大型场地出租等。该类纠纷往往批量爆发，涉及人数众多、分布较为集中，容易引发社会关注。建立健全系列案首案报告、批量案判前沟通及楼盘案登记造册等工作机制，可以较快掌握整个楼盘或大型场地的基本情况，较为谨慎地确定首案的处理思路，为后续案件快速、有效处理树立“样板”，及时有效化解矛盾纠纷。根据类型案件常见的诉辩主张、事实认定、法律适用等，房地产审判庭形成了物业服务等案件的裁判文书模板，在提高案件审判效率的同时，也规范类型案件的裁判标准。

（三）立体沟通机制

主动加强与上级法院的联系和沟通，对省法院改判、发回重审案件进行统一登记、汇总，定期分析发改原因，查找问题，不断掌握省法院审查案件基本思路。以每年的调研课题为契机，主动邀请上级法院参与研讨会、座谈会，力求在研究探讨中统一与上级法院的见解、看法，切实提高案件裁判质量。积极加强对法院的业务指导，坚持以固定合议庭指导对口基层法院的制度，每半年下基层法院指导调研工作，收集新情况、新问题，有针对性地加强指导，提高案件处理共识。定期召开法院之间的审判业务会议，就审判实践中重大敏感案件、新类型案件、复杂疑难案件、社会关注度高的案件开展调研、探讨，开展审判经验交流活动，促进法律适用和裁判尺度的统一。

（四）集体研判机制

强化法官联席会议机制，发挥专业法官经验丰富专长，集思广益，充分考虑各种观点的可行性，进一步厘清办案思路，统一法律观点，明确办案方法，使疑难案件审理得高效，结论经得起推敲，促进法律适用统一。坚持每周一次的案件研讨会，通过不同案件的讨论、分析，提高难案审理效率，拓宽法官审理思路，增强法官办案水平。同时依托庭务会制度加大法院内部案件质量监督力度。进一步强化庭务会研究案件的功能作用，完善规范合议庭运作，集思广益，扩大司法决策过程的民主性，确保案件质量。通过积极发挥同楼盘同类型案件首案的示范性作用，引导当事人通过有效方式表达诉求，明确案件审理思路、缩短案件审理周期，确定统一裁判标准，有利于维护社会稳定，形成良好的社会效果。通过常规化的案件质量讲评会、重大疑难案件分析会、庭审案件讨论会等形式，加强业务指导，统一裁判尺度，减少案件发回改判率。依托联席法官会议，可在房产案件审理部门内部，构建起立体的发回改判案件管理模式：案件质量由宏观管理、审管办全面管理、联席法官会议微观管理、法官自主管理。

（五）专项调研机制

注重深挖审判实践中的调研潜能，强化对热点、难点类型案件的研判，注重调研成果的转化。近年来，分别在执行异议、大型场地租赁、房屋买卖、涉宅基地、物业服务等领域展开调研，提炼审判经验后形成参考意见供两级法院学习交流。同时，按照《最高人民法院关于案例指导工作的规定》，积极探索案例的作用，通过定期整理最高人民法院、省高级人民法院的指导案例，自行制作类型案件参考案例、案例分析等方式，充分发挥典型案例的示范引导作用，统一司法尺度和裁判标准。抓好发改案件研究学习，对在房地产审判中遇到的疑难案件进行经验交流，认真总结分析，提高审判工作水平。坚持发改案件定期分析通报制度，加强发改案件数据统计和分析研判工作，归纳并通报案件存在的问题，提高重点问题和发改率较高案件的研究和指导工作的针对性。对发改案件中的共性问题进行提炼、总结，形成指导性意见。以季度为单位对二审或者上级法院发回重审或者改判的案件进行学习和总结。先由经办人对改判案件进行自查，报审监庭核查，后经全庭讨论，将发改案件情况和需要注意的问题组织审判员学习。对争议较大的问题集中研判，对条件成熟的判例及时转化为全庭审判工作的指导意见。

四、裁判尺度统一的优化方案

（一）建立专业审判特色机制

落实司法权力清单和责任清单，规范合议庭、庭务会讨论案件程序和权力，实现权责统一。建设好以员额法官为中心的新型审判团队。推进法官单独职务序列改革，优化审判资源和职权配置。完善庭务会运行机制，推进人民陪审员工作机制改革，完善专业人民陪审员制度和专家陪审员制度，提升专业领域问题的处理水平。继续加强房产系列案件示范诉讼模式，实现精细化审理，对数量较多的大型系列案件进行示范诉讼改革，推动示范诉讼制度化、规范化、常态化，推动案件快审快结，形成判例发挥指引作用，提升案件质效，提高年轻法官和审判人员的庭审水平，探索提前化解维稳信访矛盾的新模式。在房产系列案件中引入示范诉讼模式，集中时间和精力对案件进行精细化审理，有助于实现审理程序规范，裁判尺度统一，案件繁简分流，注重案件审理社会效果，切实提高二审程序审判效率的既定目标。在房产系列案件中引入示范诉讼，快速形成典型判例，对类案裁判进行指引。这既能极大地节约司法资源，缓解案多人少的矛盾，又能有效地疏导抱团诉讼情绪及其对法院和办案法官带来的心理压力，切实提升司法效能，减少涉诉信访风险。实行系列案专人牵头办理制度，针对系列案件特点，组建专业化合议庭，采取专人牵头负责、各自分工协作的方式，对案件进行类型化审理，推行专业化审判模式，推动同类案件裁判的同质化，达到“类似案件类似处理”的要求，进而实现“相同案件相同裁判”的目标。

（二）畅通法律适用交流渠道

加强上级法院的业务指导，规范裁判标准。对于案件审理中发现的某一类问题、难点或者审判实践中形成的经验做法，副院长、庭长应当适时召集审判长联席会议、专业法官会议，分析研究问题，统一裁判思路，总结审判经验，并将会议记录在相应范围内发布，用以指导相关审判工作。会议讨论成果在全院具有普遍指导意义的，可以提请讨论决策。建立疑难问题研究与快速指导机制。着力抓好类案中的疑难问题研究，形成针对性强的业务指导文件。针对房地产纠纷案件中常见的系列案、同类案，要不断完善系列案首案报告、案件登记造册等工作机制。要加强与上下级法院的联系和沟通，定期对改判、发回重审案件进行汇总分析，定期召开审判业务会议，开展审判经验交流活动，促进法律适用和裁判尺度的统一。组织两级法院审判业务培训，增进两级法院审判人员之间的讨论与交流，深化裁判意见共识；继续实施“合议庭对口指导基层法院”的工作机制，定期走访，做好发改案件的总结、分析工作；畅通基层案件请示渠道，尤其是涉及主体众多，社会影响广泛的案件，要指导基层法院把握好裁判尺度，避免案件批量发改。试行案例引证制度，在建立典型案例数据库的基础上试行案例引证制度。案例引证是当事人或独立的专家等第三方对过往类似案件进行类型化梳理，提供不同形式的案例引证报告供法院在裁判文书中利用，以确保更大说服力和司法一致性。[4]该制度在法律规范意义上不同于案例指导制度，具有避免“同案不同判”的功能。适用案例引证制度，应尊重当事人自愿选择的原则，如果当事人愿意选择适用该制度，其应遵循法院规定的特定程序。适用案例引证制度后，法院在裁判说理部分必须对质证后的案例引证报告作出回应。在审理阶段由双方提交案例引证报告，双方、法官分别进行质证和认证。实际上案例引证报告是作为一个证据出现的，主要作用于法律实务方面。“案例引证”旨在增强对法律的理解和解释。法官通过案例引证，力求

4　东莞市人民法院案例引证制度具有较为成熟的实践经验，详情可参见案例引证制度研究课题组：《案例引证制度的探索与实践——以东莞市第一人民法院为视角》，载《电子知识产权》2015年第8期。

从分散的裁判文书中提炼司法过程中法律适用的标准与规则，将隐含在裁判文书之中的直觉、经验与顿悟，进行抽象、概括和编码，并将上述裁判规则在待决案件中加以适用。加强办案标准化工程建设，依据现行法律、行政法规、司法解释，对广州法院近年来审理裁判的各类型案件的经验、做法进行梳理总结，结合广州法院实际，用三至五年的时间统一各主要类型案件的裁判标准，汇编成册，为法官的审判工作提供指引和参考。

（三）持续抓好司法能力建设

信息化是新时期法院创新发展的重要支撑和动力引擎，推进裁判尺度统一工作，需要利用好智慧法院建设、“三通一平”建设、“智审”系统建设等科技强院的重要举措，逐步推进信息化对审判工作的全覆盖，为法官办案提供智能化、个性化的信息支持。依托广州智慧法院成果增强裁判统一信息化手段，针对法官在办案中“只知个案、不知全局”造成的裁判尺度不统一问题，建立基于历史案件的裁判预警系统，抽取立案信息、核心证据、认定事实、判决主文等要素，构建同类案件裁判趋势图，校验裁判尺度。建立类案与关联案件检索机制，将既有案件判决汇总成库，以方便对同类案件的查找和参照，统一裁判思路和尺度，避免出现“同案不同判”现象。同时通过对案件审判精华的提炼，及时总结和积累经验，避免同类案件出现同案不同判的现象发生。认真规划教育培训工作，提升学习培训效果。结合司法责任制改革要求，对法官定期进行专题知识培训，提高正确认识和理解法律、法规的能力，以求对法律、法规理解上的一致性，对理解和应用上有分歧的问题统一认识。着力提升法官的认定事实、采信证据、释法说理、撰写文书和文明司法能力，切实解决个别案件裁判不统一、裁判有瑕疵等问题。要积极应对新的发展形势，努力提升干警群众工作能力、科技应用能力、社会沟通能力，提升司法工作水平，推动破解法院工作难题。加强审判辅助人员培训。系统性提高和加强法官助理业务能力和专业水平，保障审判服务。针对法官助理工作岗位的特点，制定法官助理工作职责、庭室审判工作纪律、审判管理操作规范等，对审判辅助人员有针对性地开展系列培训，进一步提高其司法技能和服务水平。按照相关要求，提升助理信息化工作能力，帮助法官在审判案件中起到“快速检索类案，准确归纳争议，查补文书瑕疵”的作用。

（四）注重典型案例司法宣传

推进案例宣传机制，进一步完善案例指导、编报机制，及时跟踪，精心指导，培养精品案例。在信息时代，法院要改变被动宣传的工作局面，善用司法宣传，把蕴藏在审判工作中的法律知识、典型案例、生动故事、成功经验等向社会广为传播，引导当事人理性面对市场经营风险，共同维护诚信的市场交易秩序，通过司法正能量弘扬社会主义核心价值观。及时提炼经验，规范法官的自由裁判权，实现对案件质量的监督管理，保障司法公正，维护司法公信力。注重深挖审判实践中的调研潜能，强化对热点、难点类型案件的研判，并注重调研成果的转化。完善案例遴选工作，着力提升案件选编质量。推进全市法院房产案例库建设，实现与上级法院的案例库对接，便利法官报送、查阅、使用案例库。通过信息技术深度运用实现参考案例智能推送，为法官办案提供帮助。对数量较多的大型系列案件进行示范诉讼改革，在推动示范诉讼制度化、规范化、常态化的同时，及时形成判例，发挥指引作用。

环境民事公益诉讼责任承担方式体系论

——基于39起典型案件的实证研究

王麒睿　毋爱斌*

【内容提要】本文通过梳理实践中39起环境民事公益诉讼典型案例并反观制度供给，发现实践中存在预防性责任承担方式启动不及时，恢复性责任承担方式制度供给滞后于司法实践，且实践对现行法律规范中“恢复原状”的具体适用方式已作出灵活化处理，赔偿性责任执行方式不统一等问题。为此，宜在“防治结合、审执衔接”的视域下进行制度构建：探索适用“行为保全”以契合环境公益救济的时效性，吸纳“生态环境修复”一词以从概念和制度供给体系上完善修复性责任承担方式，建立环境公益信托机制以具体落实生态环境损害赔偿金的使用管理，引入声誉罚制度以充实人格性责任承担方式，从而形成预防性、修复性、赔偿性和人格性四类责任承担方式共同保障和救济环境公益的制度体系。

【关键词】责任承担方式　环境公益诉讼　防治结合　审执衔接

2015年《最高人民法院关于审理环境民事公益诉讼案件适用法律若干问题的解释》（以下简称《环境民事公益诉讼司法解释》）第十八条[1]规定，对于损

---

* 王麒睿——西南政法大学法学院、《西南政法大学学报》编辑，主要研究领域：诉讼法学。毋爱斌——西南政法大学人民法庭研究中心副教授、法学博士，主要研究领域：民事诉讼、司法制度。
本文系西南政法大学2018校级重点项目（2018XZZD-01）阶段性成果；重庆人文社科基地项目（18SKD003）“人民法庭现代化转型研究”阶段性成果。

1 《环境民事公益诉讼司法解释》第十八条：“对污染环境、破坏生态，已经损害社会公共利益或者具有损害社会公共利益重大风险的行为，原告可以请求被告承担停止侵害、排除妨碍、消除危险、恢复原状、赔偿损失、赔礼道歉等民事责任。”

害环境公益的行为，原告可以请求被告停止侵害、排除妨碍、消除危险、恢复原状、赔偿损失、赔礼道歉等民事责任，这基本沿用了《侵权责任法》第十五条的责任承担方式。《民法典》侵权责任编第七章"环境污染和生态破坏责任"主要规定了损害赔偿、生态环境修复和针对被侵权人的惩罚性赔偿责任，未提及"停止侵害、排除妨碍、消除危险"此类针对破坏生态环境的预防性责任承担方式。民法保护的是民事权益，有损害才有侵权法予以救济，而环境公益诉讼重在保护环境公益，需防治结合。关于环境民事公益诉讼中的责任承担方式，有以下问题亟待解决：第一，《环境民事公益诉讼司法解释》沿用《侵权责任法》中的预防性责任承担方式应予以肯定，但此类责任承担方式需等待漫长的诉讼过程待判决生效后才能执行，该如何兼顾环境公益救济的时效性？第二，环境公益诉讼司法实践对修复性责任承担方式有所创新，那么现行法律规范体系继续沿用"恢复原状"一词是否合适？第三，赔偿损失和用于环境修复的金钱各地管理使用模式不一，如何使其更好地用于生态环境修复尚未形成最大共识。有鉴于此，本文以39起案例为分析对象，在把握运行现状的基础上，归纳出司法智慧与不足之处，同时在立法和实践双重进路的考察下提出解决方案以回应实践需求。

一、实践梳理：环境民事公益诉讼责任承担方式的适用现状

《环境民事公益诉讼司法解释》第十八条规定了四类环境民事公益诉讼责任承担方式：一是预防性责任，包括停止侵害、排除妨碍、消除危险；二是恢复性责任，即恢复原状；三是赔偿性责任，即赔偿损失；四是人格恢复性责任，即赔礼道歉。[2]笔者以"环境公益诉讼"为关键词，在中国裁判文书网上共筛选出39份涉及环境民事公益诉讼的判决书。

（一）预防性责任承担方式：内涵分析与具体运用

"停止侵害、排除妨碍、消除危险"等预防性责任承担方式，虽针对的是污染行为人现在的行为或状态，但其功能体现在对未来的损害、妨害的发生或进一步扩大的预防。[3]"停止侵害"适用于正在进行和继续进行的侵害行为；"排除妨碍"适用于存在妨碍他人行使民事权利或者享有民事权益的状态；"消除危

2 最高人民法院环境资源审判庭著：《最高人民法院关于环境民事公益诉讼司法解释理解与适用》，人民法院出版社2015年版，第258页。

3 李建华、王琳琳：《我国未来民法典中私法责任承担方式的立法选择》，载《海南大学学报（人文社会科学版）》2012年第3期。

险”需存在危及他人人身、财产安全的危险时方可使用。[4]在环境公益诉讼中，“禁止令”同样具有预防性功能，已有试点地区开始初步探索适用，如昆明市中级人民法院与昆明市人民检察院《关于办理环境民事公益诉讼案件若干问题的意见（试行）》规定：“紧急情况下，不及时制止被告的行为会严重危害环境时，公益诉讼人可申请禁止令，禁止被告的相关行为。”禁止令是法院根据原告的申请，责令环境侵害者停止正在进行或即将实施的某种污染环境的行为，或消除某种危险，从而使环境利益免受侵害、妨害或危险威胁的民事责任承担方式，可以单独适用，也可以与恢复原状合并适用。[5]梳理案例及法律规范可发现，“禁止令”与“停止侵害、排除妨碍、消除危险”的重要区别在于两者适用的时间段不同。禁止令可在诉讼前、诉讼中以及判决中适用，而停止侵害、排除妨碍、消除危险作为预防性民事责任承担方式更多在诉讼终结作出判决时适用。

（二）恢复性责任承担方式：直接修复与间接修复

在环境民事公益诉讼案件中，适用“恢复原状”作为责任承担方式的案件仅占10%。狭义的“恢复原状”是指将受到损坏的物恢复到侵权行为发生之前的状态，[6]但考虑到生态环境的特性，环境污染和生态破坏发生后往往难以逆转，无法完全恢复到被损害前的原初状态，而只能是对环境要素原有功能的恢复，[7]与一般意义上的恢复不能等同，因此采用“修复”比“恢复”更为恰当。直接修复和替代性修复是生态环境修复的两种方式，前者具有优先适用地位，后者是前者无法实现时的补充。[8]

1. 直接修复适用率低

直接修复是指修复措施直接针对被破坏的生态环境，但有时因“生态环境具有自净能力而无须人工修复”或“直接修复成本远大于收益而不适宜直接修复”，导致实践中直接修复的适用率较低。“环境具有自净能力而无须人工修复”的案例，如在徐州市人民检察院诉徐州市鸿顺造纸有限公司环境污染一案[9]中，鸿顺公司以苏北堤河已经达到V类水质为由进行抗辩，提出无须恢复原状。最

4 魏振瀛著：《民法》，北京大学出版社、高等教育出版社2017年版，第692－693页。

5 胡志中：《论我国环境公益诉讼制度之建构》，载《洛阳理工学院学报（社会科学版）》2013年第3期。

6 魏振瀛著：《民法》，北京大学出版社、高等教育出版社2017年版，第696页。

7 王灿发著：《环境法学教程》，中国政法大学出版社1997年版，第135页。

8 石春雷：《论环境民事公益诉讼中的生态环境修复》，载《郑州大学学报（哲学社会科学版）》2017年第2期。

9 参见江苏省高级人民法院（2016）苏民终1357号民事判决书。

终经过两审法院也仅能判其承担生态环境修复责任，而无法判决其恢复原状。“直接修复成本远大于收益而不适宜直接修复”的案例，如“北京市朝阳区自然之友环境研究所、福建省绿家园环境友好中心诉谢某锦、倪某香等侵权责任纠纷一案”，本案中被告的采矿行为破坏了当地的植被，植被一经破坏便很难迅速恢复原状，生态环境的损害有时具有不可逆性，直接修复成本过高，甚至超出原有的经济价值，需平衡经济利益与环境利益之间的矛盾。法院最终判决被告补种林地，而非恢复原状。除此，在检索到的39起案件中，有4起涉及植被破坏的典型案例，[10]此类案例的判决中也未将恢复原状作为责任承担方式。

2. 替代修复的典型体现

《环境民事公益诉讼司法解释》第二十条提及无法完全修复的，可以准许采用替代性修复方式。替代性修复的先行条件是无法完全修复，应包括两个层面：第一，技术层面不具有可行性；第二，经济层面不具有必要性。[11]只要构成任一层面，即可采用替代性修复方式。替代性修复方式不要求恢复原状，而要求恢复与原状相等同的生态功能。作为恢复原状的补充性规定，替代性修复是对生态环境遭到破坏的特殊救济，符合“公益”对受侵害的不特定多数人权益的救济。替代性修复的重要性要求法官充分发挥主观能动性，灵活创新责任的承担方式和履行方式。司法机关秉持修复为主的现代生态司法理念，灵活适用替代性修复方式的典型案例如下。

（1）增殖放流

福建省龙海市一家电子企业私设暗管排放有毒物质，造成九江流域生态环境的破坏、水质的污染。在中华环保联合会提起公益诉讼后，被告自行拆除暗管并购买价值6万元的28万尾鱼苗进行放养。最终，经龙海市人民法院认定酌情从轻处罚。龙海市人民法院的判决实则鼓励了侵权行为人自行主动地以替代性方式修复环境，是对替代性修复方式的创新，也是对增殖放流这一举措的鼓励。

（2）补种复绿

江西省两公民时某、黄某生采用焚烧的方法从废旧电子元件中提取金属出售，焚烧产生大量有毒有害气体，严重影响周围居民的身体健康。经江西省抚州市人民检察院提起环境民事公益诉讼，江西省抚州市中级人民法院判决被告植树造林，恢复植被，并养护3年。两被告造成的空气污染随着空气的流动已

---

10 四起案件判决书为：（2014）连民初字第1806号民事判决书，（2015）南民初字第38号民事判决书，（2014）巴民初字第4182号民事判决书，（2012）昆环保民初字第6号民事判决书。

11 张辉：《论环境民事公益诉讼的责任承担方式》，载《法学论坛》2014年第6期。

无法准确计算，恢复原状不具有可行性，据此，法院采用补种复绿的替代性修复方式来净化空气，实现对周围公民权益的保障。

（3）异地修复

无锡市滨湖区人民法院于2012年作出一项判决，要求建设单位通过异地补植的方式来恢复生态容量，并通过无锡市绿化质量监督管理中心的验收。考虑到该案的实际情况，选择替代性方案，采取异地修复方式更能传达修复性司法的本意，也更能体现生态环境修复的社会意义。[12]

（4）劳务代偿

在江苏省连云港市赣榆区环境保护协会诉被告王某杰环境污染损害赔偿一案[13]中，法院结合了被告清偿能力有限的事实，判令被告于判决生效后二年内提供总计960小时的环境公益劳动（每月至少6次，每次不低于6小时）。有学者将其评价为劳务代偿。在本案中，法院着重考虑了判决的可执行性，不局限于赔偿损失一种责任承担方式，而是巧妙将其转化为行为给付责任，此种灵活转化的执行避免了赔偿损失金无法收缴的尴尬局面。

（5）技术改造费抵扣环境修复费

在江苏省泰州市环保联合会诉泰兴锦汇化工有限公司等水污染一案[14]中（即“天价赔偿案”），法院判决，如6家被告企业能够通过技术改造对副产酸进行循环利用，明显降低环境风险，且一年内没有因环境违法行为受到处罚，其已支付的技术改造费用可经验收后在判令赔偿环境修复费用的40%额度内抵扣。本案判决也是将金钱给付行为转换为行为给付行为，其最大优点在于考虑执行效果，从污染源头改进排污技术，保护环境公益。

（三）赔偿性责任承担方式：赔偿范围厘定与实践高频适用

环境民事公益诉讼赔偿的范围主要包括预防性损失、服务期间损失、修复性损失、鉴定费、律师费及其他合理费用等。《环境民事公益诉讼司法解释》第十九条第二款规定了原告采取预防性措施造成的经济损失，可请求被告承担。[15]预防性损失的合理计算和法律支持，有助于防止环境污染的发生或者控制环境污染的扩大。《环境民事公益诉讼司法解释》第二十一条规定支持了对公民本应享有却未实际获得的环境利益的赔偿。服务期间损失，简言之，即受损害的生

12　朱晓勤：《生态环境修复责任制度探析》，载《吉林大学社会科学学报》2017年第5期。

13　参见江苏省连云港市中级人民法院（2014）连环公民初字第00002号民事判决书。

14　参见江苏省高级人民法院（2014）苏环公民终字第00001号民事判决书。

15　《环境民事公益诉讼司法解释》第十九条第二款：“原告为停止侵害、排除妨碍、消除危险采取合理预防、处置措施而发生的费用，请求被告承担的，人民法院可以依法予以支持。”

态环境服务于人类或者其他生态环境的功能损失。[16]《环境民事公益诉讼司法解释》第二十条规定了修复性损失，包括确定被告不履行修复义务时承担的生态环境修复费用，以及法院直接判决的被告承担生态环境修复费用。《环境民事公益诉讼司法解释》第二十二条和第二十四条第二款均对此合理费用予以支持。环保组织相较于被告企业公司经济实力较弱，法律的保护可以减轻环保组织的经济压力，形成激励机制。另外，环保组织提起的诉讼并非为“私益”，而是为“公益”，因此法律理应支持和保护。

在环境民事公益诉讼中，赔偿损失所占比例最大，且超过了其他赔偿方式的总和。赔偿损失成为主要责任形式，既体现了对“生态环境价值”的法律确认，体现了诉讼的环境基础和公益属性，也契合了民事责任的特点，并使执行难度大为降低。[17]直接修复的执行瓶颈上文已提及，预防性责任的执行更要兼顾地方经济和生态环境，因此在执行层面上难度大于赔偿损失的执行。故实践中法官倾向于适用“赔偿损失”这一责任承担方式。

二、困境与不足：基于立法和实践的双重窥见

（一）预防性责任承担方式启动不及时

停止侵害、排除妨碍、消除危险虽然被归纳为预防性责任承担方式，但其实际执行通常要等到判决生效后。然而，从污染行为产生，经过诉讼程序到诉讼终结这段时间，环境污染应该如何治理？况且，由于环境民事公益诉讼需要严格的证据鉴定，导致诉讼耗时较长，环境修复更是无法及时运行。针对此问题，前文曾提及禁止令可在诉前、诉中充分发挥预防作用，但是禁止令制度在我国尚未完善，新制度的引入还要经过实践的反复论证，且配套制度的建立耗费司法成本。因此，如何及时有效地制止环境污染、开展生态环境修复值得学者探讨。

（二）恢复性责任承担方式制度供给滞后

恢复原状成为环境民事公益诉讼的责任承担方式，其源头是《侵权责任法》第十五条中规定的承担侵权责任的方式。然而，环境公益侵权与普通民事侵权能否等量齐观值得探讨。环境民事公益诉讼是环境法所保护的环境利益，而普通环境侵权诉讼是对人身权益和财产权益的救济。除此，环境民事公益诉讼中

16 郑学林、林文学、王展飞：《〈关于审理环境民事公益诉讼案件适用法律若干问题的解释〉的理解和适用》，载《人民司法》2015 年第 5 期。

17 巩固：《2015 年中国环境民事公益诉讼的实证分析》，载《法务时评》2016 年第 9 期。

的“公益”二字，体现了利益主体的多元化，不同于传统侵权行为侵害个体利益。基于环境民事公益诉讼的特殊性，恢复原状无法妥帖地成为环境民事公益诉讼的责任承担方式。

理论上来讲，在传统民法中，恢复原状要求将受到损坏的物恢复到侵权行为发生之前的状态，侧重于物的物理状态，然而，生态修复的概念在于对生态进行有效的保护和改善，[18] 力求回归生态最初和最完美的状态，侧重于环境的功能。在实践中，传统民法中恢复原状针对的对象是静态的，受损财产范围特定，状态稳定，与外界隔绝，受损原因单一，[19] 恢复原状具有可行性。反之，生态环境是动态的，是运动变化发展着的，受损范围难以精准确定，这导致其不适宜作为“恢复原状”的对象。除此之外，生态体系的完整性和环境污染的扩散性要求修复的全局性、修复范围的广泛性以及修复的协调一致性，局部的“恢复原状”难以显现成效。更重要的是，实践中被破坏的环境未必都需要恢复原状。例如，由于采矿导致的地面塌陷形成塌陷湖，经过修复，甚至可能比原来的环境状况更优，此时，合理的选择就是进行生态环境修复，而不是恢复环境原状。[20]

在环境民事公益诉讼制度供给层面，《环境民事公益诉讼司法解释》也未能坚持生态修复与恢复原状的统一。例如，第二十条允许“替代性修复”，第二十三条允许法院在修复费用难以确定或者修复费用过高时参酌相关因素“合理确定”。[21] 可见，关于“恢复原状”这一责任承担方式法律规范表述不一，且司法实践中关于恢复性责任承担方式较之现行立法已有所突破。恢复性责任承担方式制度供给滞后于司法实践。

（三）赔偿性责任执行方式各异

江苏省泰州市中级人民法院判决的 1.6 亿元的天价损害赔偿金引起了学界对损害赔偿金如何管理和使用的热议。振叶以寻根，观澜而索源，首先应明确赔偿损失金的所有权。按照民事诉讼法的一般原理，谁提起诉讼，赔偿金额理应归其所有。在环境民事公益诉讼中，提起诉讼的主体有两类：一是检察机关，二是环境公益组织。检察机关即检察院仅在诉讼中享有诉讼权利、义务，不具有实体处分权。因此，赔偿损失金不能归检察机关所有。根据《环境保护法》

---

18 吴鹏：《浅析生态修复的法律定义》，载《环境与可持续发展》2011 年第 3 期。

19 巩固：《2015 年中国环境民事公益诉讼的实证分析》，载《法务时评》2016 年第 9 期。

20 代杰：《环境侵权责任承担方式立法研判与规则构建》，载《渤海大学学报（哲学社会科学版）》2012 年第 6 期。

21 巩固：《2015 年中国环境民事公益诉讼的实证分析》，载《法务时评》2016 年第 9 期。

第五十八条第三款明确规定："提起诉讼的社会组织不得通过诉讼牟取经济利益"，所以，环境公益组织也不具有赔偿损失金的所有权。无论是检察机关还是环境公益组织，他们代表的都是不特定多数人的利益，是因环境污染导致权益受到侵害的人民，根据原告与被救济的环境利益应当具有统一性的原理，赔偿损失金的所有权应属于上述不特定多数民众。

明晰所有权后，该如何集中管理使用这笔资金去修复环境？生态环境的修复不能具体落实到受侵害的公民身上，由此衍生出赔偿损失金的几种管理模式。目前各地方主要采取三种管理模式：

1. 由法院管理或交由行政机关代管

目前"执行难"是我国执法的首要问题，若将大量赔偿损失金归法院管辖无疑增添法院负担。若交由行政机关，将民事判决的内容交由行政机关执行，缺乏法律依据。

2. 上交地方财政

上交地方财政的资金往往处于封闭状态，公民作为赔偿损失金的所有者无法监督资金的具体流向，无法判断自身权益是否得到救济，显然与环境民事公益诉讼的目的相违背。

3. 设立专门的生态公益基金专户

由财政部门设立专门的生态公益基金专户，对赔偿金予以管理和使用。正是由于现有立法对生态环境费用的性质和使用方式尚未作出明确规定，因此各地做法不一。如不尽快加以规范，不仅存在巨大的资金安全隐患，而且可能给公益诉讼制度带来极大的负面影响。[22] 因此，如何规范赔偿损失金的管理使用是环境民事公益诉讼执行阶段的重要问题。

三、完善方案："防治结合、审执衔接"视域下的制度构建

（一）预防性责任承担方式可探索适用"行为保全"

1. 理论层面的合理性

诉讼保全制度，包括行为保全和财产保全。行为保全，是指法院为了保护当事人一方的合法权益，保证生效的判决或裁定得以顺利执行，避免造成损失或扩大损失，在诉讼前或诉讼过程中，责令另一方当事人做出一定行为或禁止其做出一定行为的强制性措施。提及行为保全，学者常常将其与禁止令、先予

22 吕忠梅等著：《环境司法专门化：现状调查与制度重构》，北京法律出版社2016年版，第92页。

执行进行对比。在环境民事公益诉讼领域，司法实践中的禁止令主要作为一种紧急状态下的诉讼保全措施，且前文已提及禁止令在我国的发展尚不完善，无法全面直接投入到环境民事公益诉讼领域。相较于禁止令，先予执行制度较为完善，其与行为保全在立法目的、针对的对象、引起的后果等方面均有较大差异。[23]然而，在环境民事公益诉讼领域，二者的预防性功能存在一定的竞合。针对功能问题，实践中无须区分得泾渭分明，大可将两种方式作为原告维护权益、减少损失的两种途径。针对其他区别应注意以下两点：其一，行为保全适用于诉讼前和诉讼中，先予执行只能适用于诉讼开始之后，作出判决之前。其二，先予执行的适用条件较为严格，包括当事人之间权利义务关系明确；具有先予执行的迫切需要；当事人提出申请；被申请人有履行能力。有学者提出以行为为内容的先予执行范围将会大幅度缩减，原因在于先予执行的适用要件相当苛刻，如果法院严格适用该要件，先予执行并无太多适用空间。[24]

2. 实践层面的可行性

在北京市人民检察院第四分院诉北京多彩联艺国际钢结构工程有限公司（以下简称多彩公司）一案中，北京市第四中级人民法院首次依职权采取行为保全措施，裁定禁止多彩公司未经环境审批，在不符合环境保护标准的情况下继续从事污染环境、破坏生态的生产行为，防止损害扩大，保护生态环境。据悉，多彩公司曾在2016年因大气污染被行政处罚，但在2017年北京市检察院第四分院进行调查时，发现其违法行为仍在继续，遂提起环境民事公益诉讼。本案充分体现了行为保全的及时性和严格性，针对屡教不改的多彩公司，如果等到诉讼结束再采取措施，恐怕污染还会进一步扩大。法院灵活地运用行为保全制度及时有效地制止了污染的扩大，也对多彩公司以及其他污染者产生警示作用。

结合环保法保护优先、预防为主的原则，将行为保全应用于环境民事公益诉讼中，有利于对环境污染行为及时制止，防止污染的发生或污染的进一步扩大，同时生态环境也不会因诉讼时间过长，导致损害程度加重。除此之外，因为环境具有整体性、流动性，诉前行为保全有利于原告保全被告环境污染的证据，便于调查取证。

（二）修复性责任规范体系中吸纳“生态环境修复”

上文提及，恢复原状囿于传统侵权责任法的局限性，在理论和实践中均无

---

23 张淑隽、刘园园：《论行为保全　兼谈我国民诉法设立行为保全制度的必要性》，载《法律适用》2006年第10期。

24 周翠：《行为保全问题研究——对〈民事诉讼法〉第100—105条的解释》，载《法律科学》2015年第4期。

法融入环境民事公益诉讼，且在责任判定与执行方面收效甚微。虽然通过扩张恢复原状的概念外延，可以在立法和司法解释层面将生态环境修复责任纳入其中，但无疑会在实践中带来困扰。[25]追求生态环境修复成为环境民事公益诉讼的责任承担方式才是应有之义。

1.“生态环境修复”内涵廓清

将生态环境修复作为一种责任承担方式并非无源之水，无本之木，其直接渊源是最高人民法院在2015年发布的两份司法解释。《环境民事公益诉讼司法解释》第二十条第一款明确使用了“修复生态环境”这一表述。2015年6月《最高人民法院关于审理环境侵权责任纠纷案件适用法律若干问题的解释》第十四条规定：“被侵权人请求恢复原状的，人民法院可以依法裁判污染者承担环境修复责任……”[26]其概念建立在生态环境受损害之上，即无损害无修复。生态环境修复的基本内涵就是在人为辅助控制下，利用生态系统演替和自我恢复能力，使被扰动和损害的生态系统（如土壤、植物和野生动物等）恢复到或接近于其受干扰前的自然状态，即重建该系统被干扰前的结构与功能有关的物理、化学和生物学特征。[27]故可将“生态环境修复”的内涵解释为对被污染被破坏的生态系统的修复，并将其引入现行法律规范制度体系。

2. 吸纳“生态环境修复”对司法实践的影响

生态环境修复侧重于功能的修复，这一变化对司法实践的影响如下：

（1）减轻原告举证责任

原告提起诉讼请求进行生态环境修复，承担的举证责任只是证明被告对环境功能的破坏，而不需要证明生态环境的原状为何，损害程度大小等。举证责任的减轻必会引起提请生态环境修复的诉讼请求的数量增多。

（2）提高责任承担方式的灵活性

在现有环境民事公益诉讼中，恢复原状只有在不具有可行性的情况下才考虑替代性修复方式，当增添生态环境修复这一责任承担方式后，法官在裁量时可以直接权衡恢复原状与替代性修复两者的利弊，针对具体的案例选出既符合经济利益又符合环境利益的修复方式。正如上文的塌陷湖案例，替代性修复不一定是穷尽恢复原状方式后的下策。

（3）平衡与“赔偿损失”之间的关系

从全局视角看，利于改变现有责任承担方式占比情况。数据显示，赔偿损

---

25 石春雷：《论环境民事公益诉讼中的生态环境修复》，载《郑州大学学报（哲学社会科学版）》2017年第2期。

26 朱晓勤：《生态环境修复责任制度探析》，载《吉林大学社会科学学报》2017年第5期。

27 王治国：《关于生态环境修复若干概念与问题的讨论》，载《中国水土保持》2003年第10期。

失占比高于其他责任承担方式的占比总和，这样畸重畸轻的占比与责任承担方式的可执行性有着莫大的关联，与其着重讨论赔偿损失的管理和使用，不如改变一下现有责任承担方式的分配比例，以“曲线救国”的方式缓解赔偿损失管理与使用上的压力，可将金钱给付义务和行为给付义务进行灵活转化。金钱给付义务转换为行为给付义务主要体现为“劳务代偿”和“技术抵扣代偿”。行为给付义务转化为金钱给付义务主要体现为“被告逾期不履行修复义务或修复义务未达到标准的，支付修复费用”和“代履行”两种。前者是针对那些不自觉履行修复义务的污染者。当环境利益无法得到有效救济时，则应以赔偿损失进行间接救济。质言之，即为执行标的的转化对环境公益的保障。后者是指污染者主观不具有不履行或不认真履行的恶性，而是将可替代履行的义务交由更专业更适合的组织去完成，义务人为此支付费用。在代履行中，代履行机构具有专业性，可以有效地提高修复效率，缩短修复时间，降低修复成本。由此取得的执行效果是有益于环境公益的。

（三）建立环境公益信托机制以落实赔偿性责任的执行

1. 环境公益信托概念界定

赔偿损失是环境民事公益诉讼司法实践中常用的一种判决方式，赔偿损失个案金钱标的数额较大，总体案件数量较多，由此引发了赔偿损失金如何管理和使用的问题。将赔偿损失金用到实处，实现环境“公益”是对民众权益的维护，也是环境民事公益诉讼的目的，为此，可建立环境公益信托机制以优化赔偿损失金的管理与使用。环境公益信托作为一种融资手段或者财产管理制度，是指委托人基于对受托人的信任，为实现保护环境的目的而将特定的环境资源或资产委托给具有环境保护能力的受托人，受托人为保护该特定的环境资源或资产而募集资金并进行管理，由此产生的环境利益由作为受益人的不特定社会公众共同享有。[28]

2. 环境公益信托机制的运行原理

将环境公益信托机制拆分细化，其组成部分包括：首先是环境公益信托主体选择。法院作为赔偿损失金的裁判者，应该成为环境公益信托中的委托人。至于受托人的选择应考虑到属于社会公益事业的环境保护事业具有专业性强、耗费人力物力大的特征，因此应选择具备环境生态保护能力的环保组织或者在资产投资领域具备专业化能力的信托投资公司等金融机构更为合适。[29]其次是

28 张世君：《环保投资机制创新与环境公益信托制度的构建》，载《法学论坛》2015年第5期。

29 张洁：《论中国环境公益信托法律制度的构建》，载《陇东学院学报》2016年第6期。

环境公益信托的监管机制。监管机制包括两类：其一，内部监管，即信托监察人；其二，外部监管。我国《信托法》第六十四条规定，包括环境公益信托在内的所有公益信托均必须设立信托监察人。有学者主张，赋予律师事务所、会计事务所以及民间环境NGO等组织以担任信托监察人资格。[30]鉴于赔偿损失涉及法律因素，巨额赔偿金涉及经济因素，环境公益又涉及环境因素，各种因素复杂交错，笔者认为此提议具有合理性，让各行业各司其职、各尽其用才能实现资源的优化配置。针对外部监管，笔者提倡由检察院作为外部监察的主体。环境民事公益诉讼涉及的是不特定多数人的利益，甚至是社会利益、国家利益，赔偿损失金的使用正是对上述利益的维护。鉴于维护公益的目的，应由国家机关检察院进行资金运行的监察，让资金的运行更加透明。

3. 建立环境公益信托机制可行性

首先，资金流向、使用更加透明。侵权行为人侵害的是不特定多数人的“公益”，基于公共利益而获得的赔偿损失金的使用状况应该让“受害人”知晓，即保障“受害人”的知情权。其次，环境公益信托具有独立性，免于外界因素干扰。独立性体现在免予委托人和不特定受益人的干扰。资金使用的透明配合组织的独立性，有助于资金的高效利用，防止腐败的滋生。最后，第三方治理专业性更强。基于环境民事公益诉讼技术性和专业性的特点，选取第三方治理是看重其专业性强、修复效率高的优势。实现“技术的归技术，法律的归法律”的合理社会分工。除此之外，以招标的方式选取第三方治理机构，有利于形成激励机制，为生态环境修复增添原动力。

4. 环境公益信托机制在环境公益诉讼中的具体适用

环境公益信托的具体运行步骤如下：由法院将判决的赔偿损失资金设立为环境公益信托基金，并委托具有资质的机构对基金进行管理。具有资质的机构作为受托人可通过招标的方式选取第三方环境治理机构，签订合同并交付公益信托基金进行环境修复。基于合同关系，受托人要尽到监管、验收治理成果的义务。为确保环境公益信托基金的合理透明使用，内部信托监察人、外部监管机构检察院共同对基金的使用进行监管。

（四）引入声誉罚以充实人格性责任承担方式

1. 引入声誉罚的必要性

声誉型惩罚，乃是法律授权机关对违反法律规定的主体的告诫与否定性评

---

30 张洁：《论中国环境公益信托法律制度的构建》，载《陇东学院学报》2016年第6期。

价。[31]其与传统侵权责任法中赔礼道歉的区别在于，声誉型惩罚侧重惩罚性，而赔礼道歉侧重补偿性。魏振瀛教授曾写过“赔礼道歉的功能主要不是制裁，而是教育和预防，重在尊重人格”。[32]环境民事公益诉讼的责任承担方式中也设立了赔礼道歉，但其不局限于填平受害人的“精神损害”；相反，基于公益的立场，法官往往会判令于媒体上公开赔礼道歉。由此可见，赔礼道歉在环境民事公益诉讼领域的运用已远远超出传统范围。即便二者都为公开道歉，也有很大差别。声誉型惩罚是由法律授权机关直接在公共媒体上对环境侵害者进行道义责难[33]，而以公开形式赔礼道歉是以侵权人为主体进行道歉，相比之下，法律授权机关的责难更具有客观性，影响范围更大。除此之外，基于惩戒性的目的，以国家的名义对侵权人、侵权行为进行批判，更具有威慑力，以实现警示的作用。赔礼道歉基于传统侵权责任法的填平原则，若是运行方式超出了填平的必要限度又会引来学理上的争论。声誉型惩罚与行政处罚中的警告都具有惩戒性的目的，但警告的范围具有局限性，不能给行为人产生声誉上的压力，而声誉罚通过公开的方式，可以对侵权人起到鞭策其改过自新的作用。

2. 引入声誉罚的合理性

提倡引入惩戒机制的具体实行方法即为声誉型惩罚，具体的运行应由法院在省级及省级以上媒体（如报纸、互联网等）公开侵权企业的侵权行为以及惩罚结果，对侵权企业造成声誉上的惩罚。声誉罚的合理之处在于，在当今信息发达的时代，企业都企图大力宣传企业形象进而促进企业产品销售形成品牌效应。笔者利用企业珍惜其名誉、追求经济效益的特点，设置声誉罚，以期企业重视对生态环境的保护，减少甚至避免对环境的污染，实现人与自然和谐相处的目的。此预防性的措施，可以从源头减少对环境公益侵权的行为，让环境民事公益诉讼成为救济的最后保障，而不是救济的首选途径。

结语

环境民事公益诉讼制度的功能定位即通过判定污染行为人承担民事责任的方式来及时地救济环境公益。预防性责任承担方式重在防止环境损害的进一步扩大；修复性责任承担方式重在通过一系列可行的方案和措施修复被破坏的生

---

31 刘显鹏、郭颂彬：《环境民事公益诉讼责任方式探析》，载《西北工业大学学报（社会科学版）》2017 年第 3 期。

32 魏振瀛著：《民法》，北京大学出版社、高等教育出版社 2017 年版，第 697 页。

33 刘显鹏、郭颂彬：《环境民事公益诉讼责任方式探析》，载《西北工业大学学报（社会科学版）》2017 年第 3 期。

态环境，使其基本达到原有的功能状态；赔偿性责任即为金钱责任，生态环境损害赔偿金亦应科学地用于生态修复；人格性责任不仅能对污染行为人起到良好的教育作用，也满足了民众的心理期待。以上四种环境民事公益诉讼责任承担方式应在“防治结合、审执衔接”的理念下适情适用，这样不仅能从制度供给层面完善环境民事公益诉讼体系，也有利于统一司法实践具体操作，实现及时、高效地救济保护环境公益。

案例分析

吴某与广州唯品会电子商务有限公司网络服务合同纠纷案

——对滥用退货权利消费者采取中断、终止服务措施具有合法性

麦应华*

【裁判要旨】

网络购物平台制定“VIP 会员”无限免邮、免费退货规则并不代表赋予消费者无限退货权，“七天无理由退货”规则的适用亦不能违反诚实信用原则。平台根据用户协议对恶意退货、退货率畸高等滥用退货权利的消费者采取中断、终止服务等限制性措施，是平台自治权利的体现，符合诚实信用原则，依法应予以支持。

【关键词】用户协议　七天无理由退货　格式条款　诚实信用原则

【案件索引】

广州互联网法院（2019）粤 0192 民初 939 号民事判决书；
广州市中级人民法院（2019）粤 01 民终 19541 号民事判决书。

【基本案情】

广州唯品会电子商务有限公司（以下简称唯品会公司）是网络购物平台“唯品会商城”的经营者，吴某是“唯品会商城”会员、“唯品会超级 VIP”会员。

* 麦应华——广州互联网法院综合审判一庭法官助理。

2018年4月7日，吴某在“唯品会商城”举行的“生鲜大卖场”活动中购买了1852.08元的商品，下单后订单页显示“订单中的商品在不同库房或属不同商家，故拆分为以下订单分开配送……订单状态：已拆分……”在商品配送过程中，吴某对“商品拆分为4个订单配送，并由其支付全部快递费用”不满，拒收了其中的商品“厄瓜多尔白虾”（订单页显示“生鲜商品不支持七天无理由退货……该订单需承担23元运费”）的快递，并申请办理退货退款手续。

吴某于2015年5月1日至2018年4月12日在该商城共购买537件商品，其中退货、拒收共454件，退货、拒收率高达84.54%。

根据“唯品会商城”规则，消费者在该平台购物须注册为会员。在用户注册“唯品会会员”时，须同意《唯品会服务条款》。该条款包含的“用户守则”第15.8条约定：“您同意在符合法律法规及本条款规定的情况下使用个人账户，唯品会有可能在某些情况（包括但不限于您违反有关法律法规规定或本协议和/或其他公开规则，或者您严重违背社会公德、提供虚假注册身份信息、经唯品会判定认为存在恶意退货或不合常理的高退货率等情形，或其他损害或经本平台判定认为可能损害唯品会利益的不正当行为等）下暂时冻结、永久冻结、修改、删除您的个人账户或者采取其他处理措施。”其中“唯品会有可能在某些情况（包括但不限于您违反有关法律法规规定或本协议和/或其他公开规则，或者您严重违背社会公德、提供虚假注册身份信息、经唯品会判定认为存在恶意退货或不合常理的高退货率等情形，或其他损害或经本平台判定认为可能损害唯品会利益的不正当行为等）下暂时冻结、永久冻结、修改、删除您的个人账户或者采取其他处理措施”的文字内容在条款中是加粗和加下划线的。

“唯品会超级VIP”是唯品会为用户提供的增值服务，吴某购买了该服务。“超级VIP”会员享有“无限免邮”和“免费退货”等权利，在相应的“规则说明页”载明“无限免邮”的规则为“超级VIP可获得有效期内无限次购物免邮资格　1. 超级VIP可享受不限次数的免邮特权。2. 免邮特权仅适用于唯品会自营商品，第三方商家销售的商品暂不支持。在商品详情页面显示‘唯品会发货’即为唯品会自营商品，显示‘合作商家发货’即为第三方商家销售的商品。3. 免邮特权仅适用于金额不为零的订单，免费领商品暂不支持，请以购物车页面显示为准”等；“免费退货”的规则包括“退货免费上门取件仅支持普通商品，特殊商品（易碎品、贵重商品、大件商品等）暂不支持，请以退货页面展示为准”等。

2018年7月18日，唯品会公司向吴某退回了“超级VIP”服务费，冻结了其唯品会账户。

吴某认为，自己是享受“免费退货”服务的“超级VIP”会员，退货率高不违反合同约定，认为唯品会公司违约、欺诈而将其作为被告诉至广州互联网法院，提出诉讼请求：（1）判决被告停止侵害，立即恢复原告注册的唯品会账户的完整使用权限，恢复该账户的超级VIP等级及所有购买、使用功能；（2）判决被告立即向原告支付赔偿金500元；（3）判决被告通过书面的形式（登报）向原告进行赔礼道歉；（4）判决原告主张权利所产生的合理费用共计30800元（其中律师费3万元，公证费800元）；（5）案件受理费由被告承担。

【裁判结果】

广州互联网法院于2019年5月20日作出（2019）粤0192民初939号民事判决，判决：驳回原告吴某的全部诉讼请求。

广州市中级人民法院于2019年11月25日作出（2019）粤01民终19541号民事判决，判决：驳回上诉，维持原判。本案判决已生效。

【裁判理由】

广州互联网法院作出一审判决认为：本案为网络服务合同纠纷，唯品会公司作为网络购物平台应当依法、依约提供服务，吴某作为用户也应遵守合同约定和法律规定，不应滥用自身权利。

吴某作为“唯品会商城”的会员，虽然购买了“超级VIP”服务，但从权利的名称和规则来看，“超级VIP”享有的“免费退货”权利只是对部分商品可以由唯品会公司免费上门取件，但不等于“无限退货”。吴某于2015年5月1日至2018年4月12日在该商城共购买537件商品，其中退货、拒收共454件，退货、拒收率高达84.54%，结合日常生活经验判断，此确属不合常理的高退货率。

网络购物的用户虽然依法享有退货的权利，但吴某较长时期内如此高的退货率反映其在购物时未能尽到起码的谨慎义务，在行使退货权利时又过于随意，这种做法不合理地增加了企业和社会的成本，有悖于诚实信用原则，是对自身权利的滥用。唯品会公司根据用户注册会员时须同意的《唯品会服务条款》中“经唯品会判定认为存在恶意退货或不合常理的高退货率等情形……唯品会有可能……永久冻结……您的个人账户或者采取其他处理措施”的约定，冻结了吴某的唯品会账户，有合同依据。吴某认为此系不合理的格式条款，经审查，该条款虽为格式条款，但并无提供格式条款一方免除其责任、加重对方责任、排除对方主要权利的情形，也无其他违反法律规定的情形，故属于有效条款。唯品会公司依此约定行使管理权利，维护该平台的合理交易秩序并无不当。

因本案中没有证据证明唯品会公司存在欺诈或者其他违约的情形，唯品会公司的行为符合合同约定，故吴某起诉要求唯品会公司恢复账户权限、支付赔偿金、赔礼道歉、承担合理费用均缺乏依据，本院不予支持。

广州市中级人民法院作出二审判决认为：根据吴某作为用户注册“唯品会会员”时确认同意的《唯品会服务条款》中第15.8条约定，唯品会有权在其认为唯品会会员存在恶意退货或不合常理的高退货率，或可能损害唯品会利益的不正当行为的情况下，暂时冻结、永久冻结、修改、删除会员的个人账户或采取其他处理措施。有鉴于吴某在2015年5月1日至2018年4月12日期间在唯品会商城购买商品537件，其中退货、拒收454件，退货、拒收率高达84.54%，唯品会公司冻结吴某的唯品会账户，符合前述服务合同的约定，合法合理，并无不当。况且，吴某亦未就其异乎寻常的高退货、拒收率举证证明其合理性和正当性，唯品会公司主张该高退货、拒收率行为损害其合法利益的理由成立。对于吴某向唯品会公司基于该公司账户购买的超级VIP服务，唯品会公司已作退款处理，并无不当。因此，吴某以其未仔细阅读前述服务条款为由，请求恢复其会员账号和超级VIP会员等级，并主张唯品会公司予以赔偿和赔礼道歉的理由不充分，本院不予支持。

原审法院根据双方当事人的诉辩、提交的证据对本案事实进行了认定，并在此基础上依法作出原审判决，合法合理，且理由阐述充分，本院予以确认。综上所述，原审认定事实清楚，判决并无不当，本院予以维持。

【案例注解】

近年来，随着互联网技术的迅猛发展，网络购物逐步取代门店购物成为公民生活消费的主要方式。2010年网络购物在我国取得了第一次销售高峰。2018年全年实物商品网上零售额70198亿元，比上一年增长25.4%，占社会消费品零售总额的比重为18.4%。《消费者权益保护法》第二十五条对“七天无理由退货规则”的确立，使消费者购物安全得到了保障，同时，消费者违反诚实信用原则，滥用退货规则恶意退货现象也层出不穷，造成销售者、电子商务平台经营者利益受损。部分电子商务平台通过与消费者签订格式服务条款的方式制定平台自治规则，对恶意退货、畸高退货率等滥用权利的用户采取中止、停止服务等限制措施。在司法实务中，因电子商务平台经营者对平台用户采取中止、停止服务措施引发的纠纷尚不多见，该措施的合法性问题值得探讨。

笔者认为，电子商务平台经营者依据平台规则对滥用权利消费者采取中止、停止服务措施具有合法性，理由如下：

一、电子商务平台经营者通过用户协议制定平台规则是网络空间治理的重要方式

实践中，多数网络购物平台包括本案的唯品会公司、某猫商城、某书等，在平台上通常具备两种经营模式：第一种模式是作为买卖合同的销售者提供自营商品，此时该平台直接参与到买卖交易当中，同时扮演着销售者与平台管理者两种角色，与消费者之间在交易层面成立网络购物合同关系，在平台管理层面成立网络服务合同关系；第二种模式是平台不直接参与到买卖交易中，而是作为独立第三方为平台上的交易双方提供网络经营场所等服务，此时平台内经营者、消费者之间成立网络购物合同关系，平台与平台内经营者、消费者之间均是网络服务合同关系。

无论是上述哪一种模式，电子商务平台作为经营者、管理者，都有权要求在该平台实施法律行为的主体须注册成为用户，并同意与平台签订用户协议。《电子商务法》第三十二条对电子商务平台经营者制定平台自治规则的权利予以确定。实践中，用户协议一般是由平台提供格式合同，条款涵盖注册及解除会员关系的途径，在平台内的行为准则，与平台之间、平台内其他用户之间的权利义务关系，个人信息保护，争议解决途径等细则。用户协议作为平台内所有用户均须签订的同一合同，其效力不仅及于平台与用户之间，也及于平台内进行交易的用户之间，成为解决平台内各主体争议的普适规则。换言之，平台通过与用户签订用户协议，获得用户知情同意的方式，实现了整个平台内的管理与自治。用户协议也得以成为平台内的自治规则，在平台内具有普遍约束力，并实际具有了规则的效力和功能，成为网络空间治理的一个重要方式。

当前，电子商务市场的规模正在不断扩大，《消费者权益保护法》《合同法》《电子商务法》等针对电子商务平台治理的法律法规虽在不断健全与完善，但立法的滞后性难以避免，而各大电商平台如本案的唯品会公司通过与用户签订协议的方式制定自治规则，使之成为有效的、低成本的非法律替代措施。较之法律法规，平台自治规则由于植根于电子商务土壤之中，更能顺应电子商务市场的更新、发展而不断完善，为平台内各主体提供了一条全新的、高效的、低成本的纠纷解决途径。

因此，笔者认为，应充分尊重平台的自治权，平台与用户签订的服务条款虽然为格式合同，但在不违反法律法规的情况下，应该得到切实遵守。平台根据其自治规则对平台内用户作出管理性措施，依法应予以支持。

二、对滥用退货权利消费者采取限制措施符合诚实信用原则

诚实信用原则是民法中的“帝王条款”，被作为民法基本原则贯穿民事法律法规始终。我国台湾民法学者史尚宽先生认为，诚实信用原则的本质应定位于

当事人及其与社会一般公共利益的平衡，是掌握在法官手里的衡平法。我国《民法总则》第七条对诚实信用原则作了一般规定："民事主体从事民事活动，应当遵循诚信原则，秉持诚实，恪守承诺。"在与诚实信用原则关系最为密切的合同法领域，《合同法》第六条规定："当事人行使权利、履行义务应当遵循诚实信用原则。"

在电子商务活动中，诚实信用原则一样须得到恪守和尊重。《消费者权益保护法》虽将"七天无理由退货"确立为网络购物方式下消费者行使"后悔权"的依据，但并未赋予消费者滥用退货规则的权利。"七天无理由退货"规则是《消费者权益保护法》为保护在交易中处于弱势地位的消费者，根据网络购物线上非实物性购物方式的特点，对消费者收到不符合购物预期商品得以退货的权利的保障，同时督促网络销售者提升自身商品质量，不在平台上作出虚假承诺或欺诈行为。此规则的出发点依旧是诚实信用原则。对于滥用退货规则，法律法规并未禁止电子商务平台通过制定平台规则的方式予以制止。只要平台规则不违反法律法规，就应该允许平台根据该规则对平台内用户作出管理性措施。从诚实信用原则的角度来说，允许平台在保障消费者退货权的同时，根据自治规则对用户进行管理，对经判定为具有恶意退货、畸高退货率情形等可列为"诚信评价体系黑名单"的消费者进行限制性措施，也有利于实现消费者与电子商务平台之间的利益平衡。

本案中，吴某作为消费者，虽是《消费者权益保护法》等法律法规的保护对象，但不代表其可以滥用自身权利，其享有的"VIP会员"无限免邮、免费退货权利亦并不等同于无限退货权。吴某在"唯品会商城"购物期间，退货、拒收率高达84.54%，结合日常生活经验判断，此确属不合常理的高退货率。根据吴某在加入"唯品会商城"时与唯品会公司的用户协议，唯品会公司有理由判定吴某存在恶意退货或不合常理的高退货率等情形，从而对其个人账户采取冻结等中断、终止服务措施。

三、电子商务平台在用户协议中约定的修改、中断、终止服务格式条款并非当然无效

格式条款是当事人为了重复使用而预先拟定，并在订立合同时未与对方协商的条款。电子商务平台经营者与用户签订的平台自治规则虽然是电子商务平台单方提供的格式合同，但并非当然无效。根据《合同法》第三十九条规定："采用格式条款订立合同的，提供格式条款的一方应当遵循公平原则确定当事人之间的权利和义务，并采取合理的方式提请对方注意免除或者限制其责任的条款，按照对方的要求，对该条款予以说明……"第四十条规定："格式条款具有本法第五十二条和第五十三条规定情形的，或者提供格式条款一方免除其责任、加重对方责任、排除对方主要权利的，该条款无效。”据此，只要有证据证明已采取合理的方式对免除或者限制责任的条款尽到必要的提示、说明义务，并且不属于合同法规定的无效情形，该格式条款应认定为合同的一部分并且对双方当事人具有拘束力。

本案中，《唯品会服务条款》约定在恶意退货或不合常理的高退货率等情形下，唯品会公司有权暂时冻结、永久冻结、修改、删除用户的个人账户或者采取其他处理措施，并对该部分条款的文字内容加粗和加下划线。应当认为，唯品会公司已对该部分条款尽到必要的提示、说明义务，且该部分条款是基于对平台自身合法利益的需要对滥用权利的用户暂停、停止服务，并不存在免除自身责任、加重对方责任、排除对方主要权利的情形，应认定为有效条款。

综上，对电子商务平台用户协议的审查不能一概而论，需要在考虑互联网行业现状、维护互联网行业健康持续发展、平衡网络服务商和用户利益、兼顾公共利益的前提下，具体问题具体分析。对于网络平台在用户协议中单方赋予自己随时修改服务协议权利的条款，应认定为无效条款。此类条款实质上限制了相对人的选择权和知情权，排除了相对人的主要权利，影响了用户对条款内容的合理预期并增加了未知风险，是向平台提供者单方面倾斜的不公平条款，应认定为无效条款。而对于中断、终止服务协议的条款，需要看用户是否有不当行为。特别是在社交网络、游戏网站等涉及虚拟财产、人格权保护的领域，用户协议中约定中断、终止服务条款如是基于维护用户利益、网络秩序与安全的原因而约定，那么，此类条款应认为符合诚实信用原则和实质公平而有效；对于那些单方面维护网络运营商自身利益而任意中断服务的条款，实际上赋予自己单方解除合同的权利而应归于无效。

【相关法条】

《中华人民共和国合同法》第六条；

《中华人民共和国民事诉讼法》第六十四条第一款。

合议庭成员：苏韵怡　印　强　杨玉芬

网络直播中“打赏”行为法律性质的认定

曹　钰*

【裁判要旨】

网络直播中的“打赏”行为至少涉及用户、直播平台和直播发布者三方之间的法律关系。用户与直播平台之间成立网络服务合同。用户与直播发布者之间一般成立赠与合同，除非有证据证明直播发布者接受“打赏”前后须履行具体、明确的合同义务。在任何浏览直播平台的人均可免费观看全部直播内容的情况下，用户基于观看直播后对直播发布者表演的满意、赞赏，以“打赏”的方式向直播发布者赠与金钱，同时未向直播发布者设定义务，该合同属于无偿、单务的合同，符合赠与合同的法律性质，此时用户与直播发布者之间形成赠与合同法律关系。

【关键词】 直播　打赏　赠与合同　服务合同

【案件索引】

广州互联网法院（2018）粤0192民初3号民事判决书。

【基本案情】

YY直播平台是由广州某多网络科技有限公司（以下简称某多公司）运营的互联网直播平台，俞某是在该直播平台注册的用户，刘某是在该平台频道号为24064的直播间进行直播的发布者。

* 曹钰——广州互联网法院综合审判一庭庭长、审判委员会委员。

哈尔滨某戎文化传媒有限公司（以下简称某戎公司）是对直播发布者进行管理、培训、包装的机构，在该直播平台的名称为公会，王某是某戎公司的法定代表人。刘某是受某戎公司管理的直播发布者，上述频道号为 24064 的直播间是使用 YY 账号 139××××482 开通的，该 YY 账号在 2017 年 4 月前实名认证的用户是王某。

任何浏览该直播平台的人均可观看该频道号为 24064 的直播间的全部直播内容。用户在观看直播内容之余，如需与直播发布者进行互动，则需要注册账号。注册账号时需同意《用户注册协议》，注册后，可以用真实货币充值换取虚拟货币“Y 币”，用于购买虚拟货币“红钻”或者开通“公爵”“守护”等身份标志（以与一般的用户相区别，用户购买后会有不同的标记）。用户在观看直播过程中不需要为观看支付对价，而是在其对直播发布者的直播内容感到满意或者赞赏的情况下，自愿用“Y 币”或“红钻”为直播发布者购买各种虚拟的礼物，即“打赏”，在购买后的短时间内直播间的屏幕会因礼物不同而呈现各种不同的特效。用户“打赏”后，直播发布者可能会对“打赏”者以语言或专门表演的方式表示感谢，但该语言或表演是该直播间的所有观众都可以看到、听到的。因用户购买礼物的行为，直播发布者的账号内会增加一定数值的虚拟货币“蓝钻”，“蓝钻”可在 YY 平台兑换成真实货币（换得的真实货币通常少于用户购买“Y 币”时花费的真实货币）。兑换完成后，某多公司会向直播发布者使用的 YY 账号的实名认证用户绑定的银行账户支付款项。庭审中，某戎公司与刘某陈述，他们对该获得的款项以 3:7 的比例分成。

VP 在该直播平台的含义为频道管理员，拥有协助直播发布者管理某个直播间的权限，确认或取消直播间的 VP 是该直播间创设者、直播发布者的权限之一，对于谁担任 VP 及担任 VP 的期限，没有限制性的规定。

刘某用自己的网名“慢热 7”、自己的形象和声音在该频道号为 24064 的直播间直播，进行歌舞等表演。

俞某自 2015 年 4 月开始观看 YY 直播，在该平台消费约 409509.06 元。其中，俞某自 2017 年 2 月开始观看刘某的直播，并向刘某“打赏”100 次以上，每次金额在 0.1 元至数千元不等，至 2017 年 4 月，俞某在刘某的直播间消费共计 44294.28 元，另开通“公爵”花费 12000 元，开通“守护”花费 2997 元。刘某曾向俞某返还 10000 元。

2017 年 3 月 19 日，俞某于当天向刘某“打赏”了较大金额的礼物，成为当天打赏礼物最多的人，被刘某设置为该直播间的 VP。俞某在诉讼中提交了一段视频，显示“慢热 7”在直播中说“这里作一个承诺吧……王某笙说了，这个 VP 给他卡上了就永远不能下了，除非你自己脱网，除非你自己脱这个 VP 以外，永远都不能下，从此以后你就要成为我YY直播路上的人生导师，你准备好了吗?”

俞某在诉讼中另提交了一段视频，显示一名女子称“我们家的规矩就是榜首给VP啊”，但不能证明说话人的身份、说话时间、说话背景等。

2017年4月7日，刘某取消了俞某的VP权限，原因是刘某不认可俞某私下通过微信转账、赠送礼物的行为，双方的价值观产生分歧。后俞某以刘某为被告向黑龙江省哈尔滨市南岗区人民法院提起诉讼，以刘某未经其同意擅自撤销其VP为由，提出诉讼请求：（1）因刘某合同违约故要求解除合同，并让刘某返还礼物，价值61368.6元；（2）判令刘某承担本案诉讼费用。黑龙江省哈尔滨市南岗区人民法院于2018年5月2日对该案作出（2018）黑0103民初2019号民事判决，驳回俞某的诉讼请求。俞某不服该判决提起上诉，黑龙江省哈尔滨市中级人民法院于2018年9月10日作出（2018）黑01民终5591号民事判决，驳回俞某的上诉，维持原判。

2018年9月28日，俞某以某多公司、王某、某戎公司、刘某为被告在广州互联网法院起诉，提出诉讼请求：（1）判令原告在被告某多公司的YY直播间24064消费礼物的合同撤销；（2）判令被告某多公司退还原告在YY直播间24064消费款项49291.28元（含24064直播间数据作假四被告共同按50%过错比例退赔、24064直播间VP网络虚拟价值2万元），被告王某、被告某戎公司、被告刘某承担连带责任；（3）判令被告某多公司、被告王某、被告某戎公司、被告刘某对欺诈原告的行为作出公开的赔礼道歉；（4）判令被告某多公司立即对被告刘某过去两年违反平台协议直播的行为在YY平台予以公告，公告中向原告道歉；（5）法院对被告刘某违背对消费者承诺的行为、低俗直播的行为和辱骂消费者的行为予以训诫，并责令其具结悔过；（6）本案鉴定费用、证据提取和保全费用由四被告承担；（7）判令被告刘某因在微信辱骂原告而侵害原告内心安宁权的行为向原告赔礼道歉，并赔偿原告精神损害抚慰金1元；（8）判令被告刘某赔偿原告拥有YY直播间24064永久VP的信赖利益损失1元；（9）判令四被告侵害原告的消费者知情权，赔偿原告侵权损失1元；（10）本案诉讼费由四被告承担。

庭审中，原告明确以网络服务合同纠纷作为本案案由。

【裁判结果】

广州互联网法院于2019年1月7日作出（2018）粤0192民初3号民事判决，判决：驳回原告俞某的全部诉讼请求。双方当事人均未上诉，判决已发生法律效力。

【裁判理由】

广州互联网法院的上述判决认为：

1. 本案中俞某的主要诉讼请求是要求撤销其在24064的直播间消费礼物的行为，而俞某在黑龙江省哈尔滨市南岗区人民法院起诉的主要诉讼请求是要求解除合同，俞某在本案与（2018）黑0103民初2019号案中的诉讼请求不同，不是重复起诉。

2. 关于俞某与某多公司之间的法律关系。某多公司是提供网络直播服务的平台，俞某通过某多公司提供的YY直播平台观看直播、进行充值和“打赏”，俞某与某多公司之间成立网络服务合同关系。

关于俞某与刘某之间的法律关系。《合同法》第一百八十五条规定：“赠与合同是赠与人将自己的财产无偿给予受赠人，受赠人表示接受赠与的合同。”第一百九十条规定：“赠与可以附义务。赠与附义务的，受赠人应当按照约定履行义务。”任何浏览该直播平台的人均可观看该频道号为24064的直播间的全部直播内容，刘某的直播表演不需要支付对价。俞某基于观看直播后对刘某表演的满意、赞赏，向刘某以“打赏”的方式赠与金钱，在“打赏”的同时没有向刘某设定义务，是无偿、单务的合同，由此形成的是赠与法律关系。俞某在诉讼中提交的视频显示一名女子称“我们家的规矩就是榜首给VP啊”，但不能证明说话人的身份、说话时间、说话背景等，不能证明这是刘某在俞某“打赏”前对俞某发出的要约，应由俞某承担举证不能的不利后果，本院对该证据不予采信。

《合同法》第三百九十六条规定：“委托合同是委托人和受托人约定，由受托人处理委托人事务的合同。”VP是一种管理身份，据以行使的是一定的管理权限，刘某向俞某授予VP身份，形成的是委托合同法律关系。

刘某向俞某授予VP身份虽然发生在俞某向刘某赠与礼物之后，但在俞某赠与之前，刘某或俞某均未向对方发出“赠送礼物换取永久VP”的要约或承诺，俞某赠与礼物与刘某授予VP不是同一合同关系中的对价，而是各自在履行赠与合同和委托合同的义务，两个合同的权利义务之间没有对应的关系。

至于俞某与某戎公司、王某之间，没有证据表明他们之间存在任何法律关系。

俞某诉请撤销其在频道号为24064的直播间消费的合同。《合同法》第五十四条规定：“下列合同，当事人一方有权请求人民法院或者仲裁机构变更或者撤销：（一）因重大误解订立的；（二）在订立合同时显失公平的。一方以欺诈、胁迫的手段或者乘人之危，使对方在违背真实意思的情况下订立的合同，受损害方有权请求人民法院或者仲裁机构变更或者撤销。当事人请求变更的，人民法院或者仲裁机构不得撤销。”第一百九十二条规定：“受赠人有下列情形之一的，赠与人可以撤销赠与：（一）严重侵害赠与人或者赠与人的近亲属；（二）对赠与人有扶养义务而不履行；（三）不履行赠与合同约定的义务。赠与人的撤销权，自知道或者应当知道撤销原因之日起一年内行使。”如上所述，俞某与某多公司之间形成服务合同关系，俞某与刘某之间形成赠与合同关系。在这两个合同关系订立前或订立时，没有证据表明俞某对该服务合同或赠与合同的内容存在重大误解，或者该合同显失公平，或者某多公司、刘某对俞某进行了欺诈、胁迫或乘人之危，且如上所述，没有证据表明该赠与合同附有义务。由于俞某向刘某赠与礼物与刘某向俞某授予VP身份分属不同的法律关系，故俞某VP身份的获得或失去与俞某向刘某赠与礼物的赠与合同没有关系，俞某不能因其被刘某撤销VP身份而要求撤销该赠与合同。因此，俞某诉请撤销其消费礼物的合同缺乏事实和法律依据，本院不予支持。

俞某称其因刘某使用他人账号直播、该直播间观众数据作假而受到欺诈，但刘某系用自己的网名“慢热7”、自己的形象和声音在该直播间直播，俞某的“打赏”行为显然是基于对刘某本人直播表演的评价而不是因其对刘某直播账号的实名认证人的认识而作出，直播平台数据显然也不是俞某“打赏”的主要因素，即俞某并不是基于这些原因而陷入错误认识，进而做出“打赏”的行为，俞某称刘某因这些行为而构成欺诈，不符合法律规定的欺诈的构成要件，本院不予采纳。

《合同法》第四百一十条规定：“委托人或者受托人可以随时解除委托合同。因解除合同给对方造成损失的，除不可归责于该当事人的事由以外，应当赔偿损失。”委托关系成立后，委托合同双方均享有任意解除权，可以任意解除。在俞某与刘某之间信任基础已经丧失的情况下，刘某取消了俞某的VP身份，解除了委托关系，行使了任意解除权，不受刘某对俞某承诺的“永远不下VP”的限制。同时，俞某与刘某没有对担任VP约定报酬，属于无偿委托关系。解除该委托关系，俞某没有任何损失，故刘某不需向俞某赔偿损失。

综上所述，对于俞某基于撤销合同而要求各被告退还消费款项或赔偿损失的诉讼请求，本院亦不予支持。

【案例注解】

2016年因有大量直播平台成立而被称为“网络直播元年”。至今，网络直播已经发展成为互联网经济中不可忽视的重要组成部分。据国家版权局网络版权产业研究基地发布的《中国网络版权产业报告（2018）》显示，2017年我国的网络直播用户规模达4.33亿人，产业市场规模已经达到近400亿元。网络直播中，用户的“打赏”是直播平台、直播发布者（俗称“主播”）获得收入的重要途径。“打赏”后，用户要求退回“打赏”款项而诉至法院的案件时有发生。此类案件审理中，应当首先对“打赏”的法律性质作出明确认定。以往的司法实践较少直接对此作出认定，学术界对此也存在广泛争议，而本案判决对此作出了正面回应，具有典型意义。

通过对案件的审理和对网络直播生态的大量观察，我们得出以下结论：

1. 用户与直播平台之间成立网络服务合同。用户通过直播平台观看直播和进行“打赏”等，直播平台为用户提供相应服务，直播平台通过用户购买和使用虚拟货币收取服务费，两者间形成双务、有偿的服务合同。

2. 用户与直播发布者之间一般成立赠与合同，除非有证据证明直播发布者接受“打赏”前后须履行具体、明确的合同义务。理由如下：

（1）将一般情况下的“打赏”归类为赠与合同符合法律规定。《合同法》第一百八十五条规定：“赠与合同是赠与人将自己的财产无偿给予受赠人，受赠人表示接受赠与的合同。”在任何浏览直播平台的人均可观看直播间的全部直播内容、不需要为表演支付对价的情况下，用户基于观看直播后对表演的满意、赞赏，以“打赏”的方式向直播发布者赠与金钱，在“打赏”的同时没有向直播发布者设定义务，此时形成的是无偿、单务的合同，符合赠与合同的法律特征。在这一行为中，“满意、赞赏”本身并不必然等于双务合同中的对价，因为赠与往往是出于各种动机和目的，为获得精神上的愉悦、满足而赠与财物也符合赠与行为的通常表现。

（2）当有证据证明直播发布者接受“打赏”前后须履行具体、明确的合同义务时，用户与直播发布者可能成立服务合同或者其他相应的双务合同。有的直播发布者在直播过程中会向用户发出特定的要约，如直播发布者在直播过程中口头表示，当收到用户“打赏”达到特定的数额，将表演一段特定的舞蹈；有的射击游戏的直播发布者在直播间以字幕公示，“打赏”金额前三名的用户可以“上车”（即有资格作为该直播发布者的队友一起玩该游戏）；还有部分直播平台推出与普通直播不同的服务，即支付一定的费用后可以与直播发布者单独聊天、互动等。以上的情形中“打赏”或付费用户因与直播发布者之间约定了具体、明确的合同义务，故可以成立相应的服务合同或者其他双务合同。

（3）对“打赏”性质单纯的“服务合同说”存在明显缺陷。有的学者认为直播中的“打赏”应一概认定为履行服务合同，该观点看到了“打赏”行为与直播发布者的行为之间的相互影响、促进，但不能很好地解释“打赏”行为在一般情况下的自愿性、非对价性和用户的非固定性。一般情况下，在观看同一个直播发布者直播时，用户可以选择“打赏”，也可以不“打赏”，“打赏”的金额不统一，没有固定的标准，甚至可能有巨大的差异，直播发布者接受“打赏”后也没有因此而负有明确的合同义务，即使直播发布者接受“打赏”后对相应用户用言语或者行动表示感谢，也属受赠者的情感表达，在无约定的情况下不应视为合同的对价。另外，观看直播的用户流动性强，把某个直播间的全体用户视为合同一方看待的观点也难以自圆其说。可见，双务、有偿的服务合同特征难以解释和涵括“打赏”行为的特点。如果认定“打赏”用户与直播发布者之间一概成立服务合同，可能会导致部分用户因对直播发布者不满意而动辄要求解除“打赏”合同、退还“打赏”款项或不适当地要求继续履行，在该“服务合同”的对价不明确的情况下，相关主体义务的边界将是难以确定的。因此，不宜将“打赏”用户与直播发布者之间的法律关系一概认定为服务合同关系。

（4）将网络直播中的“打赏”归类为赠与合同不影响符合法定条件时“打赏”款项的退还。赠与行为是一种民事法律行为，可以适用《民法总则》第一百四十三条和第一百五十七条关于民事法律行为的效力和民事法律行为无效的法律后果的规定，未成年人的直播“打赏”可以循此途径得到处理；赠与合同是《合同法》规定的有名合同之一，受《合同法》总则和分则关于合同、赠与合同效力规定的约束；在自身合法权益受到侵害时，用户也可选择依《侵权责任法》的有关规定要求追究直播平台、直播发布者的侵权责任。因此，相关主体权利的保护有法可依，相关主体的权利义务并不失衡。

综上所述，用户与直播发布者之间一般成立赠与合同，除非有证据证明直播发布者接受“打赏”前后须履行具体、明确的合同义务。

本案中，俞某虽然向刘某多次“打赏”，但俞某所举证据不足以证明刘某接受“打赏”前后须履行何种合同义务，故根据现有证据仅能认定俞某向刘某的“打赏”均属赠与行为。刘某向俞某授予VP身份虽然发生在俞某向刘某赠与礼物之后，但在俞某赠与之前，刘某或俞某均未向对方发出“赠送礼物换取永久VP”的要约或承诺，俞某赠与礼物与刘某授予VP不是同一合同关系中的对价，而是各自在履行赠与合同和委托合同的义务，两个合同的权利义务之间没有对应的关系。因此，俞某VP身份的获得或失去与俞某向刘某赠与礼物的赠与合同没有关系，俞某不能因其被刘某撤销VP身份而要求撤销该赠与合同。

不难发现，大部分直播发布者和平台在用户使用直播平台的过程中会采用各种方式吸引用户“打赏”，“打赏”行为在直播行业发展中起到了十分重要的推动作用，“打赏经济”中也存在不少值得规范之处，如不良内容的过滤、税收制度的相应调整等。作为用户，在使用直播平台的过程中应当保持清醒的头脑，不宜冲动"打赏"，同时也要增强证据意识，特别是在可能与平台、直播发布者之间成立服务合同等双务合同的情况下，应注意保留相关证据，避免可能的举证困难。直播平台、直播发布者应采用包括技术、合同在内的各种手段加强管理和自律，尤其是直播平台作为网络直播的组织者和直接监管者，应保持和增强企业的社会责任感，不断加强识别和制止平台内违法行为的能力，在互联网商业模式的创新中不能踩踏法律的红线。有关行政机关等管理部门应持续改进监管，对各类新型网络服务及时予以规范，对各类违法行为及时予以惩戒。

实际上，"打赏"的互动模式不仅存在于网络直播中，也广泛存在于各类互联网应用中。明确"打赏"在一般情况下的赠与合同性质，有利于明确互联网经济中各方的权利义务，平衡各方的利益，鼓励劳动和创新，促进互联网经济健康、有序发展。

【相关法条】

《中华人民共和国合同法》第一百八十五条、第三百九十六条、第四百一十条；

《中华人民共和国民事诉讼法》第六十四条第一款。

审判庭成员：曹　钰

网络悬赏广告纠纷案

——“人工刷量”行为不应得到支持和鼓励

曹　钰*

【裁判要旨】

互联网企业针对其用户开展的邀请好友注册、奖励现金红包的告示，属于悬赏广告。对于某些用户组建或参与专为获得邀请者的奖励而组建的微信群、采用另行给被邀请者金钱等物质奖励方式邀请大量新用户的行为，因此类群成员注册成为新用户的目的仅是获取相应的奖励，而非真正使用涉案APP，通常不能形成真正意义上的用户，故此类操作应视为“刷量”操作。“好友”属社交概念，“邀请好友”应当理解为邀请好朋友或邀请与邀请人有一定社交联系的人。互联网企业开展此类活动的目的是挖掘用户的社交资源，吸引更多的用户使用其产品或服务，以提供更多的消费，进而增加营收。上述用户通过“刷量”邀请的“好友”，属于专门以赚取商家营销活动奖励为目的的群体，如果将之纳入上述活动中的“好友”范围，显然不符合上述悬赏人的真实意思表示，违背了合同的目的。此种行为实际上是采用欺骗方法制造完成特定行为的假象，进而利用悬赏活动牟利，违反了诚实信用原则，扰乱了电子商务活动的正常秩序，损害了互联网企业的合法权益，不应得到支持和鼓励。因此类“刷量”行为不符合活动规则，故应视为用户没有完成上述悬赏广告要求的特定行为，对于用户要求悬赏人向其支付报酬的诉讼请求，法院不予支持。

【关键词】刷量　羊毛党　合同条款的解释　诚实信用原则

* 曹钰——广州互联网法院综合审判一庭庭长、审判委员会委员。

【案件索引】

广州互联网法院（2019）粤 0192 民初 789 号民事判决书（2019 年 7 月 9 日）。

【基本案情】

“YY 极速版”是由华某公司运营的一款手机应用软件（APP），主要内容是网络直播、网络视频等。2018 年 4 月起，华某公司在该软件客户端的界面公示“邀请好友立赚”活动，即用户邀请一位好友下载该 APP 并进行符合一定规则的使用后，邀请者和被邀请者均可获得一定金额（该金额不定期变动，如 7 元、5.5 元等）的现金。具体的邀请方式包括用户将包含其自己“邀请码”的链接或二维码通过微信、朋友圈、QQ、短信、面对面扫码等方式发送给他人，他人点击该链接、二维码下载该 APP 并注册为用户后，邀请者和被邀请者即可获得一定红包奖励（如 1 元、1.5 元、3 元等），此后被邀请者通过该 APP 观看直播 1 天、2 天、3 天（每天至少观看 5 分钟）后，邀请者可获得相应的更多红包奖励（如每天 1 元、2 元等）。该奖励会存入邀请和被邀请用户在该 APP 中的“我的零钱”中，“我的零钱”可以“提现”即兑换为现金支付到用户的支付宝账户，但“提现”前须经华某公司审核。华某公司在“提现”页面公示了一份“说明”，内容包括“若平台检测到账号进行刷量等违规、违法操作，会进行冻结处理。被冻结账号无法进行提现操作”。钱某对该“说明”的真实性没有异议。

钱某使用其名下的手机号码 188××××2712 注册并绑定了 YY 账号 228××××515，使用该账号邀请了 9404 个新账号注册，其账号中的“我的零钱”余额达到了 30678.57 元。钱某在诉讼中陈述，其长期服务于网络推广行业，有上百个覆盖全国社群、高校的群资源和任务制下载平台资源，这些群、平台内的成员均是专门为了通过下载 APP 获得邀请者的奖励而进群或参与平台任务。钱某邀请新用户的主要方式为，将邀请链接、二维码和下载注册的教学视频、文档等发到客户资源群和上述平台内，或者将邀请二维码打印出来贴在朋友的实体店铺内，该链接、二维码可以被多次转发，如果完成下载、注册、使用任务，钱某会给对方一定金额的红包（如每次 1 元等），即将自己因邀请新用户获得的红包分一部分给被邀请者，或者委托店铺经营者给被邀请者一些小礼物。

2018 年 12 月，钱某在进行提现操作时，该软件显示其提现申请未能通过。经钱某向华某公司的客服人员咨询，客服人员回复称因其进行了违规操作，故收益无效，且被冻结兑换或提现操作。钱某认为自己并未违规，主张华某公司侵犯其财产权而诉至法院成讼。

另查明，华某公司与深圳永某在线科技有限公司（以下简称永某公司）于2018年8月14日签订了合作协议，约定由永某公司为华某公司提供“TH-Karma业务风险感知情报平台”产品及服务，用于感知业务风险（恶意注册、虚假养号等）、鉴别恶意手机号码、识别恶意IP等。诉讼中，华某公司提交了永某公司于2019年2月26日出具的《情况说明》及附件，内容包括认定8个YY账号注册时使用的手机号为“猫池”手机号码等。庭审中，钱某认可该8个YY号的注册用户是其邀请的，但否认其知情或参与任何数据造假或黑产活动，认为这可能是被邀请者的行为，“猫池”手机号码数据未必实时更新，且该8个号码在其邀请的客户总数中比例很小。

再查明，钱某另向本院提起（2019）粤0192民初790号案诉讼，要求华某公司向其支付YY账号228××××840内应予提现的金额12344.70元。经该案审理查明，钱某使用其名下的手机号码199××××2521注册并绑定了YY账号228××××840，使用该账号邀请了2922个新账号注册，该账号中的“我的零钱”余额达到了12344.70元。

诉讼中，华某公司陈述，正常用户仅能拉新5—6人，1万余名被邀请人已超出正常人的社交能力范围，且钱某邀请的大部分用户仅满足获得红包的条件即不再使用，这是一种经营行为，不符合其开展活动的初衷。钱某确认华某公司陈述的普通用户拉新数量，确认其拉新数量确实远高于普通用户，但认为其属于具有推广能力和资源的推广人员，运用自身资源为华某公司拉新并无不当。

【裁判结果】

广州互联网法院于2019年7月9日作出（2019）粤0192民初789号民事判决，判决：驳回原告钱某的全部诉讼请求。

【裁判理由】

广州互联网法院的上述判决认为：华某公司开展“邀请好友立赚”活动，用户按活动规则“邀请好友”后，即可获得一定的现金，该活动在法律上应当定性为网络悬赏广告。钱某因无法从“我的零钱”中提现，以华某公司侵权为由向本院起诉，因该争议本质上属网络悬赏广告的履行问题，故本案不是网络侵权纠纷，而是网络悬赏广告纠纷。

1. 钱某的行为是否属于“刷量”操作。钱某组建或参与专为获得邀请者的奖励而组建的众多微信群，采用另行给被邀请者金钱等物质奖励的方式邀请了近万名涉案APP新用户。上述微信群成员注册成为新用户的目的是获取相应的奖励，而非真正使用涉案APP。华某公司通过专业公司监测到钱某邀请的新用户中，有的使用“猫池”手机号注册涉案APP，对于此类通过技术手段伪造手机号、伪造新用户的行为属于“刷量”操作，双方均无异议。对于被邀请用户使用真实手机号码的情形，表面上看，钱某为涉案APP邀请了大量新用户，但这些用户属专门赚取网络红包等利益的群体，通常不能形成真正意义上的用户，钱某邀请其注册涉案APP的目的，是刷高“拉新”的数量，以从华某公司获取更多的红包奖励。华某公司认为钱某的行为属“刷量”操作，符合本案事实，本院予以采纳。

2. 钱某的行为是否符合华某公司“邀请好友立赚”活动的规则。钱某主张，其为涉案APP邀请了大量新用户，华某公司应按“邀请好友立赚”活动规则支付奖励，华某公司则认为，钱某的“刷量”行为，不符合活动规则。双方产生分歧的主要原因，是对通过“刷量”邀请的新用户是否属于上述活动中要求邀请的“好友”有不同理解。

《合同法》第一百二十五条第一款规定：“当事人对合同条款的理解有争议的，应当按照合同所使用的词句、合同的有关条款、合同的目的、交易习惯以及诚实信用原则，确定该条款的真实意思。”“好友”属社交概念，“邀请好友”应当理解为邀请好朋友或邀请与邀请人有一定社交联系的人，在电子商务交易习惯中，常被商家用作挖掘用户社交资源、发展新用户的营销手段，本案“邀请好友立赚”活动亦不例外。华某公司开展该活动的目的是挖掘用户的社交资源，吸引更多的用户使用“YY极速版”APP，以提供更多的消费，进而增加营收。也就是说，华某公司将用户的好友作为可能使用涉案APP的群体予以开发。但钱某通过“刷量”邀请的“好友”，属于专门以赚取商家营销活动奖励为目的的群体，其注册并完成可获得红包的使用行为后一般不会再继续使用相关APP，将之纳入“邀请好友立赚”中的“好友”范围，显然不符合华某公司的真实意思表示，这在华某公司提现页面关于对刷量操作将冻结提现的说明中也得到印证。因此，钱某通过“刷量”邀请的所谓“好友”，不应当认定为属于“邀请好友立赚”活动中“好友”的范围，否则，就会违背“邀请好友立赚”活动的目的。当事人应当善意、合理地理解合同条款。钱某应当清楚地意识到上述活动中“好友”的含义、范围以及“刷量”操作的不良影响，如果把通过“刷量”邀请来的所谓“好友”认定为符合活动规则的“好友”，则有违诚实信用原则。由上可见，钱某的行为不符合华某公司“邀请好友立赚”活动的规则。

3. 钱某是否有权要求华某公司支付“拉新”报酬。本案所涉“邀请好友立赚”属悬赏活动，根据《最高人民法院关于适用〈中华人民共和国合同法〉若干问题的解释（二）》第三条关于“悬赏人以公开方式声明对完成一定行为的人支付报酬，完成特定行为的人请求悬赏人支付报酬的，人民法院依法予以支持”的规定，钱某只有在完成活动规则要求的“邀请好友”这一特定行为后才能要求支付报酬。因钱某“刷量”不符合活动规则，故其没有完成上述特定行为，其请求华某公司向其支付报酬，本院不予支持。尽管钱某的APP账户“我的零钱”显示了奖励金额，但在没有提现前，该奖励金额仍属华某公司的财产，华某公司有权禁止提现。

综上所述，钱某的“刷量”行为看似完成了华某公司悬赏广告活动中的特定行为，但实际上是采用欺骗的方法制造完成特定行为的假象，进而利用悬赏活动牟利，违反了诚实信用原则。“刷量”行为扰乱了电子商务活动的正常秩序，损害了互联网企业的合法权益，不应得到支持和鼓励。钱某的诉讼请求，于法无据，本院予以驳回。

【案例注解】

在互联网经济中，用户和流量是各家互联网企业竞相争取的对象。在扩大用户量的过程中，一些互联网企业采用发放现金红包的方式对邀请好友注册的用户进行奖励，此类悬赏活动在一定程度上达到了提高用户量的目的，但同时也让“羊毛党”嗅到了“商机”。

在互联网语境下，“羊毛党”是指关注与热衷于“薅羊毛”的群体，即专门选择互联网企业的营销活动，以低成本甚至零成本换取高额奖励的人。他们最初从对互联网优惠活动的关注和操作中零星获利，其后逐渐向组织化、集群化发展，参与人员日益庞大，操作方法日渐多样，发展出了完整、成熟的产业利益链，其中不少与网络黑、灰产存在关联，对互联网企业的影响明显，成为互联网经济中不可忽视的一类群体。对于这类群体的行为，社会上有不少人认为属于合理利用规则，并无不当；互联网企业则对其态度复杂。此类行为合法、合规与否，很有讨论和澄清的必要。

“技术刷量”和“人工刷量”是“羊毛党”们提高用户量、流量等通常采用的两种手段。对于“技术刷量”即利用计算机软、硬件如“Xposed”工具、“猫池”设备等伪造用户信息的方法，因所得数据明显虚假，且可能涉嫌刑事犯罪，此类行为不符合互联网企业的悬赏目的和活动规则，通常没有争议。但是，对于“人工刷量”即用户采用额外的金钱、物质等利诱手段聚集大量专待领取奖励和额外奖励的人群，以他们完成特定任务为条件支付奖励的操作手段是否符合活动规则的问题，其答案并非一目了然。有的“羊毛党”成员被互联网企业拒绝支付悬赏费用后坚持要求企业兑现承诺，甚至诉至法院，本案即是其中一例。

本案中，钱某组建或参与了数百个专为获得邀请者的奖励而组建的微信群，采用在这些微信群中发放任务、向完成任务者支付额外奖励的方法邀请了数千倍于普通用户邀请量的“新用户”。本案判决首先明确利用技术手段邀请的虚假“新用户”应予排除，然后从此种操作方法带来的其他“新用户”的行为目的、特征和钱某的主观意图方面，得出此种操作方式属于“刷量”操作的结论，进而从华某公司此次活动的名称“邀请好友立赚”和“刷量冻结提现”的规则出发，分析华某公司发布悬赏广告的目的和“好友”的含义，论述钱某的“刷量”操作不符合活动规则，认为钱某没有完成悬赏广告要求的特定行为，故判定其无权要求华某公司支付奖励金额。

本案判决对“人工刷量”明确表明了态度，即该类操作不符合悬赏目的，实际上是采用欺骗方法制造完成特定行为的假象，进而利用悬赏活动牟利，违反了诚实信用原则。此种行为扰乱了电子商务活动的正常秩序，损害了互联网企业和其他用户的合法权益，且容易滋生和助长犯罪行为，不应得到支持和鼓励。

用户量、流量不必然等于商业价值，而用户的商业价值才是互联网企业真正关心和追求的。要防治“羊毛党”对互联网企业合法权益的损害，需要从多方面入手。首先，互联网企业在开展此类旨在增加用户量、流量的悬赏活动时，要制定更加合理、有针对性的规则，设定必要的限制如单个用户邀请好友数量的上限、每次“提现”金额的上限，明确发放报酬前企业的审核权和对“刷量”用户的惩戒规则等，并依法公示，提高“羊毛党”“薅羊毛”的成本；其次，互联网企业应积极加大技术投入，提高识别和防范黑、灰产用户和相应行为的能力；再次，互联网企业应加强与工信部门、电信运营商的合作，积极配合公安、司法部门，强化数据共享和联动，加大对“羊毛党”中涉及刑事犯罪行为的打击力度；最后，互联网企业应注重进行产业升级，利用大数据分析等手段依法进行精准营销，而非依靠原始的“拉人头”数量来获取用户，这样才能减少“羊毛党”不当获利的机会。

【相关法条】

《中华人民共和国合同法》第五条、第六条、第一百二十五条第一款；

《最高人民法院关于适用〈中华人民共和国合同法〉若干问题的解释(二)》第三条。

合议庭成员：曹　钰　冯立斌　周　扬

应收账款质权人能否同时主张应收账款附随担保权益?

辛　野*

【裁判要旨】

权利人主张债权的同时要求就债务人出质应收账款的附随担保权益主张权利的，由于双方并未就应收账款附属担保权益签订书面合同，也未就该权益办理质押登记，故质权并未设立，债权人要求就应收账款附随担保权益主张权利并不符合物权法定原则，不应予以支持。

【关键词】应收账款质押　动产担保　证券　附随担保权益

【案件索引】

广东省广州市中级人民法院（2017）粤01民初163号民事判决书。

【基本案情】

原告中国某生银行股份有限公司广州分行（以下简称某生银行）诉称，深圳某霖铜业有限公司（以下简称某霖公司）未按约定还款，构成违约。诉请：（1）某霖公司返还借款399999433.15元及利息（以本金399999433.15元为基数，从2016年12月27日至2017年6月1日按年利率4.35%计算；从2017年6月2日至2018年4月1日按年利率6.525%计算利息，对不能按时支付的利息和逾期利息，从逾期之日起按年利率6.525%计收复利）。（2）某霖公司赔偿某生

* 辛野——广州市荔湾区人民法院法官。

银行律师费150万元。(3)某生银行对某霖公司出质的其对广州市某航金属材料有限公司(以下简称某航公司)的应收账款4亿元享有优先受偿权。(4)某生银行对某航公司名下的抵押房产享有优先受偿权。(5)某生银行对李某威名下的抵押房产享有优先受偿权。(6)某生银行对广州市番禺某益建材贸易有限公司(以下简称某益公司)名下的抵押房产享有优先受偿权。

被告某霖公司辩称，同意某生银行的全部诉请。

被告某航公司、李某威、某益公司无答辩。

法院经审理查明：2014年12月2日，某生银行与某霖公司签订《综合授信合同》，约定某霖公司向某生银行申请使用的最高额度为7.2亿人民币。2014年12月31日，某霖公司、某生银行以及某航公司签订《债权转让合同》，约定某生银行将其对某航公司的4亿元债权转让给某霖公司，同时将该债权抵押权一并转让，该合同附《转让抵押权明细表》注明：1. 抵押人某航公司，抵押物房产证号：粤房地证字第C5136×××号；2. 抵押人某益公司，抵押物房产证号：粤房地权证穗字第021××××684号；3. 抵押人李某威，抵押物房产证号：粤房地权证穗字第021××××793号。2015年1月14日，某生银行与某霖公司签订《最高额质押合同》，约定某霖公司以其对某航公司享有的4亿元债权为主债权提供质押担保。双方就上述应收账款在中国人民银行征信中心办理了《动产权属统一登记》，质押财产为某霖公司、某生银行与某航公司签订的《债权转让合同》项下产生的4亿元应收账款。同日，某生银行与某霖公司签订《综合授信变更协议》约定委托中国某生银行股份有限公司深圳分行(以下简称某生银行深圳分行)发放贷款。2016年12月27日，某生银行深圳分行与某霖公司签订《流动资金贷款借款合同》，向某霖公司发放贷款399999433.15元，贷款年利率为4.35%，利随本清，某霖公司应付未付的本金，自逾期之日按合同贷款利率上浮50%计收逾期罚息，对不能按时支付的利息和逾期罚息，按逾期利率计收复利。

另查明，某霖公司已另案[(2016)粤01民初346号]向某航公司、李某威、某益公司主张权利。该案查明，某霖公司、某生银行与某航公司签订《债权转让合同》，约定某霖公司从某生银行受让某生银行对某航公司的债权4亿元及相应抵押权。该案于2017年6月19日作出(2016)粤01民初346号民事判决书，判决："一、自本判决发生法律效力之日起十日内，广州市某航金属材料有限公司向某霖铜业有限公司清偿本金394880694.26元以及利息……二、当广州市某航金属材料有限公司不履行上述第一项判决确定的义务时，深圳某霖铜业有限公司有权以拍卖、变卖广州市某航金属材料有限公司名下的位于广州市番禺区市桥街西丽工业区房屋(房产证号：粤房地证字第C5136×××号)所得的价款在13698500元范围内优先受偿；三、当广州市某航金属材料有限公司不履行上述第一项判决确定的义务时，深圳某霖铜业有限公司有权以拍卖、变卖李某威名下的位于广州市番禺区沙头街西环路262号2号房屋（产权证号：粤房地权证穗字第021××××798号）所得的价款在21473200元范围内优先受偿；四、当广州市某航金属材料有限公司不履行上述第一项判决确定的义务时，深圳某霖铜业有限公司有权以拍卖、变卖李某威名下的位于广州市番禺区沙头街西环路262号3号房屋（产权证号：粤房地权证穗字第021××××793号）所得的价款在21473200元范围内优先受偿；五、当广州市某航金属材料有限公司不履行上述第一项判决确定的义务时，深圳某霖铜业有限公司有权以拍卖、变卖广州市番禺某益建材贸易有限公司名下的位于广州市番禺区沙头街西环路266号房屋（产权证号：粤房地权证穗字第021××××684号）所得的价款在235123200元范围内优先受偿；……”该判决已发生法律效力。

【裁判结果】

广东省广州市中级人民法院于2018年1月8日作出（2017）粤01民初163号民事判决书，判决：“一、深圳某霖铜业有限公司于本判决发生法律效力之日起十日内向中国某生银行股份有限公司广州分行返还借款本金399999433.15元及利息、罚息、复利……二、深圳某霖铜业有限公司不履行上述判项所确定的给付义务时，中国某生银行股份有限公司广州分行有权就深圳某霖铜业有限公司对广州市某航金属材料有限公司享有的40000万元应收账款（登记编号为01878731000382309973）优先受偿；三、驳回中国某生银行股份有限公司广州分行的其他诉讼请求……”

本案一审判决后，双方当事人均未提起上诉，本案已发生法律效力。

【裁判理由】

法院生效裁判认为，本案为金融借款合同纠纷。所涉各合同均为当事人在协商一致的基础上的合意，合同内容无违反法律、行政法规的强制性规定，合法有效，各方当事人均应依约享有合同权利并履行合同义务。

根据约定，某生银行委托某生银行深圳分行在协议框架内代其向某霖公司发放贷款并提供融资服务，某生银行深圳分行已经向某霖公司足额发放了贷款本金399999433.15元，故某生银行与某霖公司之间的金融借款合同关系成立并生效。某霖公司未按约定足额归还罚息，其行为已构成违约。据此，某生银行有权宣布案涉贷款提前到期，并要求立即偿还尚欠借款本息。某霖公司对此并无异议，该院予以确认。

关于本息问题。某霖公司未曾归还贷款本金，故某生银行主张返还拖欠贷款本金399999433.15元有事实依据，该院予以确认。某生银行主张以其提起本案诉讼之日即2017年6月1日作为贷款提前到期之日符合双方合同约定，故某生银行主张利息以399999433.15元为基数，从2016年12月27日起至2017年6月1日止按年利率4.35%计算有理，该院予以确认。某生银行主张罚息以399999433.15元为基数，从2017年6月2日起至2018年4月1日止按年利率6.525%计算，对此该院认为，本案罚息应当计至某霖公司实际清偿款项之日，故本案罚息应当以399999433.15元为基数，自2017年6月2日起至款项实际清偿之日止，按年利率6.525%计算。关于复利，某生银行主张对某霖公司不能按时支付的利息及罚息，从逾期之日起按逾期利息6.525%计收，按实际逾期天数计收，逐月累算，该计收罚息方式虽然有合同依据，但对罚息再计收复利，无异于对借款人实施了双重惩罚，不符合《合同法》第一百一十三条的规定，对借款人不公平，因此该院认为复利应以某霖公司未按期支付的利息为基数，从2017年3月31日起计算至款项实际清偿之日止按年利率6.525%计算。对于上述尚欠本金数额及利息、罚息、复利的计算方式，某霖公司均无异议，该院予以确认。

关于律师费问题。该院认为，某生银行关于律师费的主张虽然符合双方的合同约定，但是本案中某生银行未提供律师费用已实际发生的转账记录或发票凭证，故无法核实该项费用是否已实际发生，故对于该项诉请不予支持。

关于某霖公司的质押担保责任问题。某霖公司与某生银行约定提供质押担保，并就合同项下质物应收账款在中国人民银行征信中心办理了质押登记，故某生银行诉请就某霖公司出质应收某航公司债权4亿元享有优先受偿权合法合理，该院予以支持。

关于某航公司、李某威、某益公司的抵押担保责任问题。该院认为，根据另案人民法院生效判决，某生银行主张的抵押权利作为从权利已随《债权转让合同》项下的主债权一并转让给某霖公司，且某霖公司已经通过生效判决确认了其为案涉抵押物的权利人，故某生银行并非案涉抵押物的抵押权人，无权行使优先受偿权。现某生银行以《最高人民法院关于适用〈中华人民共和国担保法〉若干问题的解释》第一百零六条之规定，要求就应收账款质权附随的担保物权主张权利。对此该院认为，上述规定并未明确质权人可以直接实现出质债权附随的担保物权，故根据物权法定的原则，案涉应收账款出质登记仅列明了《债权转让合同》项下的应收账款作为质物，并未登记附随的担保物权，故某生银行主张就应收账款质权附有的担保物权实现权利既无事实依据又无法律依据，该院不予支持。

【案例注解】

本案中，对于某霖公司构成违约，某生银行提前收贷要求某霖公司返还借款本金并支付利息、罚息、复利，就应收账款实现质权的问题，双方当事人争议不大。本案的主要争议焦点在于某生银行是否有权就出质应收账款的附随担保物权主张权利。尽管某航公司、李某威以及某益公司缺席审理，应当视为放弃抗辩及举证的权利，但是并不意味着人民法院必须支持某生银行的相应诉请。

应收账款是《物权法》权利质权一章新确立的质物，应收账款质押作为一项担保工具在企业融资过程中发挥了重要作用。但是由于应收账款质权的规定较为原则性且缺乏具体规则指引，致使诸多细节问题无规则可依。

《最高人民法院关于适用〈中华人民共和国担保法〉若干问题的解释》（以下简称《担保法司法解释一》第一百零六条规定："质权人向出质人、出质债权的债务人行使质权时……质权人可以起诉出质人和出质债权的债务人，也可以单独起诉出质债权的债务人。"该规定为质权人向应收账款的债务人主张权利提供了法律依据，同时部分质权人认为，既然可以直接向应收账款债务人主张权利，那么作为从权利的附属担保权益理应可以一同处理。该种观点有理论支持，史尚宽先生认为"附着于标的的债权之特别担保，如抵押权，当事人间如无反对意思表示者，自系从权利，共同质入。质权人当然得拍卖抵押权之标的物，以实现其权利"。[1] 但本案中某生银行关于实现应收账款质权的附随抵押权的主张并未得到支持，考虑了多种因素。

本文将试着从应收账款质押制度的起源出发，明确应收账款不同于其他权利质权的特性，探讨权利人实现应收账款质权附随担保物权的主张是否符合《物权法》的"物权法定"原则。

一、应收账款质押制度起源：动产担保制度产物

《物权法》规定的应收账款质押制度借鉴于《美国统一商法典》（以下简称UCC）第九编动产担保制度中的应收账款质押制度。在美国，应收账款作为担保物的法律适用非常广泛，据统计，美国小企业有担保物的贷款中，70% 是由应收账款或存货单独担保或二者共同担保，应收账款在美国融资担保中能够广泛使用在很大程度上归功于 UCC 第九编的法律规定。[2]

1　许旭涛：《应收账款质押制度的典型问题分析》，载《人民司法》（应用）2016 年第 19 期。

2　李峰、王全弟：《美国应收账款担保制度及其对我国的启示》，载《复旦学报（社会科学版）》2011 年第 4 期。

在美国，应收账款质押是动产担保的一种类型。UCC 第九编在动产担保方面彻底摒弃了传统上的动产抵押、质押等概念化的分类方式，统一使用“担保利益”或“担保交易”的全新功能化概念。[3] UCC 第九编从市场需求出发，将种类繁多的各种“担保类型”简化为以实现担保功能为目的“担保权益”，即“一元化”，凡是以合同形成在动产或者不动产附着物上设立的担保物权的行为均可以视作动产担保。以担保物的具体形态为分类标准，该编将动产分为多种类型。有学者认为分四类，有消费品、投资财产、其他准无体财产以及无体财产。[4] 也有学者认为分三类，有物品、权利凭证和无形财产。[5] 但无论是哪种分类标准，应收账款均属于无体财产权的一种。

由此可见，应收账款作为一种担保“工具”产生于一元化论的美国普通法的动产担保交易制度，不考虑担保交易的形式如何，并非是类型化的担保物概念，而是以其担保功能而成为一种担保动产，这本身就与我国《物权法》的物权法定原则相冲突，该法第五条明确规定：“物权的种类和内容，由法律规定。”既然我国移植了应收账款担保制度，并将其固定为一种概念化的权利担保物权，那么在运用应收账款融资时，应当从其本义出发，重视应收账款的无体财产属性，而在实现应收账款质权时，同样应尊重其不同于其他担保物权的特性。

二、应收账款的特性：缺乏凭“证”的权利

《物权法》仅用两个条款便设立了“应收账款质押”制度，其中第二百二十三条规定了应收账款可以作为权利出质，该条规定“债务人或第三人有权处分的下列权利可以出质：……（六）应收账款；……”第二百二十八条规定了以应收账款出质的权利质权设立和出质人转让应收账款的限制，该条规定：“以应收账款出质的，当事人应当订立书面合同。质权自信贷征信机构办理出质登记时设立。应收账款出质后，不得转让，但经出质人和质权人协商同意的除外。出质人转让应收账款所得的价款，应当向质权人提前清偿任务或者提存。”由此可见，我国目前应收账款质押制度规定得非常原则，在明确了应收账款可以作为权利出质的同时，仅规定了质权成立以及质后转让的问题，对前文所提及的问题并未明确。

深入探究，物权法对何为应收账款并无明确的界定。不过中国人民银行颁布的《应收账款质押登记办法》（〔2007〕第 4 号，以下简称《登记办法》）第二条对于何为应收账款，有着较为清晰的定义。考虑到受理应收账款质押融资

3　李峰、王全弟：《美国应收账款担保制度及其对我国的启示》，载《复旦学报（社会科学版）》2011 年第 4 期。

4　参见高圣平著：《动产担保交易制度比较研究》，中国人民大学出版社 2008 年版，第 45－52 页。

5　参见董学立著：《美国动产担保交易制度研究》，法律出版社 2007 年版，第 27－28 页。

的多为商业银行，因此该定义基本代表了实务中当事人对应收账款概念的界定，可以作为人民法院审理裁判的依据。

根据《登记办法》第二条第一款的规定，“本办法所称应收账款是指权利人因提供一定的货物、服务或设施而获得的要求义务人付款的权利以及依法享有的其他付款请求权，包括现有的和未来的金钱债权，但不包括因票据或其他有价证券而产生的付款请求权，以及法律、行政法规禁止转让的付款请求权”。由此可以推出，实务中的应收账款主要包含两部分：一是现有应收账款；二是未来应收账款，但是上述规定对于何为现有应收账款以及未来应收账款并无定义。对于具体的应收账款种类，该条第二款进一步明确规定：“本办法所称的应收账款包括下列权利：（一）销售、出租产生的债权，包括销售货物，供应水、电、气、暖、知识产权的许可使用，出租动产或不动产等；（二）提供医疗、教育、旅游等服务或劳务产生的债权；（三）能源、交通运输、水利、环境保护、市政工程等基础设施和公用事业项目收益权；（四）提供贷款或其他信用活动产生的债权；（五）其他以合同为基础的具有金钱给付内容的债权。”该条款规定了兜底情形，表明实务中应收账款的种类繁多，十分复杂。结合该条第二款规定，现有应收账款应当指出质人已经履行完毕与债务人之间的基础合同，债务人应当履行但尚未履行给付义务，出质人享有确定的债权，比如销售合同下的货款。而未来应收账款应当指出质人应当履行但尚未履行义务，双方之间基础合同尚未履行完成，因此出质人可能取得的债权，比如出租不动产的收益权。

由于中国人民银行已经认可了应收账款包括现有应收账款以及未来应收账款，因此当事人通过应收账款质押融资时，会出现以义务尚未履行的未来应收账款为标的的融资，应收账款能否产生尚有疑义，使得出现纠纷后的司法审查更为复杂。而且即使是现有应收账款，也可以因出质人履行瑕疵等问题赋予债务人抗辩权，应收账款是否能够实现亦不确定。

这就引出了应收账款不同于其他可出质权利的特性。应收账款本质上属于债权，而应收账款质押制度允许出质人以债权作为融资的担保“物”，相当于将债权物权化，这一点显著区别于其他担保物权，担保物权具有明显的“物权”特征。无论是不动产抵押权、动产抵押权还是动产质权，担保物均为物权，即实实在在存在的物，权利人在债权无法回收时可以对实物行使优先受偿权。即使同为权利质权，相较于物权法规定的汇票、本票、支票、债券、存款单、仓单、提单、基金份额、股权、知识产权的财产权等，应收账款也明显不同。

将应收账款与上述其他可以出质的权利进行比较，首先应当明确除了应收账款外，《物权法》所列各种权利均可以视为“证券”。

何为证券？《证券法》的定义较窄，根据该法第二条的规定，仅包括股票、公司债券和国务院依法认定的其他证券。在学理上，证券是经济权益凭证的统称，用来证明券票持有人享有的某种特定权益的法律凭证[6]。美国1933年的证券法采广义的证券定义，包括任何票据、股票、库藏股、债券、信用债券、债务凭证、息票或任何利润分享协议、担保信托证券、公司成立前的认股证书、可转换股份、投资合同、表决权信托证书、任何有形或无形财产权益证书，通常被称为“证券”的任何权益或权益工具，任何与上述项目相关的权益证书、认权证书、暂时或临时的证书、收据、权证、认购权、购买权[7]。汇票、本票、支票作为票据是有价证券，由本人或委托他人在见票时或者在票载日期无条件支付确定的金额给收款人或持票人。债券、存款单是债权凭证，持有人可以在凭证上载明的到期日请求债务人返还本息。仓单、提单是一种物权凭证，持有人可以持单提取相对应的货物。基金份额、股权可以视为权利人的权利凭证，权利人在取得基金份额或股权之前已经缴纳相应的资金、股款作为对价。商标专用权、专利权、著作权等知识产权中的财产权属于权利人智慧劳动的成果，权利人有权对相关财产权利作出自由处分。但应收账款并不能视为一种权利凭证，尽管其具有金钱的属性，金钱也可以视为“物”，但是应收账款产生于合同行为，其只是权利人在履行义务后的债权请求权或是履行义务前的期待权，该权利能否实现取决于合同的履行，依赖于应收账款债务人。根据合同的约定，应收账款的债务人又可能享有抗辩权、解除权、抵销权等权利。因此，应收账款能否实现是附有条件的，而物权法上其他可以出质的权利均属于证券的一种，证券是权利真实存在的法律凭证，凭证即权利，权利即凭证，二者合一。尽管此种权利也可能无法实现，但多是由于凭证本身出现伪造变造、不合规范等问题，属于欺诈，与应收账款无法实现存在本质区别，应收账款作为债权并无凭证以“证明”存在完全确定的且实在的“权利”，应收账款无法实现有可能是欺诈，但更多的是基于应收账款债务人的权利对抗或应收账款出质人的违约行为。

综上，我国现行应收账款质押规定较为原则，面对实践中已广泛存在的应收账款质押融资行为，对于很多细节并未作出规范。而且应收账款与其他可以出质的权利不同，其他权利均是通过证明权利存在的凭证（证券）出质，与“担保物”等同，但应收账款并无权利凭证，属于以债权请求权出质，能否实现取决于合同履行情况，依赖于应收账款债务人。应收账款的此种特性决定了在审理应收账款质押案件时须作特殊对待。

6　吴晓求：《证券投资学》，中国人民大学出版社2000年版，第15页。

7　吕成龙：《我国证券法需要什么样的证券定义》，载《政治与法律》2017年第2期。

三、理论与现实的冲突："物权法定"的限制

尽管从学理上质权人主张实现应收账款的附随担保权益没有障碍，但是基于物权法"物权法定"原则，物权的种类和内容由法律规定，因此在法律没有明确规定的情况下，是否支持权利人关于实现应收账款附随担保权益的主张，取决于该主张是否符合物权法定的原则。

首先，从担保权益本义的角度来看。《物权法》第一百七十条规定："担保物权人在债务人不履行到期债务或者发生当事人约定的实现担保物权的情形，依法享有就担保财产优先受偿的权利，但法律另有规定的除外。"由此可知，担保物权的内容应为担保财产，而无论是不动产抵押权还是动产抵押权、动产质权甚至是除应收账款外的权利质权，均是以实实在在的"物"作为担保财产，唯独应收账款缺乏法律凭证，是以债权出质。也正是由于以债权出质，才会有附随担保物权是否一同入质的问题。因此从物权法的立法本意来看，担保物权的含义就是以担保物为债权提供担保，而担保物是没有附随担保权益的，因此应收账款的附随担保物权不应当是质权的标的。

其次，从应收账款质权设立的角度来看。《物权法》第二百二十八条第一款规定："以应收账款出质的，当事人应当订立书面合同。质权自信贷征信机构办理出质登记时设立。"由此可知，应收账款质权设立需要书面合同以及登记两个要件，换言之，只有同时符合上述两个要件质权才能设立。而应收账款的附随担保权益既无书面合同约定作为质物的一部分，也未在中国人民银行的系统登记，因此该附随担保权益部分并未设质，因此权利人也无权就该部分主张权利。

再次，从《担保法司法解释一》第一百零六条的条文文义角度来看。尽管该条款赋予了质权人直接向出质债务的债务人主张权利的权利，但是并未明确质权人有权实现出质债务的附随担保权益，因此该项诉请并无法律依据。

最后，从保护债权人利益的角度来看。应收账款本身已经作为主债权的担保，那么可以推定双方当事人对债权的保障程度已经达成合意，否则质权人会要求出质人继续追加担保。因此在双方没有明确应收账款的附随担保权益共同入质的情况下，不宜支持权利人的该项主张。况且应收账款附随的担保权益义务人向质权人履行义务亦缺乏法律上的连结点。

因此，质权人能否就质物应收账款的附随担保物权主张权利，实质上是从权利随主权利变更与物权法定原则之间的冲突。笔者认为，在法律对此尚未作出明确规定的情况下，由于物权是对世权，设立担保物权的初衷是保证债权的顺利实现，进而实现交易秩序的稳定，因此对部分担保物权制定了登记的制度，目的在于利用登记的公示公信为整个社会信用背书，因此坚持物权法定应当是更高阶的价值追求，故暂不宜对应收账款的担保物权作出处理。

当然，笔者认为应当尽快通过司法解释明确这一问题，以使应收账款质押实务审理有法可依。

【相关法条】

《中华人民共和国物权法》第五条、第二百二十三条、第二百二十八条第一款；

《最高人民法院关于适用〈中华人民共和国担保法〉的解释》第一百零六条。

合议庭成员：林　萍　王泳涌　汪　婷

工人工资债权是否优先于抵押债权受偿?

肖少珍　李小莹*

【裁判要旨】

工人工资债权具有群体性的特点，对工人工资的优先保护有利于维护社会稳定。关于工人工资债权是否优先于抵押债权的问题，法律并没有明确规定，因此，本案主要从法理上进行分析论证，认为生存权优先于发展权、优先权优先于抵押权，结合最高人民法院的相关司法文件精神，从而确定工人工资债权的优先性，对工人工资予以优先保护。

【关键词】工人工资　抵押权　优先受偿

【案件索引】

一审：广州市从化区人民法院（2018）粤0117民初615号民事判决书；

二审：广州市中级人民法院（2018）粤01民终19003号民事判决书。

【基本案情】

原告（债权人）：中国某融资产管理股份有限公司广东省分公司。

被告（债权人）：广州市从化区鳌某镇人民政府。

被告（债权人）：王某德等135人。

原告诉称，原告依据（2015）穗荔法民二初字第697号、第702号、第703号民事判决书申请执行广州市某拓实业有限公司（以下简称某拓实业公司）金

* 肖少珍——广州市从化区人民法院二庭庭长。李小莹——广州市从化区人民法院法官。

融借款合同纠纷案件，从化法院对从化市鳌某镇新车西路 383 号 1—4 幢工业房产进行拍卖，得款 22802864 元。法院作出的（2015）穗从法执字第 1771 号《关于对被执行人广州市某拓实业有限公司执行案的财产分配方案》（以下简称《分配方案》）认定工人工资债权优先于原告的抵押权，原告认为该分配没有法律依据，且王某德等 135 人并非某拓实业公司的员工，其债权不属于该公司的工人工资。由于《分配方案》损害了原告的合法权益，原告已提出异议，被告鳌某镇政府、王某德等 135 人均提出反对意见，故诉讼来院，请求法院判令：（1）撤销（2015）穗从法执字第 1771 号《分配方案》；（2）确认被告广州市从化区鳌某镇人民政府、王某德等 135 人对被告广州市某拓实业有限公司位于从化市鳌某镇新车西路 383 号 1—4 幢房产的拍卖成交价款不享受优先受偿权；（3）从化市鳌某镇新车西路 383 号 1—4 幢房产的拍卖成交价款在扣除评估费用后，全部优先支付给原告；（4）本案诉讼费用由各被告承担。

被告鳌某镇政府辩称，不同意原告的诉讼请求，请求法院予以驳回。第一，原告不是本案申请执行人，2017 年 11 月 21 日作出《分配方案》时申请执行人是中国某商银行广州荔湾支行，故有权提出异议的一方是中国某商银行广州荔湾支行。第二，已生效的判决标的是某拓实业垫付工人工资款，法院判决中已将其定性为工人工资，某融资产管理公司所述该款项并非工人工资毫无道理，优先支付工人工资合理合法，有法律依据和政策意见参考。第三，《宪法》规定国家尊重和保障人权，生存权是基本人权，应优先实现。《劳动法》第三条规定劳动者有获得劳动报酬的权利，不得克扣工人工资。工资是企业经营中必然发生的，工资支付应优先于其他债权的实现。《公司法》第一百八十七条规定，公司清算后，公司财产应清付工人工资。广东省高级人民法院《关于进一步加强劳动争议案件审判工作的若干意见》第二十条规定，为保护劳动者的基本生存权和维护社会稳定，劳动者工资债权可优先于担保物权和其他优先受偿权得到清偿。广东省高级人民法院《关于在执行程序中工人工资与“社保金”的清偿顺序是否优先于抵押权问题的批复》亦有相关规定。

被告王某德等 135 人共同辩称，与被告鳌某镇政府的答辩意见一致，但补充一点，（2015）穗从法民一初字第 376 号民事判决书已把债权性质定性为工人工资。

被告某拓实业公司未到庭参加诉讼，但庭前反映其意见如下：不同意原告的诉讼请求，认为应按《分配方案》执行，工人工资和对政府的欠款应该优先受偿。

经审理查明，关于原告王某德等 135 人诉被告广州市某拓实业有限公司追索劳动报酬纠纷一案，从化区人民法院于 2015 年 2 月 15 日以（2015）穗从法民一初字第 376 号立案受理。该案审理期间，王某德等 135 人提交了一份鳌某镇综治信访维稳中心于 2015 年 1 月 4 日出具的《关于广州市某拓实业有限公司建设安装工程劳资纠纷的情况汇报》，该汇报载明："2014 年 12 月 26 日，我镇在处理广州市某拓实业有限公司拖欠 168 名生产工人工资事件的时候，某拓实业公司工程承建商李某炎、黄某顺、张某发三人到综治信访维稳中心反映：他们分别于 2011 年和 2012 年承接某拓实业公司发包的厂房、宿舍框架结构、装修、消防安装，厂区道路施工、给排水等工程，组织了约 150 名工人进行包工施工建设，工人工资总额约 921 万元，某拓实业公司已支付 92 万元，尚欠 829 万元。工程结算后，其三人多次向某拓实业公司追讨，但某拓实业公司均未支付，现要求政府协助追讨。"另，该案查明，2015 年 1 月 24 日，从化市鳌某镇政府垫付某拓实业公司 140 名工程员工 3 个月基本工资的 10%，共计 651000 元，剩余 90% 工资未支付，仍欠王某德等 135 人工资共计 7645132.50 元，有王某德等 135 人提交的《鳌某镇政府垫付广州市某拓实业有限公司厂区工程人工基本工资确认表》为证。2015 年 4 月 28 日，从化区人民法院作出（2015）穗从法民一初字第 376 号民事判决书，判决如下："被告广州市某拓实业有限公司应于本判决生效之日起五日内支付工资款本金共计 7645132.50 元及利息（从 2015 年 1 月 24 日起按中国人民银行同期同类贷款利率计算利息计付至清偿之日止）给原告王某华、王某德等 135 人。"上述民事判决生效后，由于某拓实业公司未履行生效裁判确定的义务，故王某德等 135 人申请执行，执行案号为（2015）穗从法执字第 1772 号。

关于原告从化市鳌某镇政府诉被告广州市某拓实业有限公司追偿权纠纷一案，从化法院于 2015 年 4 月 30 日以（2015）穗从法民一初字第 381 号立案受理。该案查明，鳌某镇政府为某拓实业公司垫付工人工资情况如下：2014 年 11 月 30 日垫付 2014 年 10 月 168 名工人工资共计 501101 元，2015 年 1 月 13 日垫付 2014 年 11 月 168 名工人工资共计 499468 元，2015 年 1 月 13 日垫付 2014 年 12 月 168 名工人工资共计 388898 元，2015 年 1 月 24 日垫付厂区 140 名工程人工 3 个月基本工资的 10% 共计 651000 元，以上合计 2040467 元。根据鳌某镇政府提交的《广州市某力电池实业有限公司工资表》《鳌某镇政府垫付广州市某拓实业有限公司 11 月份工人工资表》《鳌某镇政府垫付广州市某拓实业有限公司 12 月份工人工资表》《鳌某镇政府垫付广州市某拓实业有限公司厂区工程人工基本工资确认表》，鳌某镇政府垫付工人工资 2040467 元，其中 651000 元为包括王某德等 135 人在内的厂区建设工人工资，其余为某拓实业公司员工工资。2015 年 4 月 28 日，从化区人民法院作出（2015）穗从法民一初字第 381 号民事判决书，判决如下："被告广州市某拓实业有限公司应于本判决生效之日起五日内偿还垫付工人工资款本金 2040467 元及利息（从欠款之日起按银行同期同类贷款利率计算利息计付至清偿之日止，其中 501101 元从 2014 年 12 月 1 日起计算，499468 元、388898 元从 2015 年 1 月 13 日起计算，651000 元从 2015 年 1 月 24 日起计算）给原告从化市鳌某镇人民政府。”上述民事判决生效后，由于某拓实业公司未履行生效裁判确定的义务，故从化市鳌某镇人民政府申请强制执行，执行案号为（2015）穗从法执字第 1771 号。

关于原告中国某商银行股份有限公司广州荔湾支行诉被告广州市某拓实业有限公司、梁某盛、陈某嫦、梁某文金融借款合同纠纷一案，广州市荔湾区人民法院于 2015 年 7 月 21 日作出（2015）穗荔法民二初字第 697 号民事判决书，判决如下：“一、被告广州市某拓实业有限公司于本判决发生法律效力日起十日内向原告中国某商银行股份有限公司广州荔湾支行清偿借款本金 21496173.04 元及利息（包括本金利息、罚息、复计至 2015 年 4 月 30 日共计 648808.10 元，自 2015 年 5 月 1 日起计至欠款清偿之日止，以实际欠款金额为本金，按合同约定的计算标准计付）。二、被告广州市某拓实业有限公司于本判决发生法律效力之日起十日内向原告中国某商银行股份有限公司广州荔湾支行付律师费 50000 元。三、被告广州市某拓实业有限公司不履行上述第一、二项债务时，原告中国某商银行股份有限公司广州荔湾支行有权以从化鳌某镇新车西路 383 号 1 幢、2 幢、3 幢房产折价或者拍卖、变卖的价款在 45371700 元范围内优先受偿。四、被告梁某盛、陈某嫦对被告广州市某拓实业有限公司的上述债务在 3000 万元范围内承担连带清偿责任。五、被告梁某文对被告广州市某拓实业有限公司的上述债务在 3000 万元范围内承担连带清偿责任。”及后，中国某商银行股份有限公司广州荔湾支行申请强制执行，执行案号为（2016）粤 0103 执 2994 号。

关于原告中国某商银行股份有限公司广州荔湾支行诉被告广州市某力电池实业有限公司、梁某盛、陈某嫦、梁某文、梁某贞、徐某、广州市某拓实业有限公司金融借款合同纠纷一案，广州市荔湾区人民法院于 2016 年 2 月 17 日作出（2015）穗荔法民二初字第 702 号民事判决书，判决如下：“……六、被告广州市某力电池实业有限公司不履行上述第一、二、三项债务时，原告中国某商银行股份有限公司广州荔湾支行有权以从化市鳌某镇新车西路 383 号 1 幢、2 幢、3 幢厂房折价或者拍卖、卖的价款在 45371700 元的余额范围内优先受偿。……”及后，中国某商银行股份有限公司广州荔湾支行申请强制执行，执行案号为（2016）粤 0103 执 3325 号。

关于原告中国某商银行股份有限公司广州荔湾支行诉被告广州市某力电池实业有限公司、梁某盛、陈某嫦、梁某文、梁某贞、徐某、广州市某拓实业有限公司金融借款合同纠纷一案，广州市荔湾区人民法院于 2016 年 2 月 17 日作出

(2015) 穗荔法民二初字第703号民事判决书，判决如下："……六、被告广州市某力电池实业有限公司不履行上述第一、二、三项债务时，原告中国某商银行股份有限公司广州荔湾支行有权以从化市鳌某镇新车西路383号4幢厂房折价或者拍卖、变卖的价款在13053900元的余额范围内优先受偿。……"及后，中国某商银行股份有限公司广州荔湾支行申请强制执行，执行案号为（2016）粤0103执3326号。

2017年9月18日，广州市荔湾区人民法院分别作出（2017）粤0103执异187号、188号、189号执行裁定书，以债权转让为由裁定将（2016）粤0103执2994号、3325号、3326号三案的申请执行人变更为中国某融资产管理股份有限公司广东省分公司。

从化区人民法院在执行被执行人某拓实业公司案件的过程中，依法拍卖被执行人某拓实业公司所有的位于从化市鳌某镇新车西路383号1—4幢的房产，拍卖成交价格为22802864元，房产评估费为44742元。从化区人民法院于2017年11月12日作出（2015）穗从法执字第1771号《分配方案》，确认执行款在扣除评估费后，优先支付诉讼费用及工人工资债权，因申请执行人中国某商银行股份有限公司广州荔湾支行对被拍卖房产享有抵押权，且剩余款项不足以清偿全部抵押债权，故剩余款项均由申请执行人中国某商银行股份有限公司广州荔湾支行受偿。具体受偿情况如下："1.（2015）穗从法执字第1771号案，申请执行人广州市从化区鳌某镇人民政府，该案执行标的垫付工人工资受偿2040467元，收取执行费22805元；2.（2015）穗从法执字第1772号案，申请执行人王某德等135人，该案执行标的工人工资款受偿7645132.50元，收取执行费65626元；……13.（2016）粤0103执2994号案，申请执行人中国某商银行股份有限公司广州荔湾支行，该案执行标的借款本金部分受偿3008025.24元，借款利息受偿5063214.43元，律师费受偿50000元；14.（2016）粤0103执3325号案，申请执行人中国某商银行股份有限公司广州荔湾支行，该案执行标的借款本金部分受偿629698.76元，借款利息受偿1328179.21元，律师费受偿20000元；15.（2016）粤0103执3326号案，申请执行人中国某商银行股份有限公司广州荔湾支行，该案执行标的借款本金部分受偿339597.23元，借款利息受偿2332754.63元，律师费受偿20000元。"

又因（2016）粤0103执2994号、3325号、3326号三案的申请执行人由中国某商银行股份有限公司广州荔湾支行变更为某融资产管理公司，某融资产管理公司在限期内对上述执行分配方案提出异议，从化区人民法院亦已收到申请执行人鳌某镇政府、王某德等135人的书面反对意见。从化区人民法院于2018年1月9日书面通知申请执行人某融资产管理公司，告知其有权自收到通知书之日起15日内提起执行分配方案异议之诉。申请执行人某融资产管理公司于2018年1月24日向从化区人民法院提起本案诉讼。

【裁判结果】

广州市从化区人民法院于2018年7月17日作出（2018）粤0117民初615号判决，驳回原告中国某融资产管理股份有限公司广东省分公司的诉讼请求。宣判后，原告中国某融资产管理股份有限公司广东省分公司提出上诉。广州市中级人民法院于2018年12月4日作出（2018）粤01民终19003号民事判决，驳回上诉，维持原判。

【裁判理由】

本案为执行分配方案异议之诉，主要涉及以下几个问题。

一、关于原告的诉讼主体资格问题

广州市荔湾区人民法院于2017年9月18日分别作出（2017）粤0103执异、187号、188号、189号执行裁定书，以债权转让为由，依照《民事诉讼法》第一百五十条第一款第（十一）项、《最高人民法院关于民事执行中变更、追加当事人若干问题的规定》第九条的规定，裁定将（2016）粤0103执2994号、3325号、3326号三案的申请执行人变更为某融资产管理公司。因某融资产管理公司的申请执行人资格已经法院生效裁判文书所确认，故原告某融资产管理公司有权提起本案诉讼，被告鳌某镇政府以及王某德等135人关于某融资产管理公司并非申请执行人无权对执行分配方案提出异议的答辩意见，不予采纳。

二、关于涉案工人工资债权是否优先于原告某融资产管理公司的抵押债权受偿问题

根据《鳌某镇政府垫付广州市某拓实业有限公司厂区工程人工基本工资确认表》以及《关于广州市某拓实业有限公司建设安装工程劳资纠纷的情况汇报》，李某炎、黄某顺、张某发为某拓实业公司的工程承建商，并组织约150名工人进行施工建设，王某德等135人均为李某炎、黄某顺、张某发组织的工人。被告王某德等135人主张其为某拓实业公司的工人，但未提交劳动合同、工资发放等证据材料，应承担举证不能的法律后果。因此，本院根据现有证据认定王某德等135人并非某拓实业公司直接聘请的员工，而是由某拓实业公司的工程承建商雇请的施工工人。

根据（2015）穗从法民一初字第376号民事判决，某拓实业公司应支付王某德等135人的工人工资本金7645132.50元，该生效判决已确认王某德等135

人对某拓实业公司的债权为工人工资债权。

根据（2015）穗从法民一初字第381号民事判决，鳌某镇政府为某拓实业公司垫付工人工资本金2040467元，其中651000元为垫付王某德等135名建筑工人的工资，其余1389467元为垫付某拓实业公司员工工资。虽然鳌某镇政府对某拓实业公司行使追偿权，但该追偿权源于鳌某镇政府垫付了某拓实业公司拖欠的工程施工工人工资以及员工工资，因此，鳌某镇政府对某拓实业公司的债权属性仍属于工人工资债权。

上述两案的工人工资债权涉及两个部分，一部分是某拓实业公司员工的工人工资债权，即（2015）穗从法民一初字第381号案中鳌某镇政府垫付的1389467元工人工资；另一部分则是某拓实业公司的工程承建商雇请的施工工人工资债权，即（2015）穗从法民一初字第376号案中王某德等135人的工人工资以及（2015）穗从法民一初字第381号案中鳌某镇政府垫付的某拓实业公司拖欠王某德等135人的工资。对于上述两个部分的工人工资债权是否优先于原告某融资产管理公司的抵押债权受偿问题，分析如下：

1. 某拓实业公司员工的工人工资债权优先于原告某融资产管理公司的抵押债权

一是生存权优先于发展权。某拓实业公司员工的工人工资是基于劳动合同关系产生的，是劳动者劳动力的对价，具有人的基本生存权属性，对保障劳动者维系自身和家庭成员最起码的生存具有重要意义。最高人民法院在2018年3月发布的《全国法院破产审判工作会议纪要》第二十七条规定："……推动完善职工欠薪保障机制，依法保护职工生存权。"该条规定明确了工资具有生存权的属性。担保物权所保障的则是民事主体的普通利益，具有发展权的属性。两者相较而言，具有生存权属性的工人工资债权显然优先于具有发展权属性的担保物权。

二是优先权优先于抵押权。优先权是指特定债权人就债务人的全部或特定动产、不动产的价值享有优先受偿的权利。一般优先权是就债务人的全部财产享有优先受偿的权利，特别优先权是就债务人的特定动产或不动产的价值享有优先受偿的权利。其中就一般优先权而言，为实现公平正义，法律赋予了工人工资以优先权的地位，我国《企业破产法》第一百一十三条、《商业银行法》第七十一条、《保险法》第九十一条、《个人独资企业法》第二十九条、《合伙企业法》第八十九条、《公司法》第一百八十六条等均对职工工资的优先受偿作出规定，通过给那些在经济上或处境上本就处于弱势地位的债权人予以特殊、优先保护，以实现社会公平的价值目标。至于特别优先权，我国法律是在民事特别法中予以规定，《海商法》规定了船舶优先权，《民用航空法》规定了民用航空器优先权，《担保法》设立了国有土地使用权出让金优先权，《合同法》设立了建设工程价款优先权，《税收征收管理法》第四十五条设立了税收优先权。至于优先权是否优先于抵押权，我国《担保法》第五十六条规定，国有土地使用权出让金优先权优先于抵押权受偿。根据《合同法》第二百八十六条以及《最高人民法院关于建设工程款优先受偿权问题的批复》的规定，建设工程价款优先权优先于抵押权受偿。《税收征收管理法》第四十五条规定，税收优先权优先于抵押权、质权、留置权。广东省高级人民法院（2001）粤高法执请字第16号《关于执行程序中工人工资与“社保金”的清偿顺序是否优先于抵押权问题的批复》，同意广东省江门市中级人民法院将抵押物变现后的一部分价款优先用于支付拖欠的工人工资，明确了工人工资的清偿顺序优先于抵押权。因此，本案中，某拓实业公司员工的工人工资债权作为一般优先权当然优先于原告某融资产管理公司的抵押权。

2. 某拓实业公司的工程承建商雇请的施工工人工资债权优先于原告某融资产管理公司的抵押权

某拓实业公司的工程承建商雇请的施工工人工资债权，虽然并非被执行人某拓实业公司员工工资债权，但是工资是工人维持其本人及其家属生活的主要来源，对工资的保护涉及对基本人权与人的生存尊严的尊重。如前所述，基于生存权优先于发展权，某拓实业公司的工程承建商雇请的施工工人工资债权显然优先于原告某融资产管理公司的抵押权。

再者，从立法精神分析。根据《合同法》第二百八十六条的规定，建设工程价款优先权优先于抵押权受偿。《最高人民法院关于建设工程款优先受偿权问题的批复》第三条规定：“建筑工程价款包括承包人为建设工程应当支付的工作人员报酬、材料款等实际支出的费用，不包括承包人因发包人违约所造成的损失。”从建筑工程价款优先受偿的立法目的探究，建筑工程价款的优先受偿顺位明确在抵押权和其他债权之前，也是因为建筑工程价款债权中相当一部分是建筑工人的劳动工资，符合人权高于债权的利益衡量。

最后，工人工资债权还具有群体性的特点，对工人工资的优先保护也有利于维护社会稳定。

【案例注解】

本案涉及两个问题，一是被执行人为企业法人时，是否可以制作执行分配方案；二是工人工资债权能否优先于抵押债权受偿。

关于被执行人为企业法人时，是否可以制作执行分配方案问题。2015年施行的《最高人民法院关于适用〈中华人民共和国民事诉讼法〉的解释》在多个债权人申请执行，而债务人财产不足以清偿全部债务的情况下，区分了被执行人的两种情形作不同处置。对于第一种情形即被执行人为公民或者其他组织的，适用该司法解释第五百零八条至第五百一十二条之规定，即制作执行分配方案，对于普通债权，原则上按照其占全部申请参与分配债权数额的比例受偿。对于第二种情形即被执行人为企业法人的，适用该司法解释第五百一十三条至第五百一十六条之规定，即没有移送破产的，就执行变价所得财产，对于普通债权，按照财产保全和执行中查封、扣押、冻结财产的先后顺序清偿。但对于第二种情形，司法解释并未明确是否可以制作执行分配方案。为此，司法实践操作不一，亟待统一规范。2017 年广东省高级人民法院公布了《关于执行程序法律适用若干问题的参考意见》，其中明确了被执行人是法人时需要对多个债权进行财产分配的，人民法院可以制作分配方案，当事人可以提起分配方案异议、提起分配方案异议之诉。因此，对于第二种情形亦可制作分配方案。

关于工人工资债权能否优先于抵押债权受偿的问题。工资是工人维持其本人及其家属生活的主要来源，对工资的保护涉及对基本人权与人的生存尊严的尊重。工人工资债权还具有群体性的特点，维护其利益，有利于维护社会稳定。由于法律法规司法解释没有明确规定，因此，司法实践中，主要是通过两种方式优先于抵押债权受偿：

一是通过个案沟通、协调，法院想方设法做通银行工作，让银行让渡其权利，这种方法因为涉及维稳并通过有关政府部门协调，故在国有银行方面普遍能行得通。但随着银行债权打包转让给国有资产管理公司，再由资产管理公司打包转让出去，受让人变成国有银行以外的债权人时，这种工作方式已经无法施行。

二是，通过执行分配方案的形式确定工人工资优先受偿。这种方式是目前普遍通行的方式。但在制作分配方案时，执行局一般不作论述原因，而是简单一概而论地认为工人工资优先受偿。因此，其他债权人通过提起执行分配方案异议之诉来否定分配方案。本案是从生存权优先于发展权、优先权优先于抵押权分析，并结合立法精神，从而确定工人工资债权的优先性，对工人工资予以优先保护。

【相关法条】

《最高人民法院全国法院破产审判工作会议纪要》第二十七条；

《广东省高级人民法院关于执行程序中工人工资与“社保金”的清偿顺序是否优先于抵押权问题的批复》。

一审合议庭成员：肖少珍　赵榕深　陈雪梅

二审合议庭成员：李　民　赵云川　柳玮玮

网络差评的边界及网络服务提供者的责任判定

曹　钰　　袁　玥*

【裁判要旨】

网络差评应以“不虚构事实、不恶意诋毁”为底线，经营者亦应允许消费者对其服务本身进行批评、评论。如差评评论不存在虚构事实、恶意诋毁等情形，网络服务提供者未应经营者要求删除评论，不能认定构成侵权。

【关键词】网络差评　服务合同　名誉权

【案件索引】

一审：广州互联网法院（2019）粤0192民初1411号民事判决书；

二审：广东省广州市中级人民法院（2019）粤01民终17984号民事裁定书。

【基本案情】

2017年12月，张某（甲方）与美明宇公司（乙方）签订涉案合同，约定由美明宇公司为张某提供为期28日的月子服务，服务内容包括医疗服务、护理服务、附属服务、餐饮服务及客房服务等。2018年6月14日，张某及其子入住由美明宇公司经营的美媛一生月子会所。6月24日至27日，张某之子被送往广

* 曹钰——广州互联网法院综合审判一庭庭长、审判委员会委员。袁玥——广州互联网法院综合审判一庭法官。

州医科大学附属第三医院普通儿科就诊，诊断结果为支气管肺炎。7月12日，张某及其子离开该会所。

某涛公司系大众点评网站的运营商。2018年7月21日，李某用其在大众点评网注册的账号“net1m”，在大众点评网内美媛一生月子会所的评论区发布评论，内容为：“花几万大洋，原本是想给妈妈和宝宝一个专业的护理和照顾，没想到越来越失望。6月入住美媛，宝宝第14天就在会所得了肺炎，推卸责任，说可能是我们家属探访传染的，你们管理不规范，就没有一点责任？我发现他们的护士不专业，我宝宝确诊肺炎前10多天基本都是托管给护士，据我观察，有3个护士犯了低级错误。（也有可能其他护士也有，只是我没观察到，护士站有9个左右护士，不规范护士就有三分之一了，恐怖。）戴口罩竟然只包住自己的嘴，连鼻子都没包住。（请问这个有没有可能传染病毒？护士是一直用口呼吸的吗？）再说我宝宝住院前90%左右的时间是托管给护士站的，宝宝喂奶平均3个小时一次，喂一次60分钟左右（我的宝宝喂奶时间比较长），加上护士换尿片、洗澡等时间，一天24小时至少6小时是和护士近距离直接接触，我的小孩存在被感染病毒高危风险。其间还发现月子餐菜单和实际给我们的菜不符，有偷工减料的嫌疑。一天还发现汤里有4只小虫子，妈妈的饮食卫生难以保障。”该评论附有10张图片，图片1、图片10为微信聊天截屏，对话内容包括“汤里面有眉豆吗？”“那证明你们的眉豆保存不好，应该封闭保存，虫子就不会进去了。”“确实是我们这边不对，下次我们会好好注意，我们这边眉豆没有硫黄熏过，纯天然容易出虫子。厨房温度比较高，保存时间又短了。”“真的很抱歉呢。”图片2、图片5为第16天至第19天的用餐明细。图片3、图片6均为用餐实物。图片4显示汤碗中有四只飘浮的黑点。图片7、图片8、图片9均为美媛一生月子会所服务人员的服务情况，服务人员在鼻子下方佩戴口罩。美明宇公司对上述图片1、图片2、图片3、图片4、图片5、图片6、图片10的真实性有异议，但并未提交足以反驳的相反证据。该网页“net1m”账号下方显示该用户对该会所的评价：“环境：差；护理：差；月子餐：差。”

2018年8月16日1时14分，大众点评网用户“心声”在上述评论的回应区发布评论，内容为：“一直在几个会所徘徊，感谢这位朋友，给我重新选择的想法，还是仕馨好，大公司至少有经验和专业点。”8月21日8时54分，李某用其在大众点评网注册的账号“net1m”，在上述评论的回应区发布评论，内容为：“现在他们请了水军猛给自己好评！以期隐没我的差评！请大家擦亮眼睛，看一个店的好坏要看它的差评，差评是不是客观！这是最反映月子中心的真实状况的东西。”9月3日14时48分，大众点评网用户“dpuser_ 3806957391”在回应区发布评论，内容为：“本来打算拿（应为‘来’）这个月子会所，看到这个事实，真的很悲催。老婆怀了第二胎，还是另找一个负责任的正规的会所吧。”

2018 年 9 月 13 日，张某用其在大众点评网注册的账号“dpuser_ 010345-59797”在美媛一生月子会所的评论区发布评论，内容为：“1. 公用场所空间太小，宝宝洗澡房、妈妈健身房、产后护理房、走廊灯给人感觉很压抑，不通风，我见过的公用窗户从来没开过，封闭的空间太多，容易滋生病菌，也不知道新店装修的材料怎么样？房间的门窗就算打开，通风效果也不佳。2. 沙面古建筑固然美，但就是因为‘古’，再加上潮湿，所以四害生物泛滥，有老鼠、蟑螂等。3. 沙面的美除了建筑，就是珠江环绕，绿化率非常高，从而导致蚊子滋生，令人反感的是这些可恶的蚊子太多，也从未消失，入住一个月，每天晚上都要用半个小时来对付蚊子，但是再怎么消灭，蚊子还是一直陪伴。蚊子除了烦人，也属于登革热传染源，令人担忧。”该评论附有三张图片，图片 1 显示美媛一生月子会所服务人员正在喂养婴儿，服务人员在鼻子下方佩戴口罩；图片 2、图片 3 均为美媛一生月子会所的公共区域。该账号的“到店体验评价”下方显示：“环境：差；护理：一般；月子餐：一般。”

2018 年 9 月 25 日 21 时 49 分，李某用其在大众点评网注册的账号“net1m”，在其发布的评论回应区回应账号为“美媛一生”的用户，内容为：“大家请看我们的入院证明图片，注明是支气管肺炎，医生不会乱诊断。会所不想承认是在他们那里得的肺炎，摆明着是歪曲和逃避事实。”

美明宇公司主张李某、张某发布的上述评论及对其他网络用户的回复内容属于诽谤，侵犯了美明宇公司的名誉权，并导致“dpuser_ 3806957391”“心声”等用户表示不会选择美媛一生月子会所为其提供服务，遂诉至本院成讼。

【裁判结果】

广州互联网法院于 2019 年 6 月 20 日作出（2019）粤 0192 民初 1411 号民事判决，判决：驳回原告广州美明宇家政服务有限公司的全部诉讼请求。

广东省广州市中级人民法院于 2019 年 9 月 24 日作出（2019）粤 01 民终 17984 号民事裁定书，裁定：准许广州美明宇家政服务有限公司撤回上诉。

【裁判理由】

广州互联网法院的上述判决认为：关于李某、张某在大众点评网发布评论是否侵犯美明宇公司名誉权的问题。《最高人民法院关于审理名誉权案件若干问题的解释》第九条规定：“消费者对生产者、经营者、销售者的产品质量或者服务质量进行批评、评论，不应当认定为侵害他人名誉权。但借机诽谤、诋毁，损害其名誉的，应当认定为侵害名誉权。”据此，消费者作为网络用户对于商品质量和服务进行批评、评论，是消费者的法定权利，只有消费者借机进行诽谤、诋毁并实际损害他人名誉方可认定为侵害名誉权。是否构成诽谤，需根据用户评论内容是否属实予以判断。美明宇公司主张李某、张某有关“公共场所空间太小”“我见过的公用窗户从来没开过”“潮湿”“蚊子太多”“管理不规范”“和护士近距离直接接触，我的小孩存在被感染病毒高危风险”“发现月子餐菜单和实际给我们的菜不符，有偷工减料的嫌疑”“现在他们请了水军猛给自己好评”等评论内容构成诽谤，缺乏事实依据。理由如下：

1. 张某作为涉案服务合同的一方当事人，与其子实际接受了美明宇公司提供的护理、医疗、餐饮、客房等服务。李某虽未签订涉案服务合同，但李某与张某系夫妻关系，李某亦是美明宇公司服务行为的受益者，且李某对张某接受服务的情况亦具有直观感受，故李某亦属于涉案服务的消费者。张某、李某均为大众点评网的注册用户，有权在大众点评网的相关区域对美明宇公司提供的服务进行批评、评论，美明宇公司对消费者对其服务的批评、评论应予以必要的容忍。

2. 从评论的具体内容来看，首先，“公共场所空间太小”“我见过的公用窗户从来没开过”“潮湿”“蚊子太多”“管理不规范”等，属于张某、李某的个人感受，鉴于消费者对服务感受的主观差异性，难以认定该评论内容为虚假。其次，美明宇公司确认张某之子在接受涉案服务期间被诊断为支气管肺炎，认为此事与其提供的服务无直接关联，但李某、张某提供的照片显示美明宇公司服务人员确实存在不规范佩戴口罩护理婴儿的现象，张某之子亦确实在入住会所期间患上支气管肺炎，客观上不能排除美明宇公司的服务行为与张某之子患支气管肺炎之间存在因果关系的可能性，故李某、张某在评论中称“和护士近距离直接接触，我的小孩存在被感染病毒高危风险”不应视为失实，该评价不应视为诽谤。最后，美明宇公司虽主张有关“发现月子餐菜单和实际给我们的菜不符，有偷工减料的嫌疑”“现在他们请了水军猛给自己好评”等评论与事实不符，但并未举证证明其月子餐的供餐标准及实际供餐情况，且是否存在“请水军猛给自己好评”的行为，与美明宇公司提供的服务质量及水平并无直接关联，不影响他人对美明宇公司服务的评价。因此，从本案当事人提供的证据看，不能认定李某、张某借在大众点评网发布评论之机实施了诽谤、诋毁等损害美明宇公司名誉的行为。

关于某涛公司未应美明宇公司要求删除涉案评论是否构成侵权的问题。《侵权责任法》第三十六条规定：“网络用户、网络服务提供者利用网络侵害他人民事权益的，应当承担侵权责任。网络用户利用网络服务实施侵权行为的，被侵权人有权通知网络服务提供者采取删除、屏蔽、断开链接等必要措施。网络服务提供者接到通知后未及时采取必要措施的，对损害的扩大部分与该网络用户承担连带责任。网络服务提供者知道网络用户利用其网络服务侵害他人民事权益，未采取必要措施的，与该网络用户承担连带责任。”某涛公司经营大众点评网，属于为注册用户提供对商户产品及服务进行评价的网络平台的网络服务提供者。根据前述规定，网络用户利用网络服务实施侵权行为是网络服务提供者承担责任的前提条件。因涉案评论无法被认定为侵权，故某涛公司未应美明宇公司要求采取删除评论措施不违反法律规定，亦不构成侵权。

【案例注解】

本案是消费者在消费服务后，于网络平台上就接受的服务给予差评引发的名誉权纠纷。目前，我国存在多家旨在为网络用户提供餐饮、住宿、交通等各类生活信息服务的互联网平台企业，消费者基于对这些互联网平台企业经营网站所提供信息真实性的信赖，往往在选择具体的服务商家前，会通过在网站上定向搜索或广泛浏览的方式获取商家相关信息，并以此作为决策的重要依据。因此，向消费者提供商品或服务的经营者，尤其重视消费者对其商品或服务作出的“差评”。虽然消费者作为网络用户对商品质量和服务进行批评、评论，是消费者的法定权利，但言论自由不是绝对的，应以不违反法律、不侵害其他个体的合法权益以及公共利益为限，以现代通信技术为基础的网络能够实现瞬间的全球即时通信，这种便捷性与传播的广泛性使得网络侵权信息传播速度更快、损害后果更大。网络用户在网络平台上发表“差评”的边界在哪里，互联网信息服务提供者对网民通过其网站发表的信息和评论审核到什么程度，均是审判实践中的难点问题。

一、网络差评应以“不虚构事实、不恶意诋毁”为底线，经营者亦应允许消费者对其服务本身进行批评，并予以必要的容忍

《最高人民法院关于审理名誉权案件若干问题的解释》第九条规定：“消费者对生产者、经营者、销售者的产品质量或者服务质量进行批评、评论，不应当认定为侵害他人名誉权。但借机诽谤、诋毁，损害其名誉的，应当认定为侵害名誉权。”消费者作为网络用户对商品质量和服务进行批评、评论，是消费者的法定权利，只有消费者借机进行诽谤、诋毁并实际损害他人名誉方可认定为侵害名誉权。是否构成诽谤、诋毁，需根据用户是否恶意差评、评论内容是否属实、是否使用侮辱性言辞等予以判断。本案中，被告实际享受了“月子”服务，与原告某家政服务公司不存在行业竞争关系，进行恶意差评的可能性较小。

此外，被告在某点评网站给予差评的同时上传了若干服务图片予以佐证，且评论内容主要系描述被告的主观感受，亦未使用明显的侮辱性用语。原告月子中心虽主张被告虚构事实，但并未就其提供服务的实际情况进行举证，以推翻或反驳被告的评论内容。我们认为，经营者如果认为消费者在网络上恶意差评，应及时采取时间戳、截屏、公证等手段保全证据，同时注意收集、保存提供商品或服务具体情况的有效证据，以证明该差评与事实不符并造成经营者社会评价降低、经济损失等损害后果。

二、如差评评论不存在虚构事实、恶意诋毁等情形，网络服务提供者未应经营者要求删除评论，不能认定构成侵权

《侵权责任法》第三十六条规定："网络用户、网络服务提供者利用网络侵害他人民事权益的，应当承担侵权责任。网络用户利用网络服务实施侵权行为的，被侵权人有权通知网络服务提供者采取删除、屏蔽、断开链接等必要措施。网络服务提供者接到通知后未及时采取必要措施的，对损害的扩大部分与该网络用户承担连带责任。网络服务提供者知道网络用户利用其网络服务侵害他人民事权益，未采取必要措施的，与该网络用户承担连带责任。"本案中，被告某涛公司经营某点评网，属于为注册用户提供对商户产品及服务进行评价的网络平台的网络服务提供者。根据前述规定，网络用户利用网络服务实施侵权行为是网络服务提供者承担责任的前提条件。因涉案评论无法被认定为侵权，故某涛公司未应原告美明宇公司的要求删除涉案差评不违反法律规定，亦不构成侵权。

《侵权责任法》第三十六条既明确了网络服务提供者的责任界限，又为权利人提供了快速获得救济的路径。实践中，大多数网络服务提供者并未直接参与侵权活动，如未直接发布侵权评论、未直接销售假货等。因此，网络服务提供者的侵权行为主要体现在接到权利人通知后未及时采取必要措施防止损害扩大，以及知道网络用户利用其网络服务侵害他人民事权益而未采取必要措施。那么，互联网信息服务提供者可以通过哪些途径避免承担侵权责任？我们认为，可以从以下几个方面着手：

1. 网民拟发布的评论本身是否包含侮辱性词汇。如评论内容涉及污言秽语、人身攻击等明显不文明用语或图片，网络服务提供者可要求网民重新编辑，或对相关词汇、图片进行敏感处理后再行发布。

2. 信息服务提供者应公示投诉渠道，只要权利人的通知满足网络服务提供者公示的通知方式和法定必要内容，网络服务提供者就应当采取必要措施，包括反通知、删除评论、屏蔽、断开链接等。

3. 商品或服务经营者入驻网络平台前，网络服务提供者应核实经营者的工商登记信息或身份、住所地信息，确保纠纷发生时能够向权利人披露相关信息。

【相关法条】

《中华人民共和国侵权责任法》第三十六条；
《中华人民共和国电子商务法》第三十九条第二款；
《最高人民法院关于审理名誉权案件若干问题的解释》第九条。

一审审判庭成员：曹　钰
二审合议庭成员：杨玉芬　叶嘉璘　黄小迪

互联网竞价排名关键词中使用他人企业名称行为的定性

陈敏霞*

【裁判要旨】

《反不正当竞争法》所称“经营者”不应局限于传统的商品经营或者营利性服务提供者。“竞争关系”的构成不是取决于经营者之间是否为“同业”，亦不取决于是否存在现实的竞争关系，而是取决于经营者的行为是否具有损害其他经营者利益的可能性，且经营者基于该行为同时获得现实或可能存在的经营利益。使用他人企业名称或简称作为互联网竞价排名关键词，构成不正当竞争行为。

【关键词】互联网　竞价排名　企业名称　不正当竞争

【案件索引】

一审：广州市黄埔区人民法院（2017）粤0112民初1302号民事判决书；
二审：广州知识产权法院（2017）粤73民终2256号民事判决书。

【基本案情】

广州市某实验中学（以下简称某附外中学）诉称：（1）判令广州市黄埔区某中英文学校（以下简称某中英文学校）、广州市萝岗区某中英文幼儿园（以下简称某中英文幼儿园）立即停止侵权，即立即停止使用与某附外中学名称“广

---

* 陈敏霞——广东省广州市黄埔区人民法院法官助理。

州市某实验中学”“黄埔某大外国语学校”“某大黄埔外国语学校”“某大黄埔外校”“某大附属外国语实验中学”简称文字作为关键词在互联网上竞价推广，立即删除百度推广中带有某附外中学名称的关键词信息，断开与某中英文学校、某中英文幼儿园网站链接；（2）判令某中英文学校、某中英文幼儿园在其官网、《南方日报》及《广州日报》上连续6个月公开发布声明，以澄清事实，消除影响；（3）判令某中英文学校、某中英文幼儿园连带赔偿某附外中学经济损失100万元；（4）判令某中英文学校、某中英文幼儿园连带赔偿某附外中学为制止不正当竞争行为所支付的合理维权费用15万元；（5）判令某中英文学校、某中英文幼儿园承担本案的全部诉讼费用，包括一审、二审费用。事实与理由：“某附外中学”是由某山大学控股集团、某大黄埔教育集团与黄埔区教育局在2008年联合创办的外语实验学校，是最早将国际化教育展开本土化实验的行业领军者，在中学教育领域形成了巨大影响力。“中大附外”的名称和简称经过多年的使用和宣传，在广东地区乃至全国已享有较高的知名度，承载着某附外中学多年积累的商业信誉，已为相关公众所熟知，具有识别经营主体的重要作用，根据《民法通则》和《反不正当竞争法》的相关规定，某附外中学享有名称权，应受法律保护。“中大附外”专门设立官方网站，通过网络展现学校概况，并建立起以网络为重点的报读流程。某中英文学校与某附外中学同属广东省范围内的同行业竞争者，某中英文学校利用某附外中学的影响力及知名度，自2013年起在百度竞价排名推广服务中使用某附外中学企业名称、简称作为推广关键词、标题，进行宣传推广。在百度搜索栏中输入某附外中学学校名称、简称后，搜索结果第一位即出现以某附外中学学校名称为主标题，但所附其他信息描述的则是某中英文学校的搜索结果，若点击该主标题则直接链接到某中英文学校网站。某中英文学校、某中英文幼儿园的行为构成不正当竞争。

某中英文学校辩称：（1）与“中大附外”名称的关键词信息链接的网站www. nf83. com不是其官方网站，其没有委托该网站从事有关广告推广活动，在某附外中学起诉前，某中英文学校对该网站的宣传行为毫不知情。（2）即使该网站为某中英文学校作推广宣传，该网站使用“附属试验学校”“附属外语中学”等相近似的关键词作竞价推广，但没有使用与某附外中学名称字号“中大附外”相近或相似的关键词，不会让受众误解某中英文学校是中大附外，其行为不构成侵犯某附外中学的名称权。（3）某中英文学校对网站www. nf83. com与中大附外名称的关键词信息发生链接毫不知情，且不存在任何过错。百度公司作为广告竞价推广平台的操作人，对发生两者信息上的链接负有不可推卸的责任。（4）某附外中学诉请某中英文学校承担因他人的侵权行为造成100万元的损失无事实依据。

某中英文幼儿园辩称：（1）某中英文幼儿园的业务范围和办学内容为学前教育，某附外中学的业务范围和办学内容为民办初中。某中英文幼儿园与某附外中学之间不存在竞争关系，双方没有直接的招生利益冲突。本案所涉网站域名www.nf83.com于2011年2月18日创立，属于第三方个人所有，2016年2月18日转至被告某中英文幼儿园，并正式备案。现无证据显示某中英文幼儿园设置推广链接的行为。（2）某附外中学要求某中英文幼儿园承担侵权责任无事实和法律依据。某附外中学未能提供证据证明其经济损失或某中英文幼儿园所获非法利润。某附外中学与某中英文幼儿园都为非营利性质的民办非企业单位，某附外中学主张的经济损失无法律依据。

法院经审理查明：某附外中学于2010年取得民办非企业单位登记证书，业务范围为：按国家规定办学，办学类型：民办初中，7—9年级义务教育，注册地址为广州市黄埔区丰乐南路438号黄埔花园内。某中英文学校成立于2001年7月10日，学校类型为小学、初中（全日制学校），办学内容为小学、初中学历教育，注册地址为广州市萝岗区萝岗街长岭路83号，注册所有域名www.southschool.com.cn。某中英文幼儿园成立于2008年9月17日，注册地址为广州市萝岗区萝岗街长岭路83号，幼儿园由陆健某、陆灼某、陆某某出资举办，业务范围为学前教育，2011年2月18日至2017年2月18日期间所有域名www.nf83.com。（该域名由案外人岑志心于2011年2月创立）

2013年5月16日，某附外中学向广州市广州公证处申请了保全证据公证，公证书载明以下内容：打开浏览器，进入百度网站首页，在百度搜索中输入关键字“广州市某实验中学”，点击“百度一下”链接，进入相关搜索结果页面，点击上述网页的“某大附属外国语实验中学简介”链接，显示的是某附外中学的办学理念、办学特色等学校简介。再打开浏览器，进入百度网站首页，在百度搜索中输入“某大附属外国语实验中学”，点击“百度一下”链接，进入相关搜索结果页面，点击上述网页的第一条“某大附属外国语实验中学　国家一级一类学校标准020－81367373”链接，打开“www.nf83.com”网页，显示的是“广州某中英文学校”的简介、联系电话、招生专栏等相关宣传信息，其地址及其“百度身份认证”。另，百度推广服务的流程为：推广申请人在百度推广官方网站在线提交申请并付费签订合同后，推广申请人即可获得一个百度推广账号，登录系统后自行提交推广方案，账户和密码由申请人设置。被告某中英文幼儿园在庭审中对百度推广服务的流程予以认可，并表示推广方案系其自行上传提交，但在本案中不排除百度公司在后台进行更改操作。

2015年8月20日，某附外中学向广州市广州公证处申请了保全证据公证，公证书载明以下内容：打开浏览器，进入百度网站首页，在搜索栏中输入关键词“某大附属外国语实验中学”进行搜索，点击搜索结果网页的第一条记录“某大附属外国语实验中学　国家一级一类学校标准 020 - 81367373”第一行链接，打开“www. nf83. com”网页，显示的是“广州某中英文学校”的简介、联系电话、招生专栏等相关宣传信息及其地址等内容。在搜索栏中输入关键词“某大附属外国语实验中学”进行搜索，点击搜索结果网页的第三条记录（第一行有“某大附属外国语实验中学_ 百度百科”字样）第一行的链接，显示的是某附外中学的官方网站。

经查，网站“www. nf83. com”截图显示“广州某中英文学校”及其简介信息，网站“www. southschool. com. cn”截图显示广州市黄埔区某中英文学校，全寄宿小学、中学。两个网站有部分内容是共用的，且被控侵权网站 www. nf83. com 也是某中英文学校实际设置并使用。

广州市教育局、黄埔区教育局等单位向某附外中学颁发了各类奖项和荣誉称号。某附外中学为证明其为制止侵权所支付的律师费开支 108000 元提交了律师费发票两张以及转账凭证一张。某附外中学还提交了 2014 年至 2015 年的新闻宣传报道若干，在其提交的新闻宣传报道中，均以“某大附属外国语实验中学”指代某附外中学。某附外中学提交招生简章写明，学费标准为 98000 元/人/学年。

某中英文学校提交广东增值税普通发票 5 张，开票日期介于 2015 年 7 月 28 日至 9 月 2 日，客户名称为广州市萝岗区某中英文幼儿园，总金额为 25000 元。某中英文学校以此证明在百度公司进行竞价推广的是某中英文幼儿园，不是某中英文学校。某中英文学校提交广告竞价排名关键词列表，拟证明某中英文幼儿园并未将“某大附属外国语实验中学”作为关键词添加到百度推广。在竞价排名关键词列表中，包含了“附属外国语试验中学”“附属实验中学”“某中英文学校”“某中英文幼儿园”“广州某中英文幼儿园”等关键词。某附外中学发表质证意见称某中英文学校提交的该关键词排名列表未全面反映所有关键词情况。

法院为查明案件事实，于 2016 年 4 月 6 日向北京百度网讯科技有限公司发出《调查函》。2016 年 4 月 27 日，北京百度网讯科技有限公司回函该院，具体内容为：1. 根据（2015）粤广广州第 155026 号公证书截屏打印件所示内容，经该司查询，该司推广客户为“广州市萝岗区某中英文幼儿园”，“广州市萝岗区某中英文学校”并非百度生效推广客户。2. 经该司查询，“某大附属外国语实验中学”的关键词系其自行添加。数据恢复后，可查的添加时间为 2015 年 6 月 20 日，下线时间为 2015 年 12 月 6 日。客户的推广 URL 为“www. nf83. com”，标题为“某大附属外国语实验中学国家一级一类学校标准 020 - 81367373”，创意为“广州某方中英文附属实验学校‘优良校风，优秀成绩，优质服务’的‘三优’名校　户籍不限，免赞助。报名热线：020－81367373”。3. “www. nf83. com”是客户上线时设定的推广 URL，因该司对该类行业并不要求提供 ICP 备案证明，故无法确认该网站所有者。但经 WHOIS 信息查询，该域名的所有者为广州市萝岗区某中英文幼儿园。

【裁判结果】

广州市黄埔区人民法院于 2017 年 7 月 25 日作出（2017）粤 0112 民初 1302 号民事判决：一、某中英文学校、某中英文幼儿园立即停止使用“某大附属外国语实验中学”字样及作为域名为 www. nf83. com 网站的搜索链接关键词；二、本判决生效之日起三十日内，某中英文学校在其 www. southschool. com. cn 官方网站上、某中英文幼儿园在其所有的域名为 www. nf83. com 网站首页显著位置发布声明消除影响（持续时间三十天，内容应经本院审核）；三、某中英文学校、某中英文幼儿园于本判决生效之日起十日内连带赔偿某附外中学经济损失 308000 元；四、驳回某附外中学其他诉讼请求。宣判后，某中英文学校、某中英文幼儿园提出上诉。广州知识产权法院于 2018 年 3 月 1 日作出（2017）粤 73 民终 2256 号民事判决，驳回上诉，维持原判。

【裁判理由】

法院生效裁判认为：某附外中学主张某中英文学校、某中英文幼儿园擅自使用其企业名称，且该行为构成不正当竞争，因此，本案是不正当竞争纠纷。

一、某附外中学与某中英文学校、某中英文幼儿园是否存在竞争关系

某中英文幼儿园辩称其业务范围和办学内容与某附外中学不同，双方没有直接的招生利益冲突，不存在竞争关系。对此，一审法院认为，“竞争关系”的构成不是取决于经营者之间是否为“同业”，亦不取决于是否存在现实的竞争关系，而是取决于经营者的行为是否具有损害其他经营者利益的可能性，且经营者基于该行为同时获得现实或可能存在的经营利益。在本案中，虽然某中英文幼儿园辩称其业务范围为幼儿园，招生范围也小于某附外中学，经营的具体内容不同，但被诉网站的链接功能不仅可能对某附外中学的经营活动及经营利益带来损害，同时亦可能使某中英文学校、某中英文幼儿园获得更多关注而有获得经营利益的可能性。因此，应认定某附外中学与某中英文学校、某中英文幼儿园之间具有竞争关系。二审法院亦认为，《反不正当竞争法》第二条第三款规定，本法所称的经营者，是指从事商品生产、经营或者提供服务（以下所称商

品包括服务）的自然人、法人和非法人组织。”对该“经营者”不应局限于是否为传统的商品经营或者营利性服务提供者，应结合《反不正当竞争法》的立法目的并根据当事人之间是否实际存在经营关系进行认定。本案当事人均属于民办非企业的教育机构，究其办学目的，均包括获取合理的经济回报。本案当事人均提供教育服务，彼此之间存在竞争关系。

二、某中英文学校、某中英文幼儿园在具体实施的行为及该行为是否具有不正当性

一是某中英文幼儿园的行为分析。首先，某中英文幼儿园在庭审中确认与百度公司签订了竞价排名合同并支付了合同价款，应认定某中英文幼儿园系竞价推广合同的签订方、支付合同价款的相对方。其次，根据域名注册证书、其在庭审中亦确认百度公司竞价排名的在线申请流程及百度公司回函，法院认定“某大附属外国语实验中学”的关键词系某中英文幼儿园自行添加。再次，根据日常经验，在客户掌握账户和密码的情况下，百度公司作为竞价推广的经营平台，在海量的商务服务信息中通过后台更改或自行添加其他公司作为关键词的可能性较之某中英文幼儿园自行添加的可能性小。最后，因某附外中学在本案中并未向百度公司主张权利，依据“不告不理”的原则，法院对百度公司作为搜索引擎的服务商，是否有义务对参与竞价排名的网络关键词负有主动审查义务不作判断。综上，法院认定某中英文幼儿园实施了将“某大附属外国语实验中学”作为互联网竞价排名的关键词的行为。

二是将“某大附属外国语实验中学”作为互联网竞价排名关键词的行为是否具有不正当性。首先，某附外中学企业名称的可保护性。根据《最高人民法院关于审理不正当竞争民事案件应用法律若干问题的解释》第六条第一款的规定，某附外中学企业名称中“广州市黄埔”表示地名，“某大附属外国语实验中学”可视为其企业名称，某附外中学享有该企业名称专用权，应受到《反不正当竞争法》的保护。其次，根据《反不正当竞争法》第六条第（三）项的规定，经营者不得采用擅自使用他人有一定影响的企业名称，引人误认为是他人的商品等不正当手段从事市场交易，损害竞争对手。因此，经营者擅自将他人的企业名称或简称作为互联网竞价排名关键词，使公众产生混淆误认，利用他人的知名度和商誉，达到宣传推广自己的目的的，属于不正当竞争行为，应当予以禁止。本案中，某中英文幼儿园作为从事民办私立学校的经营者，未经某附外中学许可，通过在搜索引擎中设置与某附外中学企业名称有关的关键词，使相关公众在搜索“某大附属外国语实验中学”关键词时，直接显示某中英文学校的网站链接，从而进入某中英文学校的网站，显示的是“广州某中英文学校”的简介、报名热线、招生专栏、招生简章等相关宣传信息，会使得相关公

众产生初始混淆，并且存在争夺潜在客户的可能性，主观上具有使相关公众在网络搜索中产生误认的故意，客观上擅自使用了“某大附属外国语实验中学”的名称，损害了某附外中学的经营利益，其行为属于不正当竞争行为，依法应加以制止。

三是某中英文学校的行为分析。首先，根据公证书显示，进入百度网站首页，在百度搜索中输入“某大附属外国语实验中学”，点击“百度一下”链接，进入相关搜索结果页面，排位第一名的是“某大附属外国语实验中学　国家一级一类学校标准 020 - 81367373”网页链接，点击该链接，打开的是“www.nf83.com”网页，显示包含“广州某中英文学校”的简介、报名热线、招生专栏、招生简章等相关宣传信息，上述图文信息均须由某中英文学校发布或由其授权发布，某中英文学校对网页内容的发布显然提供了必要条件或实质性帮助，更不排除有主观上的意思联络；其次，“www.nf83.com”网页显示的学校地址为广州市广汕公路长岭路 83 号，该地址为某中英文学校、某中英文幼儿园共同登记住所地，某中英文学校的出资人陆某某又同时为某中英文幼儿园的法定代表人，且某中英文学校可以获取某中英文幼儿园对外进行商事活动的发票、关键词列表，结合某附外中学的网页截图显示，在“www.nf83.com”网站中同时包含了某中英文学校的活动动态及某中英文幼儿园的招生信息，某中英文学校抗辩其与某中英文幼儿园行为各自独立，对某中英文幼儿园的行为完全不知情的抗辩，依据不足；最后，域名为“www.nf83.com”所涉网站不是某中英文学校的官方网站，不代表某中英文学校未对该网站进行管理、控制，以及从该网站中获得经营利益的可能性，某中英文学校抗辩域名为“www.nf83.com”非其官方网站并不能得出该网站不是其管理、不是其受益的结论。按照《侵权责任法》第八条的规定，二人以上共同实施侵权行为，造成他人损害的，应当承担连带责任。本案中，某中英文学校知道或者应当知道某中英文幼儿园实施了侵权行为，并且对某中英文幼儿园这种侵权行为提供了实质性的帮助和条件，该信息发布的受益者又指向某中英文学校，应视为某中英文学校与某中英文幼儿园有明示或默示的意思联络，因此，某中英文学校主观过错明显，且该行为与损害结果之间存在因果关系，某中英文学校应当对侵权后果承担连带责任。

三、某中英文学校、某中英文幼儿园责任的承担及赔偿数额的问题

如前所述，某中英文学校、某中英文幼儿园存在共同侵犯某附外中学企业名称权的行为，依照《民法通则》第一百二十条的规定，应当承担停止侵害、消除影响、赔偿损失的法律责任。至于某附外中学主张某中英文学校、某中英文幼儿园停止将“广州市某实验中学”“黄埔某大外国语学校”“某大黄埔外国语学校”“某大黄埔外校”作为关键词在互联网上竞价推广，根据某附外中学提

交的证据显示，涉案网站使用的关键词仅有“广州市某实验中学”“某大附属外国语实验中学”，但输入“广州市某实验中学”点击“百度一下”后，并未显示涉案侵权网站的链接，因此，未有证据显示某中英文学校、某中英文幼儿园使用了除“某大附属外国语实验中学”外的其他关键词并发生链接，因此，对于某附外中学关于其他关键词（“广州市某实验中学”“黄埔某大外国语学校”“某大黄埔外国语学校”“某大黄埔外校”）的诉讼请求，不予支持。法院在某附外中学没有举证证明因不正当竞争行为造成的实际损失以及某中英文学校与某中英文幼儿园因不正当竞争行为获得利益数额的情况下，综合考虑了案涉不正当竞争行为的持续时间、主观恶意以及经查证只有一个关键词的使用构成不正当竞争行为的情节，当事人的招生规模、排名推广对公众选择学校的贡献率、民办私立学校的普遍收费标准及利润率等各方面因素，亦考虑了整个诉讼过程中律师提供服务的情况，对某附外中学提出的律师服务费损失予以全额支持，确定了308000元的侵权赔偿数额（含合理费用）。

【案例注解】

本案是一件因使用他人企业名称作为互联网竞价排名关键词认定的不正当竞争纠纷案件。某附外中学举证证明其积累的商誉已经具有相当大的市场价值，某中英文学校、某中英文幼儿园在存在竞争关系时，忽视了诚实信用原则，试图利用该商誉获取价值，由此引发了本案诉讼。本案中，某附外中学与某中英文学校、某中英文幼儿园是否构成竞争关系，以及某中英文学校、某中英文幼儿园在互联网竞价排名中以他人企业名称作为关键词的行为是否构成不正当竞争，是本案审理的重点与难点。

一、竞争关系的认定

不正当竞争案件的审理，先决问题是竞争关系的认定。《反不正当竞争法》实施初期，审判实践中对竞争关系的认定往往限定于同业经营者或现实的竞争关系，但是随着不正当竞争案件类型的增多及案情的复杂化，实践中对竞争关系的认定更注重从《反不正当竞争法》的立法目的出发考虑。本案中，某中英文幼儿园业务范围是幼儿园，招生范围亦小于某附外中学，具体的经营内容不同，但被诉侵权网站的链接功能不仅可能对某附外中学的经营活动及经营利益带来损害，同时亦可能使某中英文学校、某中英文幼儿园获得更多关注而有获得经营利益的可能性。笔者认为，其一，反不正当竞争法所称经营者，不应局限于是否为传统的商品经营或营利性服务的提供者，本案中，某附外中学、某中英文学校及某中英文幼儿园非为传统的营利性商品或服务的提供者，但均属于民办非企业的教育机构，其办学目的包括获取合理的经济回报在内。其二，从《反不正当竞争法》立法目的出发，经营者竞争行为的构成取决于经营者的行为是否具有损害其他经营者利益的可能性，且经营者基于该行为同时获得现实或可能存在的经营利益，而非局限于“同业”。

二、互联网竞价排名关键词中使用他人企业名称行为的定性

互联网竞价排名，是指互联网引擎营销的一种方式，指经营者等出于在互联网上宣传推广的目的，与提供搜索引擎服务公司签订有偿服务协议，使其经营网站等在关键词搜索结果中排在靠前位置，以此取得宣传优势，获得更多的点击量及关注度。本案中，某中英文幼儿园与案外人百度公司签订了竞价排名合同并实际履行，并且通过百度推广账号登录系统后自行提交推广方案，设置了“某大附属外国语实验中学”作为搜索关键词。某中英文幼儿园、某中英文学校未经某附外中学的许可，使用其具有一定的市场知名度、为相关公众所知悉的企业简称，利用其知名度和商誉，达到宣传推广自身的目的，造成相关公众的混淆误认，应认定为构成不正当竞争。应当指出，互联网竞价排名，是伴随着互联网技术的进步而发展的一种应用广泛的宣传推广方式，经营者的线上经营活动及线下的经营活动均应受到《反不正当竞争法》等的规制。

【相关法条】

《中华人民共和国反不正当竞争法》第二条第三款、第五条、第六条第一款。

一审合议庭成员：张静怡　钟群光　曾祥燕
二审合议庭成员：刘培英　谭卫东　江闽松

对组织越狱罪中“犯罪预备”的认定

林葵生*

【裁判要旨】

被告人因犯罪被判处刑罚在监狱服刑期间，抗拒改造，密谋越狱，并串通、煽动他人越狱的行为，构成组织越狱罪，属于准备工具、制造条件的犯罪预备。

【关键词】刑事　组织越狱　犯罪预备　行为认定

【案件索引】

一审：广东省东莞市中级人民法院（2015）东中法刑一初字第253号刑事判决书；

广东省东莞市中级人民法院（2017）粤刑终498号刑事判决书。

二审：广东省高级人民法院（2017）粤刑终498号刑事裁定书；

广东省高级人民法院（2018）粤刑终1058号刑事裁定书。

【基本案情】

原公诉机关：广东省东莞市人民检察院。

被告人（二审上诉人）：郑某强、吴某平。

被告人郑某强、吴某平及郭某、龙某武、梁某城因犯罪同在广东省东莞监狱十二监区服刑。郑某强于2014年7月21日入该监区服刑，余刑为无期徒刑；吴某平于2013年10月25日入该监区服刑，余刑为死刑、缓期二年执行；郭某

* 林葵生——广东省高级人民法院法官、审判员。

于2014年12月29日入该监区服刑，余刑为死刑、缓期二年执行；龙某武于2012年8月27日入该监区服刑，余刑为死刑、缓期二年执行；梁某城于2013年9月27日入该监区服刑，减刑后余刑为有期徒刑十三年一个月。2014年9月后，被告人郑某强与吴某平多次商议，认为刑期太重，产生逃出监狱的想法。被告人郑某强向吴某平提出，采用被单、绳子做降落伞，待刮大风时从监舍楼顶天台上“飘”出监狱围墙而进行越狱的方法。因该方法无法操作，郑某强又向吴某平提出，纠集同监区服刑人员，使用监区劳动工具作武器，暴力劫持狱警作为人质乘机逃离监狱。而后，被告人郑某强、吴某平多次拉拢和煽动同监区的服刑人员龙某武、郭某、梁某城等人，伺机进行越狱。2015年2月8日，因吴某平与郭某产生矛盾，暴露了越狱的计划，被监狱侦查部门查获。

【裁判结果】

广东省东莞市中级人民法院于2016年11月29日作出（2015）东中法刑一初字第253号刑事判决，以组织越狱罪判处被告人郑某强有期徒刑二年；与前罪余刑无期徒刑，剥夺政治权利终身，并处罚金一万元数罪并罚；决定执行无期徒刑，剥夺政治权利终身，并处罚金一万元。以组织越狱罪判处被告人吴某平一年六个月。与前罪余刑死刑，缓期二年执行，剥夺政治权利终身数罪并罚；决定执行死刑，缓期二年执行，剥夺政治权利终身。被告人郑某强、吴某平不服，提出上诉。广东省高级人民法院于2017年9月1日作出（2017）粤刑终498号刑事裁定，以该案事实不清、证据不足为由，将该案发回重审。广东省东莞市中级人民法院重新组成合议庭对该案进行审理，并于2018年6月21日作出（2018）粤19刑初13号刑事判决：一、被告人郑某强犯组织越狱罪，免予刑事处罚，与前罪余刑无期徒刑，剥夺政治权利终身，并处罚金一万元，数罪并罚，决定执行无期徒刑，剥夺政治权利终身，并处罚金一万元。二、被告人吴某平犯组织越狱罪，免予刑事处罚，与前罪余刑死刑，缓期二年执行，剥夺政治权利终身，数罪并罚，决定执行死刑，缓期二年执行，剥夺政治权利终身。宣判后，被告人郑某强、吴某平不服，再次提出上诉。广东省高级人民法院经审理于2018年11月18日作出（2018）粤刑终1058号刑事裁定，驳回上诉，维持原判。对吴某平在死缓期间故意犯罪不判死刑的情况向最高人民法院报告备案。

【裁判理由】

广东省东莞市中级人民法院认为，被告人郑某强、吴某平密谋越狱，并为了越狱串通、纠集郭某、龙某武、梁某城等人共同作案，其行为已构成组织越狱罪，鉴于被告人郑某强、吴某平组织越狱行为尚处于制造条件的阶段，是犯罪预备，依法可从轻、减轻或免除处罚。公诉机关指控被告人郑某强、吴某平犯组织越狱罪（犯罪预备）事实清楚，证据确实、充分，罪名成立。被告人郑某强、吴某平的犯罪行为尚未造成实际危害后果，且二人自 2015 年 3 月至今被隔离审查期间没有新的违规、违法行为，可依法免除处罚。

广东省高级人民法院经审理认为，上诉人郑某强、吴某平密谋越狱，并为越狱纠集他人参与，其行为已构成组织越狱罪。被告人郑某强、吴某平的行为已超出犯罪预谋的范围，属于制造越狱条件的犯罪预备阶段，依法可从轻、减轻处罚或免予刑事处罚。鉴于被告人郑某强、吴某平在被隔离审查期间没有新的违规、违法行为，可依法免予刑事处罚。原判认定事实清楚，证据确实、充分，定罪准确，量刑适当，裁定驳回上诉，维持原判，并向最高人民法院报告备案。

【案例注解】

本案在审理过程中，对于被告人的行为是构成犯罪预备还是仅仅属于停留在“想法”阶段，是构成犯罪还是属于“情节显著轻微，危害不大”尚未构成犯罪，存在不同的看法，被告人及其辩护人亦提出不同意见。据此，笔者作如下评析。

一、被告人的行为是否属于犯罪预备

根据《刑法》第二十二条的规定，为了犯罪，准备工具、制造条件的，是犯罪预备。犯罪预备的构成要件，体现在两个方面：一是行为人主观上具有犯罪意图，即为了实施某一项犯罪；二是准备工具，制造条件，为实施犯罪而准备必要的犯罪工具，制造必要的有利于实施犯罪的条件，具备这两个要件，即构成犯罪预备。

在本案中，第一，被告人郑某强因犯罪被判处无期徒刑，被告人吴某平因犯罪被判处死刑，缓期二年执行。二被告人认为刑期太重，多次商议逃出监狱的方法。这说明二被告人具有逃出监狱的犯罪意图。第二，被告人郑某强向吴某平提出，采用被单、绳子做降落伞，待刮大风时从监舍楼顶天台上“飘”出监狱围墙而进行越狱的方法。后因该方法无法操作，郑某强又向吴某平提出，纠集同监区服刑人员，使用监区劳动工具作武器，暴力劫持狱警作为人质乘机逃离监狱。被告人郑某强、吴某平还多次拉拢和煽动同监区的服刑人员龙某武、郭某、梁某城等人，伺机进行越狱。证实郑某强、吴某平为实施越狱准备了工具，并有制造条件的行为。综上，被告人郑某强、吴某平具有越狱的主观愿望，

又实施了纠集、煽动他人越狱的具体行为，根据我国刑法规定，当行为人具备犯罪意图，又为了犯罪，准备工具、制造条件的，是犯罪预备。

二、本案是否属于“情节显著轻微危害不大”

根据《刑法》的规定，一切危害社会的行为，依照法律应当受刑罚处罚的，都是犯罪，但是情节显著轻微危害不大的，不认为是犯罪。也就是说，构成犯罪是有“标准”的。一般来说，凡是具有社会危害性，依照法律应当量刑处罚的行为，都构成犯罪。同时，如果某种行为情节显著轻微，危害不大的，不认为是犯罪。

那么，本案中被告人的行为，是否属于“情节显著轻微危害不大”呢？笔者认为，需要从以下两点来分析：

第一，从行为危害性来分析。首先，被告人是被判处刑罚的人，在刑罚执行期间，不但没有真心悔罪，而且意图组织越狱，其抗拒改造、意图越狱的行为，具有较大的人身危险性。其次，被告人提议越狱时采用劳动工具作武器，暴力劫持狱警为人质，具有明显的暴力倾向，对监管人员的人身安全潜藏着极大的伤害和危险。最后，被告人纠集、煽动服刑人员越狱的行为，不仅严重破坏了监管秩序，还推动了服刑人员萌生再次犯罪的动机，潜藏极大的危险性。可见，一旦行为暴发，势必对整个社会治安秩序造成更大的隐患，具有相当的社会危害性。

第二，从制造犯罪条件的行为看。经被告人郑某强、吴某平商议，拟采用被单缝成降落伞，等候刮风时越过高墙，降落监外，该方法因无法操作而未实施。郑某强、吴某平又商议私藏凶器，伺机劫持狱警，集体逃狱，这些行为潜在一定的现实危害，因为被告人郑某强、吴某平在生产劳动中俱有可能实施犯罪。后郑某强指挥吴某平拉拢同监区服刑人员郭某、龙某武、梁某城等多人参与，吴某平又采用试探、诱惑、煽动、拉拢的方式，向其他服刑人员传送越狱的信息，这已不是仅仅停留于“想法”上，而是选择一定的犯罪方法、手段和时机，为实施越狱做准备。被告人郑某强、吴某平再三策划犯罪，凸显出被告人坚决的犯罪态度，本案是由于侦查部门的及时侦破，对可能发生的暴力犯罪及时控制，才不致使更严重的后果发生。

综上，被告人郑某强、吴某平抗拒改造，意图越狱，其犯罪动机明确，人身危险性大。郑某强、吴某平客观上又采用试探、诱惑、拉拢等手段，纠集、煽动其他服刑人员参与犯罪，其行为具有相当的社会危害性。被告人郑某强、吴某平已经远远超出了单纯的犯罪预谋范围，不只是停留于“想法”阶段，其行为已严重破坏了监管秩序，将对社会治安造成更大隐患，明显不属于“情节显著轻微危害不大”，依照法律规定，应认定为犯罪。结合本案的具体情况，一审、二审法院认定被告人郑某强、吴某平犯组织越狱罪（犯罪预备），免除处罚是正确的。

【相关法条】

《中华人民共和国刑法》第十三条、第二十二条、第三百一十七条。

一审合议庭成员：赵　骞　郑寒草　尹巧华
二审合议庭成员：刘锦平　李慧群　林葵生

图书在版编目（CIP）数据

法治论坛．第57辑／广州市法学会编．—北京：中国法制出版社，2020.8

ISBN 978－7－5216－1226－4

Ⅰ．①法…　Ⅱ．①广…　Ⅲ．①法学－丛刊　Ⅳ．①D90－55

中国版本图书馆CIP数据核字（2020）第147479号

责任编辑：王佩琳　　　　封面设计：周黎明

法治论坛·第57辑

FAZHI LUNTAN · DI-57 JI

编者/广州市法学会
经销/新华书店
印刷/三河市紫恒印装有限公司
开本/710毫米×1000毫米　16开　　　　印张/25.25　字数/388千字
版次/2020年8月第1版　　　　2020年8月第1次印刷

中国法制出版社出版
书号 ISBN 978－7－5216－1226－4　　　　定价：88.00元

北京西单横二条2号
邮政编码 100031　　　　传真：010－66031119
网址：http：//www.zgfzs.com　　　　**编辑部电话：010－66038139**
市场营销部电话：010－66033393　　　　**邮购部电话：010－66033288**

《法治论坛》格式规范

1.《法治论坛》文章以质量过硬为刊用标准，来稿要求是原创作品，未在正式刊物公开发表。

2.《法治论坛》侧重以法律实践问题为切入点进行理论探讨，文章要求观点鲜明、论述缜密、论据充分、格式规范。

3. 所有来稿请注明论文题目、作者简介（包括法律职称）、联系电话、通讯地址、邮政编码、电子邮箱等。

4. 投稿请用电子邮件方式，邮件主题：×××（作者姓名）投稿。我们将尽快通知作者刊用情况。

5. 提倡文责自负，反对抄袭剽窃。本出版物已获中国知网授权使用“学术不端文献检测系统”。

6. 论文格式规范如下：

（1）来稿要有内容提要和关键词；

（2）脚注：注解一律采用脚注形式，并用横线与正文隔开；序号左顶格，以数字1、2、3……标示，全文连续编排。引用杂志的文章、引用的专著和引用的网络文章均用书名号。

例：

范愉著：《纠纷解决的理论与实践》，清华大学出版社2007年版，第565页。

章武生：《ADR与我国大调解的产生和发展》，载《纠纷解决——多元调解的方法与策略》，中国法制出版社2008年版，第3页。

王利明：《审判方式改革中的民事证据立法问题探讨》，载《中国法学》2000年第4期（引用期刊文章不需注明页码）。

援引自学位论文集的文章也用书名号。引用时应当标明作者毕业的学术单位、年份和学位层级，引用论文特定部分的内容应当标明页码或者章节，例如：李小明：《准政府组织的行政法定位及其权利规制》，吉林大学2016年博士学位论文，第139页。

(3) 参考文献

引用的文章和引用的专著用书名号，均不需注明页码。

例：

王卫国著：《破产法》，人民法院出版社1999年版。

［英］施米托夫著：《国际贸易法文选》，赵秀文译，中国大百科全书出版社1993年版。

杨兴培：《论刑事和解制度在中国的命运选择》，载《法学杂志》2006年第6期。

有纸质产品的情况下，不建议引用网站内容。如果引用网站内容，请标明网站名字和频道、网址、最后访问时间。

例如：王利明：《标准合同的若干问题》，载中国民商法律网民事法学频道，http://www.civillaw.com.cn/weizhang/default.asp? id=22250，最后访问于2017年1月26日。

《法治论坛》2017年1月起入选南京大学CSSCI集刊目录，文章将同时被中国知网（www.cnki.net）署名转载，如不同意转载，请在投稿时作出声明。

地址：广州市越秀区小北路113号8楼广州市法学会

邮编：510046

电话：020-83527753 83525279

投稿邮箱：gzfzlt@126.com（不区分大小写）